D1748088

Karin Wagner (Hg.)

## … ES GRÜSST DICH ERICHISRAEL

*Briefe von und an Eric Zeisl, Hilde Spiel, Richard Stöhr,
Ernst Toch, Hans Kafka u. a.*

Karin Wagner (Hg.)

# … ES GRÜSST DICH ERICHISRAEL

*Briefe von und an Eric Zeisl, Hilde Spiel, Richard Stöhr,
Ernst Toch, Hans Kafka u. a.*

Czernin Verlag, Wien

Gedruckt mit Unterstützung des Landes Oberösterreich, des Zukunftsfonds der Republik Österreich, des Nationalfonds der Republik Österreich für Opfer des Nationalsozialismus und des Vereins Cultural Transfer.

Nationalfonds der Republik Österreich
für Opfer des Nationalsozialismus

Wagner, Karin: ... es grüsst Dich Erichisrael. Briefe von und an Eric Zeisl, Hilde Spiel, Richard Stöhr, Ernst Toch, Hans Kafka u. a.
Wagner, Karin(Hg.)
Wien: Czernin Verlag 2008
ISBN: 978-3-7076-0273-9

© 2008 Czernin Verlags GmbH, Wien
Umschlaggestaltung: Ulrich Schueler
Satz: Inge Mayer
Lektorat: Eva Steffen
Druck: Druckerei Theiss GmbH, A-9431 St. Stefan
ISBN: 978-3-7076-0273-9

Alle Rechte vorbehalten, auch das der auszugsweisen Wiedergabe
in Print- oder elektronischen Medien

# Inhalt

| | |
|---|---|
| Zur Edition | 7 |
| Freundschaften aus der Jugend kann nichts brechen | 15 |
| Servus Hildesarah es grüsst Dich Erichisrael | 37 |
| Wenig Money und langsam eintretender Dollar | 65 |
| Yes I am a movie composer! Isnt terrible? | 113 |
| Es müsste aber vielmehr entnazt sein ehe ich mir hintraute | 197 |
| langweiliges Provinzleben unter Palmen und Strawinsky's | 239 |
| Also etwa den Hiob! | 303 |
| Kurzbiographien | 381 |
| Verzeichnis der Briefe | 408 |
| Bibliographie | 416 |
| Literatur | 418 |
| Personenregister | 426 |

# Zur Edition

In 116, North Rockingham Avenue, Brentwood Park, West Los Angeles, befinden sich wertvolle Dokumente für die Exilmusikforschung. Die Adresse ist prominent: Arnold Schönberg ließ sich 1936 in Brentwood Park nieder und lebte mit seiner Familie dort bis zum Tod im Jahr 1951. Nun wohnt Schönbergs Sohn Ronald mit seiner Frau Barbara Zeisl-Schoenberg, der Tochter Eric Zeisls, in diesem Haus. Die beiden „Kinder" österreichischer Musikexilanten heirateten im Jahr 1965. Als das „Schönberg-Haus" in Los Angeles hat das Anwesen große Bedeutung – und dies nicht nur für Musikhistoriker. Auch bildende Künstler, Literaten, ausübende Musiker oder schlicht Musikliebhaber besichtigen es aus Interesse an Arnold Schönberg.

Das eingangs als wertvoll zitierte Material steht nun primär außer jeden Bezugs zu Schönberg: Es ist Teil des Nachlasses Eric Zeisls. Zeisls Musikautographen sind in dem von Malcolm S. Cole 1976 eingerichteten Eric Zeisl Archive an der University of California Los Angeles (UCLA) verwahrt. Ein Großteil des Nachlasses aber, genauer Dokumente, Fotos, gesammelte Kritiken, persönliche Gegenstände, Memorabilia und vor allem ein reicher Fundus an Briefen, befindet sich in Brentwood Park im Hause Zeisl-Schoenberg. Die von Malcolm S. Cole und Barbara Barclay geordneten und katalogisierten Briefe von und an Eric Zeisl liegen dort in Boxen, gestapelt in einem Biedermeier-Schrank im ehemaligen Arbeitszimmer Arnold Schönbergs. Durch die langgezogenen und markant orangefarbenen Fenster kennen die „Insider" diesen Raum, dessen Original-Mobiliar sich heute im Arnold Schönberg Center Wien der Öffentlichkeit zeigt – nun blickt auch ein Teil der mit Barbara Zeisl-Schoenberg in das Haus gekommenen Briefe einer Veröffentlichung entgegen, denn höchst interessant zeigt sich Eric Zeisls Brief-Korrespondenz mit Persönlichkeiten exilierten Künstlertums, mit Familienmitgliedern, mit Freunden und Wegbegleitern der „vormals"-Heimat und der Exilheimat, mit Interpreten und Dirigenten oder mit Ansprechpartnern im Musiker-Berufsleben wie Konzertveranstalter, Verleger oder Rezensenten.

Die im Rahmen der vorliegenden Edition publizierten Briefe entstammen dem skizzierten Bestand in Los Angeles und zu geringem Ausmaß (Eric Zeisls Korrespondenz mit der Wiener Universal Edition zwischen 1946 und 1953) dem Archiv der Universal Edition, welches derzeit im „Wissenschaftszentrum Arnold Schönberg" der Universität für Musik und darstellende Kunst Wien in Arbeit ist. Bis auf wenige Briefe bzw. Briefauszüge, welche im Zuge Eric Zeisls biographischer Aufarbeitung bereits Veröffentlichung gefunden haben, handelt es sich um bis dato unveröffentlichte Archivalien.

Die ausgewählten Briefe umspannen den Zeitraum von 1938 bis zu Zeisls Tod im Jahr 1959 und decken die Phase der Fluchtvorbereitungen in Österreich, den Weg von Österreich über Frankreich in die Vereinigten Staaten und das zwanzig Jahre währende Leben im amerikanischen Exil ab. Die Auswahl stellt nur einen kleinen Teil von Zeisls Gesamtkorrespondenz dar. Kriterien für die Auswahl des einzelnen Briefs sind der Herausgeberin zum einen biographisch aufschlussreiche Fakten sowohl zu Eric Zeisl als auch zu den Schreibpartnern, daran im Speziellen zur Exilproblematik Aufgeworfenes, Aspekte zeithistorisch-politischer Dimension oder werkbetrachtende Äußerungen, zum anderen aber auch die im Brief kommunizierte Lebens-Freude und Lebens-Sorge, schlicht auch Alltagstratsch. Zwar bilden der Forschung Fakten und Zahlen das Fundament, doch geben allein persönlich geführte Aufzeichnungen unverzichtbare Antworten auf sonst unbeantwortet bleibende Fragen. Im Brief spricht das Einzelschicksal, Tatsachen und Ereignisse erfahren darin eine subjektive Bewertung – und ungeschminkt zeigen sich Zeisls Briefe in jedem Fall, da diese nicht im Bewusstsein des Schreibers, eine bedeutende Person der Öffentlichkeit zu sein, aufgesetzt wurden, die Briefe – provokant formuliert – nicht „für das Museum" oder eben die Publikation „konzipiert" wurden. Hierzu sei der Schauspieler Felix Bressart zitiert, welcher in Hollywood mit dem „movie composer" Zeisl in Scherz-Korrespondenz stand und keck ironisierte: „Nehmen Sie – bitte – mit dem Ausdruck meines tiefst gefuehlten Bedauerns – den betreffenden Brief – lesen Sie ihn vor wo immer Sie koennen – zeigen Sie ihn herum in den verschiedensten Schichten des Volkes und uebergeben Sie ihn einem

Museum – damit er uebergehe in die Zukunft als Zeichen des Tiefstandes eines sogenannten Schauspielers des zwanzigsten Jahrhunderts."[1]

„Von Zeisl und an Zeisl" bedeutet „von Erich und an Erich" und „von Eric und an Eric". Der Komponist änderte in den Vereinigten Staaten den Geburtsnamen „Erich" zu „Eric". Der die Briefe begleitende Text führt die anglikanisierte Form des Namens, während die Anrede in den Briefen und Zeisls eigene Namenssetzung differieren, er auch in späten Exiljahren als Erich angesprochen wird und sich manchmal selbst so nennt – die Herkunft der Briefpartner bestimmt des Komponisten Identität. Unverrückbare Bedeutung für Eric Zeisl hatte dessen Frau Gertrud – zum Ausdruck bringt dies Hans Kafkas zweiter an Gertrud nach Erics Tod gerichteter Brief, der auf eine Aussage Charlotte Dieterles Bezug nimmt: „[…] weil Charlotte Dieterle etwas sagte, was uns und so vielen aus der Seele gesprochen ist: ‚Man hat nie das Gefühl gehabt, dass es einen Herrn und eine Frau Zeisl gibt, es waren nur ›die Zeisls‹.'"[2] Daher heißt „von Zeisl und an Zeisl" auch „von Eric sowie Gertrud und an Eric sowie Gertrud" – bei aussagekräftigen Briefen Gertruds sind auch diese in die Edition mit einbezogen. Fasst daher ein Kuvert Nachrichten von Eric und Gertrud, so sind beide Texte bei oft unterschiedlicher Datumsangabe aber gleichem Poststempel unter die selbe Überschrift gesetzt. Finden sich zwei Nachrichten auf einem Blatt, so ist dies nicht explizit vermerkt.

Die Briefe sind – bis auf den zu Beginn gesetzten „Kondolenzbrief" von Hilde Spiel an Gertrud Zeisl – streng chronologisch geordnet. Brief und Gegenbrief stehen demnach, so überhaupt beides vorhanden, selten in unmittelbarer Abfolge, der „Erzählstrang" zwischen zwei Personen, welcher sich über deren Briefwechsel aufbauen kann, ist dadurch manchmal unterbrochen. Im Sinne der Ordnung über eine „Zeitschiene" ist dies in Kauf genommen. Undatierte Briefe sind auf Grund ihres Inhalts der Chronologie eingefügt. Fehlt die Datierung durch den Briefautor, so ist das Datum des Poststempels ausschlaggebend. Ist die Nachricht kein Brief, sondern eine Postkarte, so ist dies angemerkt, ebenso ist angemerkt, wenn die Vorlage zur Transkription Typoskript und nicht Handschrift ist. Unter den Briefpartnern waren es Richard Stöhr und Sigmund und Malvine Zeisl, welche ihre Texte in Kurrentschrift aufsetzten, in einem Fall

---

[1] Felix Bressart an Eric Zeisl, undatiert.
[2] Hans Kafka an Gertrud Zeisl, 3. April 1959.

auch Ernst Toch, der dazu aber augenzwinkernd meinte: „[…] ich sehe eben, ich ‚mixe' zwar nicht die Worte, dafür aber Current- und Cursiv-Schrift."[3] In der Orthographie folgt die Transkription dem Original: Die Interpunktion ist übernommen, fehlende Satzzeichen sind nicht ergänzt, die oft variierende Groß- und Kleinschreibung (etwa bei Anreden) ist der Vorlage entsprechend beibehalten. Abgekürzte Wörter sind in der ausgeschriebenen Form nur dann ergänzt, wenn ihre Semantik nicht unmittelbar aus dem Kontext hervorgeht. An wenigen Stellen sind in Klammern [] gesetzte Ergänzungen oder Anmerkungen notwendig. Über die Korrespondenz mit dem Vater Sigmund und dessen zweiter Frau Malvine, Erics Tante, fließen in die Edition auch ältere Schreibgewohnheiten, an welchen in den Varianten von Orthographie und Wortwahl transparent wird, dass die Eltern als unmittelbare Nachfahren von Einwanderern die Übernahme deutscher Einheitsrechtschreibung nicht vollends adaptierten, zum anderen aber auch, dass sie selbst in Wiens Viel-Sprachengemisch aufgewachsen sind: „In der 1 Karte schreibt kein Datum daher wir nicht wissen wann die Karte geschrieben wurde. Es freut mich daß die Composition des 1 Erich einen großen Erfolg hatte u bin außer Zweifel daß er vorwärts kommen wird, ein berühmter Componist in einem Jahr sein wird."[4]

Eric Zeisl, „Großdeutschland" im Nacken, schrieb 1938 aus Paris im lakonischen Hilferuf an Hilde Spiel nach London: „Hoffentlich verlerne ich bald die deutsche Sprache!"[5] Die Literatin, in ihrer Profession ungleich mehr der Sprache unterworfen als der Komponist, meinte 1946: „Mir ist es jetzt zu dumm geworden, immer auf englisch zu schreiben. Ich bin zwar eine englische Schriftstellerin geworden, das heisst, ich denke auf englisch und bin ungeschickt im Deutschen, sowie ich mich zur Maschine setz, aber es kommt ja doch nicht die richtige Herzlichkeit dabei heraus."[6] Im Schwebezustand und im Niemandsland des Verlustigwerdens der Muttersprache und des soziokulturellen Umfelds stellt sich den Exilierten auch im Medium Brief die Frage nach der adäquaten Ausdrucksform. Den ersten Brief in Englisch verfasste Zeisl am 11. Februar 1941 – eine Nachricht aus

---

[3] Ernst Toch an Eric und Gertrud Zeisl, 23. Mai 1953.
[4] Sigmund Zeisl an Eric und Gertrud Zeisl, 1. Mai 1940.
[5] Eric Zeisl an Hilde Spiel, 7. Dezember 1938.
[6] Hilde Spiel an Eric und Gertrud Zeisl, 14. Jänner 1946.

Mamaroneck bei New York an die in London als Roman-Autoren erfolgreichen „Spiel-Mendelssohns": „It is unhappy that you could not come in this country. You would be a very great success with your Romans. It is impossible? My English!!"[7] – Dem Zustand des Changierens der Identitäten zwischen den Welten zum Signum wird dabei Zeisls unter den Brief gesetztes „Your Erich". Vor allem in den englisch abgefassten Zeilen finden sich Grammatik- und Rechtschreibfehler. Diese sind kommentarlos belassen – Eric Zeisls „German-English" bleibt, ist es doch auch in der Frage nach Akkulturation im Immigrationsland aussagekräftig. An gegebener Stelle finden sich Fehler oder Irrtümer gekennzeichnet [sic!]. Unterstreichungen und Hervorhebungen durch gesperrt gesetzte Wörter sind übernommen, ebenso die Strukturierung durch Absätze. Bei den Einzügen ist nicht differenziert zwischen verschiedenen Varianten, welche sich im Original oft durch die nochmals eingerückte Namenssetzung am Briefende ergeben.

Die Brief-Auswahl ist von der Idee einer die Edition formenden „Dramaturgie" getragen, innerhalb derer die Korrespondenz mit Hilde Spiel zur Hauptader wird. Ihr kommt im Auffächern der Zeislschen Exil-Briefwelt eine prominente Position zu: Hilde Spiel ist Eric Zeisls wichtigste Schreibpartnerin, sie wird zu einer alle Lebensphasen ab 1936 begleitenden Konstanten. Nach Zeisls Tod 1959 bleibt die Kommunikation zwischen Gertrud Zeisl und Hilde Spiel erhalten, nach Gertruds Tod 1987 steht der Austausch zwischen Barbara Zeisl-Schoenberg und Hilde Spiel für den Gedanken des Weiterführens eines engen Bezugsgeflechts. Neben Spiel kommunizieren mit dem Protagonisten Zeisl unter anderem die „Altösterreicher" Richard Stöhr, Erich Wolfgang Korngold, Ernst Toch, Franz Mittler oder Paul Amadeus Pisk, die Lehrer Hugo Kauder und Jospeh Marx. Die Komponisten Darius Milhaud und Alexandre Tansman, beide von Paris nach Hollywood geflüchtet, werden zu engen Brief-Vertrauten. Zur Szene bildender Kunst im Wien der Zwischenkriegszeit bleibt Kontakt über Lisel Salzer und Josef Dobrowsky. Im Austausch mit Vertretern anderer Disziplinen tritt auch der im Londoner Exil lebende Hugo F. Königsgarten als Figur der ehemaligen Wiener Kleinkunstbühnen in Erscheinung, Alfred Farau, dichtender Psychoanalytiker und mit Zeisl in Wien über die Gruppe „Junge Kunst" verbunden,

---

[7] Eric Zeisl an Hilde Spiel, 11. Februar 1941.

wird im Exil zum Gesprächspartner und schreibt „in Erinnerung junger Kunst versunken"[8] von Amerikas Ostküste an die Westküste. Zerbrechlich gleichwie bedeutend empfindet Farau den Zusammenhalt über den Brief: „Dank Dir schoen fuer Deine lieben drei Zeilen und einmal, mitten im Sommer kannst und darfst Du Dich sogar hinsetzen und mir ausfuehrlicher ueber Dein Leben und das Deiner Lieben berichten. Obwohl ich nur zur Genuege weiss, dass man einfach diese Briefwechsel ueber Jahrtausende und Kontinente hinweg nicht durchfuehren kann, so gerne man Briefe empfaengt und so sehr man einander trotz allem innerlich verbunden geblieben ist. Wovon allerdings der andere nichts hat."[9] Von der Westküste an die Ostküste hingegen schreibt der in Hollywood bereits als Drehbuchautor agierende Hans Kafka an den noch in New York harrenden Freund Zeisl – Kafka will Zeisl „auf shortest notice"[10] nach Los Angeles holen, die Zeisls reagieren darauf mit „Flug-special delivery-Briefen" Richtung Hollywood. In dem Bemühen, Zeisl „plus Familie nach Hollywood zu verpflanzen"[11], meldet sich auch Hanns Eisler. Mit den Exil-Dirigenten Karl Alwin und Carl Bamberger, dem „alten Wiener Spezi"[12], kommuniziert Zeisl ebenso wie mit dem deutschen Chordirigenten Hugo Strelitzer. Dessen und Korngolds Briefe – aus dem Nachkriegs-Europa der fünfziger Jahre „zurück" in das Exilland gesandt – thematisieren das aktuelle Musikleben in Wien und München. Das „jüdische" Musikleben der Vereinigten Staaten hingegen findet sich repräsentiert durch Julius Chajes, vormals Wiener Mitstreiter des Zirkels „Junge Kunst", durch Max Helfman und den Verleger Josef Freudenthal. Los Angeles als „melting pot" schillernder Persönlichkeiten europäischer Kulturszenerie wird durch Alma Mahler-Werfel, deren Freund Georg Moenius oder den *To Be or Not to Be*-Darsteller Felix Bressart greifbar. Bressarts intelligent-witzige Briefe an den „Herren Musizeisl", den „Herz Eisl" oder den „Herzeisl" lassen Zeisl ebenso witzig-keck reagieren.

Dem eine Gegenwelt bildet die Post an Sigmund und Malvine Zeisl, den Vater und die Tante bzw. Stiefmutter: Deren Antwortbriefe gelangen

---

[8] Alfred Farau an Eric Zeisl, 11. Juli 1955.
[9] Ebd.
[10] Hans Kafka an Eric und Gertrud Zeisl, undatiert.
[11] Hanns Eisler an Eric Zeisl, undatiert.
[12] Carl Bamberger an Eric Zeisl, 29. Jänner 1945.

unter dem Diktat nationalsozialistischer Zensurbehörden, geöffnet und wieder verklebt, von Wien nach New York und sprechen von Mühe und Sorge um die Beschaffung der zur erzwungenen „Auswanderung" notwendigen Papiere, der Sehnsucht nach den exilierten Kindern und der Freude auf ein Wiedersehen in den Vereinigten Staaten: „Ich wäre froh wenn ich schon dabei wäre. Leider wird erst im Juli die deutsche Quote dazu kommen u dann zur Untersuchung u Schiffskarte. Also wie Ihr seht noch ein langer Weg bis ich wegfahren kann."[13] – So Sigmund Zeisl im Mai 1940. Er und seine zweite Frau Malvine Zeisl werden 1942 nach Theresienstadt deportiert und in Treblinka ermordet.

Ein die Briefe kommentierender Text, an gegebener Stelle Details betrachtend und ergänzend, in Rückblende auch resümierend und Vergangenes erzählend, begleitet den Leser, führt – bildlich gesprochen – durch Zeisls Exil-Briefwelt in dem Versuch, nicht „über-kommentierend" zu agieren, da die Briefe für sich selbst sprechen sollen. Eingangs gesetzte Kurzbiographien decken Eric Zeisls und Hilde Spiels biographischen Hintergrund bis zum Jahr 1938 ab, Daten zu den Briefschreibern und zu den wichtigsten im Text erwähnten Personen finden sich gesondert im Anhang.

---

[13] Sigmund Zeisl an Eric, Gertrud und Wilhelm Zeisl, 28. Mai 1940.

*Abb. 1: Egon Zeisl, Hilde Spiel, Gertrud Jellinek, Hedi G. mit Ehemann, Eric Zeisl, um 1935 (ZN)*

## *Freundschaften aus der Jugend kann nichts brechen*

Eric Zeisl ist ein Kind der Wiener Leopoldstadt. Am 18. Mai 1905 dort geboren, wächst er als dritter von vier Söhnen im wohl illustren Milieu des von den Eltern Sigmund (1871–1942) und Kamilla Zeisl (1878–1940) betriebenen Café Tegetthoff in der Heinestrasse auf. Strenger jüdischer Ritus ist den Wiener Kaffeehaus-Zeisls im Gegensatz zu deren im Gebiet böhmisch-mährischer Kronländer noch an den Gesetzen des Judentums orientiert lebenden Vorfahren nicht mehr zwingend – assimilierter jüdischer Mittelstand wird zum familiären Hintergrund. Den Strukturen musikalischen Vereinslebens der Ersten Republik typisch, ist der Vater aktives Mitglied des Wiener Kaufmännischen Gesangvereins, die Brüder Egon (1901–1964) und Wilhelm (1907–1972) üben sich als Sänger, während Eric über frühe Improvisations- und Kompositionsversuche am Klavier sich eine Welt des „Rückzugs" schafft, so seiner nervösen Musikbesessenheit nachgeben kann. Fünfzehnjährig inskribiert er gegen den Willen der Eltern an der Akademie für Musik und darstellende Kunst. Richard Stöhr (1874–1967), künstlerisch-pädagogische „Instanz" in Wien und nach-Brahmsisch Komponierender, reagiert auf Zeisls Hochbegabung und unterrichtet diesen privat.

Das deutsche Kunstlied wird dem jungen Tonsetzer zur wichtigsten Ausdrucksform, aus seiner hohen Sensibilität in der Handhabe mit Wort und Ton heraus vermag er zu wirken. Weitere Impulse gibt der Liedkomponist Joseph Marx (1882–1964). Hugo Kauder (1888–1972), Komponist, Philosoph und Musikautor, wird Anfang der dreißiger Jahre dem mittlerweile vielbeachteten Vertreter der gemäßigten Wiener Moderne neben Stöhr als stilstiftenden Mentor zum innovativen Lehrer. In Kreisen Wiener jüdischen Kunstintellekts steht Eric Zeisl im differenzierten Austausch mit Propagatoren verschiedener Kunstsparten – über Hilde Spiel (1911–1990), Alfred Farau (1904–1972) und Hugo F. Königsgarten (1904–1975) ist er dichtenden, über Lisel Salzer (1906–2005), Josef Dobrowsky (1889–1964), Georg (1897–1966) und Bettina Ehrlich

(1903–1985) malenden, über Julius Chajes (1910–1985) oder Franz Mittler (1893–1970) komponierenden, über Karl Alwin (1891–1945), Kurt Herbert Adler (1905–1988) oder Felix Galimir (1910–1999) dirigierenden und musikausübenden Autoritäten verbunden. So schöpft er aus inspirativen Quellen, sein Profil gewinnt an Form: An Wiener Musiktradition Verinnerlichtes steht in Synthese mit Neuem. Zeisls Werk kommuniziert eine tiefe Verankerung in der Musiksprache des 19. Jahrhunderts, die Tonalität als Bezugssystem bleibt unter Hereinnahme moderat moderner Gestaltungsmittel immer erhalten. Weiter gefasstes „kompositorisches Umfeld" sind neben Chajes und Mittler Personen wie Karl Weigl (1881–1949), Ernst Kanitz (1894–1978), Kurt Pahlen (1907–2003), Marcel Rubin (1905–1995) oder Egon Lustgarten (1887–1961). Zeisls Wiener Œuvre gestaltet sich vielschichtig und beinhaltet neben der Fülle an Liedern Instrumental-, Kammermusik- (*Suite für Violine und Klavier* op. 2 1919, *Suite für Klavier, Violine und Violoncello* op. 8 ca. 1920–24, *Erstes Streichquartett d-Moll* ca. 1930–33) und Chorwerke (*Afrika singt* 1930/31, *Kleine Messe* 1932, *Requiem Concertante* 1933/34, *Spruchkantate* 1935, *Der 29. Psalm – „Herrlichkeit Gottes im Gewitter"* 1935/36), A-cappella-Chöre, Orchesterwerke (*Passacaglia für großes Orchester* 1933/34, *Kleine Symphonie* 1935/36, *November* 1937/38) oder musikdramatische Werke (*Die Sünde* nach Gretl Buxbaum 1927/28, *Leonce und Lena* nach Georg Büchner 1937). Des Komponisten Affinität zu „Jazziness" als Mode der zwanziger Jahre inspiriert zur meisterhaft komponiert und instrumentierten Ballettmusik *Pierrot in der Flasche* (1929) oder zur Chor-Vertonung *Afrika singt* (1930/31) nach Texten des Harlem-Renaissance-Dichters Langston Hughes (1902–1967), einem Ausloten an Effekten in der „ernsten" Chormusik hingegen kommt die suggestive *Spruchkantate* (1935) gleich.

Mit zunehmend reaktionärer, „vaterländischer" Gesinnung des österreichischen Kulturbetriebs setzt ab 1934 eine sukzessive Ausgrenzung der progressiv-kunstformenden und kunstausübenden Kräfte ein, als im Rahmen „offiziell propagierungswürdiger" moderater Moderne angesiedelt, bleibt Zeisls Schaffen in Österreich weiterhin Raum zur Etablierung.

Bis März 1938 ist seine Musik an den wichtigsten Spielstätten Wiens präsent. Als letzte Rezension zu Zeisl als österreichischen Komponisten in Österreich findet sich eine Anmerkung zur Erstaufführung von *Scherzo und Fuge für Streichorchester*, welche am 10. März 1938 im Großen Wiener Ehrbarsaal[14] mit dem Wiener Konzertorchester stattfindet: Von einer „Neuheit des sehr begabten Erich Zeisl" ist noch am 16. März 1938 im *Brünner Tagesboten* zu lesen, dem Werk wird „als eine besonders frische, technisch hochstehende und gut klingende Komposition"[15] Zukunft versichert. Tags zuvor verkündet Adolf Hitler seine „Vollzugsmeldung an die Geschichte" – mit dem „Anschluss" ist der Jude Zeisl dem Boykott der im Antisemitismus fiebernden Wienern ausgeliefert, programmierte Stücke werden abgesetzt, Notenmaterial wird eingestampft und vernichtet.

Zeisl weicht mit seiner Frau Gertrud, dem jüngeren Bruder Wilhelm und der Schwiegermutter Ilona Jellinek (1884–1971) nach Baden bei Wien aus. Nach den Ausschreitungen des Novemberpogroms flüchtet er am 10. November 1938 nach Paris, von dort noch vor Kriegsausbruch in die Vereinigten Staaten. 1941 übersiedelt der als „Erich" geborene und nun dem anglikanischen Sprachraum angepasst offiziell „Eric" genannte Refugee von New York nach Los Angeles. Ohne je wieder in Österreich gewesen zu sein, verstirbt er dort am 18. Februar 1959.

Im Wien der dreißiger Jahre lernt Eric Zeisl über seine spätere Frau, die Juristin Gertrud Susanne Jellinek (1906–1987), die junge aufstrebende Literatin Hilde Spiel kennen. Gertrud kennt die Autorin durch Fritz Kramer, den Freund seit Kindheitstagen und künftig erfolgreichen Pianisten der Comedy Harmonists. Dieser fädelt ein Zusammentreffen zwischen Hilde und Gertrud in einer Wiener Bar ein – es gebe da eine wunderbar interessante Schriftstellerin in seinem Freundeskreis, diese müsse man unbedingt kennen. Hilde Spiel, das dunkle Haar grellblond gefärbt, markant geschminkt und unbändig rauchend, schockiert die „gut situierte" Gertrud durch ihr Auftreten. Der erste Eindruck weicht im Gespräch – Gertrud und Hilde sind unmittelbar voneinander berührt.[16] Durch Eric Zeisls Verbindung zu Gertrud Jellinek wird nun

---

[14] Programmzettel: *Orchesterkonzert*, Großer Ehrbarsaal, 10. März 1938 (Zeisl-Nachlass, weiterhin: ZN).
[15] *Brünner Tagesbote*. 16. März 1938 (ZN).
[16] Information Barbara Zeisl-Schoenberg, Februar 2008.

auch für diesen die Freundschaft zu Hilde Spiel zur bedeutenden Lebens-Konstanten – von „einem neuen Zirkel von Freunden", in welchen sie damals „geraten war", spricht die Literatin später. Dort spielt sie „in improvisierten Theateraufführungen mit", hört „bei kleinen Hauskonzerten den Komponisten Erich Zeisl ganze Symphonien von Bruckner und Mahler auf dem Klavier simulieren" und versucht sich „im Chor seiner eben entstehenden Messe."[17]

Hilde Spiel ist ein Kind des wohlhabenden Bürgertums. Am 19. Oktober 1911 wird sie in die assimilierte Wiener jüdische Familie des k. und k. Offiziers, Ingenieurs und technischen Wissenschaftlers Hugo F. Spiel (1886–1945) und der Marie Spiel (geborene Gutfeld, 1890–1951) geboren. Sie ist die Tochter von bereits vor ihrer Geburt zum katholischen Glauben konvertierten Juden, in christlichem Geiste wird sie erzogen. Weltoffenes „Klima der Reinheit, der Güte und Humanität", aber auch ein „Klima der schönen Illusionen"[18] inhaliert Hilde Spiel als eine der Schülerinnen Eugenie Schwarzwalds (1872–1940) an deren reformpädagogisch orientierter „Frauen-Oberschule". Prägend für die Schriftstellerin und Studierende der Philosophie und Psychologie ist der Kontakt zu Moritz Schlick (1882–1936) und Karl (1879–1963) und Charlotte Bühler (1893–1974): Durch Schlicks Lehre des logischen Positivismus sieht sie sich, ein „Kind, von kosmischen Ängsten geplagt, eine junge Person, verstört von den widersprüchlichen Theorien und Ideologien [...], mit einem Schlag aus der Wirrnis befreit". Schlick bringt „Erhellung, Beruhigung, Zuversicht", seine Studierenden hält er „zu Vorsicht gegenüber jeder apriorischen Behauptung, zu genauer Prüfung aber auch jeder vermeintlichen politischen Patentlösung"[19] an. Dies erspart „viele Irrwege" und wird zum Leitgedanken in späterer Zeit. Als Autorin ist Hilde Spiel bereits ab 1929 ständige Mitarbeiterin der *Neuen Freien Presse*, mit *Kati auf der Brücke* erscheint 1933 bei Zsolnay der erste Roman. Ist ihr das Bürgerkriegs-Jahr markant einschneidend, so sind für den Schritt in das Exil die Ermordung Moritz Schlicks durch einen „überspannten Studenten völkisch-mystischer Gesinnung" und die öffentliche Reaktion

---

[17] Spiel, Hilde: *Die hellen und die finsteren Zeiten. Erinnerungen 1911-1946*. München 1989, S. 93.
[18] Ebd., S. 56.
[19] Ebd., S. 74.

darauf ausschlaggebend: „So kam, unter einem immer dunkler werdenden Himmel, […] die Liebe und Treue zu unserem Land immer mehr ins Schwinden. Wenn der Februar 1934 ein erster Anstoß für mich gewesen war, meine Heimat zu verlassen, dann bekräftigte der Mord an Schlick meinen Entschluß."[20]

Im Oktober 1936 flüchtet Hilde Spiel mit dem 1933 von Deutschland nach Österreich emigrierten, in Autorenkreisen bereits etablierten Peter de Mendelssohn (1908–1982) nach England: „Ich verkroch mich in den Bauch des Schiffes und fühlte mich elend. […] Wir stiegen in den Zug nach London ein. […] Es roch nach Rauch und Virginiatabak, nach Lucky Strike-Zigaretten wie in der Pariser Métro, aber doch anders, ganz anders, wahrhaft fremd."[21] Im Londoner Exil hält die Autorin anfangs noch Kontakte zu österreichischen Medien, so schreibt sie etwa unter der Rubrik „Londoner Notizbuch" für das *Neue Wiener Abendblatt* und verfasst Filmrezensionen. Als Korrespondentin ist sie bis 1937 für den *Wiener Tag*, den *Morgen*, die *Wiener Allgemeine Zeitung*, das *Prager Tagblatt*, das *Neue Wiener Journal*, *Das Kleine Frauenblatt* oder *Die Bühne* tätig. 1939 veröffentlicht sie im wenig anspruchsvollen *Daily Express* ins Englische übersetzte Kurzgeschichten, ab 1944 ist sie freie Mitarbeiterin des linksliberalen Intellektuellenblatts *New Statesman*, in dessen Auftrag sie als „War Correspondent" 1946 erstmals nach Kriegsende wieder nach Wien reist. Wichtig für die Literatin wird der Aufenthalt in Berlin von November 1946 bis Sommer 1948: Unter anderem tut sich 1947 die Tätigkeit als Theaterkritikerin für die Berliner Ausgabe der *Welt* auf, für die auch Peter de Mendelssohn arbeitet. 1963 kehrt Hilde Spiel nach Österreich zurück, am 30. November 1990 stirbt sie in Wien.[22]

---

[20] Spiel, Hilde: *Rückkehr nach Wien. Tagebuch 1946.* München 1971, S. 101f.
[21] Spiel, *Helle und finstere Zeiten*, S. 147.
[22] Wiesinger-Stock, Sandra: *Hilde Spiel. Ein Leben ohne Heimat?* Wien 1996.

# HILDE SPIEL an GERTRUD ZEISL

*London, 23. März 1959*

Mein liebes, innigst geliebtes Suserl,
Du kannst Dir nicht denken, wie dankbar ich Dir für Deinen Brief bin. Seit mehr als zwei Wochen habe ich täglich mit mir gekämpft, ob und wie ich Dir schreiben soll, denn ich hatte die furchtbare und ganz und gar unfaßbare Nachricht in Wien, wo ich zwei Monate war, knapp vor meiner Abreise erfahren und war wie gelähmt davon. Vor allem wusste ich keine Einzelheiten, und wollte erst dem Fr. [Friedrich] Porges schreiben, damit er mir Genaueres sagt. Mir war und ist zu Mute, als hätte ich meinen Bruder verloren! Du weißt sicher, <u>wie</u> ich an Erich gehangen habe, <u>wie</u> ich an sein Genie geglaubt habe und noch glaube, <u>wie</u> ich mich auf ein Wiedersehen gefreut habe. Ich will nicht mehr sagen, um Dich nicht unnötig zu erschüttern. Ein schlimmerer Schlag hätte mich unter meinen Freunden kaum treffen können.

Suserl, ich danke Dir, daß Du mir sagst, wie es dazu gekommen ist. Es gibt mir einen Trost – die wunderbare Leichtigkeit dieses Todes, die den wenigsten vergönnt ist, und vielleicht einen zweiten, daß die Welt jetzt auf ihn aufmerksam werden wird, wie sie es längst hätte tun sollen. Ich werde alles, alles tun, um seinem „Hiob" zu helfen. Du weißt, daß ich sehr mit Prof. O. F. [Oscar Fritz] Schuh befreundet bin, der in Salzburg jedes Jahr ein neues Opernwerk inszeniert und außerdem Intendant der Städtischen Bühnen (auch Oper) in Köln geworden ist – eine der ersten Bühnenkapazitäten von Deutschland. Ihm wollte ich immer die Oper schicken, wenn sie fertig ist, und jetzt wird er sie eben als unfertige kriegen! Auch [Rolf] Liebermann, der jetzt Opernintendant in Hamburg ist, kenne ich gut. Und den einflußreichen Musikkritiker [Hans Heinz] Stuckenschmidt.

Bitte schicke mir also, so wie sie kopiert ist, die Oper. Ich habe ja bei Erich in Hollywood etwas daraus gehört und war begeistert! Und schreibe mir überhaupt, mein Suserl, wie Du Dir Dein Leben einrichtest, was Barbara macht, ob Du nicht eines Tages doch herüberkommst. Wie alle Freunde Erichs, mache ich mir jetzt Vorwürfe, so wenig geschrieben zu haben, aber das Leben ist so anstrengend, wir opfern alle unseren Kindern so viel Zeit und Mühe, plagen uns um so viel mehr, als wir es je für möglich gehalten hätten, daß für unsere Freunde, für einen privaten Briefwechsel, für eine Privatexistenz überhaupt keine Zeit bleibt. Aber es gibt nichts, was ich für Dich nicht tun würde, wenn es in meiner Macht steht, so wie ich es für Erich getan hätte. Holde Freundschaften aus der Jugend kann nichts brechen!

In Wien war es Ruth Jungk, die mir die Tatsache mitteilte. Sie hatte es gerade von [Ingo] Preminger erfahren. Auch sie und ihr Mann waren noch völlig verstört. Und ich muß Dir nicht eigens sagen, wie Peter es aufgenommen hat. Er schickt Dir die innigsten Grüsse! Ich umarme Dich, mein Suserl.

In Liebe Deine Hilde

Einen Monat nach dem Tod Eric Zeisls verfasst Hilde Spiel den „Kondolenzbrief" an die nach ihrem zweiten Vornamen „Susanne" liebevoll „Susi" oder „Suserl" genannte Gertrud Zeisl. Eric Zeisl verstirbt am 18. Februar 1959 unerwartet nach einer Vorlesung am Los Angeles City College im Alter von nur 53 Jahren an den Folgen eines Herzinfarkts. Hilde Spiels Brief eröffnet den Blick in verschiedene Welten: Die Zeilen erfassen die gemeinsam verbrachte Jugendzeit in Österreich, Personen wie Friedrich Porges (1890–1978), Ingo Preminger (1911–2006) oder Ruth Jungk (1913–1995) halten Bezug zum Exilantenleben, über Oscar Fritz Schuh (1904–1984), Hans Heinz Stuckenschmidt (1901–1988) oder Rolf Liebermann (1910–1999) wird das kulturelle Leben Europas der späten fünfziger Jahre greifbar. Der in Wien geborene und dort journalistisch tätige Friedrich Porges kommt über Zürich und London 1943 nach Hollywood, wo er für das Exilorgan *Aufbau* schreibt. In der Sektion „Die Westküste" führt Porges seit Hans Kafkas (1902–1974) Ausscheiden aus der Redaktion des Blatts die Kolumne „Man-About-Hollywood" und setzt ab 1947 in der Berichterstattung zum Society-Geschehen Hollywoods Kafkas Tradition dessen Kolumne „Hollywood Calling – Hans Kafka Speaking" fort. Zeisls Werk ist ihm bekannt – unter „Opern-Uraufführung in Los Angeles" rezensiert er am 30. Mai 1952 im *Aufbau* die in Los Angeles gefeierte Uraufführung[23] des Singspiels *Leonce und Lena* (1937): „Es wäre nur zu wünschen, dass Zeisls Werk seinen Weg auf die grosse Opernbühne fände. Es könnte anhaltenden Erfolg erringen und würde ihn auch verdienen!"[24] Zu „Erich Zeisl – 50 Jahre" schreibt Porges im Mai 1955: „Die fast siebzehn Jahre der Immigration sind zu den fruchtbarsten des Komponisten Erich Zeisl geworden. Denn er zählt zu den schaffenden Künstlern, denen das erschütternde äussere Erlebnis des Entwurzeltwerdens zu einem starken inneren wurde, das sich in schöpferischen Ausdruck umsetzte. Das jüdische Schicksal wurde zum Thema seiner bedeutenden musikalischen Werke, die in diesen vergangenen Jahren entstanden und die in Amerika bei Kritik und Publikum enormen Anklang fanden."[25] Nach 1945 ist Porges Hollywood-Korrespondent für österreichische, Schweizer und bundesdeutsche Zeitungen – Hilde Spiel hat guten Grund, ihn als Informationsquelle zum Tod Erics heranzuziehen. Ingo Preminger, der Bruder des Regisseurs und Produzenten Otto Preminger (1905–1986), überbringt die Todesnachricht an Ruth Jungk. In Los Angeles ist der aus Czernowitz stammende Ingo Preminger als Produzent und ebenso wichtiger Anwalt für während der McCarthy-Ära auf der „black list" stehende und von den Studios verbannte Filmleute (wie etwa Paul Henried) tätig, nach dem Krieg führt er lange Zeit einen Zweitwohnsitz im Raum Salzburg. Verbindungen tun sich auf zu Zeisl auf der einen Seite – Barbara Zeisl-Schoenberg erinnert sich, als Kind regelmäßig die Kinder von Ingo und Käthe Preminger und dazu die des Schauspielers und Filmdirektors Paul Henried (1908–1992) getroffen zu haben[26] – und zu Hilde Spiel, die ab Mitte der fünfziger Jahre in St. Wolfgang im Salzkammergut ihr Zweitdomizil hat, auf der anderen Seite. Ruth Jungk, die Tochter des Wiener Verlegers Philipp Suschitzky, ist die Gattin des Schriftstellers und Zukunftsforschers Robert Jungk (1913–1994). Dieser, 1933 in Berlin verhaftet, anschließend nach Paris gelangt, reist illegal wieder nach Berlin, hält dort Kontakte zum Wider-

---

[23] Programmheft: *Spring Opera Production 1952, „Leonce and Lena"*, The Los Angeles City College Opera Workshop, The Los Angeles City College Auditorium, 16.-17. Mai 1952 (ZN).
[24] Porges, Friedrich: *Opern-Uraufführung in Los Angeles. „Leonce und Lena" von Eric Zeisl.* In: *Aufbau.* 30. Mai 1952 (ZN).
[25] F.P. (Friedrich Porges): *Erich Zeisl – 50 Jahre.* In: *Aufbau.* 20. Mai 1955 (ZN).
[26] Information Barbara Zeisl-Schoenberg, Februar 2008.

stand, flüchtet 1937 nach Prag, kehrt im Sommer 1938 nach Paris zurück und bleibt ab dem Frühjahr 1939 in Zürich. Ab 1944 ist Jungk Korrespondent für den Londoner *Observer* in Bern, anschließend, so wie später auch Hilde Spiel, für die *Weltwoche*. 1945 zählt er wie Peter de Mendelssohn zu den Berichterstattern beim Nürnberger Prozess. Seit 1949 ist Los Angeles den Jungks Wohnsitz, 1952 wird Sohn Peter Stephan geboren, 1957 übersiedelt die Familie nach Wien, 1970 schließlich nach Salzburg. Der Kontakt zwischen ihnen und den Zeisls kommt über die gemeinsame Freundin Hilde Spiel zustande, welche die Jungks später immer wieder in St. Wolfgang trifft.[27] Heute ist der Autor Peter Stephan Jungk mit der Zeisl-Tochter Barbara befreundet.

Mit *Hiob* rührt Hilde Spiel an ein Hauptanliegen Eric Zeisls: 1939 erhält der Komponist in Paris den Auftrag für die Bühnenmusik zu Joseph Roths *Hiob*. Das Stück wird im Gedenken an Roth (1894–1939) mit deutschsprachigen Emigranten im Théâtre Pigalle aufgeführt, Zeisl fasst den Plan zur Ausarbeitung des Materials zur Oper, Hans Kafka wird sein Librettist. Die Finalisierung des Projekts in den Vereinigten Staaten ist durch finanzielle Probleme Zeisls und eine schwere Erkrankung Kafkas (zwischen 1953 und 1955) immer wieder blockiert. Zwar verbringt Zeisl die Sommermonate 1957 über ein Stipendium im Rahmen der Huntington Hartford Foundation und komponiert an der Oper weiter, nachdem auch Kafka die Arbeit am Libretto wieder aufnimmt – der in vier Akten konzipierte *Hiob* bleibt dennoch Torso: Kafkas Text liegt vollständig vor, Zeisl komponiert den I. Akt fertig, der II. Akt ist in nur zwei Szenen vorhanden. Noch bis kurz vor seinem Tod kann Zeisl die Orchestrierung der zweiten Szene des II. Akts beenden. Hilde Spiel versucht nun nach Erics Tod im Jahr 1959 über ihre Kontakte zur deutschen und österreichischen Musikwelt, *Hiob* auf die Bühne zu bringen: Rolf Liebermann, von 1957 bis 1959 Leiter der Hauptabteilung Musik im Norddeutschen Rundfunk, ab 1959 Intendant an der Hamburgischen Staatsoper, Hans Heinz Stuckenschmidt, nach Kriegsende Leiter der Abteilung „Neue Musik" beim Berliner „Rundfunk im amerikanischen Sektor" (RIAS), Musikkritiker für *Die Neue Zeitung* und ab 1957 für die *Frankfurter Allgemeine Zeitung*, und der Dramaturg, Regisseur und Theaterleiter Oscar Fritz Schuh, nach

---

[27] Information zu Robert und Ruth Jungk: Peter Stephan Jungk, e-mail 13.03.2008.

Engagements in Wien und Salzburg und der Leitung des Berliner Theaters am Kurfürstendamm nun in Köln tätig, sind dabei Hilde Spiels Ansprechpartner. Diesen Personen ist sie über ihre Tätigkeit als Kulturkorrespondentin für verschiedene Medien, vor allem aber als Theaterkritikerin für *Die Welt* (1947) während ihres Berlin-Aufenthalts verbunden. Eine Aufführung von *Hiob* kann sie dennoch nicht erwirken, das Werk ist bis dato (Juni 2008) unaufgeführt. Diskussionen um das Stück durchziehen Zeisls Korrespondenz, sei es in Berichten zur Pariser Bühnenaufführung, zum Stand der Komposition und den damit verbundenen Problemen oder sei es letztlich in Hans Kafkas gegenüber Gertrud Zeisl nach Erics Tod geäußertem Wunsch, das Werk über das vorhandene Material vollenden zu wollen. So taucht das Lebensstück *Hiob* immer wieder auf, bildet – durch

*Abb. 2: Eric Zeisl und Gertrud Jellinek, frühe 1930er Jahre (ZN)*

die Erwähnung in Spiels Kondolenz und durch jene in Kafkas gegen Ende gesetzter – auch der Briefedition eine Klammer.

Am 29. Dezember 1935 heiraten Eric Zeisl und Gertrud Jellinek, das Paar bezieht die erste gemeinsame Wohnung in der Mölkerbastei 3 im I. Wiener Gemeindebezirk. Die Zeit um den „Anschluss" verbringen die Zeisls in Wien. Um Denunziation, Verhaftung oder Deportation zu entkommen, weichen sie über Ostern 1938 kurzfristig nach Baden bei Wien aus, kehren wieder nach Wien zurück und bleiben schließlich über die Sommermonate 1938 in dem als sicher geltenden Kurort Baden, wo sie in der Villa des Gabriel Kraus, Marchetstraße 82, wohnen. Die folgenden an Hilde Spiel nach London gerichteten Briefe erfassen den Zeitraum von April 1938 bis Oktober 1938. Mit den Worten „Wir hoffen in 2 Wochen in france zu sein und werden Dir sofort von dort, falls ich noch lebe, schreiben", schickt Zeisl aus Wien am 19. Oktober 1938 die letzte Nachricht nach London vor der Flucht aus Österreich.

Emotionale Ambivalenz und Depression bestimmen diese Zeit, dementsprechend gestaltet sich Zeisls Schaffen: Im Jänner 1938 schreibt er mit dem „Abgesang" *Komm süsser Tod* das letzte Lied in deutscher Sprache – „Komm süsser Tod, komm sel'ge Ruh, komm führe mich in Friede, weil ich der Welt bin müde. Ach komm, ich wart' auf Dich, komm bald und führe mich, drücke mir die Augen zu. Komm sel'ge Ruh." Ähnlich im Tonfall nimmt sich der auf 18. Februar 1938 datierte A-cappella-Chor *In tiefem Schlummer* (*Langsam*) nach dem altgriechischen Chorlyriker Alkman (7. Jh. v. Chr.) aus („In tiefem Schlummer liegt die Welt, liegt Berg und Tal und Flur und Feld, und alles was auf Erden lebt, der Bienen Volk, des Waldes Heer und was da haust im dunklen Meer und was da hoch in Lüften schwebt liegt alles nun in tiefer Ruh"), sowie der auf 25. Februar 1938 datierte A-cappella-Chor *Am Abend* (*Lento*) nach Johann Christian Herder („Abermal ein Teil vom Jahre. Abermal ein Tag vollbracht. Abermal ein Schritt zur Bahre und ein Schritt zur Gruft gemacht. Also nähert sich die Zeit nach und nach der Ewigkeit. Also müssen wir auf Erden zu dem Tode reifer werden").

Tenor und Bass eröffnen den Alkman-Text *In tiefem Schlummer* in parallel geführten Quinten, Sopran und Alt reagieren bei Liegetönen des Tenor-Bass-Fundaments mit Wiederholung des Texts in Quartparallelen. Die Rezitation auf gleichbleibenden Tönen erinnert an den statischen Chorgesang der griechischen Tragödie. Das Stück lagert auf A, a-Moll, d-Moll, g-Moll, B-Dur sind die eingangs berührten Klangflächen, der erniedrigten 2. Stufe kommt klangbestimmendes Moment zu, kurz tut sich Assoziation mit dem Phrygischen auf. Ab dem erzählenden „der Bienen Volk [..]" arbeitet Zeisl kanonisch, dabei hält er die Koppelung Tenor-Bass und Sopran-Alt mit der Quart als markantem Intervall des Stimmabstands nun sowohl in den Frauen- als auch in den Männerstimmen bei. Erstmals in der rhythmischen Fortschreitung aller vier Stimmen synchron, in eine Es-Sphäre getaucht, wirkt die Aussage bei „liegt alles nun in tiefer Ruh" verstärkt, um anschließend wieder in die anfängliche Stimmen-Kombination zu zerfallen, „tiefe Ruh" im zum Es in Tritonus-Spannung stehenden Grundton A zu finden und den Satz auf der offenen Dur-Subdominante zu beenden.

Differenzierter sind die Gestaltungsmittel im Chor nach Herder: Ein alle Stimmen fassender, schreitender „Trauerkondukt" im g-Moll *Lento* bildet den Rahmen im eröffnenden und schließenden „Abermal ein Teil vom Jahre. Abermal ein Tag vollbracht". Mit dem „Schritt zur Gruft" löst der Bass sich, tritt, in Sekundschritten abwärts geführt und den Raum einer Oktave durchmessend, in das tiefe Register und bildet das Fundament für den unerwarteten G-Dur Akkord. „Also nähert sich die Zeit" als zur Kernaussage des Satzes führender Gedanke ist in abstraktes, polyphones Geflecht gebunden, „nach und nach der Ewigkeit" wiederum in homophones Gefüge, welches im terzlosen, unbestimmt-vagen Quintklang As-Es endet. Der Hauptgedanke „Also müssen wir auf Erden zu dem Tode reifer werden" wird bei gleicher Wertigkeit aller einsetzenden Stimmen kanonisch verarbeitet, bis der Sopran sich als führend etabliert und die restlichen Stimmen in Komplementärrhythmik ergänzend reagieren. Ein nochmaliges Auffächern der Stimmen in wiederum versetztem Einsatz bereitet die exponierte Dur-Dominante vor, aus welcher heraus der Satz in der die Sphäre von Tod und Grab symbolisierenden Tonart g-Moll einrasten kann.

Mit diesen der Sprache verbundenen Werken hinterlässt Zeisl seine überhaupt letzte in Österreich komponierte Musik. Denkt man an den Klangkörper der *Passacaglia* (1933/34) oder der *Kleinen Symphonie* (1935/36), die schillernd tanzende Ballettmusik *Pierrot in der Flasche* (1929), die farbig instrumentierten *Mondbilder* (1928) oder die bewegliche Kammermusik, so zeigen sich die Wort-Vertonungen aus 1938 als nach innen gewandte Aussagen. 1937 noch am heiteren Singspiel *Leonce und Lena* komponierend, schreibt Zeisl 1937/38 mit den Klavierstücken *November* bzw. den gleichlautenden *Sechs Orchesterskizzen für kleines Orchester* (I. *Langsam, religioso, 3 Novemberstimmungen*, II. *Langsam fliessend. Moderato*, II. *Mässig. Ein Regentag*, IV. *Herbsttanz. Stürmend*, V. *Frei im Vortrag. Hirtenmelodie*, VI. *Heroisch. Sterben des Sommers*) die letzte Instrumentalmusik vor der Flucht – allein in der Titelgebung auch hier Abschieds- und Todesstimmung. Mit Ende 1937 und dem Frühjahr 1938 stagniert Eric Zeisls Schaffen.

## ERIC ZEISL an HILDE SPIEL

*Wien, 18. April 1938*

Liebe Hilde!
Vielen Dank für Deinen l. Brief. Leider ist es mit dem Komponieren nicht viel los. Ich warte auf einen Text von euch (Hugo [Königsgarten], Peter, Hilde.) Ich habe eine derartige musikalische Kraft in mir wie du es Dir nicht vorstellen kannst. Leider habe ich kein Textbuch um mir all diese furchtbaren Gewalten loszukomponieren. Ich freue mich, dass es euch so gut geht, dass ihr soviel Arbeit und Erfolg habt, was man von mir gerade nicht behaupten kann. – Ich möchte sehr gerne mein Glück in London versuchen. Glaubst Du, dass ich irgendwelche Möglichkeiten habe? Bitte schreibe mir Deine Meinung ich bekomme so gerne Post von euch und da hat man nicht mehr so das Gefühl der grenzenlosen Verlassenheit. Viele Grüsse in alter treuer Freundschaft von eurem Zeisl

## ERIC ZEISL an HILDE SPIEL

*Wien, 3. Mai 1938*

Liebe Hilde!
Habe mit vieler Freude Deinen l. Brief gelesen. Dein Roman ist angenommen. Das ist doch grossartig. Ich habe mich darüber schrecklich gefreut. Wenigstens ein Mensch der etwas wird.

Ich schreibe momentan gar nichts. Bin nicht in Stimmung. Nur manchmal habe ich das Gefühl, dass noch Grosses in mir steckt. Es kommt aber leider nichts heraus. – Vielleicht werde ich nicht mehr komponieren können. Es wäre entsetzlich und mein Leben verwirkt. Wie geht es dem l. Peter? Bitte sei nicht böse, wenn die l. Trude Dir nicht schreibt. Sie hat aber sehr viel zu tun und wird Dir sicher extra schreiben wenn sie nicht zu müde dazu ist. Heute kommen Deine l. Eltern zu uns. Ich freue mich schon sehr auf sie. Sind doch zwei liebe Menschen. – Anbei schicke ich Dir einige Bände Lieder. Vielleicht kannst Du etwas damit machen. Mit Partituren musst Du Dich noch gedulden. Ich lasse alle abschreiben. Werde Dir dann einige schicken. Bin im Londoner Radio schon aufgeführt worden. Bitte lasse den lieben Hugo nicht auf das Requiem vergessen. Hat 300 S. gekostet und ist eine wochenlang von mir corrigierte Partitur. Also unersetzlich. – Heute regnet es in Strömen und mir ist so trostlos zu Mute. Ich vertraue auf Gott! Er wird mich nicht verlassen. – Bitte schreibe bald ich bekomme für mein Leben gerne Post.

Mit vielen Grüssen auch an den l. Peter bleibe ich Dein alter Zeisl

Hilde Spiel und Peter de Mendelssohn heiraten kurz nach ihrer Ankunft in London im Oktober 1936. In 59, Linden Gardens, bewohnen sie anfangs eine kleine möblierte Substandardwohnung,[28] die Briefe Zeisls gehen bereits an 17 Winchester Court, Vicarage Gate, London W8. Die Eltern Hugo und Marie Spiel können im Sommer 1938 über Verbindungen der Spiel-Mendelssohns zu englischen und amerikanischen Freunden nach England geholt werden. Der Vater, von den englischen Tribunalen in seiner Loyalität gegenüber dem Immigrationsland angezweifelt, wird nach Kriegsbeginn monatelang auf der Isle of Man interniert. Er verstirbt im Sommer 1945 in London. Intensiv widmet Hilde Spiel sich der neuen Sprache, die österreichische Autorin will Eingang in die englische Kultur und Gesellschaftsstruktur finden: Mit der Unterstützung von Peter de Mendelssohn, der 1936 zum Londoner Vertreter der von Prinz

---

[28] Wiesinger-Stock, *Hilde Spiel*, S. 60.

Hubertus zu Löwenstein (1906–1984) gegründeten American Guild for German Cultural Freedom wird und ab 1939 im Intelligence Service des Ministry of Information arbeitet, und dem Schriftsteller Eric Dancy übersetzt sie den ursprünglich in der Muttersprache verfassten Roman *Flöte und Trommeln* ins Englische. Der Text, humanistisches Bekenntnis und Kriegswarnung zugleich, erscheint 1939 als *Flute and Drums* im Londoner Verlag Hutchinson & Co. Im *Daily Express* gelingt ihr die Veröffentlichung übersetzter Kurzgeschichten. Auch Zeisl nimmt Kontakt mit der Londoner Kulturszene auf: Neben dem Gedanken, überhaupt dorthin auszuwandern, schickt er Werke wie etwa das *Requiem Concertante* (1933/34) an Hilde Spiel und Hugo Friedrich Königsgarten mit der Bitte, Konzertaufführungen in England zu urgieren.

Hugo F. Königsgarten, in Brünn geboren, in Berlin aufgewachsen, 1933 nach Österreich geflüchtet, ist Zeisls Freund der Wiener Zeit. So wie die Spiel-Mendelssohns landet auch er im englischen Exil, von dort aus kommuniziert er mit Eric Zeisl. In den Wiener Jahren nach 1933 kann Königsgarten sich in der unter austrofaschistischer Diktatur blühenden Kleinkunstszene etablieren: Die politische Haltung dieser Bühnen ist antifaschistisch – in der „Konkurrenzsituation" zwischen Austrofaschismus und Nationalsozialismus ist den österreichischen Behörden Kritik an Hitler im Sinne ideologischer Abgrenzung zum deutschen Nachbarn dienlich.[29] Hugo F. Königsgarten schreibt für Stella Kadmons[30] literarisches Kabarett „Der Liebe Augustin" und für das „ABC" („Brettl am Alsergrund"). Dem „Augustin"-Team gehört er ab 1934 an, wesentlich wirkt er dort auf die Programmgestaltung ein. Vor allem in der gemeinsam mit Gerhart Herrmann Mostar (1901–1973) geschriebenen Szenenfolge *Reinecke Fuchs* erfährt die politische Orientierung des „Lieben Augustin" durch Königsgarten fassbare Deutlichkeit: Im Gleichnis der Tierparabel stellt sich Hitlers aggressive Machtpolitik und die Ohnmacht, Unentschlossenheit und Paralysiertheit der europäischen Staaten dar. Für Zeisl erarbeitet Hugo F. Königsgarten in Wien das Libretto zu *Leonce und Lena* (1937) nach Georg Büchner (1813–1837). Eine Aufführung dieses

---

[29] Rösler, Walter (Hg.): *Gehn ma halt a bisserl unter. Kabarett in Wien von den Anfängen bis heute.* Berlin 1993, S. 155-268.
[30] Vgl. dazu Mandl, Henriette: *Cabaret und Courage. Stella Kadmon – Eine Biographie.* Wien 1993.

*Lustspiels mit Musik* ist für April/Mai 1938 unter Kurt Herbert Adlers Dirigat im Schönbrunner Schlosstheater geplant – am 10. März 1938 findet die letzte Vorstellung des „Lieben Augustin" statt, wenig später wird auch *Leonce und Lena* boykottiert. Noch im selben Jahr flüchtet Königsgarten nach Großbritannien.

Kurz nach seiner Ankunft im englischen Exil entwirft er unter dem nachwirkenden Eindruck der März-Ereignisse 1938 die „semi-autobiographical short story" „Letzte Tage in Wien" – im Kern die Geschichte einer an der Flucht des jüdischen Protagonisten zerbrechenden Liebesbeziehung: „Und dann sprach er vom Judentum, von dem von Gott auserwählten Volke. Auserwählt zum Leiden. Ewiger Fluch, gemieden, verfolgt, ausgestoßen – in immer wiederkehrenden Phasen – seit Jahrtausenden. […] In der inneren Stadt ein beängstigendes Gedränge. Der Puls von Wien war beschleunigt, fieberisch. […] Was war auf der Stephanskirche zu sehen? Alles schaute hinauf. Eine mächtige rote Fahne blähte sich dort und die schwarze Spinne darauf tanzte im Winde."[31]

Für den in Wien bleibenden Zeisl wird die Situation zusehends prekär. Nur in Lederhosen und weißen Wollstutzen wagt er sich auf die Straßen – in einer ihm verhassten, die Nazi-Sympathisanten einenden „Uniform". Antisemitischer Hetze gegenüber findet er sich auch im Zufluchtsort Baden bei Wien. Am 2. Juli 1938 proklamiert die Kreisleitung der Stadt, die „Hakennasen und Säbelbeine" hätten „von der Oberfläche" zu „verschwinden".[32] Am 6. August 1938 polemisiert die *Badener Zeitung* gegen die angebliche „Judeninvasion" und fasst weiter, Baden wolle „internationaler Kurort sein und bleiben", „seinen deutschen Charakter wahren", nicht „der Sammelpunkt aller Wiener Juden sein".[33] Bereits am 29. Juni 1938 erstellt die Stadtgemeinde Baden ein mit der Bezirkshauptmannschaft und der Kreisleitung der N.S.D.A.P. Baden abgestimmtes Schreiben an Herrn „Zeisl Erich Baden b. Wien Marchetstrasse 82", welches diesen aus „kurörtlichem Interesse und zur klaglosen Aufrechterhaltung der Ordnung und Ruhe" anhält, „das Gebiet der Stadt- und

---

[31] Dokumentationsarchiv des österreichischen Widerstandes (DÖW), Nachlass Hugo Friedrich Königsgarten, 16 637/4, 10.10.2001.
[32] Zitiert nach Fleischmann, Kornelius: *Baden 1918-1948. 30 Jahre im Spiegel der Badener Zeitung.* o.O. 1979, S. 109f.
[33] *Badener Zeitung.* 6. August 1938.

Kurgemeinde Baden b. Wien binnen 48 Stunden nach Empfang dieser Aufforderung zu verlassen."³⁴

## ERIC ZEISL an HILDE SPIEL

*Baden b. Wien, 25. Juli 1938*

Liebe Hilde!
Vielen Dank für Deinen l. Brief! Es ist wirklich rührend, wie brav Du bist. Ich werde Dir dies in meinem ganzen Leben nicht vergessen – Ich bin Dir sehr dankbar, dass Du die Partituren weggeschickt hast. – Die Engländer verstehen doch von meiner Musik sehr wenig. Ich habe mir dies gleich gedacht. – Wir sind leider noch um keinen Schritt weiter gekommen. Alles Mögliche haben wir schon versucht! Die l. Trude ist heute in Wien wo ich 2 Tage war um alles zu erledigen. – Ich möchte euch so gerne sehen, Du kannst Dir gar nicht vorstellen wie, Du hast so viel Lebenskraft und würdest mir ein bischen [sic!] Mut einhauchen, den ich ganz verloren habe. – Ich bin jetzt auf einige Zeit in Baden (Marchetstr 82.) wohin Du mir auch schreiben kannst. Ich möchte etwas für meine Gesundheit tun. – Ich freue mich sehr, dass Du Deine l. Eltern die ich so gerne habe mitgebracht hast. Wie wäre es mit uns? Du bist doch so lebenstüchtig, während wir 2 armen „Pampis" doch ewig am Mond leben und uns auf dieser Welt so gar nicht zurechtfinden können. Ich bin finanziell in Deiner Schuld. Ich werde es nicht vergessen. Was macht der l. Peter? Von Hugo habe ich keine guten Nachrichten. Er scheint schwer zu kämpfen. Wirst Du uns Deinen neu erschienenen Roman senden? Der l. Peter auch? – Ich habe ihn trotz des kurzen Zusammenseins in mein Herz geschlossen. Schreibt bald! und seid umarmt von eurem
    treuen Erich

---

³⁴ Schreiben der Stadtgemeinde Baden b. Wien an Eric Zeisl, 29. Juni 1938 (ZN).

## ERIC ZEISL an HILDE SPIEL (Postkarte)

*Baden b. Wien, 12. September 1938 (Poststempel)*

Liebe Hilde!
   Komme erst jetzt dazu Dir für Deinen l. Brief zu danken. Bin sehr viel in der Stadt um mir alles zu machen. Ich habe noch gar keine Aussicht auf ein Af [Affidavit]. Ich vertraue auf den l. Gott. Der wird seine Zeiserln nicht verlassen. Sonst geht es mir Gott s.D. ganz gut. Ich hoffe bis 15 Okt. hier zu bleiben. – Wie geht es euch? Ich freue mich, dass Du Deine l. Eltern die ich so gerne habe bei Dir hast. Wenn es auch knapp geht, es geht doch und das ist die Hauptsache. Ich arbeite hie und da (Instrumentation etc.) Es ist so wunderschön und still hier. Ich hätte euch gerne da. Man vergisst auf alles. – Wie geht es dem l. Peter? Habt ihr viel Erfolg? Kann ich Deinen und Peters Roman haben? Ich würde mich sehr darauf freuen. – Leider gibt es für mich vor der Hand kein Fortkommen. Denke an uns und sei vielmals gegrüsst von Deinem Erich

## MORRIS ZEISEL an ERIC, GERTRUD und WILHELM ZEISL (Typoskript)

*New York, 14. September 1938*

Dear Erich, Gertrud, and William,
   I received your letter, and immediately procured the affidavits for you. I hope these will be sufficient proof to enable you to get a visa to immigrate to the United States.
   I am doing everything within my power to help you, and I hope to receive a letter from you with good news.
   With kindest regards to all, I remain,
   Very sincerely,
   Morris Zeisel

Zum Nachteil der Immigranten ist die Einwanderungspolitik der Vereinigten Staaten geführt. Für das Einwanderungsvisum ist eine Bürgschaftserklärung, das Affidavit, notwendig, welches Garantie ablegt, dass der Antragsteller der amerikanischen Öffentlichkeit keine finanzielle Last darstellt. Eine nach Ländern organisierte Quotengesetzgebung regelt die Immigrationszahlen. Über das am amerikanischen Konsulat in Wien aufliegende New Yorker Telefonbuch macht Gertrud Zeisl in der Suche nach Namensgleichen sieben „Zeisls" aus, welche sie per Post kontaktiert. Morris Zeisel meldet sich als einziger. Der den Wiener Zeisls bis dahin unbekannte Namensvetter stellt das lebensrettende Affidavit für Eric, Gertrud und Erics Bruder Wilhelm – das Dokument ermöglicht die Einreise nach Frankreich.

Das New Yorker „Affidavit of Support, Cunard White Star Limited, United States of America"[35] wird am 20. September 1938 von einem amerikanischen Notariat freigegeben: Der in Österreich geborene Morris Zeisel ist damals 44 Jahre alt, hält sich seit 1913 in den Vereinigten Staaten auf, ist seit 1921 amerikanischer Staatsbürger und wohnt in 1555 West 11th Street, Brooklyn, New York. Der als „Master Plumber" tätige Zeisel garantiert „average weekly earnings" in der Höhe von 75$ und vermerkt als Sicherung unter „Cash value insurance, mortgages, stocks and bonds" den Eintrag „Metropolitan Life Insurance – $4000". Als obligatorisches „Verwandtschaftsverhältnis" zu Eric und Gertrud gibt der zweifache Familienvater „Cousin" an. Neben der Wohnadresse führt Morris Zeisels Brief die Firmenadresse Manbrook, Plumbing and Heating Co., Inc., 541–10th Avenue, NewYork.

## ERIC ZEISL an HILDE SPIEL (Postkarte)

*Wien, 19. Oktober 1938 (Poststempel)*

Liebe gute brave Hilde!
Vielen Dank für Deinen lieben Brief. Ich freue mich ja so wenn ich von euch etwas höre. Ich kann es Dir gar nicht sagen. Ein fühlendes Herz in dieser Zeit! Also höre! Wir haben vorges-

---

[35] Affidavit of Support, Morris Zeisel, 20. September 1938 (ZN).

tern von einem gänzlich fremden Telefonbuchzeisl ein Affidavit nach New-York bekommen. Was sagst Du dazu? Es wird natürlich sehr lange dauern bis da etwas herausschaut. Aber es ist doch ein Hoffnungsstrahl. Vor allem ist es viel zu schwach. Da muss man millionen Wege machen. – Wir hoffen in 2 Wochen in france zu sein und werden Dir sofort von dort, falls ich noch lebe, schreiben. Mit den Noten von denen Du sprichst ist es nichts. Alles schon verpackt. Beide Wohnungen bereits im Lift. Eine gigantische Leistung meiner braven Trude. Sei nicht böse, wenn Sie Dir nicht schreibt. Du kannst Dir gar nicht vorstellen, was Sie zu leisten hat. – Sage dem l. Hugo dass er mir doch schreiben soll; der Schurke! Servus und baldiges Wiedersehen! Euer Erich.

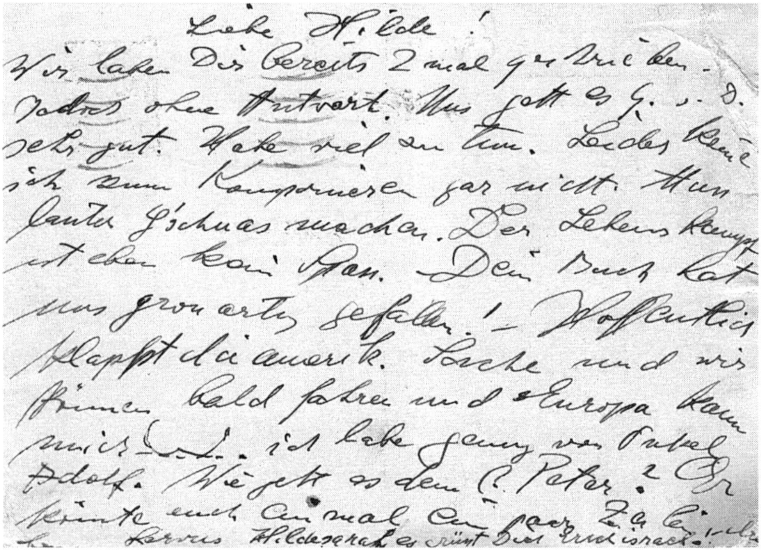

*Abb. 3: „Servus Hildesarah es grüsst Dich Erichisrael" – Eric Zeisl an Hilde Spiel: Paris, 7. April 1939 (ZN)*

## *Servus Hildesarah es grüsst Dich Erichisrael*

### ERIC ZEISL an HILDE SPIEL (Postkarte)

*Paris, November 1938 (Poststempel, unleserlich)*

Meine liebe gute Hilde!
Also wir sind gerettet! Alle 4 Buben, Trude und Schwiegermutter. Was wir mitgemacht haben in diesen Tagen, darüber könnte man Bücher schreiben. Leider habe ich meine l. Eltern zurücklassen müssen. Was hätte ich tun sollen? Also denke Dir der alte dumme Erich in Paris. In der Stadt aller Städte. Dies ist ein Leben hier, von dem man sich gar keine Vorstellung machen kann. Absolutes Schlaraffenland! Wie geht es euch? Deinen l. Eltern? Bitte schreibe recht bald! Wie es euch geht etc. – Wir haben noch keine Wohnung und leben vorderhand wie die Zigeuner. Aber wir leben! Und das ist das Wichtigste! Servus und bald schreiben! Trude grüsst Dich 1000 mal. Sie ist beim Friseur. Dauer 4 Stunden.

Mit der Flucht am 10. November 1938 verlassen Eric, Gertrud, Wilhelm Zeisl und die Schwiegermutter Ilona Jellinek das nach der Reichspogromnacht geschändete Wien zum letztmöglichen Zeitpunkt. Über Köln gelangen sie nach Paris. Das von Asylsuchenden überfüllte Hotel Perey, Cité du Retiro, Paris 8, bietet erste Unterkunft, dort warten bereits die früher angekommenen Brüder Egon und Walter (1902–1949). Wie vielen Vertriebenen wird auch den Zeisls Paris – im Glückstaumel darüber, das nackte Leben gerettet zu haben, als „Stadt aller Städte" und „absolutes Schlaraffenland" wahrgenommen – zur Durchgangsstation. Vor allem jedoch für die nach dem „Anschluss" aus Österreich Eingetroffenen gestaltet sich der Verbleib in Frankreich schwierig, denn restriktiv zeigt sich die Einwanderungspolitik des Landes. Die „Stadt aller Städte" soll nach den Richtlinien des regierungsnahen Comité national den Exilierten eben nur als Zwischenstation fungieren. Ein am 2. Mai 1938 von der französischen Regierung „im Interesse nationaler Sicherheit" erlassenes Dekret richtet sich hauptsächlich gegen die österreichischen Immigranten, am 12. Oktober 1938 wird in diesem Sinne durch das Innenministerium eine noch strengere Weisung verfügt, die „auch rückwirkende Geltung hat und die anordnet, dass allen Flüchtlingen, die ohne Visum oder mit einem Transitvisum nach Frankreich gekommen sind, das Aufenthaltsrecht in Frankreich zu verweigern ist".[36] Einreisen können die Wiener Zeisls nur, weil das Affidavit des „fremden Telefonbuchzeisls" die französischen Behörden eine Weiterreise in die Vereinigten Staaten annehmen lässt – zu den Sorgen um den weiteren Verbleib im Land sprechen die an Hilde Spiel nach London gerichteten Briefe. Vor allem mit dem Ausbleiben weiterer Nachrichten des New Yorker Affidavit-„Spenders" verschärft sich die Situation, die Österreicher sehen sich kurz vor der Abschiebung, welche letztlich Darius Milhaud (1892–1974) mit einem durch ihn erwirkten Schreiben des Innenministers Albert Sarraut (1872–1962) im März 1939 bannen kann.

In Paris stößt Zeisl neben Darius Milhaud auch auf Alma Mahler-Werfel (1879–1964) und Franz Werfel (1890–1945): In einem Kaffeehaus arbeitet er an Arrangements, Alma erkennt in ihm sofort den am Notenmaterial arbeitenden Musiker und spricht ihn an. Über die Mahler-Werfels wiederum lernt er den katholischen Priester und Publizisten Georg Moenius (1890–1953) kennen, ebenso trifft er auf den Komponisten Marcel Rubin und den Musikkritiker Paul Stefan (1879–1943) – beide kennt er bereits aus Wien. Zeisl wird Teil der Pariser Exilantenszene, hier geschlossene Kontakte ziehen weitere Kreise nach Übersee: Milhaud, der mit Personen der Pariser Zirkel in Kontakt steht, wird zum nahen Freund, von der „Golden Gate"-Stadt schreibt er später an die Zeisls nach Hollywood, Georg Moenius schreibt von Seattle, Washington, nach New York, in Los Angeles wird Alma Mahler-Werfel zur Vertrauten, schickt Kommentare von Beverly Hills nach West-Hollywood zu Erics Kompositionen und Gertruds dinner parties.

Die zwischen November 1938 und Jänner 1939 von Zeisl aus Paris nach London gesandten Briefe, welchen Hilde Spiel am 17. Jänner

---

[36] Zitiert nach Schwager, Ernst: *Die österreichische Emigration in Frankreich 1938-1945*. Veröffentlichungen der Kommission für Neuere Geschichte Österreichs, Bd. 74, Wien-Köln-Graz 1984, S. 12.

1939 in der Sprache ihres Exillands entgegnet, haben die neu gefassten Freundschaften zum unausgesprochenen Hintergrund, sie nehmen mit dem Blick nach Georg und Bettina Ehrlich, nach Lisel Salzer, Hugo F. Königsgarten und nach Gertruds Tante Melanie Schwarz aber auch auf Wiener Bekannte Bezug. Melanie Schwarz (1888–1976), die Schwester Ilona Jellineks, ist erfolgreiche Schauspielerin am Münchner Theater und dort 1917 in der Premiere von Feuchtwangers *Jud Süß* (Theaterfassung) gefeiert. Verbunden ist sie auch dem Film: Etwa als Darstellerin in der österreichischen Produktion *Zweierlei Blut* (1912) oder in dem mit Rudolph (1862–1930) und Joseph Schildkraut (1896–1964) prominent besetzten österreichischen Kurzfilm *Der Glücksschneider* (1916) nach dem Drehbuch Felix Saltens (1869–1945). Deutsche Produktionen sind Franz Ostens (1876–1956) Klischeefilme *Am Weibe zerschellt* (1919) oder *Aus Liebe gesündigt* (1919). Mela Schwarz emigriert nach England, später in die Vereinigten Staaten. Die Malerin Lisel (Alice) Salzer ist Gertruds Kinder- und Jugend-Freundin, Hilde Spiel und Eric Zeisl steht sie seit den dreißiger Jahren nahe. Salzer, nach der Studienzeit bei Hermann Grom-Rottmayer (1877–1953) und Ferdinand Kitt (1887–1961) in ihrer künstlerischen Tätigkeit vor allem von Josef Dobrowsky und Sergius Pauser (1896–1970) beeinflusst, stellt in Wien im Hagenbund, in der Secession und in der Galerie Würthle aus. Stilistisch vermeidet sie betont avantgardistische Ansätze, Zeisls moderat-moderne Sprache bildet dazu auf kompositionsstilistischer Ebene ein Pendant. Eine „kleine Wiener Bohème" – „Ich hatte viele Freunde und die meisten hatten mit Kunst zu tun. Trudes ,Verlobter' war der Komponist Erich Zeisl. Die Schriftstellerin Hilde Spiel hatte ihre erste Novelle als Achtzehnjährige veröffentlicht […]."[37] – formiert sich in Salzers Wiener Atelier in der D'Orsaygasse im IX. Wiener Gemeindebezirk: Diesem Kreis gehören auch die Hagenbund-Mitglieder Georg Ehrlich und Bettina Bauer-Ehrlich, eine Nichte Adele Bloch-Bauers (1881–1925), an. Lisel Salzer emigriert 1939 über Paris nach New York, Georg Ehrlich übersiedelt 1937 nach London, seine Frau folgt ihm 1938 ins englische Exil. Die Verbindung zwischen Lisel Salzer und den Zeisls bricht während der ersten Exiljahre ab – „Alles wegen des Dirndl-

---

[37] Zitiert nach Steinmetzer, Georg (Hg.): *Lisel Salzer – Ein Künstlerleben zwischen Wien und Seattle*. Wien 2003, S. 61.

bluserls. Ein österreichisches Schicksal"[38] – kommentiert Hilde Spiel dies später ironisch: Gertrud leiht einer Patientin des künftigen Salzer-Gatten Fritz Grossmann eine Dirndl-Bluse, die sie nie zurück bekommt – in den Briefen hingegen taucht das „österreichische Schicksal" immer wieder auf.

### ERIC ZEISL an HILDE SPIEL (Postkarte)

*Paris, 30. November 1938 (Poststempel)*

Liebe Hilde!
Wir sind schon 14 Tage in Paris, die uns viel zu rasch verflogen sind. Jetzt habe ich Verlängerung für 3 Jänner erhalten. Wie dem auch sei, unser Ziel geht nach Amerika, was für mich als einziges Land in Betracht kommt. Leider ist mir ein grosses Malheur passiert. Meine Kompositionen sind statt hierher nach Hamburg gegangen und plagen wir uns die Kisten hier her zu bekommen. Stelle Dir meine Nervosität vor! Nicht auszudenken! Meine Schwiegermutter lässt Dir vielmals danken für deine Verwendung für die Mela [Schwarz], die ein unausstehliches Vieh ist und mir keine Wurst schickt.
Wie geht es dem l. Peter? Deinen l. Eltern? Bitte schreib bald und inzwischen bekommst Du, weil der l. Peter nicht da ist ein Pussi von Deinem Erich

### ERIC ZEISL an HILDE SPIEL (Postkarte)

*Paris, 7. Dezember 1938 (Poststempel)*

Liebe Hilde!
Vielen Dank für Deine l Karte. – Es wäre eine grosse Hetz wenn Du kommen würdest. Hugo, und Schurl Ehrlich wollen auch kommen, vielleicht kommt alle zusammen! Ich hätte eine grosse

---

[38] Hilde Spiel an Gertrud Zeisl, 2. September 1986.

Freude. Kennst Du Schurl Ehrlich? Er wohnt London W. 615 St Peter square. Vielleicht suchst Du ihn auf. – Ich werde die l Trude erinnern an das was du von ihr verlangt hast. – Ich habe momentan eine Grippe überstanden und fühle mich noch ziemlich mies. Doch wird dies bald vorbeigehen. Meine Noten sind G.s. Dank schon hier nur kann ich sie nicht bekommen, weil die Leute so viel dafür verlangen. Die Hauptsache ist dass die Sachen nicht mehr im süssen Deutschland sind. – Was macht der l. Peter? Die Eltern? Schreibe bald! Servus Erich

Vielleicht treibst Du irgendwo einen Kalender für 1939 auf ich wäre Dir sehr dankbar.

Hoffentlich verlerne ich bald die deutsche Sprache!

## ERIC ZEISL an HILDE SPIEL (Postkarte)

*Paris, 10. Dezember 1938 (Poststempel)*

Liebe Hilde!

Vielen Dank für Deinen Kalender. Habe auch den Lippenstift schon besorgt geht heute ab, Zahlung streng verboten. – Wann kommst Du? Momentan leide ich an einer Grippe, die sich nach innen verschlagen hat. Habe grosse Schmerzen und fühle mich miserabel. Doch dies wird Dich nicht interessieren. Also Dein Roman erscheint? Grossartig! Und der l Peter hat auch Erfolg gehabt? Ihr habt das Zeug und werdet was Grosses. Wir zwei Pampis sind noch nicht über die Emigrantiasis hinaus gekommen und weiss ich nicht recht, wie ich dies anpacken soll. Momentan bin ich glücklich, dass ich meine Partituren schon habe. Schreibe bald und sei umarmt vom Komponisten Erich

## ERIC ZEISL an HILDE SPIEL (Postkarte)

*Paris, Jänner 1939 (Poststempel, unleserlich)*

Liebe Hilde!
Habe schon lange keine Nachricht von euch. Wie geht es euch? Wir sind sehr glücklich hier in Paris doch werden wir nicht hier bleiben können. Leider ist unser Affidavit sehr schwach und der Spender rührt sich trotz Tellegramm [sic!] nicht. Wir hängen daher sehr in der Luft. – Sonst habe schon zu tun Arrangements etc. aber immerhin Arbeit.
Schreibt bald! Servus Erich

## HILDE SPIEL an ERIC und GERTRUD ZEISL

*London, 17. Jänner 1939*

My dear Zeiserls,
Thank you very much for your nice letter when the baby was born, and for the New Year wishes! The same to all of you, from all my heart, and especially for Erich's success which he deserves so much! I hope you are all happy and confident!

We are very well, so far. The hardships of war haven't begun yet, and only loom somewhere behind the horizon. Yet this is the first year I don't look forward to the Spring, although it may be great fun watching little Christine take her sun-bath. My daughter is really a great pleasure and the only source of happiness these days, but I wish she were 10.000 miles afar from the war. I daresay you can be happy being so remote from the mess our beautiful Europe is in.

My parents are living with us in our new flat which is very beautiful and spacious. They may be able to go to America soon, but, strangely enough, try their best not to leave England.

Why don't you see Lisel? I wish you weren't so childish, Susi dear, and take up your good old friendship. In view of what happens nowadays these petty conflicts seem so unimportant!

Did you read any of Peter's reviews? He seems to have quite a success in N.Y. – we have been sent wonderful reviews – but I daresay you don't read literary papers and columns. –
I wish I could see you. All my love, my dear ones,
Yours, Hilde

Von „Beziehungen", „festen Kontrakten", „first papers", „Kurz-Affidavits" und „fingierten Verträgen" spricht der folgende Brief aus Übersee, bezeichnend kommuniziert der Text die Vernetzung und gegenseit-igen Unterstützungsstrategien der Exilierten: Noch in Wien gestalten die Wiener Symphoniker im Rahmen der Ravag-Konzerte am 4. März 1935[39] die Uraufführung von Zeisls Ballettsuite *Pierrot in der Flasche* (1929), am 11. April 1937[40] die der *Passacaglia für grosses Orchester* (1933/34). Die Symphoniker stehen bei diesen Konzerten unter der Leitung von Staatsoperndirigent Karl Alwin, welcher in Wien einer der profilierten Förderer Eric Zeisls ist und diesen noch im Februar 1938 als einen „der erfolgreichsten und bedeutendsten Komponisten des jungen Österreich" ausweist, dessen Werke „sich durch Frische, Kühnheit in der melodischen Erfindung, wie durch grosses Können, Meisterschaft in der Instrumentation"[41] auszeichnen. Alwin selbst flüchtet 1938 in die Vereinigten Staaten. Den Brief an den Wiener Komponisten sendet er aus New York, später ist er in Chicago und Mexico City tätig. Als Verbindungsperson zwischen Zeisl in Paris und Alwin in New York fungiert die Dichterin und Bildhauerin Lilly Alice Rona (*1893), eine unbekannte, wenngleich interessante Persönlichkeit in Wiens Zwischenkriegskultur: Im Gegensatz zu der dem Hagenbund und der Secession nahestehenden Clique um Lisel Salzer und den Ehrlichs ist Lilly Rona Mitglied des Segantinibunds, der neben Künstlerhaus, Hagenbund und Secession kleineren Wiener Künstlervereinigung. 1938 verlässt Rona Österreich, 1942 heiratet sie in New York den österreichischen Physiker Felix Ehrenhaft (1879–1952). Lilly Alice Rona hat dem Zeislschen Werk die

---

[39] *Radio Wien*. 4. März 1935 (ZN).
[40] *Radio Wien*. 11. April 1937 (ZN).
[41] Empfehlungsschreiben von Karl Alwin, Februar 1938 (ZN).

Bedeutung der Textdichterin, nach ihren Zeilen entsteht 1936 ein *Liebeslied*, es ist der Dichterin gewidmet: „Die Augen fielen meinem Liebsten zu, von Liebe müd, ich störe nicht des leisen Schlummers Ruh mit meinem Lied, ich sing es flüsternd, ohne daß ein Laut dem Mund entwich, aus meinen Augen bloß die Weise schaut: Ich liebe Dich, ich liebe dich, ich liebe Dich!"

## KARL OSKAR ALWIN an ERIC ZEISL

*New York, 28. Jänner 1939*

Lieber Zeisl!
Freue mich, dass Sie heraus sind! – Leider kann ich hier im Augenblick gar nichts tun. Ich ringe derartig schwer, trotz meines Namens, trotz meiner Beziehungen. – Alles hat Interesse, aber Alles hat feste Kontrakte. Ich war auf einer <u>Wagner</u>-Tournee mit <u>Klavier</u>, ein Kapellmeister war krank und ich übernahm die Tournee, – davon lebe ich noch. Inzwischen kommt hoffentlich was Anderes. – Keine tolle Zeit! Die „<u>first papers</u>" habe ich seit 6 Wochen. – Zum Sterben ist's zu viel, zum Leben zu wenig. Aber man darf nicht klagen. – Meine liebe Frau ist in Wien, – <u>wann</u> sie kommt, ob sie zu Besuch kommt, – ist ungewiss; sie hat Alles. – Aber vielleicht muss sie sich scheiden lassen; ihre alte Mutter kann sie nicht verlassen. Und ich kann sie hier noch nicht unterhalten; ich ringe zu schwer. – Ein Kurz-Affidavit Ihnen zu besorgen, ist für mich unmöglich. – Einen <u>Vertrag</u> schickt fingiert niemand mehr. – Eben war ich bei Frau <u>Rona</u>, wir sprachen von Ihnen, ich erzählte ihr Alles, sie schreibt Ihnen. ——
Ja, mein Lieber, Sie wissen doch, wie gerne ich Ihnen u. anderen helfe. Aber jetzt ists mit <u>mir zu ernst</u>. Beten wir. – <u>Wenn</u> sie herüberkommen, dann werden wir vielleicht <u>zaubern</u> können. —— Bis dahin wollen wir hoffen. Grüssen Sie Ihre liebe Frau. – <u>Wenn</u> ich was höre, denk ich an Sie. Aber im Moment – unmöglich. Ihre beiden Briefe vorher bekam ich <u>nie</u>. – Mit Steinberg spreche ich oft von Ihnen Ihre Papiere lasse ich Frau

Rona. Ihre Adresse ist 434 East 52street. Allerherzlichst Ihr Carl Alwin

<u>Adresse</u>: von Frau <u>Rona</u>,
Lilly Alice <u>Rona</u>,
434 East 52th. Street
New York City

## GERTRUD und ERIC ZEISL an HILDE SPIEL

*Paris, 13. Februar 1939 (Poststempel)*

Liebstes Hildekind!

Mein Leben besteht augenblicklich aus Prefecture – Konsulat – Konsulat – Prefecture Es ist zum wahnsinnig werden. Manchmal staune ich daß man das alles so durchhält für das bischen Luftschnappen. Aber es muß ja sein, wir werden nicht viel gefragt, noch weniger darf man sich was aussuchen. Nun habe ich schon fast 1 Jahr lang keinen fixen Beruf etwas was ich mir früher heiss gewünscht habe. Ich bin mein eigener Herr. Schön schaut das aus! Anstrengender als ich mir es vorgestellt habe, jedenfalls. Ich hätte sonst früher geschrieben. Du und Peter seid großartig. Ich freue mich sehr über Deinen Roman, möchte ihn sehr gerne lesen auch von Peter habe ich immer nur versprochen bekommen daß ich ein Buch geborgt bekomme. Kommt Ihr also her, das wäre sehr schön. Schurl Ehrlich war hier einen Abend mit uns und war ganz weg von Paris. Das ist ja doch die süsseste Stadt. Wäre nicht alles wie es ist, so könnte man hier restlos glücklich sein (und das mit ganz wenig Geld) Jedenfalls braucht man hier kein Heimweh haben und hat auch keins. „Heil Hitler" ohne ihn wären wir nie ein halbes Jahr Pariser geworden. Warum muss es eine Prefecture geben? Die einen [sic!] das Leben so verleidet.

Meine Tante Mela ist glücklich unter Dach es geht ihr G.S.D. sehr gut. Bitte liebes Hildchen vielleicht hörst Du etwas davon: Meine Schwiegereltern schreiben aus Wien, daß angeblich ein Asyl für alte Leute (Emigranten) in England errichtet worden ist oder werden soll und daß man sich schon anmelden kann oder muß dafür um aufgenommen zu werden. Ich wäre sehr glücklich wenn eine Möglichkeit bestünde die armen alten Leute herauszuretten aus dieser Hölle. Bitte erkundige Dich, vielleicht ist was Wahres dran, und sag mir was man machen muß. – Alle Prefectureleiden der letzten Woche sollen nun dazu führen, dass wir ein Recepicé bekommen – – hoffentlich gelingt es. In diesem Fall können wir reisen und dann würde ich ganz gerne auch eine Woche nach London fahren um es mir anzuschauen. Es entscheidet sich bis 28./2. Kriegen wir kein Recepicé werden wir dafür herausgeschmissen „a net teuer". Nun überlass ich dem Erich das Feld. [Fritz] Rotschild [sic!] haben wir geschrieben und von ihm eine sehr liebe aber ablehnende Antwort erhalten. Morgen bin ich zur Abwechslung wieder am amerikanischen Konsulat, wo sich wieder manches entscheidet. Fortkommen wir aber glaube ich nie. Kommt bald. Was schreiben die Eltern?

Viele Küsse und Grüsse von Deiner zu Tode emigrierten Trude


Liebe Hilde!
Schreibe Dir noch ein paar Zeilen. Habe heute einen Kontrakt an eine Lehranstalt nach Chikago erhalten, ohne ein Wort Englisch! Stelle Dir vor! Ich möchte am Liebsten in Paris bleiben. Es sind doch grosse Möglichkeiten und wenn es ruhig bleibt ist es der Traum jedes künstlerischen Menschen in dieser Atmosphäre der Sorglosigkeit Schönheit und Kultur zu leben. Servus und auf bald Dein Erich
Viele Grüsse an den l. Peter


Mit Gertrud als Briefschreiberin an der Seite kontaktiert Zeisl bereits in Österreich „ohne ein Wort Englisch" diverse Institutionen in Aussicht gestellter Immigrationsländer auf der Suche nach Arbeitsmöglichkeit. Das Büro des Agent-General for Victoria schreibt am 31. Mai 1938 nach Wien: „Dear Sir, I have to acknowledge receipt of your letter of the 24th instant and to suggest that you communicate with the Vice-Chancellor, The University Conservatorium of Music, University of Melbourne,

Victoria, Australia, and ask his advice as to your prospects in the State. Before considering emigrating to Australia you should approach the British Consul in Vienna for particulars as to the necessary procedure for obtaining a landing permit in Australia, as this is necessary for all persons, other than British, desiring to reside in Australia."[42] Im Namen der Australian Jewish Welfare Society erhält Zeisl einen auf 13. Juli 1938 datierten Brief: „Dear Sir, I am in receipt of your letter addressed to our Melbourne committee. As a teacher of musical theories it appears from your classifications that you have an excellent chance of earning a living in this country, consequently I am enclosing questionaire [sic!] and a form which if you please complete and carry out its instructions, when we receive it officially we will be happy to deal with your case."[43] Unerwartet positive Antwort bringt Eda Glickman, die Direktorin des Glickman College of Music in Chicago, sie schreibt an Zeisl, Hotel Perey, Paris, France: „Dear Mr. Zeisl: We received your communication of January 5, and have decided to accept your application in the field of musical theory. You will be in charge of all theory, harmony, and counterpoint classes. Your salary will be a minimum of one hundred dollars per month plus a commission on all additional lessons of thirty percent. Please take this letter as a definite contract. We expect the classes to be ready within the next week and are looking forward to your immediate arrival. Very Sincerely Yours, Eda Glickman Director Glickman College of Music."[44] Der offerierten Stelle geht Zeisl nicht nach, das College in Chicago findet später keine Erwähnung mehr.

## ERIC ZEISL an HILDE SPIEL (Postkarte)

*Paris, 7. April 1939 (Poststempel)*

Liebe Hilde!
  Wir haben Dir bereits 2 mal geschrieben. Jedoch ohne Antwort. Uns geht es G.s.D. sehr gut. Habe viel zu tun. Leider

---

[42] Office of the Agent-General for Victoria (Australia) an Eric Zeisl, 31. Mai 1938.
[43] Australian Jewish Welfare Society an Eric Zeisl, 13. Juli 1938.
[44] Eda Glickman an Eric Zeisl, 1. Februar 1939.

komme ich zum Komponieren gar nicht. Muss lauter G'schuas machen. Der Lebenskampf ist eben kein Spass. Dein Buch hat uns großartig gefallen! – Hoffentlich klappt die amerik. Sache und wir können bald fahren und Europa kann mich .... ich habe genug von Onkel Adolf. Wie geht es dem l. Peter? Er könnte auch einmal ein paar Zeilen schreiben. Servus Hildesarah es grüsst Dich Erichisrael.

### GERTRUD und ERIC ZEISL an HILDE SPIEL (Postkarte)

*Paris, 16. Juni 1939*

Liebes Hildekind,
Am 20ten d.M. übersiedeln wir und ich gebe Dir die neue Adresse bekannt.
Le Vesinet, Seine et oise 39, route de l'Asyle Villa Les Griffons.
Wir werden dort in einer schönen Villa im Grünen wohnen und freuen uns sehr darauf. Erich wird sein Musikzimmer haben und vielleicht ist er dadurch zum Komponieren gezwungen. Am 3/7. ist hier die Uraufführung von Josef Roth's (des vor kurzem verstorbenen) „Hiob" (Dramatisierung des berühmten Romanes.) Erich wird die Musik dazu machen, wo halt eine vorkommt. Bekommt natürlich nichts bezahlt. Ist aber so etwas wie eine große Ehre. Hoffentlich macht er was Schönes dann ist es auf jeden Fall gut, da er ja seit Hitler nichts geschrieben hat. Auf Dich bin ich schon sehr neugierig, Erich rechnet fest auf einen Buben, also schau dazu. Bist Du vielleicht im Stande für den armen [Fred] Hernfeld [Alfred Farau], der einige Monate in Dachau war, was zu tun daß er nach England in ein [unleserlich] kommen kann? Er tut mir sehr leid u. noch mehr sie. Jetzt gibt's viel Unglück auf der Welt. Hoffentlich findet Dein Kleines schon bessere Zeiten vor. Wir haben uns nicht die schönsten erwählt, aber wir wollen uns jedenfalls nicht unterkriegen lassen. Grüße Deine Eltern schön und Deinen Peter schreib bald und sei herzlich gegrüßt von Deiner alten Susi

Liebe Hilde!
Was macht Dein Bauch? Gluckst er schon der kleine Pampi? Glaubst Du auch schon dass Du das schönste Kind der Welt hast? Wehe Dir wenn Du eine jiddische Mimme wirst!
Servus Erich

„'So beginnt deine Reise nach Amerika', sagte Sameschkin. ‚Was fahrt ihr auch immer so viel in der Welt herum! Der Teufel schickt euch von einem Ort zum andern. Unsereins bleibt, wo er geboren ist, und nur wenn Krieg ist, zieht man nach Japan!'

Mendel Singer schwieg. [...] Er sah über sich den Himmel und die Sterne und dachte, sie verdecken Gott. All das hat der Herr in sieben Tagen geschaffen. Und wenn ein Jude nach Amerika fahren will, braucht es Jahre!"[45]

Mendel Singer verkörpert in Joseph Roths Roman *Hiob* den östlichen Kleinstadtjuden als Sinnbild für die dem Untergang nahe jüdische Welt. Die Geschicke der Hauptfigur – „fromm, gottesfürchtig und gewöhnlich, ein ganz alltäglicher Jude. [...] Hunderttausende vor ihm hatten wie er gelebt [...]."[46] – sind nach den Zügen des alttestamentarischen Hiob „komponiert". In Neugestaltung des biblischen Stoffs erzählt der Roman die Geschichte des russisch-polnischen Juden Mendel Singer aus Zuchnow, vom Leid um den verkrüppelten Sohn Menuchim, der Ausgrenzung und schließlich der Auswanderung der ostgalizischen Familie Mendel Singer. Das „urjüdische" Thema der Vertreibung findet in Roths Text Verarbeitung, der Roman *Hiob* kommuniziert wie seine biblische Quelle die Grundhaltung des Dualismus von Leid und Erlösung. Martin Buber (1878–1965) sieht „im Buche Hiob die Worte der Einsicht in die Notwendigkeit der inneren Dualität, die der reine Wille nicht überwinden, der der um sich Kämpfende nicht entrinnen kann, aus der nur die Erlösung hinausführt [...]."[47] Die Besonderheit des Texts im Rothschen Œuvre wird immer wieder herausgestellt: „Hiob ist mehr als Roman und Legende, eine reine, eine vollkommene Dichtung, die alles

---

[45] Roth, Joseph: *Hiob. Roman eines einfachen Mannes.* 40. Aufl., Köln 2000, S. 92f.
[46] Ebd., S. 7.
[47] Buber, Martin: *Drei Reden über das Judentum.* Frankfurt 1920, S. 44.

zu überdauern bestimmt ist, was wir, seine Zeitgenossen geschaffen und geschrieben. An Geschlossenheit des Aufbaus, an Tiefe der Empfindung, an Reinheit, an Musikalität der Sprache kaum zu übertreffen",[48] so Stefan Zweig (1881–1942). Friedrich Torberg (1908–1979) etwa erwähnt den Roman als „einen der schönsten und frömmsten der deutschen Gegenwartsliteratur."[49] Wie Torberg weiter ausführt, ist Roth „ein Dichter und ein Österreicher durch und durch. Er starb im Exil. Er starb am Exil."[50] Am 27. Mai 1939 verstirbt Joseph Roth in der Fremde. Bereits von 1933 an beobachtet er die Entwicklung in Deutschland und Österreich vom Pariser Exil aus, von dort erhebt er starke Stimme gegen Diktatur im Allgemeinen und gegen den Nationalsozialismus im Besonderen. Als Sprechender unter den vertriebenen Heimatlosen sieht Roth für sich selbst im Judentum zumindest noch eine politische Heimat. Bereits in seiner 1927 publizierten Darstellung *Juden auf Wanderschaft* beschreibt er in Reaktion auf die Krisenerscheinungen des jüdischen Selbstverständnisses die meist verächtlich gesehenen ostjüdischen Emigranten in Österreich als Gegenpol zur spirituellen Sicherheit des westlichen Konfessionalismus. Roth wird darin zum Stifter eines wohl idealisierten Judenbildes, religiös-jüdische Tradition ist ihm dabei inspirative Quelle.

Am 3. Juli 1939 steht Roths Exil- und Todesort im Zeichen des Gedenkens an den Autor: Mitglieder des Wiener Reinhardt-Ensembles bringen *Hiob* erstmals auf die Bühne.[51] Der Produzent Paul Gordon zeichnet für das Projekt im Théâtre Pigalle verantwortlich, sein Bruder adaptiert den Rothschen Text, Eric Zeisl komponiert die Musik. Als besonders zu erwähnen gelten die das Schauspiel einleitenden Worte, denn „Stefan Zweigs leidvoll feiernder Nachruf" wird „von Leo Askenasy mit Herz und Verstand gelesen." Harry Kahn berichtet am 5. Juli 1939 in der *Pariser Tageszeitung*: „Die metaphorische Verschwisterung, ja Verschmelzung von Mendel Singer aus Zuchnow mit Hiob, dem Mann aus dem Lande Uz, einer modernen Romanfigur mit einer der tiefsten Gestalten der Bibel,

---

[48] Rezension von Stefan Zweig. Klappentext zu Roth, Joseph: *Hiob. Roman eines einfachen Mannes.* München (dtv) 2002.
[49] Zitiert nach Axmann, David: *Friedrich Torberg. Die Biographie.* München 2008, S. 244.
[50] Zitiert nach Ebd., S. 123.
[51] Eintrittskarte: *Représentation à la mémoire de Joseph Roth, HIOB,* Théatre Pigalle, Paris, 3. Juli 1939 (ZN).

ist ebenso naheliegend wie verwegen. Aber der, der sich ihrer unterfing, durfte diese geniale Banalität wagen. Das hat der Erfolg bewiesen: nicht der äussere Erfolg, so sehr auch dieser dem Dichter Recht gab, nein, das menschliche und künstlerische Gelingen dieses Buches. Denn in ihm ist Herz und Geist Joseph Roths zu Höhen aufgewachsen, die er vor ihm nicht erreicht hatte und die er, so Hohes ihm auch nach diesem Werk noch zu schaffen vergönnt war, nicht mehr erreicht hat. ‚Hiob' ist ein einmaliges Werk im Schaffen des Dichters selbst wie im Gesamtschaffen der Dichtung dieser Tage. Stefan Zweig meint sogar, es sei das einzige epische Werk, das unsere Zeit zu überdauern bestimmt sei. Man darf solche, doch wohl etwas summarische Prophetie aus dem Schmerz über den vorzeitigen Tod des Freundes, des grossen Berufs-, Weg- und Kampfgenossen begreifen. […] nachdem ihm alles, was die Erde zu bieten hatte, zu Teil geworden war, an allem verarmt, ausser an Freundschaft und Bewunderung, […]. Zweig schildert in schönen, klaren Sätzen diese unbehauste Seele, den Selbst-Bekenner und Selbst-Zerstörer, […] den jüdischen Menschen schlechthin. […] ‚Hiob' ist Hugo Haas (aus Prag), mit der beseelten Einfachheit, der tapferen Demut, dem leisen Humor, mit denen er bereits den jüdischen Arzt in dem Capek-Film ‚Die weisse Krankheit' zu einer erschütternden Figur machte. […] Seine Frau ist Sidonie Lorm, die die beste Reinhardt-Tradition verkörpert: die präzise Technik ihres Spiels erlaubt ihr, alle Fähigkeiten eines unverwüstlichen Talents und eines warmblütigen Herzens zum höchsten Ausdruck jedweden Frauengefühls zu steigern. Die Abschiedsszene von dem stummen, missgestalteten Söhnchen ist wohl der schauspielerische Höhepunkt des Abends. Die hübsche Trude Burg[52] nüanciert die heftige Pubertät der Miriam so glücklich, dass sie selbst an den gefährlichsten Stellen nicht die Grenzen des Geschmacks überschreitet, und bleibt auch bei dem Wahnsinnsausbruch in den Schranken der klinischen und psychologischen Wahrheit. Als die Söhne Jonas und Schemariach runden Hans Reiner und Max Fischer das Familienbild in guter Haltung ab. Robert Klein-Loerk macht aus dem Kapturak eine witzige und saftige Charge. Hans Altmann, Alma Werner, Mony Wundheimer, Maria Bibikoff, Steffi Spira, Eric Elmar und eine

---

[52] Das Programm erwähnt Trude Burg, die Frau Hans Kafkas. Sie erscheint oft auch als Gertrude Burr und wird unter diesem Namen in der Literatur als Witwe Hans Kafkas und seit 1974 als im Besitz des Hans Kafka-Nachlasses geführt.

weitere Reihe junger Schauspieler sind mit Eifer und Begabung bei der Sache, um den riesigen Theaterzettel zu vervollständigen. Dem kleinen Thomas Ruschin glaubt man gern die künstlerische Begabung des Sorgen- und Wunderkindes, wenn auch nicht dessen körperliches Zukurzgekommensein. Mit der Episode des als Alexei wiedergefundenen Menuchim schliesst Leo Askenasy die Vorstellung in nobler Zurückhaltung ab, die um so nötiger ist, als gerade dieses ‚happy end' vom Bearbeiter weniger pietät- als wirkungsvoll abgewandelt ist. Es bleibt zu hoffen, dass die Aufführung oft wiederholt werden kann. Sie greift trotz manchen, unter den gegebenen Verhältnissen kaum vermeidbaren Lücken und Mängel [sic!], jedem von uns ans Herz. Nostra res agitur. Es ist unsere Sache, die da agiert und tragiert wird. ‚Wer weiss, wo unser Vaterland ist. Niemand will es wissen. Gott? Er schweigt.'"53

Zeisl komponiert für die Aufführung im Pigalle ein *Organ Prelude*, *Menuhim's Song* für Violine und Klavier (dem Freund Darius Milhaud gewidmet) und *Cossack Dance* (ursprünglich als *Cossack Song and Dance* für Sänger und Tänzer konzipiert). Paul Stefan rezensiert: „Dieses merkwürdige Theaterstück, das die Stimmung eines grossen Dichterwerks zu vermitteln sucht, würde viel Musik brauchen. Im Rahmen der Möglichkeiten, die sich diesmal boten, hatte Erich Zeisl die Aufgabe, solche Musik zu ersinnen. Der hochbegabte Wiener Komponist überzeugte auch sein Theaterpublikum. Man empfing einen starken Eindruck namentlich von der einleitenden Orgelmusik, die einen Prolog im Himmel vorstellt, ernst, mächtig, weit ausgreifend; [...]."54

Vergleichbar den Rothschen, eine „traditionell-jüdische Welt" erhalten wollenden, idealisierten Figuren kreiert Zeisl eine dem Text nachempfundene Tonsprache. Er setzt so, ohne bis dahin stilistisch Vergleichbares geschaffen zu haben, über die Musik „quasi jüdisches Idiom" identitätsstiftend ein. Für Zeisl bedeutet dies unter anderem ein Aufgreifen modaler Skalen oder modifizierter Formen derselben im Sinne osteuropäischer Folklore, Häufung von Vorhaltsbildungen und Seufzermotiven, das Herbeizitieren melismatischer Rufe aus der Synagoge oder eine Art der Motivbehandlung, nach welcher die Keimzellen des Materials nicht

---

53 Kahn, Harry: „Hiob" Joseph Roths Roman auf dem Theater. In: *Pariser Tageszeitung*. 5. Juli 1939 (ZN).
54 P.Stf. (Paul Stefan): Zeitungsausschnitt ohne Angaben (ZN).

in herkömmlichem Sinne verarbeitet, sondern in freier Fortspinnung improvisatorisch weiter entwickelt werden und dadurch Anrufungs- und Gebetscharakter suggerieren. Gestaltende Kraft kommt einer ostentativ betonten übermäßigen Sekund zu, welche hauptverantwortlich ist für die Assoziation mit „jüdisch-traditioneller" Musik. Die eigene jüdische Herkunft im Werk bis dahin nicht thematisierend, durch den Nationalsozialismus gewaltsam auf die jüdischen Wurzeln gestoßen und „zum Juden gemacht", findet Zeisl am Kipppunkt des Exils als eine bis dahin in deutsch-österreichische Musiktradition sicher gefasste Komponistenexistenz in *Hiob* zu einem Prosatext, der wie wenige andere „Jüdisches" repräsentiert. Dies weist in die Zukunft: Folgewerke wie das *Requiem Ebraico* (1944/45), das *Andante religioso (hebraique)* der *Brandeis Sonata* (1949/50), die *Songs for the Daughter of Jephta* (1948), die ausgewählten Psalmverse *From the Book of Psalms* (1952) oder die auf biblische Themen rekurrierten Ballette *Naboth's Vineyard* (1953) und *Jacob and Rachel* (1954) etablieren Zeisls im Exil ausgeformten „synagogalen Stil". Auf die Frage nach dem Moment erstmaligen Zitierens "jüdischer Idiomatik" meint der Komponist im Jahr 1951: „I believe it was in Paris when I was commissioned to set music to Joseph Roth's book on ‚Job'. The story of the persecuted Jew who escaped from Poland to America suggested in itself an outspoken Jewish music."[55]

Die Frage nach der eigenen Identität trifft den Kern jeder Exil-Existenz, die Komposition an *Hiob* trifft den Kern Zeislscher Komposition im Exil – zwei der Gründe, warum nachfolgender Ausführung Raum gegeben wird: Der Themenkomplex „Identität" oder „Identitäten" stellt sich dem Juden Zeisl unter anderem auf sprachlicher und soziokultureller Ebene sowie auf der Ebene religiöser Sozialisation. Die dem Komponisten bedeutende „musiksprachliche Identität" wirft unmittelbar die Frage nach den Charakteristika jener von Zeisl als „outspoken Jewish music" bezeichneten Ausdrucksweise auf, wobei allein die Verwendung des Begriffsfelds des „Jüdischen" nach Differenzierung verlangt: Davon ausgehend, dass nie von „einer" jüdischen Identität, sondern von „Mischidentitäten" gesprochen werden muss, ist auch bei Zeisls „assimilierter jüdischer" Ursprungsfamilie

---

[55] Zitiert nach Cole, Malcolm S./Barclay, Barbara: *Armseelchen. The Life and Music of Eric Zeisl*. Westport-London 1984, S. 40. Dieses Interview mit Anneliese Landau wurde 1951 in Los Angeles auf Radio KFWB gesendet.

von deutsch-jüdischer oder jüdisch-deutscher, respektive von österreichisch-jüdischer oder jüdisch-österreichischer Identität die Rede. Wie weit dabei das „Jüdischsein" mit dem „Österreichersein" korrespondiert, zeigt sich als gesondert zu behandelnde Frage. Diskutierenswert ist die Gegenüberstellung der Termini „Assimilation" und „Akkulturation": 1927 weiß das *Jüdische Lexikon* „Assimilation" als „Übernahme an sich wesensfremder Eigenschaften bis zur vollkommeneren Verschmelzung der beiden Organismen, der Absorbierung des einen durch den anderen"[56] zu umschreiben. Der Begriff der „Assimilation", ursprünglich noch positiv konnotiert, erhält mit zunehmender Auseinandersetzung zwischen zionistischen und antizionistischen Tendenzen in der Frage nach einem möglichen christlich-jüdischen Nebeneinander negative Bedeutung. Vorteile der Begriffsverwendung von „Akkulturation" als einem Konzept, „das die Begegnung von Elementen verschiedener Kulturen und ihre Synthese zu einer neuen Einheit in einem unstabilen Gleichgewicht von verschiedener Dauer bedeutet",[57] liegt etwa darin, dass der Begriff ein objektiv beschreibender ist und dass bei dessen Gebrauch die dem Assimilationsterminus immanente Unterordnung einer kulturellen Gruppe unter eine andere vermeidbar ist.

So lässt sich sagen, dass ein Akzentuieren neu-, bzw. wiederentdeckter „jüdischer" Wurzeln, welche in der Assimilation bzw. Akkulturation nur von marginaler oder nicht bewusst wahrgenommener Bedeutung waren, in Eric Zeisl ab 1938/39 wirkt – von „jüdischem Bewusstsein" kann ab diesem Zeitpunkt gesprochen werden. Ausgeprägtes „jüdisches Selbstbewusstsein" hingegen formt später die Komponisten-Identität: In ihrer um 1949 entstehenden Studie *The Contribution of Jewish Composers to the Music of the Modern World* nennt die Musikwissenschaftlerin Anneliese Landau (1903–1991) den „Newcomer" Zeisl neben Ernest Bloch (1880–1959), Paul Dessau (1894–1979), Stefan Wolpe (1902–1972), Karol Rathaus (1895–1954), Jaromír Weinberger (1896–1967), Erich Wolfgang Korngold (1897–1957), Marc Blitzstein (1905–1964), Kurt Weill (1900–1950), George Gershwin (1898–1937), Aaron Copland

---

[56] Zitiert nach Haber, Peter/Petry, Erik/Wildmann, Daniel: *Jüdische Identität und Nation. Fallbeispiele aus Mitteleuropa.* Herausgegeben von Alfred Bodenheiner und Jacques Picard. Reihe Jüdische Moderne, Bd. 3, Köln-Weimar-Wien 2006, S. 123.
[57] Zitiert nach Ebd., S. 126.

(1900–1990), Jerome Kern (1885–1945), Arthur Benjamin (1893–1960), Louis Gruenberg (1884–1964), Leo Ornstein (1893–2002), Ernst Toch (1887–1964) oder Rubin Goldmark (1872–1936) als den „youngest of the conscious Jewish composers",[58] Max Helfman (1901–1963) richtet 1948 seine Briefzeilen an den von ihm als „serious artist and conscious Jew"[59] befundenen Komponisten. Zeisl selbst schreibt 1951 an Richard Stöhr: „Ich warte noch dieses Jahr ab – dann werde ich mich an jüdische Organisationen wenden, da ich doch ein prominenter Jüdischer Komponist bin. Viele Leute stellen mein Werk höher wie Bloch."[60] Der Vergleich Zeisls mit Ernest Bloch ist interessant: Peter Gradenwitz bezeichnet Bloch überhaupt als den Begründer einer „Hebräischen Musik".[61] Im Gegensatz zu dessen zeitgenössischen Kollegen und bedeutenden Vertretern der russisch-jüdisch-nationalen Schulen will Bloch nicht in erster Linie liturgisches oder folkloristisches Material wiederbeleben, sondern eine eigene, spezifische Sprache finden, die, so Gradenwitz, vergleichbar mit dem tschechischen Idiom eines Smetana oder russischen eines Mussorgsky ist, wenngleich Blochs Musik dem entgegen keine Nationalismen vermittelt.[62]

Die Kategorisierung einer „jüdischen Musik" ist grundsätzlich problematisch, allein die vielen verschiedenen Ansätze, „jüdische Musik" zu definieren, weisen auf die Komplexität des Phänomens hin. So meint Abraham Idelsohn: "Jewish music is the song of Judaism through the lips of a Jew."[63] Curt Sachs hingegen äußert 1957: „Jewish music is that music which is made by Jews, for Jews, as Jews."[64] Joachim Braun[65] schließlich sieht „jüdisches Idiom" dann gegeben, wenn die Musik formale, stilisti-

---

[58] Landau, Anneliese: *The Contribution of Jewish Composers to the Music of the Modern World.* National Federation of Temple Sisterhoods. o.O.u.J., S. 64.
[59] Max Helfman an Eric Zeisl, 27. Mai 1948.
[60] Eric Zeisl an Richard Stöhr, 12. Dezember 1951.
[61] Vgl. dazu Gradenwitz, Peter: *The Music of Israel. From the Biblical Era to Modern Times.* Portland-Oregon 1996, S. 285.
[62] Ebd., S. 289.
[63] Zitiert nach Avenary, Hannoch/Cohen, Judith/Gerson-Kiwi, Edith/Braun, Joachim: *Jüdische Musik.* In: Finscher, Ludwig (Hg.): *Die Musik in Geschichte und Gegenwart.* Sachteil 4, 2., neu bearb. Aufl., Kassel-Basel-London-New York-Prag-Stuttgart-Weimar 1996, Sp. 1512.
[64] Zitiert nach Ebd., Sp. 1512f.
[65] Ebd., Sp. 1513.

sche und semantische Zeichen jüdischer Verhaltensweisen und jüdischer Kultur zueinander in Verbindung bringt. Was dabei unter „jüdischem Verhalten" zu verstehen ist, bleibt freilich wiederum offen. Ein anders gelagerter Beitrag im vielschichtigen Diskurs zur Ästhetik „jüdischer Musik" stammt von Ernest Bloch, er skizziert die unterschiedlichen Kriterien, die solcherart Musik prägen sollten: Nämlich die Frage nach der eigenen Herkunft und nach dem Einfluss der jeweiligen Umwelt, die Auseinandersetzung mit der Geschichte Israels, mit den in der Diaspora mehr oder weniger assimiliert lebenden Juden. Über diese Aspekte hinaus stellt Bloch jedoch die Komponistenindividualität in den Mittelpunkt seiner Ausführungen, dahingehend, dass seiner Ansicht nach „jüdische Idiomatik" in jeder Biographie sich als anders ausgedrückt zeigt. Seine eigenen Werke – so Bloch – nenne man etwa „jüdisch", weil sie unter anderem auch auf authentischen Themen basierten – dies trifft bei Zeisl bis auf ein Arrangement zum jüdischen Volkslied *Kuma Echa* nie zu,[66] Zeisl kreiert, stilisiert und paraphrasiert sich vielmehr in die ihm neue Sprache „hinein". Für Bloch ist das Hören und Reagieren auf einen inneren Instinkt von Bedeutung, was seine Musik hauptsächlich zur spirituellen Äußerung macht – dies erweist sich als Parallele zu Zeisl, dessen in den fünfziger Jahren entstehende, gebetsartige Instrumentalsätze dieser selbst als „Gespräche mit Gott" bezeichnet. Bloch meint 1938 selbstreflexiv: "In all my compositions which have been termed ‚Jewish', my ‚Psalms', ‚Solomon', ‚Israel', ‚Three Jewish Poems', ‚Baal', ‚Shem', ‚Pieces for Cello', ‚Avodat Hakodesh', ‚The Voice in the Desert', […]. I hearkened to an inner voice – deep, secret, insistent, burning, an instinct rather than a cold and dry reasoning process – a voice which seemed to come from far beyond, beyond myself and my parents – a voice which surged up in me on reading certain passages in the Bible, Job, Ecclesiastes, the Psalms, the Prophets […]. It was this Jewish heritage as a whole which stirred me, and music was the result."[67] Durch die zionistischen Bestrebungen zu Beginn des 20. Jahrhunderts und im Kontext jüdischer Nationalpolitik ergibt sich eine wiederum anders gelagerte ideologische Ausrichtung zur Frage nach „jüdischer Musik": Mit den Auswanderungswellen nach Palästina

---

[66] *To the Promised Land* (1948, Suite für Orchester, aus der Oper *Job*): Folk Dance, Menuhim's Song, Lullaby, Kuma Echa (Hora).
[67] Zitiert nach Landau, *Jewish Composers*, S. 62f.

festigt sich auch die Auffassung, „jüdische Musik" sei nationale Musik, geformt im Eingebundensein in eine spezifische kulturelle Landschaft, in gemeinsame Sprache, gemeinsame Bräuche und Gewohnheiten.

Den Kampf gegen den Antisemitismus zu stoppen, eine jüdische Einheitspartei zu gründen, Einstimmigkeit im Judentum mit allen Mitteln zu erzwingen und Wege vorzubereiten, welche die Gründung eines unabhängigen jüdischen Staates ermöglichen – dies postuliert Arnold Schönberg (1874–1951) in seinem „Four-Point Program for Jewry": Ein 1938 aufgesetztes „Notprogramm" für das Judentum und gleichzeitig Kulmination Schönbergscher politischer Schriften. In der Wiener Leopoldstadt geboren, 1898 zum Protestantismus übergetreten, sich über Emanuel Swedenborg christliches Gedankengut und theosophische Ansätze aneignend, formuliert der über antisemitische Diskriminierung und Attacken „zum Juden gemachte" Schönberg mit den *Vier Stücken für gemischten Chor* op. 27 (1925) im religiösen Imperativ „Du sollst nicht, du musst" bereits die Grundidee der Oper *Moses und Aron* (1930–32), mit der Aussage „Du sollst Dir kein Bild machen!" nimmt er 1925 in den Chören ebenso die der Oper immanente Negation einer Abbildung Gottes vorweg. *Moses und Aron* gilt als übergeordneter theologischer Kommentar zum Sprechdrama *Der biblische Weg* (1926–27), welches Schönbergs früheste umfassende Auseinandersetzung mit jüdischer Politik, jüdischem Glauben und jüdisch-nationaler Identität darstellt. Die Schriften Theodor Herzls (1860–1904) und Martin Bubers kennt er, den 1925 in Wien stattfindenden Zionistenkongress und die Positionierung des Revisionistenführers Vladimir Jabotinsky (1880–1940) beobachtet er, im Pariser Exil 1933 schriftlich mit dem russisch-jüdischen Philosophen Jakob Klatzkin (1882–1948) verbunden und mit Ernst Toch im Diskurs zur „jüdischen Frage", tritt Schönberg in Paris wieder der jüdischen Glaubensgemeinschaft bei. Als „Meisterwerk […] aufgrund seiner schöpferischen Notwendigkeit des Verhältnisses Text – Musik und Musik – Hörer" und daher „das ästhetische musikalische Manifest unserer Epoche"[68] bezeichnet Luigi Nono Arnold Schönbergs 1947 im Auftrag der Koussevitzky-Foundation komponierte Kantate *A Survivor from Warsaw* op. 46, das wohl bedeutendste musikalische Dokument, welches in Reaktion auf den

---

[68] Nono, Liugi: *Text – Musik – Gesang*. In: Stenzl, Jürg (Hg.): *Texte. Studien zu seiner Musik*. Zürich 1975, S. 47.

Holocaust entsteht. Kernaussage des von Schönberg auch textlich verfassten Werks ist die Reflexion „jüdischer Identität" durch die „Gottesidee", ausgedrückt durch das die Todgeweihten einende, emphatische Anstimmen des jüdischen Glaubensbekenntnisses *Shema Jisroel*, welches die von der psychischen Zerstörung bedrohten Juden aus der Gewalt der Nazi-Schergen hebt.

So unterschiedlich die Biographien Zeisls und Schönbergs sich gestalten, so verschieden sich deren Hinwendung zum eigenen Judentum ausnimmt – Schönberg durchlebt eine jahrelange Entwicklung, deren Konsequenzen sich in religiösen, politischen und nationalen Aspekten zeigen, Zeisl reagiert schockartig, ohne Vorbereitung und allein über die musikalische Äußerung – so tun sich über beider späterer Synagogen-Auftrags-Kompositionen für den Rabbiner Jacob Sonderling (Schönberg schreibt für Sonderling *Kol Nidre*, Zeisl das *Requiem Ebraico*), über beider unvollendet vorliegende Opern mit biblischem Bezug (*Moses und Aron*, *Hiob*) oder über die späten Psalm-Vertonungen (Schönberg *Dreimal tausend Jahre* op. 50A, *Psalm 130, De Profundis* op. 50B, *Moderner Psalm* op. 50C, Zeisl *From the Book of Psalms*) bei Inkomparabilität ihrer Stilistik und völlig verschiedener musikhistorischer Bedeutung Parallelen auf, die gerade in Hinblick auf die heutige Verbindung Zeisl-Schoenberg zu hinterfragen reizvoll erscheinen.

## ERIC ZEISL an HILDE SPIEL (Postkarte)

*Le Vésinet b. Paris, 6. Juli 1939 (Poststempel)*

Liebe Hilde!
Vielen Dank für D. l. Karte. Vorgestern Premiere. Grosser Erfolg bei Publikum und Presse, trotzdem die vollständig unmusikalischen Schauspieler alles machten um mir die Musik zu verpatzen. Z. Bp. Spielte ein berühmter franz Organist eine grosse Orgelfuge von mir. Ununterbrochen kam ein Schauspieler und sagte er müsse aufhören, sonst werde die Elektrizität abgeschaltet. – Oder: Die Geigerin ein herziges franz. Wunderkind mit märchenhaftem Spiel begann: Mitten im Violinsolo, ich am Klavier, geht der Vorhang in die Höhe. Wir müssen aufhören und abtreten. Oder: Beim Kosa-

kentanz ruft mich der Regisseur mit dem Harmonikaspieler auf die Bühne da letzterer allein nicht eintraf. Währenddessen geht der Vorhang in die Höhe, ich komme zu spät. Die Musik ist geschmissen und dergleichen Scherze mehr! Ich habe soviel menschliche Gemeinheit noch nicht erlebt. Und dies alles, weil der Hauptdarsteller ein Herr Haas (sehr begabt) mir auf die 10 Minuten Musik neidig war und fürchtete das Publikum werde zuviel von ihm abgelenkt. Solch ein Kretin! Trotzdem war es ein grosser Erfolg. Rätselhaft bei dem Skandal.

Viele Grüsse an den l. Peter von eurem Erich


Nicht zuletzt durch das der Exilantenszene zentrale *Hiob*-Ereignis wird Paris für Zeisl zum Ort innervierender Begegnungen. Verglichen mit der Situation in Deutschland oder Österreich können die künstlerisch aktiven Kräfte in der Stadt an der Seine in freier Äußerung agieren, zumindest in Ansätzen eröffnen sich den Flüchtlingen Rahmenbedingungen, welche Zusammenkünfte und Kulturaustausch erlauben. Neben Autoren wie Joseph Roth, Lion Feuchtwanger (1884–1958), Elias Canetti (1905–1994), Ödön von Horvath (1901–1938), Hans Kafka, Alfred Polgar (1873–1955), Friedrich Torberg, Manès Sperber (1905–1984), Paul Stefan oder Guido Zernatto (1903–1943), Filmregisseuren wie Fritz Lang (1890–1976), Max Ophüls (1902–1957) oder Robert Siodmak (1900–1973), Dirigenten wie Jascha Horenstein (1898–1973) oder Hermann Scherchen (1891–1966), Instrumentalisten wie Rudolf Kolisch (1896–1978), Propagatoren der Arbeitermusikbewegung wie Paul Dessau, Paul Arma (1905–1987) oder Hanns Eisler (1898–1962), Vertretern der deutschsprachigen Operette wie Oskar Straus (1870–1954), Emmerich Kálmán (1882–1953) oder Robert Stolz (1880–1975), des Chansons und der Revuen wie Joseph Kosma (1905–1969), Walter Jurman (1903–1971) oder Bronislaw Kaper (1902–1983), der Filmmusikszene wie Karol Rathaus oder Franz Waxman (1906–1967), neben international arrivierten Komponistenpersönlichkeiten wie Arnold Schönberg oder Ernst Toch finden sich in Paris auch junge Tonsetzer wie Marcel Rubin oder eben Eric Zeisl. Sie sind in die Exilantenzirkel integriert, welche in den Pariser Kaffeehäusern und Hotelbars Plätze öffentlicher Diskussion sehen, denen sich jedoch ebenso Orte der Zurückgezogenheit und des „Unter-Sich-Seins" auftun, welche nicht als nach außen hin negativ besetzte „Enklaven", sondern vielmehr als einende, positiv „nach innen gerichtete" Stätten der Identifikation gelten.

Mit der von den Zeisls in Le Vésinet bei Paris angemieteten Villa Les Griffons findet sich im Juni 1939 solch ein Platz – symbolträchtig erscheint die neue Adresse: 39, Route de l'Asile. Gemeinsam mit Eric und Gertrud Zeisl, Wilhelm Zeisl und Ilona Jellinek teilen Hans und Trude Kafka (Gertrude Burr, Trude Burg) das Haus, welches auch dem Werfel-Freund Georg Moenius offen steht. Dieser schreibt von Chartres nach Vésinet: „[…] denke ich froh u. dankbar an den schönen Tag bei Eurer Lordschaft zurück u. sende dem ganzen Hause herzliche Grüße. Ihr Br. Moenius."[69] Undatiert hinterlässt Moenius den Exil-Österreichern die Nachricht: „Lb. Familie Z., ich wollte ‚Grüß Gott!' sagen und – bleiben oder etwas vereinbaren. Auch hatte ich Ihnen das neue Gedichtbuch von Werfel mitgebracht, das ich Ihnen das nächste mal gebe. Herzlichst! G. Moenius."[70] Vor allem mit Hans Kafka knüpft Zeisl in Paris enge Bande: Bereits 1937 kommt der in den zwanziger Jahren in Berlin tätige Wiener Literat Kafka in Paris an. Zuvor bringen ihn Auftragsreisen zur Berichterstattung für den Ullstein Verlag nach Italien, Frankreich und Skandinavien, 1933 verliert er die Anstellung bei Ullstein, flüchtet sich zunächst in die ehemalige Tschechoslowakei, bevor er 1934 in die Heimatstadt Wien zurückkehrt, 1936 als Drehbuchschreiber für den Film nach London geht und nun 1939 in Paris auf Eric und Gertrud Zeisl, der Wiener Schulfreundin seiner Schwester Mimi, trifft. Über Mimi Kafka, ein „Kind aus meiner Klasse",[71] so Gertrud, kennt Zeisls Frau den Autor seit der Jugend in Wien. In Paris wird nun *Hiob* zum einenden Moment: Trude Kafka steht im Juli 1939 in der Rolle der Mirjam auf der Pigalle-Bühne, Hans Kafka entschließt sich zur Adaption des Stoffs für die spätere Oper. In einer der letzten Nachrichten an Hilde Spiel vor der Überfahrt in die Vereinigten Staaten spricht Zeisl von einem „Ballet [sic!] für die Josstruppe [sic!]" – vielleicht gar sind Zeisl und Kafka in Paris gemeinsam mit Tänzern in Verbindung, welche Kurt Jooss (1901–1979) nahe stehen. Der Tanzpä-

---

[69] Georg Moenius an Eric und Gertrud Zeisl, 23. Juli 1939.
[70] Georg Moenius an Eric und Gertrud Zeisl, undatiert.
[71] Zitiert nach Weber, Horst/Schwartz, Manuela (Hg.): *Quellen zur Geschichte emigrierter Musiker 1933-1950. I Kalifornien.* München 2003, S. 321.

dagoge und Choreograph Jooss, ein Pionier der deutschen Experimental-Tanztheaterszene, wird 1930 Ballettdirektor am Essener Opernhaus, die dort aufgelöste Ballettkompanie führt er ab 1932 als „Ballets Jooss" weiter. Mit der 1932 in Paris ausgezeichneten Choreographie *Der grüne Tisch* positioniert er sich öffentlich gegen die Hitler-Partei, in der Weigerung, sein Ensemble ohne jüdische Mitarbeiter zu führen, flüchtet er 1933 in die Niederlande, später nach Großbritannien.[72] Ballett-Konzeptionen Zeisls für Jooss sind weder dokumentiert noch über andere Form kommuniziert, es bleibt demnach vage Spekulation, ob der Kompo-nist in Paris an eine *Hiob*-Ballett-Produktion denkt. Neben den ebenfalls erwähnten Verbindungen zu Filmleuten unterstreicht der Verweis auf Jooss das auch für Zeisl gültige Phänomen interdisziplinärer Zusammenschlüsse im Exil.

Das Ehepaar Mahler-Werfel lebt wie viele Exil-Literaten im südfranzösischen Sanary-sur-Mer und flüchtet abenteuerlich, unterstützt durch das in New York gegründete Emergency Rescue Committee um Varian Fry (1907–1967), von Frankreich über Spanien und Portugal in die Vereinigten Staaten. Friedrich Torberg etwa, der in Paris auch mit dem tschechischen *Hiob*-Darsteller Hugo Haas (1901–1968), dem Bruder des im KZ Auschwitz-Birkenau ermordeten Komponisten Pavel Haas (1899–1944), in Verbindung steht,[73] gelangt ebenfalls über Spanien und Portugal nach Übersee. Georg Moenius kommt 1940 über Portugal in die „Neue Welt". Gemeinsam mit den Manns verlassen die Werfels an Bord des griechischen Dampfers „Nea Hellas"[74] am 4. Oktober 1940 Europa Richtung Amerika, Torberg geht am 9. Oktober 1940 an Bord der „S.S. Exeter", einem der letzten von Europa auslaufenden Schiffe der „American Export Lines". Noch vor Ausbruch des Zweiten Weltkriegs gelingt den Zeisls die Weiterreise in die Vereinigten Staaten, bereits Ende September 1939 erreichen sie mit der „Volendam" New York. Am 3. Oktober 1939 vermerkt Gertrud in ihr Tagebuch: „Nun sind wir 8 Tage in New York aus der Hölle gerettet aber ich kann doch nicht froh werden, weil ja viele dort verblieben sind. Vor allem Kafkas."[75]

---

[72] Züllig, Hans: *Das Jooss-Ballett im englischen Exil*. In: Allende-Blin, Juan (Hg.): *Musiktradition im Exil. Zurück aus dem Vergessen*. Köln 1993, S. 205-219.
[73] Axmann, *Friedrich Torberg*, S. 122.
[74] Hilmes, Oliver: *Witwe im Wahn. Das Leben der Alma Mahler-Werfel*. München 2004, S. 316.
[75] Tagebuch Gertrud Zeisl, Eintrag 3. Oktober 1939 (ZN).

Hans Kafka indes wird nach Kriegsausbruch als Österreicher in Frankreich für fünf Monate in Maison-Laffitte, Domfront, Damigny, interniert, über ein Visum, welches Trude Kafka durch das amerikanische Konsulat in Paris erwirken kann, gelingt auch ihnen die Flucht. Sie landen am 22. Februar 1940 in New York, bereits im Mai 1940 wird Hollywood zum Lebensmittelpunkt.[76] Eric und Gertrud reisen mit dem „Affidavit of Support, United States Lines, United States of America"[77] von Arnold Zeissl in die Vereinigten Staaten: Zeissl, ein entfernter Verwandter der Zeisl-Brüder, damals 58 Jahre alt, geborener Österreicher, seit 1904 in den USA, amerikanischer Staatsbürger seit 1909 und wohnhaft in 2824 N. Prospect Ave., Milwaukee Wisconsin, vermerkt in seiner Bürgschaftserklärung den im Hotel Perey lebenden Eric Zeisl als „Nephew" und Dr. Gertrude Zeisl als „Neice by Marriage". Ein dem Dokument beigelegtes, früher datiertes Gutachten von April 1938 bestätigt Arnold Zeissl als „well spoken of locally, he is making a good living, has outside means, and pays his bills promptly".

## ERIC ZEISL an HILDE SPIEL (Postkarte)

*Le Vésinet b. Paris, (Poststempel, unleserlich)*

Liebe Hildemutter!
Vielen Dank für Deine l. Karte. Ich habe leider auch ein Bäuchlein jedoch ohne Kind. Esse viel zu gut und zu viel. Wir wohnen hier paradiesisch, ganz wie Emigranten! Ein grosser Garten, ein herrliches Haus, Musikzimmer, Klavier alles, aber keine Aufträge. Bin schon mit verschiedenen Filmleuten in Verbindung getreten. Da aber bei mir alles langsam geht habe ich noch nicht den geringsten Erfolg gehabt. – Ich will hier ein Ballet [sic!] für die Josstruppe [sic!] machen und auch den „Hiob" als Oper. Hans Kafka wird ihn mir machen. – Momentan tue ich nichts als Essen [sic!] und trinken und fett werden und auf den Krieg warten, der leider eines Tages

---

[76] Kafka, Hans: *Hollywood Calling. Die Aufbau-Kolumne zum Film-Exil.* Ausgewählt und eingeführt von Roland Jaeger. Hamburg 2002, S. 7-41.
[77] Affidavit of Support, Arnold Zeissl, 16. März 1939 (ZN).

ausbrechen muss! Wir haben alle bereits das Visum nach U.S.A. könnten im August fahren und ziehen nach Los Angeles wo unsere Wohnungen bereits sind. Da wir aber bis 30 Sept gemietet haben werden wir wohl hier bleiben und uns vom Krieg überraschen lassen. (Gott behüte.) Also schwangere fröhlich weiter und gebäre einen starken Jungen Dein Erich

Viele Grüsse an Peter! Ist er der Vater?

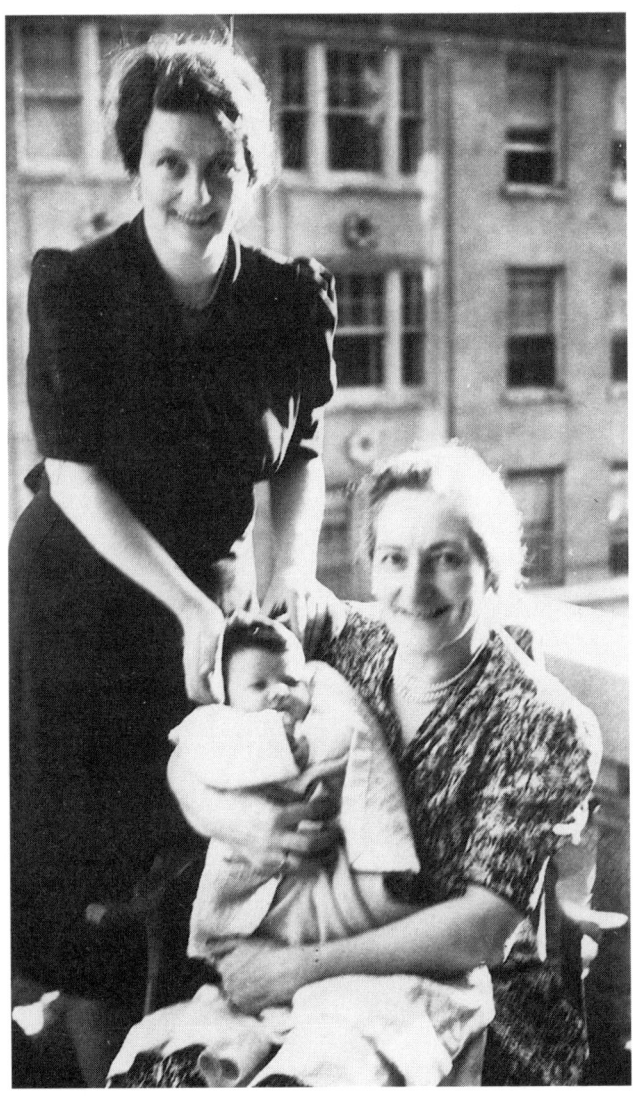

*Abb. 4: Gertrud Zeisl, Ilona Jellinek und Barbara (ZN)*

# *Wenig Money und langsam eintretender Dollar*

*Abb. 5: Eric und Gertrud Zeisl mit Töchterlein Barbara in New York, 1940 (ZN)*

## ERIC ZEISL an HILDE SPIEL (Postkarte)

*New York, 12. Oktober 1939 (Poststempel)*

Liebe Hilde!
Was ist mit euch los? Bist Du schon Vater oder Mutter? Wir sind nach endlosen Strapazen hier angekommen und fühlen uns sehr glücklich. Du machst Dir gar keine Vorstellung von der gigantischen Grösse New Yorks. Die Stadt mutet einen fast wie eine Marsstadt an. Wie auf einem Planeten. Wie das alles in den Himmel ragt! Unglaublich! Könnt ihr nicht herkommen? Ich glaube es ist der richtige Platz für uns alle! Die Amerikaner sind entzückend. New York ist ein schwerer Boden, ich hoffe aber bald festen Fuss zu fassen. Die l. Lisl [sic!] ist auch hier hat noch nichts gefunden aber beinahe ist schon besser als in Europa ein fixer Posten. Schreibt bald! Ich bin sehr besorgt!
    Euer Erich Zeisl

Ende September 1939 betreten die Zeisls amerikanischen Boden. Das Hotel Irving, Gramercy Place, wird zur ersten New Yorker Adresse, über den Winter 1939/40 reicht ein unmöbliertes one-room apartment in 315 West, 91st street. Die Unterstützung von Hilfsorganisationen sorgt anfänglich für ein Durchkommen, über Gelegenheitsjobs als Arrangeur und Orchestrator kann Zeisl schließlich selbst das Nötigste sichern. Wenngleich die finanzielle Situation schlecht bleibt, wird New York dem österreichischen Refugee rasch zum unerwartet positiven Erlebnis: Broadcasts vormals in Wien beachteter Orchesterwerke über die amerikanischen Kanäle WJZ und NBC's blue network sowie herausragend rezensierte Konzertaufführungen lösen kurzfristig das Bild „vom Land der unbegrenzten Möglichkeiten" ein. Vor allem die von Zeisl nach den Eindrücken einer 1935 in Wien gezeigten Gemälde-Schau der damals vierzehnjährigen „Wunderkind"-Malerin Roswitha Bitterlich (*1920) komponierte *Kleine Symphonie* erregt unmittelbar nach der Ankunft in den Vereinigten Staaten Aufsehen: „The American premiere of a modern symphony by Erich Zeisl, brilliant young Austrian composer, will be given on the ‚Radio City Music Hall on the Air' next Sunday [...]. Selected by Erno Rapee as one of the most outstanding scores submitted to him in recent months, the new work is to be performed under the Music Hall maestro's direction by the Music Hall Symphony Orchestra as an important feature of that ensemble's broadcasts this season."[78] – Dies berichtet *The Morning Telegraph* am 28. November 1939 zu „Zeisl's Music In U.S. Debut". Der in Budapest geborene Ernö Rapée (1891–1945), seit 1932 Musikdirektor und Chefdirigent des Radio City Music Hall Symphony Orchestra in New York und 1939 einer der Dirigenten am renommierten Filmtheater Radio City Symphony, nimmt sich des Stücks an, welches dem Wunsch des amerikanischen Publikums nach leicht zugänglicher zeitgenössischer Musik gerecht wird. Kurz darauf kündigen die amerikanischen Zeitungen auch die *Passacaglia* (1933/34) an. *The New York Sun* (9. Jänner 1940), *Boston Christian Science Monitor* (12. Jänner 1940), *Boston Transcript* (13. Jänner 1940) oder etwa die *Washington Post* (14. Jänner 1940) berichten zu dem ebenfalls positiv aufgenommenem Werk: "Today's Radio Highlights – Erich Zeisl, the Austrian composer who has recently taken up residence in the United States, is honored in the performances of two of

---

[78] *The Morning Telegraph.* 28. November 1939 (ZN).

his works by the Radio City Music Hall on the Air. Erno Rapee leads his ‚Passacaglia' for the first time over an American network, […]."⁷⁹

In diesem Zusammenhang ist Karl Krueger zu erwähnen, denn bereits früher bringt der amerikanische Dirigent Zeisls Orchesterwerk in den Vereinigten Staaten. Das *Neue Wiener Journal* berichtet im Juni 1937: „Karl Krüger wird sich im Laufe des Winters in Amerika vor allem als Pionier für österreichische Musik betätigen. In seinen amerikanischen Konzerten werden schon jetzt Novitäten von Reti, Zeisl, Zador und anderen jüngeren Komponisten angekündigt."⁸⁰ *Das Echo* stellt am 12. Juni 1937 „Oesterreichische Musik für Amerika" in Aussicht: "Der in Wien so rasch populär gewordene Dirigent Karl Krüger verläßt mit dem heutigen Tag Wien. […] Wien, die Stadt interessanter Talente – Speziell interessieren dürfte es noch, daß Krüger eine Reihe jüngerer Wiener Tonsezer [sic!], es sind Hans Ewald Heller, Wilhelm Jerger, Erich Zeisl und Eugen Zador demnächst in Amerika zur Aufführung bringen will."⁸¹ Die *Neue Freie Presse* meldet am 6. Juni 1937: "Der amerikanische Dirigent Generalmusikdirektor Krueger wird Orchesterwerke des Wiener Komponisten Erich Zeisl, […], in Amerika zur Aufführung bringen, und zwar ‚Kleine Symphonie nach Bildern der Roswitha Bitterlich' und ‚Passacaglia' für großes Orchester."⁸² Im Oktober 1937 weiß *The Kansas City Star* unter „Outline of the Twenty Philharmonic Concerts" zu berichten: „Although Conductor Karl Krueger of the Kansas City Philharmonic Orchestra has announced only one complete program of the ten for the concert pairs in Music Hall, he has chosen virtually all the works to be used in the twenty concerts. […] The following works will be played for the first time in America: Bach-Weiner, Andante and Preludio (3d and 6th Sonatas). Zeisl, Suite of Program Music. Reti, Prelude and Dances from an Opera. Jerger, Theme and Variations. Heller, Pastorale. Zador, Rondo."⁸³ Ist der *Kansas City Star*-Ankündigung Glauben zu schenken, so wird die hier als *Suite of Program Music* vermerkte *Kleine Symphonie* in den Vereinigten

---

[79] *Washington Post*. 14. Jänner 1940 (ZN).
[80] *Neues Wiener Journal*. 24. Juni 1937 (ZN).
[81] *Das Echo*. 12. Juni 1937 (ZN).
[82] *Neue Freie Presse*. 6. Juni 1937 (ZN).
[83] *The Kansas City Star*. 9. Oktober 1937 (Kansas City Public Library, Special Collections).

Staaten unter Karl Krueger erstaufgeführt und nicht, wie in den Blättern von 1939 kolportiert, erst unter Ernö Rapée.

## HUGO FRIEDRICH KÖNIGSGARTEN an ERIC ZEISL (Typoskript)

*Hants, 8. Dezember 1939*

Lieber Erich!
Heute kam deine Karte, die ich gleich beantworte. Ich sehe nicht ein, warum wir es immer nur bei Karten belassen wollen – es gibt genug zu schreiben! Jedesmal wenn ich Post von drüben bekomme, wird mir das Herz schwer und ich bin für einige Stunden melancholisch. Vor allem deine Karte hat alles in mir aufgewühlt. Drüben gibt es Arbeit, Erfolg, Zukunft – hier ist alles vom Krieg überschattet, man hat keinen anderen Gedanken, sieht keine Zukunft. Die Aussicht, hinüberzukommen, ist gering. Ich hatte alles beieinander. Ich war in der glücklichen Lage, kein Affidavit zu brauchen, da ich einiges Geld drüben hatte. Dieses musste ich aber hierher zurückholen, und da ist wenig Aussicht, daß ich die Erlaubnis bekomme, es hinüberzunehmen. Ich bin zwar beim hiesigen amerikanischen Konsulat seit über einem Jahr angemeldet, aber es gibt überhaupt keine Auskunft, ob ich irgendeine Aussicht habe, in absehbarer Zeit dranzukommen. Auch wird die Ueberfahrt immer gefährlicher.
Ich darf mich derzeit über meine Lage nicht beklagen. Ich bin Lehrer an einer Schule, und darf nach den neuesten Bestimmungen sogar arbeiten. Ich wohne „umsonst" in einer schönen Gegend, und die Arbeit mit Jungens ist nicht die unangenehmste. Natürlich ist mein Tag vollauf mit der Lehrtätigkeit ausgefüllt, ich sehe und spreche niemanden als Jungens zwischen 12 und 16, und das geht einem natürlich manchmal auf die Nerven. Man ist von aller künstlerischer und intellektueller Tätigkeit abgeschnitten. Meine musikalischen Bedürfnisse werden durch ein fürchterliches Pianino befriedigt, in dem 9 Töne fehlen. Ich muß den Jungens in der Freizeit Schlager und „valses" vorspielen – vor jeder ernsteren Musik

haben sie einen tiefeingewurzelten Horror. Wenn ich Wagner zu klimpern beginne, ist das Zimmer im Augenblick geleert! Es ist interessant, daß sich von rund 20 Jungens nicht einer für bessere Musik interessiert! Ich wäre ganz verzweifelt, wenn es nicht in der Schulbibliothek einen kompletten deutschen Goethe gäbe. Ihm habe ich es zu danken, daß ich mit einem gewissen Gleichmut gegenwärtig existieren kann.

Mit dem Wiener Theaterchen, das nach einer Pause in London wieder zu spielen begann, bin ich nur noch in losem Zusammenhang. Ich habe aber etwas geschrieben, was vielleicht das Beste ist, das mir bisher gelungen ist: jenen Stoff des „Lot", von dem ich dir einmal schrieb. Ich habe daraus ein mittelalterliches Jahrmarktspiel – etwas in der Art des „Jedermann" – gemacht, das auf alle, die es bisher lasen, einen tiefen Eindruck machte. Ein Exemplar davon habe ich vor längerer Zeit nach New York an Herbert Berghof geschickt, der dort eine Wiener Bühne leitet. Ich habe aber von ihm noch keine Antwort. Ich schreibe ihm noch einmal und will ihn bitten, wenn er es nicht gebrauchen kann, das Manuskript an dich zu schicken. Es braucht zwar wenig Musik – und diese kann ohne Weiteres von Händel genommen werden – aber vielleicht kannst du etwas damit anfangen und jemanden dafür interessieren! Ich bin natürlich damit einverstanden, daß du eine Musik dafür schreibst, wenn du Lust hast und eine Möglichkeit siehst. Am schönsten ist es natürlich im deutschen Original – aber auch eine Uebersetzung wäre denkbar. Vielleicht hat ein jiddisches Theater Interesse. Ich bitte dich also sehr, dich dieses Kindes anzunehmen – das mir besonders am Herzen liegt und für Amerika sehr geeignet ist! Berghofs Adresse ist: <u>34 West, 69. Street</u>. Vielleicht setzt du dich mit ihm in Verbindung. Nicht unmöglich, daß es auch für dich Vorteile hat. Sein Theater soll einen riesigen Erfolg haben, und du wirst dort alle Künstler und viele Bekannte vom Wiener „Naschmarkt" wiederfinden!

Ich freue mich sehr über deinen Erfolg mit der Bitterlichsuite. Ich denke mit Wehmut an unsern Ausflug nach Brünn, wo ich zum ersten Mal als Ansager fungierte. Wie schade, daß wir doch nicht gleich den „Leonce" dem [Alfred] Holländer gegeben haben – wir hätten wenigstens eine Aufführung gehabt! Es wäre herrlich, wenn es dort eine Aufführung gäbe! Wie ich dir schon schrieb, gibt es eine englische Übersetzung des originalen Büchner von Geoffrey Dunlop, die man bei einer englischen Bearbeitung gebrauchen könnte. – Und wie ist es mit deinem Requiem? Ich würde mich nicht wundern, wenn es auch dafür eine Möglichkeit gäbe. Du kannst dem Schicksal danken, daß es dich nach Amerika geführt hat. Dort gibt es wirkliches Interesse für ein Talent – und ungeahnte Möglichkeiten! Und vor allem – Frieden!

Ich habe, wie du vielleicht weißt, einen sehr berühmten Verwandten dort: den Dirigenten <u>Fritz Reiner</u> (ich glaube, in Philadelphia). Vielleicht kommst du einmal mit ihm zusammen. Dann berufe dich auf mich! Ich bin sogar mit ihm per Du – wenn er sich sonst auch nicht um Verwandte kümmert. Nicht unmöglich, daß für dich eine wichtige Verbindung herausschaut. Und vielleicht findet er auch für mich eine Möglichkeit, hinüberzukommen!

Ich weiß nicht, warum du Poppers bedauerst. Es geht ihnen sicher sehr gut in Genf, und er wollte ja nie woanders hin! Auch Patzaus geht es in Guildford sehr gut.

Schreib mir bald ausführlicher – und denke an mich! Herzlich Dein Hugo

Seit 1938 ist Hugo F. Königsgarten in Großbritannien, er unterrichtet vorerst an einer Knabenschule, dem Cranemoor College in Christchurch, Hants (Hampshire). Von 1940 bis 1945 ist er Lehrer an der New College School in Oxford, er selbst studiert Literaturwissenschaft in Oxford und dissertiert im Jahr 1944. Von 1946 bis 1965 lehrt er Deutsch an der Westminster School, von 1965 bis 1973 deutsche Theatergeschichte an der University of Surrey und in London, daneben hält er Gastvorlesungen am King's College, Bedford College und Queen Mary College der Universität London.[84]

In Wien ist Königsgarten ab 1933 wichtiger Protagonist der Kleinkunstszene, 1937 adaptiert er für Zeisls *Leonce und Lena* den Büchnerschen Text. Mit dem Hinweis auf Holländer spricht der Librettist die

---

[84] Bolbecher, Siglinde/Kaiser, Konstantin: *Lexikon der österreichischen Exilliteratur.* Wien-München 2000, S. 394f.

Möglichkeit einer Aufführung des Singspiels unter Alfred Holländer[85] (1906–1993) an, welcher an der Wiener Volksoper im Dezember 1934 unter Kurt Herbert Adlers Dirigat Zeisls Märchenspiel *Die Fahrt ins Wunderland* produziert – *Leonce und Lena* hingegen bleibt in Österreich unaufgeführt. Interessant nimmt sich die Biographie des Sängers und Opernregisseurs Holländer aus, der in Leipzig, Brünn und Wien tätig ist, 1939 nach Venezuela emigriert und dort in Caracas positiv auf das Musikleben einwirkt.

Königsgartens an Zeisl gerichtete Berichte zu dem in London spielenden „Wiener Theaterchen" und der „Wiener Bühne" in New York lenken den Blick in die Londoner Exiltheaterszene und führen nach Übersee: Die im März 1939 in London innerhalb des „Austrian Centre" gegründete und bis 1945 aktive Exilbühne „Das Laterndl" gilt in Großbritannien als eines der wichtigen Foren in der Fortführung der Tradition von Wiener Kleinkunstbühnen wie „Der Liebe Augustin", „Literatur am Naschmarkt", „Die Stachelbeere" oder „ABC". An Schauspielern finden sich im „Laterndl" etwa Martin Miller und Jaro Klueger ein. Königsgarten fungiert als Autor, für das Bühnenbild sorgt Karl Josephowicz, für die Musik ist der ehemalige Karl Kraus-Begleiter Georg Knepler (1906–2003) verantwortlich. Das erste Programm des „Laterndl", *Unterwegs – On the road*, feiert am 27. Juni 1939 seine Premiere:[86] Die Sequenz *Five o'clock in heaven* von Albert Fuchs und Hugo F. Königsgarten eröffnet den Abend, der zweite Teil bringt Königsgartens 1939 für das „Laterndl" geschriebenen Sketch *Wiener Ringelspiel*: Ein Kalendermann, eine Frau, ein Mann, die Tochter, ein Römer, ein Türke und ein Franzose erscheinen als Figuren einer im Jahre „Null" beginnenden und über die Jahre 73, 1683, 1809 und 1938 gezogenen Zeitreise mit Wien als Schauplatz. „Besetzer" Wiens sind die Römer, die Türken, Napoleon und letztlich die Nazis, welche aber, einer Königsgarten-Pointe typisch, nur indirekt erwähnt werden: „(1938) Prost Neujahr! So ruft man schon wieder im Chor – Und schon steht ein neuer Besucher vorm Tor. Es wechselt das Jahr, und es wechselt das Kleid – Nur die Menschen, die ändern sich nicht mit der Zeit!"[87] Das

---

[85] Information zu Alfred Holländer: Literaturhaus Wien, Dokumentationsstelle für neuere österreichische Literatur, 23.06.2008.
[86] Veigl, Hans (Hg.): *Weit von wo. Kabarett im Exil*. Wien 1994, S. 9-16.
[87] Zitiert nach Ebd., S. 124.

*Ringelspiel* wird im „Laterndl" mit Fritz Schrecker (Kalendermann, Wirt), Marianne Walla (Wirtin), Hanna Norbert-Miller (Tochter) und Michael Wolf (Besucher) gespielt.[88]

Erfolgreich ist Königsgarten in London mit dem „Stoff des ‚Lot'", genauer mit der biblischen Szenenfolge *Das Spiel von Sodoms Ende*, die er ebenfalls für das „Laterndl" schreibt. Im März 1940 kann Königsgarten an Zeisl berichten: „Mein ‚Sodom' ist inzwischen in London in unserm Wiener Theaterchen aufgeführt worden und hatte einen riesigen Erfolg. Es wird immer noch allabendlich gespielt, nun schon die 7. Woche!"[89]

> Hereinspaziert, meine Herren und Frauen!
> Ein Spiel ist heute hier zu schauen,
> So eigen unter diesem Zelt
> Noch niemals nicht ward dargestellt.
> Es geht um Hoffart, Not und Neid,
> Um Kampf und Tod und Eitelkeit,
> Von allen ird'schen Fehl' und Sünden
> Ist ein gemessen Teil zu finden.
> Kurzum, im Gleichnis dargestellt
> Wird hier das alte Spiel der Welt!
> Der Stoff ist, Euch zu nutz und Frommen,
> Dem Buch der Bücher selbst entnommen.[90]

Herbert Berghof (1909–1990), ehemaliger Darsteller der „Literatur am Naschmarkt" und am „Lieben Augustin", ist seit 1939 in der New Yorker Exil-Kabarettszene tätig, sein Broadway-Debüt feiert er mit der „Viennese Theatre Group" (oder „Refugee Artists Group") und der Revue *From Vienna*.[91] Dieses Programm läuft von 20. Juni 1939 bis 26. August 1939 am „Music Box Theatre", der 1921 eröffneten Spielstätte der Music Box Revuen von Irving Berlin (1888–1989). Die Exilanten-Revue ist ein

---

[88] Teller, Oscar (Hg.): *Davids Witz-Schleuder. Jüdisch-Politisches Cabaret. 50 Jahre Kleinkunstbühnen in Wien, Berlin, New York, Warschau und Tel Aviv.* Darmstadt 1982, S. 146.
[89] Hugo Friedrich Königsgarten an Eric Zeisl, 15. März 1940.
[90] Teller, *Davids Witz-Schleuder,* S. 252.
[91] Hippen, Reinhard: *Satire gegen Hitler – Kabarett im Exil.* Zürich 1986, S. 144-149.

Potpourri übersetzter Nummern der Wiener Aufführungen (etwa mit Jura Soyfers *Der Lechner-Edi schaut ins Paradies* oder mit Rudolf Weys *Pratermärchen*). Initiator des Projekts ist Viktor Grünbaum (1880–1941), Herbert Berghof fungiert als Direktor und Regisseur. Im März 1940 bringt das Ensemble unter dem Titel *Reunion in New York* ein zweites Programm heraus, danach zerfällt die „Viennese Theatre Group" (Mitglieder etwa sind Elisabeth Neumann, Walter Engel, Lothar Metzl, Illa Roden, Maria Pichler, Kitty Mattern, Paul Lindenberg, John Banner oder Fred Lorenz).[92] Ein weiterer Versuch, die exilierte Wiener Kleinkunstszene am Broadway zu etablieren, ist die Gründung des „Jüdisch-politischen Cabarets" „Die Arche" im Jahr 1943 durch Oscar Teller (1902–1985) und Erich Juhn (1895–1973). Teller erinnert sich: „Hugo Königsgarten, vor einigen Jahren in London gestorben, zählte zu den begabtesten Autoren der Wiener Kleinkunstbühnen. Sein ‚Wiener Ringelspiel' wurde 1939 im Londoner Emigranten-Cabaret ‚Laterndl' erstaufgeführt und später auch in unser New-Yorker ‚Arche'-Programm übernommen, wo wir noch eine abschließende Szene hinzufügten."[93] Das *Ringelspiel* wird in der „Arche" mit der Musik Jimmy Bergs gebracht, welcher hier so wie früher im Wiener „ABC" für die Musik sorgt, die New-Yorker Inszenierung geht mit Oscar Teller (Kalendermann), Viktor Schlesinger (Wirt), Erna Trebitsch (Wirtin), Ellen Schwanneke (Tochter) und Erich Juhn (Besucher) über die Bühne.[94]

## RICHARD STÖHR an ERIC ZEISL (Postkarte)

*Philadelphia, 15. Jänner 1940*

Lieber Erich!
Unmittelbar unter dem Eindruck Ihrer beiden Werke habe ich gestern in mein Tagebuch (das ich englisch führe) geschrieben:

---

[92] Pass, Walter/Scheit, Gerhard/Svoboda, Wilhelm: *Orpheus im Exil. Die Vertreibung der österreichischen Musik 1938-1945*. Wien 1995, S. 91-97.
[93] Teller, *Davids Witz-Schleuder*, S. 129.
[94] Ebd., S. 146.

„The Passacaglia is a work of great talent, but the Bitterlich Symphony is a work of a genius".
Das möge Ihnen Trude übersetzen. –
Herzlich
Ihr Stöhr

## PAUL MOCSÁNYI an ERIC und GERTRUD ZEISL (Typoskript)

*Paris, 9. Februar 1940*

Liebe Zeisl's,
wir haben uns mit Euren lieben Weihnachstgrüssen furchtbar gefreut und wenn wir sie nicht gleich beantwortet haben, so nur weil wir beide so überarbeitet sind, daß man es gar nicht sagen kann. Ich arbeite seit dem Krieg bei der Agence Havas, im Pariser Büro und bin von 10 Uhr früh bis 2 Uhr früh beschäftigt. Dafür verdiene ich knapp soviel, wie wir es für unser bescheidenes Leben brauchen. Trotzdem bin ich sehr zufrieden, denn meine Arbeit ist sehr interessant und ich liebe ja, wie Ihr wisst, mein Métier wahnsinnig. Dita [Edith Wachtel] kocht. Das nimmt schrecklich viel Zeit in Anspruch. Am Anfang haben wir sehr schlecht gegessen, aber jetzt hat sie es gelernt und wir haben glänzende Kalbsteaks, Beafsteaks [sic!], herrliche Nuss und Mohnnudeln usw. Ein Klavier haben wir leider noch nicht, aber in den nächsten Tagen wird Dita eines mieten. Dadurch, daß ich so sehr in Anspruch genommen bin, leben wir fast überhaupt kein gesellschaftliches Leben. Wir sehen sehr wenig Leute. Dita war gestern zufällig bei dem Kritiker [Josef] Reitler. Es wird Euch interessieren, daß er, wahrscheinlich noch diesen Monat, nach Amerika fährt. Er hat irgendeine Stelle in New-York. Erica Morini ist auch drüben, was Ihr wahrscheinlich wissen werdet.

Wir haben gar keine Pläne da man ja heute wirklich nicht weiss, was der Morgen bringt. Unsere Möbel sind noch in Pest. Wenn ich wissen würde, dass ich nicht verschickt werde, würde ich sie schicken lassen, so aber traue ich mich nicht, sie herbringen zu lassen, denn es kann geschehen, dass ich just am Tage wo die Möbel ankommen, verschickt werde. Aus meiner amerikanischen Stelle ist nichts geworden, da ich in die ungarische Quote gehöre und kein Visum bekommen habe.

Wir denken sehr viel an Euch und sprechen viel von den schönen Vorkriegs-Wochen in Paris. Es freut uns furchtbar, dass es Euch so gut geht. Es schaut momentan gar nicht so aus, dass wir je nach Amerika kommen würden, aber es hat auch vor einem Jahr nicht so ausgeschaut, dass ich mich je in Paris niederlassen werde. Es ist doch so, dass alles, was wir sicher gewusst zu haben glaubten sich als eine Illusion entpuppt hat und das Unwahrscheinliche wurde zur Wirklichkeit. Wenn das so weitergeht, ist es ja nicht unmöglich, dass wir eines schönen Tages in New-York landen werden.

Schreibt wieder einmal, aber ausführlicher und über Alles, was Euch betrifft. Alles interessiert uns. Nochmals vielen Dank für die Wünsche. Mit den herzlichsten Grüssen und Handkuss an Trude, Euer
Paul

Paul Mocsányi, 1940 wohnend in 9, rue Galilée, Paris XVI., ist Gatte von Dita (Edith) Mocsányi und späterer Direktor des Collectors Institute an der New School for Social Research in New York. Die Pianistin und Pädagogin Dita Mocsányi wirkt im Wiener Konzertbetrieb unter ihrem Mädchennamen Edith Wachtel im Kerschbaumer Trio und im Georg Steiner Trio, sie ist wiederholt Interpretin Zeislscher Werke. Zur Uraufführung[95] der während der Zusammenarbeit mit Richard Stöhr komponierten *Suite für Klavier, Violine und Violoncello* op. 8 (ca. 1920–24) am 17. April 1928 im Wiener Konzerthaus rezensiert die *Arbeiterzeitung*: „Das Trio Kerschbaumer-Neumann-Wachtl [sic!], das vorzüglich eingespielt ist, brachte eine Klaviertriosuite von Erich Zeisl zur Uraufführung, die temperamentvolle, begabte Arbeit eines Sechzehnjährigen, […]."[96] Edith

---

[95] Programmzettel: *II. Abend des Kerschbaumer-Trios*, Kleiner Konzerthaus-Saal, 17. April 1928 (ZN).
[96] *Arbeiterzeitung*. 7. Mai 1928 (ZN).

Wachtel kennt mit Zeisls op. 8 (I. *Präludium: Lebhaftes Tempo*, II. *Adagio sostenuto*, III. *Allegro scherzando, zart bewegt*, IV. *Thema mit Variationen: Maestoso*) das Jugendwerk des Komponisten, die Suite liegt als ausladendes Werk vor, im Tonfall und Duktus an die Kammermusik Schuberts, Mahlers und Strauss' gelehnt und trotz Schwächen in der formalen Disposition ein exzellent komponiertes Debütstück des erst fünfzehn- bzw. sechzehnjährigen Zeisl. Die *Suite für Klavier, Violine und Violoncello* op. 8 reüssiert am 27. Februar 1930 unter Edith Wachtels zweitem Ensemble auch im Wiener Musikverein:[97] „Das Georg Steiner-Trio (Edith Wachtel, Georg Steiner, Ernst Neumann) konnte an seinem zweiten Abend wieder in der vollen Wirksamkeit seiner durchgebildeten Qualitäten erscheinen. Zwischen die Trios G-Dur von Beethoven und F-Moll von Dvořák war eine Neuheit von Erich Zeisl gestellt. Das Werk des jungen Komponisten ist das Ergebnis gesunder und kräftiger musikalischer Impulse, die Satztechnik zeigt einen stattlichen Entwicklungsgrad. Die den Abend über anhaltende Beifallslust der Hörerschaft äußerte sich auch kräftig für die Novität."[98]

Über Edith Wachtels Tätigkeit in Paris ist nichts Näheres bekannt. Die Ankündigungen zur *Hiob*-Veranstaltung stellt sie jedenfalls als Instrumentalistin in Aussicht: „Joseph Roths Hiob gelangt bekanntlich am 3. Juli im Theater Pigalle […] zur deutschen Uraufführung. […] ‚Menuchims Lied' ist von Erich Zeisl vertont worden und wird von Professor Jean Manuel (Orgel), Mile [sic!] d'Andrade (Violine) und Edith Wachtel (Klavier) in einem Zwischenakt zu Gehör gebracht werden."[99] Zeisl selbst spielt die Aufführung im Pigalle – noch das Abend-Programm verzeichnet die Wiener Pianistin; kurioserweise unter dem Namen „Edith Amsel".

Auch Josef Reitler (1883–1984), ab 1902 Schüler Arnold Schönbergs in Berlin und von 1905 bis 1907 als Korrespondent der Berliner *Vossischen Zeitung* in Paris tätig, bevor er von 1907 bis 1936 als Redakteur der *Neuen Freien Presse* dem Wiener Musikleben verbunden ist, kennt Zeisls Jugendwerk. In der Leitung des Neuen Wiener Konservatoriums von 1915 bis 1938 kommt ihm bedeutende Position zu: Noch im

---

[97] Programmzettel: *II. Abend des Georg Steiner-Trio,* Kleiner Musikvereins-Saal, 27. Februar 1930 (ZN).
[98] Zeitungsausschnitt ohne Angaben (ZN).
[99] Zeitungsausschnitt ohne Angaben (ZN).

November 1938 bescheinigt er dem Flüchtling Zeisl in Paris, dass dieser als "Komponist und Lehrer für Musiktheorie eine der erfolgreichsten und stärksten Begabungen der jungen österreichischen Musikergeneration" repräsentiert. Reitler spricht weiters von einer Anstellung Eric Zeisls „an der öffentlichen Musikanstalt ‚Neues Wiener Konservatorium' […] als Lehrer für Harmonielehre und Instrumentation", Zeisl könne „jedoch seine Lehrtätigkeit nach der Eingliederung Österreichs in das deutsche Reich nicht mehr ausüben".[100] – Unklar ist, ob Zeisl vor März 1938 tatsächlich eine Vertragsbindung mit dem Konservatorium eingeht, es liegen dazu keine Unterlagen vor.

1938 flüchtet Reitler in die Vereinigten Staaten, leitet das Opera Department des New York College of Music und gestaltet zusammen mit Fritz Stiedry (1883–1968) und Lothar Wallenstein den Opera Workshop des Hunter College of the City of New York. Nach New York gelangt auch die Geigerin Erica Morini (1904–1995), die zunächst von ihrem aus Triest stammenden Vater Oscar Morini, der in Wien eine eigene Musikschule leitet, unterrichtet wird und bereits als Siebenjährige bei Otakar Ševčík (1852–1934) an der Akademie für Musik und darstellende Kunst studiert. 1917 reüssiert Morini unter Arthur Nikisch (1855–1922) in Berlin, ihr Amerika-Debüt in New York 1921 gilt der Musikwelt als Sensationsereignis.

## EDITH WACHTEL (DITA MOCSÁNYI) an ERIC und GERTRUD ZEISL (Typoskript)

*Paris, 13. Februar 1940*

Geliebte Zeisl's,
    ich kann Euch gar nicht sagen, wie wir uns mit Euren [sic!] Brief gefreut haben. Endlich ein Lebenszeichen von Euch und noch dazu so gute Nachrichten. Leider scheint ja ein Brief von Euch verloren gegangen zu sein. Ich habe Euch vor und nach Kriegsausbruch immer wieder vergeblich in Vesinet anzurufen getrachtet – habe dann erfahren, daß Ihr abgereist seid und mir wegen Eures

---

[100] Empfehlungsschreiben von Josef Reitler, Paris, 16. November 1938 (ZN).

langen Stillschweigens schon große Sorgen gemacht. Zu Deinen Erfolgen gratuliere ich Dir, liebster Erich von ganzem Herzen. Was wurde von Dir aufgeführt? Wie weit bist Du mit der Musik zum Hiob? Wann werden wir hier im Kino bei einem Film mit Sensationserfolg lesen: Musik von Erich Zeisl? Wie lebt Ihr und was für Pläne habt Ihr? Bleibt Ihr in New-York und sind Eure Möbel zu Euch gekommen oder werdet Ihr ihnen nach fahren? Wieviel braucht Ihr monatlich (diskreterweise frage ich nicht, was Du verdienst!) und wie schmeckt Dir die Amerikanische Küche? Wieviele Interviews gibst Du täglich und was machst Du, liebste Trude? Und Deine liebe Mutter und der singfaule Willy? Wann seid Ihr eigentlich weggefahren? Bitte seid lieb und berichtet uns, soweit es das amerikanische Tempo zulässt, alles über Euch.

Wir sind im Oktober übersiedelt und bewohnen, einige Schritte vom Hotel Hamelin entfernt, eine sehr hübsche Garconniere, bestehend aus 2 resp. 1 ½ Zimmer und einem Badezimmer, indem ich auf einem elektrischen und einem Spiritusrechaud schon die besten Mahlzeiten fabriziere. Wie gerne würde ich Euch zu einem Wiener Mittagessen einladen! Klavier habe ich noch immer keines. So oft ich eines mieten wollte, kam etwas dazwischen oder taucht ein Projekt auf, das ein zuwarten [sic!] ratsam erscheinen ließ. Nachdem ich jetzt entschlossen war mich von nichts mehr davon abhalten zu lassen, kam Mocsi heute mit der Nachricht nach Hause, daß er wahrscheinlich nach – Amsterdam versetzt werden wird! Die Entscheidung dürfte in den nächsten Wochen fallen. Prof. [Josef] Reitler wurde für 2 Jahre an das New-Yorker Konservatorium engagiert. Er soll, glaube ich, eine Opernklasse in's Leben rufen. Ich würde sehr gerne nach New-York kommen, sehe aber gar keine Möglichkeit dazu. Auf der amerikanischen Gesandtschaft wurde mir gesagt, daß die ungarische Quote für – 15 Jahre komplett ist. Da ich jedoch in Dir unseren kommenden Affidavit-Mann sehe, werde ich uns jedenfalls einschreiben! Und sollten wir eines Tages in New-York landen, werde ich, um für die dort so nötige Reklame zu sorgen, den Reportern eine Kopie des Bildes das ich Dir beilege, übergeben. Mit dem Text: die Pianistin Edith Wachtel, mit dem berühmten New-Yorker Komponisten Erich Zeisl, im Wiener Stadtpark spazieren gehend. Erich Zeisl ist im

Augenblick der Aufnahme mit der Instrumentierung seines Marillenknödel Intermezzos beschäftigt. Mit diesem Entrée muß mir der Start doch glücken, nicht? A propos Marillenknödel: ich habe unlängst im Weber eine Schokolade getrunken und voll Sehnsucht Euer gedacht.

Also schreibt bitte bald und ausführlich. Viele sehr herzliche Grüße (auch an die liebe Mutter und Willi) und alles Liebe von
Eurer
Edith.


Mit der „Schreib-Richtung" „Eric an Hilde", „Hilde an Eric und Gertrud" und „Gertrud und Eric an Hilde" sind die folgenden drei Briefe Ausdruck der Kontinuität in der Kommunikation zwischen den Zeisls in New York und den Spiel-Mendelssohns in London. Der Blick nach gemeinsam Erlebtem bringt Gelegenheit zur Rückschau in das oberösterreichische St. Wolfgang und führt zum Liedkomponisten Zeisl, der Blick nach nun „in der Diaspora" lebenden Wiener Freunden führt etwa zu dem Geiger Fritz Rothschild (1891–1975), der, in Wien Schüler Otakar Ševčíks, Zweiter Konzertmeister im Orchester des Konzertvereins, Mitglied des Quartetts um Adolf Busch (1891–1952) und Erster Konzertmeister des Tonkünstler-Orchesters, in die Vereinigten Staaten emigriert und dort mit der Erfindung eines Grammophonplattensystems erfolgreich ist, welches durch einzeln ausblendbare Stimmen aktives Mitmusizieren ermöglicht. Oder zu Fritz Kramer, Spielkamerad Gertruds, „Arrangeur" des ersten Zusammentreffens zwischen Gertrud und Hilde und nun als Nachfolger von Erich Engel Pianist der Comedy Harmonists, welche als Absplitterung der Comedian Harmonists konzertieren. Die Gruppe gastiert 1940 für längere Zeit in den Vereinigten Staaten, nach einer ausgedehnten Australien-Tournee wohnt Kramer Anfang der vierziger Jahre mit den Zeisls in Mamaroneck bei New York. Schillernd ist die Erscheinung der Wiener Freundin Hansi Mahler, „so exzentrisch, so verrucht, so manieristisch stilisiert", „wie es dem Zeitgeist der Wiener Zwanzigerjahre unter anderem auch"[101] entspricht. Hansi Mahler wird einer Romanheldin Hilde Spiels zum Vorbild: „Ihre Figur ist wie alle anderen ein ‚composite'

---

[101] Spiel, *Helle und finstere Zeiten*, S. 62.

und ein Symbol", so Spiel an Hans Habe viele Jahre später. „So lebt sie doch noch einmal kurz auf, das war meine Freundschaft und wahrscheinlich auch Liebe zu ihr wert."[102] 1953 verstirbt Hansi Mahler in New York, eine Wunde, die erst heilen kann, indem die Autorin „Hansis Bild, vermischt mit fremden, [...] Zügen, in einem Roman heraufzubeschwören" versucht und „über die Emigranten in New York zu schreiben"[103] beginnt. Szenerie im Roman *The Darkened Room* (*Lisas Zimmer*) ist das New York der späten vierziger Jahre, erzählt wird von der Ich-Position einer in den Vereinigten Staaten gestrandeten Wienerin, die in den Bannkreis der nach Hansi Mahler modellierten „Lisa" und deren Salon – ein Europa an Journalisten, Schriftstellern und Ärzten – gerät. Das New Yorker Exilantenmilieu findet in dem Text eine Schilderung, letztendlich erfährt der Leser, jene Lisa, deren Zimmer „nach Parfüm, schalem Zigarettenrauch, verwelkten Blumen und benützten Laken" rieche, wäre „zu einem fürchterlichen Innbegriff Europas"[104] geworden.

## ERIC ZEISL an HILDE SPIEL

*New York, 13. Februar 1940*

Liebe Hilde!
Im Auftrage der Trude schreibe ich Dir. Also N.I. Vielen Dank für Brief und Bild. Leider ist das Wichtigste Dein zullendes Kind viel zu undeutlich. Ausserdem will die Trude alle Details wissen 1) Wie es aussieht Augen u. Haarfarbe, 2) Wie oft es umgepackt wird, 3) ob es freiwillig und auf welche Leute es geht. – Bitte sei nicht böse über meine gute Laune. Wir sind aber sehr glücklich, dass wir hier sind! Könntet ihr nicht her? Raschester Entschluss wäre sehr vernünftig von Dir!! Wir hätten eine damische Freude mit euch dreien. – Leider habe die Kritiken von Deinem Peter nicht gelesen, da ich

---

[102] Zitiert nach Neunzig, Hans A. (Hg.): *Hilde Spiel – Briefwechsel*. München 1995, S. 228. Hilde Spiel an Hans Habe, 30. Oktober 1965.
[103] Spiel, Hilde: *Welche Welt ist meine Welt? Erinnerungen 1946-1989*. München 1990, S. 182f.
[104] Ebd., S. 285.

nicht englisch kann und die l. Trude kocht. Kochen nenne ich die unbeschreibliche Tätigkeit des <u>alles</u> anbrennen lassen was es auf der Welt an Speisen giebt [sic!]. Trotzdem blühen und gedeihen wir auf das Prächtigste. II. Beruflich grösster Erfolg. Die 2te Radioaufführung Bitterlichsinfonie & Passacaglia zugleich eine Sensation. – Wenig Money und langsam eintretender <u>Dollar</u>. Bin zu spät gekommen die Programme für dieses Jahr alle fertig. Für nächstes Jahr einige Annahmen! Herzlichste Gratulation zum Erfolg Peters! Ihr müsst dauernd herkommen! Mit der Zeit wird man hier gross! Es ist nur nicht so rasch wie man sich dies in Europa vorstellt! Schreibst Du etwas? Ich instrumentiere die Ouverture zu meiner in Paris begonnenen Oper „Hiob" von Josef Roth. Zum Komponieren komme ich noch nicht Muss zu viel G'schuas machen zum Leben. Schreibt bald und seid umarmt von Eurem Erich

## HILDE SPIEL an ERIC und GERTRUD ZEISL
(Typoskript)

*London, 28. Februar 1940*

My dearest Zeiserls,

It is good of you to write often and detailed about you and your life in New York. I am very happy for you, and I know you will be doing well. A few days before your letter came we heard the Pastoral Symphony over the wireless and suddenly I remembered and told Peter how once we were caught by a thunderstorm in a little inn on the Wolfgangsee, and how Erich discovered a ramshackle old piano and sat down improvising about the landscape, and how finally he played the Pastoral to us. What a time! I wish he would never lose this spirit and this inspiration among the skyscrapers! By the way, the song whose notescript he dedicated to me got lost with all my parents possessions in Hamburg, and I should very much prefer one of the old songs we used to make him play, f. e. the Petzold one. And, in any case, it isn't urgent. Only for Christine to show off with it in twenty years time!

I had to defend Erich against insinuations spread by his friend [Roland] Stern. But please do not gossip about it in case you write him again. He tells a story of how Erich had lunch with him once in Vienna and he suddenly had some sort of attack and lost conscience or something of the sort, and how Erich immediately ran out of the room shouting to some servant: Go in, I think Mr Stern is dying, and hurriedly left the house.

I think this is an extremely funny story and almost laughed my head of, because of course it cannot be true but seems so very much like Erich. In a way, I think, Roland seems to be offended for some reasons or other, and tells the story to show Erich's lack of feeling for him. I simply think Roland is what they call a „softie", and is touchy and weak like a woman. I only see Tilly now and then who is a friend of my mother's, and I pity her very much because he has no intention to marry her though they are living in the same household and Tilly waits upon him the whole day long.

Christine is very sweet and lovely, and grows almost at sight. She starts making funny noises like Broobroo and weewee, and laughs out loudly. Her eyes are dark blue, her hair dark brown. She is fed on milk four times a day (I am feeding her myself) and in addition gets a few teaspoonfuls of orange juice-and-water and carrot juice. Her napkins are changed five times a day, she is being bathed in the morning at a quarter to eleven, but at that time you are still fast asleep. From the third day of her life she was put on a little green pot and almost every time produces something on that occasion.

I should advise you very strongly to make yourself your own baby if you haven't done so. It is the greatest fun in the world having one, and I can imagine how Erich's vocabulary of silly talk would expand gigantically the moment his infant would start uttering sounds. By the way, Lisel got a better photograph of Christine from me last time I wrote her, because I happened to have one just then, so if you are interested in my daughter you will have to be friends with Lisel again.

There is no prospect of our coming to N.Y. soon. When Peter went to America in '38 we thereby cancelled our registration for immigration, and never renewed it although we had the best possible affidavits from good friends of ours, and made up our minds to stay in England for good and try to make good English subjects one day, if we should be permitted to do so. Peter is doing very well here, he is much liked in his office and has advanced in his position only recently, and now with Christine having been born here I think we shall never again leave England if we can help it. We both love it very much. Of course Peter liked N.Y. very much when he stayed there, and we intend to cross over at the earliest possible date for a few months, but at the moment this seems far away. I am sure you are having much more fun there than we have at present, and the general outlook is certainly less unfriendly, but there we are together with all the others in the European Jungle, and so we shall stick it out until the end which will be victorious, I am sure.

I am well informed about N.Y. because we have every Sunday's New York Times sent to us, and so I shall be able to follow your triumphant career.

Do write something about your friends and relatives in your next letter! What is Susi's mother doing? Best regards to her! Where are all the people we used to know? My mother met Hedi G. [eine Wiener Freundin Gertruds] by chance somewhere in London, at a bridge party, of course. Who are your friends in New York? Did you ever see the Rothchilds [sic!], the ones I gave Erich an introduction to? Fritz Rothschild is doing good, I am told, he is having much success, and his records (he invented records of string quartets with one of the parts left out so that people can exercize violin parts or whatever they play with the best accompanyment they can have) are selling well. I think it would be a very good thing for Erich to try and get hold of Rothschild again. I haven't got his new address, but you may still have his old one, and he has only moved to the house opposite, so you may be able to find him.

Please let me hear from you soon, and keep me informed about your progress

Love, Yours

Hilde

Die Euphorie, mit der Zeisl den Erfolg in New York erlebt, lässt ihn auch die Spiel-Mendelssohns und deren „zullendes Kind", die 1939 geborene Christine, in das Land der Sensationen und „triumphant careers" denken. Spiel, zur Immigration in die Vereinigten Staaten registriert gewesen, legt indes Bekenntnis für England ab, Empathie und Loyalität für das Exilland sprechen aus ihren Briefen. In Hilde Spiels Nachsinnen an den ehemals stadtflüchtigen und nun im amerikanischen Großstadtjungle aufgehobenen Zeisl tun sich Gegensätze auf – „fliehe ich aus der Stadt nach Sankt Wolfgang," – so erinnert sie sich an die im oberösterreichischen Salzkammergut gelebten Sommermonate der Vorkriegsjahre, an eine Zeit des Rückzugs und kunstsinnigen Austauschs – „wo der Musiker Erich, die Juristin Susi und die Malerin Lisel sich in verschiedenen Pensionen eingemietet haben. Das ist beruhigende Gesellschaft. Tagsüber schwimmt, rudert und aquarelliert man am See, abends beschwört Erich Zeisl auf dem verstimmten Klavier seiner Gastwirtschaft das ganze Instrumentarium der Pastorale herauf, während es draußen zur Begleitmusik donnert."[105] Das oft um Georg und Bettina Ehrlich, manchmal um Steffi, Hilde und Fritzi Hirschenhauser zum großen Ensemble erweiterte „Quartett" Eric, Gertrud, Hilde und Lisel ist am Wolfgangsee dem dort wirkenden Künstlerkreis der „Zinkenbacher Malerkolonie" verbunden, trifft auf Autoritäten wie Ernst Huber (1895–1960), Franz von Zülow (1883–1963), Sergius Pauser, Josef Dobrowsky, Leo Delitz (1882–1966), Ludwig Heinrich Jungnickel (1881–1965), Ferdinand Kitt, Lisl Weil (*1910) oder Georg Merkel (1881–1976). Malerei, Musik und Literatur scheinen in diesen Sommermonaten einander gegenseitig zu nähren. In ihren im April 1942 von der MGM-Stadt Los Angeles geschriebenen Zeilen an Hilde Spiel nach London denkt Gertrud Zeisl an die „old days in St. Wolfgang with Lisel and Hirschenhausers and how we used to imagine fantastic futures, for instance Eric in Hollywood composing pictures for Metro-Goldwyn, riding his own car, living in a Villa growing roses in his garden"[106] – welch Ironie des Schicksals, die Eric die einst kühn erdachte Zukunft nun tatsächlich erleben lässt! Die dem Jugend-Kreis nahestehende und auch in den Exil-Briefen erwähnte Steffi Hirschenhauser ist ursprünglich eine Freundin Lisel Salzers seit der Zeit an der Wiener Kunstschule

---

[105] Spiel, *Helle und finstere Zeiten*, S. 112.
[106] Gertrud Zeisl an Hilde Spiel, 9. April 1942.

für Frauen und Mädchen, Steffis Schwester Hilde arbeitet für Gertruds Mutter Ilona Jellinek in deren Wiener Juweliergeschäft, Fritzi Hirschenhauser ist die dritte der mit den Zeisls befreundeten Schwestern. „Hilde Hirschenhauser married a french army captain who knows nothing of her past"[107] – weiß Gertrud an Hilde Spiel im Dezember 1945 zu berichten: Die brünett-blonde und groß gewachsene Hilde Hirschenhauser heiratet im Exil den Franzosen Lucien Bordier, ihre jüdische Herkunft ist ihm und vor allem seinem Umfeld nicht bekannt. Sie überlebt den Krieg in Europa unter geänderter Identität.

Als Symbol für Erics „among the skyscrapers" verlorene gefürchtete Welt jugendlicher Inspiration nennt Hilde Spiel das mit dem gesamten Familienbesitz in Hamburg tatsächlich verlorengegangene Manuskript des Sopranlieds *Immer leiser wird mein Schlummer* (Hermann Lingg): „Immer leiser wird mein Schlummer – Nur wie ein Schleier liegt mein Kummer zitternd über mir. Oft im Traume hört ich dich rufen drauss vor meiner Tür – niemand wacht und öffnet Dir – ich erwach und weine bitterlich. Ja ich werde sterben müssen – einen andern wirst du küssen wenn ich bleich und kalt – wenn die Maienlüfte wehn – eh die Drossel singt im Wald. Willst Du mich noch einmal sehen oh komme bald."

Die Erinnerung an das 1927 komponierte und "Frl. Hilde Spiel in Freundschaft" zugeeignete Stück erlaubt eine Rückschau in die Welt des jungen Liedkomponisten, welcher, eben in der Schülerschaft Richard Stöhrs, bevorzugt feinsinnige, klang-subtile Stimmungsbilder schafft. In der Wahrnehmung und vor allem textauthentischen, sensiblen Ausarbeitung der sprachlichen Vorlage gilt *Immer leiser wird mein Schlummer* als eines der Zeislschen Meisterwerke. Klar zeigt sich die Einheit von Wort und Ton – der junge Komponist weiß wohl, warum er dieses Kleinod der sprachbegabten Freundin widmet: Nach einer statischen, nahezu tonlosen und im unteren dynamischen Bereich gehaltenen dreitaktigen Einleitung, welche im Klavier allein über zwei angespielte Oktaven den Quintraum der Grundtonart fis-Moll öffnet, verliert die Sopranstimme sich mit der Exposition des Hauptgedanken „Immer leiser wird mein Schlummer" im fis2 – wie ein Schatten von Wirklichkeit, hauchzart begleitet, führt – und entführt – der Sopran in ein filigranes Wort-Ton-Gebilde. Konkretheit plötzlich bei „Nur wie ein Schleier liegt mein Kummer zitternd über

---

[107] Gertrud Zeisl an Hilde Spiel, 1. Dezember 1945.

mir" – der „Schleier" umwebt in Textausdeutung einen Tonraum von annähernd zwei Oktaven, das Wort „Kummer", auf das dem Sopran tief gelegene c1 gesetzt, erklingt in dem nach f-Moll gerückten harmonischen Umfeld schmerzvoll. *Ausdrucksvoll* strebt die Phrase zum Dominantakkord Cis7, welcher das Wort „über" wieder im Tonfeld des fis-Moll stützt, um beim dadurch in Erwartung gesetzten Finalton fis1 in Ausdeutung des Bevorstehenden gemäß der Idee enharmonischer Umdeutung und Aufhellung in die *verträumte* Sphäre von Ges-Dur zu kippen. Wiegende, fließende Triolen-Bewegung in Viertel- und Achtelwerten, abgesichert durch ein ostinates Fundament auf Ges, verklärt die Erinnerung an den Traum. Agitiertheit über nun stetig durchlaufende Achteltriolen, Steigerung durch Klangfülle und Beschleunigung des harmonischen Rhythmus' lassen im Folgenden mit „Ja ich werde sterben müssen" bei Emporsteigen der Sopranstimme in höchste Lage und gleichzeitigem Absinken der Bassakkorde in tiefe Region eine Steigerung erwachsen, die sich in der auf Halbenoten gesetzten *pesante*-Kernaussage „Willst Du mich noch einmal sehen oh komme bald" entladen kann – der Sopran exklamiert das bedeutungsschwere „Du" noch im h2, dem höchsten Ton des Lieds. Im resignierend dreimalig ansetzenden „bald" verliert die Stimme sich schließlich kraftlos, nachdem in höchster Intensität ein Tonraum von zwei Oktaven nach unten gerichtet durchmessen ist. In *düsterem Ausdruck, verlöschend* erschlafft der Eingangsgedanke im fis-Moll, in nun tieferer Lage und dynamisch ins kaum Wahrnehmbare entrückt. Das Umblenden der von Ges-Dur ausgehenden, über es-Moll und b-Moll in entfernte Tonarten geführten „Traum-Sphäre" zurück ins anfängliche fis-Moll vollzieht sich über den Gesang der Drossel als Signum des drohenden Tods – denn exakt mit „Drossel singt im Wald" ändert Zeisl unter der Charaktergebung *mit schmerzlichem Ausdruck* die Akzidentiensetzung und schwenkt nach der Idee einer Tonsymbolik der Harmonik von der B-Tonart zurück in die Kreuz-Tonart.

Mit der Erwähnung Alfons Petzolds (1882–1923) holt Hilde Spiel eine andere Zeit in ihren Brief, nimmt damit jedoch auch Bezug auf ein der Verbindung Zeisl-Spiel bedeutendes Lied. 1933 erscheint Spiels Romanerstling *Kati auf der Brücke*. Dessen Worte – „Dann spielte er wieder. Negerchöre und kleine lyrische Lieder, vertonten Morgenstern und Ringelnatz, […]. Und am Ende noch dies, den toten Arbeiter von Petzold:

meine Not ist zu Ende und all meine Qual –"[108] – portraitieren über die Figur des fanatisierenden Musikers den Freund Zeisl. Dass die Autorin dabei Petzolds *Toten Arbeiter* apostrophiert, unterstreicht die Aktualität dieses Texts in Zeisls und Spiels Biographie. Der Komponist, durch die Freundin auf den in Wien-Fünfhaus geborenen Petzold gestoßen, vertont den *Toten Arbeiter* eben erst 1932, noch im selben Jahr komponiert er nach Petzold *Die Arbeiter*, *Ein buckeliger Waisenknabe singt* und *Wanderlied*. Ausschließlich im Jahr 1932 wendet Zeisl sich dem Wiener „Arbeiterdichter" zu, und dies in nicht weniger als in vier von insgesamt nur sieben Liedern. Texte aus dem Arbeiter-Milieu vertont er bis dahin nicht. Was den Fokus auf Alfons Petzold betrifft, so unterstreicht dieser unter dem Blickwinkel sich verschärfender Differenzen zwischen den politischen Lagern Österreichs nicht nur Zeisls großes Interesse am Material, sondern vermittelt ebenso dessen Solidarität und Empathie für den sozialdemokratischen Gedanken. Mit der Freundin Hilde hat er, selbst nie politisch aktiv oder gar Parteimitglied, eine glühende Sozialdemokratin im engsten Umkreis: „Schon Jahre zuvor, am 30. Mai 1930, […] bin ich abends um halb neun in einem sozialistischen Fackelzug auf der Ringstraße mitmarschiert. […] Nein, in die Partei trat ich nicht ein, noch nicht. Aber ich war, wenngleich nicht ‚primo loco' ein politischer Mensch, doch bald schon ergriffen vom Geist der Zeit und von meiner Stadt […]. Emotionelle mehr als rationale Gründe haben uns nach links gerückt. Russische Lieder aus dem ersten Aufstand 1905: ‚Zar Nikolai erließ ein Manifest / Den Toten ihre Freiheit / Die Lebenden in Arrest.' […] Alfons Petzolds Gedicht vom toten Arbeiter, ‚Meine Not ist zu Ende und all meine Qual, köstliche Erde hüllt die ruhenden Hände, und mein Leib ist worden ein leuchtender Sonnenstrahl', sehr bald auch die Songs von Brecht, die wir in den Versuche-Heften lasen […]."[109] Über die von Paul Lazarsfeld (1901–1976) geleitete Wirtschaftspsychologische Forschungsstelle der Universität steht Hilde Spiel dem „Roten Wien" nahe, lernt Sozialdemokraten wie Marie Jahoda (1907–2001), Hans Zeisel (1905–1992) oder Gertrude Wagner (1907–1992) kennen. Von 1933 bis zur Parteiauflösung nach den Februar-Kämpfen 1934 ist sie Mitglied der Sozialdemokratischen Arbeiterpartei Österreichs. Zur Hymne wird

---

[108] Spiel, Hilde: *Kati auf der Brücke*. Berlin-Wien-Leipzig 1933, S. 164.
[109] Spiel, *Helle und finstere Zeiten*, S. 81–83.

dem Kreis um Eric und Hilde die mächtige, im g-Moll-Trauermarsch schreitende Bariton-Vertonung des *Toten Arbeiters*: „Meine Not ist zu Ende und all meine Qual, – köstliche Erde hüllt die ruhenden Hände und mein Leib ist worden ein leuchtender Sonnenstrahl. Als ich noch lebte: O, wie ich da nach Sonne und Erde strebte! Erde und Sonne! Wie oft habe ich darum gebetet, mußt ich in Dumpfheit und Schwere die Drehbank treten. Hob ich den Blick zur Schau auf glühendes Land, fraß ihn das russige Dunkel der Werkstättenwand."[110]

## GERTRUD und ERIC ZEISL an HILDE SPIEL

*New York, undatiert*

Liebe Hilde Mama!

Vielen Dank für Deinen lieben langen Brief. Diesmal bin ich zufriedengestellt und danke Dir vielmals, daß Du soviel Zeit gestohlen hast denn ich kann mir vorstellen wie viel Arbeit so ein Baby gibt. Zu dem guten Bild von little Christine kann ich leider nicht gelangen. Du glaubst es nicht obwohl ich es Dir geschrieben habe, aber nicht wir sind diejenigen, die nicht mit der Lisel zusammen kommen wollen sondern umgekehrt sie <u>darf</u> nicht mit uns zusammen kommen und uns nicht einmal schreiben auf oberstes Großmanngebot, was können wir da machen. Er ist halt ein Über-Hitler. Wir fühlen uns weiter hier sehr wohl. Vor ca 14 Tagen hat Erich seinen ersten Filmauftrag bekommen, nur einen kurzen Dokumentarfilm und leider geht es unter anderem Namen aber jedenfalls ein Anfang. Das ganze musste binnen einer unfassbar kurzen Zeit komponiert und instrumentiert sein, aber in solchen Dingen ist der Erich ja ein Meister es ist sehr gut geworden, der Auftraggeber ist ein junger Narr der als der eigentliche Komponist auftritt obwohl kein Takt von ihm ist, war begeistert und es soll bald ein nächstes folgen. Es war sehr schlecht bezahlt man wird halt hier sehr ausgenützt solange man noch nicht durch ist ganz oben ist aber die Arbeit

---

[110] Petzold, Alfons: *Der Dornbusch. Soziale Gedichte von Alfons Petzold*. Wien-Prag-Leipzig 1919, S. 39.

hat dem Erich kollossal gefreut. Der Film ist nämlich sehr fein und künstlerisch gemacht von einem sehr guten und bekannten Mann gedreht. Wie geht es Deiner Arbeit, kommst Du überhaupt dazu gibt das Baby nicht furchtbar viel zu tun. Kann mir vorstellen wie süss es ist. Möchte es zu gerne sehen. Ist der Peter ein sehr stolzer Vater? Deinen Rat ein Baby anzuschaffen habe mir schon längst sehr zu Herzen genommen. Ich weiss genau, daß es nichts Schöneres im Leben gibt aber vorher muß man genug ausstehen. Vor einer Woche ca war der [Fritz] Kramer hier zu Besuch, war sehr herzig Da hat man erst gespürt, daß alles so weit zurück liegt und daß wir keine Kinder mehr sind sondern alle schon Männer und Frauen und alle woanders, so ein komisches Leben. Kannst Du Dich noch an unsere dummen Theaterstücke erinnern und an alle Tratschgeschichten der Hansi Mahler und jetzt hast Du schon selbst eine Tochter. Apropos was macht die Hansi wo ist sie. Hier wimmelt es geradezu von Bekannten und da begründete Aussicht besteht, daß mit einem der nächsten Schiffe sogar der [Fred] Hernfeld ankommt gingen wir ganz gern von hier weg nach dem Westen. Californien meine Mutter war jetzt ein paar Wochen dort soll ein wahres Paradies sein. Aber New-York hat auch seinen eigenen Reiz. Eine 12 Millionen Stadt, das ist schon etwas besonders wenn man das halbe Leben in einem Land verbracht hat das insgesamt nur 6 Mill. Einwohner hat und darunter kein einziger Schwarzer und Gelber. Wenn nur der Krieg bald vorüber wäre, dann würden wir uns bald wiedersehen. Für hier ist es auch sehr schlecht und wenn der Krieg in Europa weitergeht wird zweifellos die Arbeitslosigkeit und Depression hier noch zunehmen. Daß dieses elende Hitlervieh solange braucht um hinzuwerden ist schrecklich. Daß der Roland [Stern] auf Erich böse ist ist mir unverständlich, denn umgekehrt der Erich hat ihn sehr gerne. Wir haben ihm auch obwohl er nie geantwortet hat sowohl aus Frankreich als von hier wiederholt geschrieben. Hat er unsere Post bekommen? Vielleicht habe ich eine falsche Adresse angegeben. Bitte sag ihm und Tilly unsere Adresse u. sie sollen uns schreiben und ihre Adresse angeben, denn inzwischen habe ich sie ganz vergessen. Die Tilly ist sehr lieb und hat eine Engelsgeduld mit ihm, aber er ist nicht so schlecht wie der Großmann er betrügt sie zwar ununterbrochen hat sie aber wirklich gern und betont es

auch immer d.h. bekennt sich öffentlich zu ihr. Geht es ihm eigentlich gut? Kann er in London sein Geschäft führen? Auf jeden Fall grüße sie herzlich von mir. Viele Grüße auch Deinen lb. Eltern viele Pussi einem gewissen Körperteil dem kleinen Babywalli und Dir auf den Mund
    Von deiner alten Trude


Liebste Hilde!
    Die erste Gefechtspause benütze ich um euch ein paar Grüsse zu senden. Bin rasend abgearbeitet. Radio Film etc. Warum kommt ihr nicht her? Ist doch das Land für euch! Alles Liebe von eurer Zeislmaschine

## HUGO FRIEDRICH KÖNIGSGARTEN an ERIC ZEISL (Typoskript)

*Hants, 15. März 1940*

Lieber Erich,
    danke herzlich für deinen Brief. Das klingt ja alles fabelhaft. Ich wusste, diese Verpflanzung würde für dich die große Chance bedeuten! Wien war ein totes Pflaster, für Menschen wie Dich! Deine Begeisterung über Amerika und dein Erfolg macht es mir noch schwerer, hier zu bleiben. Aber es ist vorläufig gar keine Aussicht. Das Letzte, was ich erfahren konnte, war, daß ich noch 6 Monate warten muß. Das wäre an und für sich nicht so lang. Aber es ist sehr zweifelhaft, ob ich dann hinüber kann. Denn man muß alles Geld jetzt hier anmelden, das man drüben hat. Ich kann also nur warten und hoffen. Außerdem habe ich doch ein bisschen Wurzel gefaßt, und wenn nicht Krieg wäre, so hätte ich eigentlich nicht zu klagen. Aber der Krieg hemmt natürlich alles, und vor allem die Zukunft ist dunkel. Es kann noch schlimmer kommen.
    Es ist nur unverständlich, wieso du von Berghof keine Nachricht hast. Er hat auch mir seit Monaten nicht geschrieben. Was ich vor allem erfahren will, ist, ob sein Theater überhaupt noch spielt.

Es hieß, glaube ich, „Musical Box", und war am Broadway. Vielleicht ist es schon aufgeflogen. Aber es müßt doch festzustellen sein, ob es etwas wie eine Emigrantenbühne dort gibt, englisch oder deutsch! Bitte suche das doch festustellen [sic!], und schreibe es mir gleich – es ist gleich wichtig für dich und für mich! War die Schnitzleraufführung von Heinrich Schnitzler inszeniert? Ich bin vor allem mit seiner Mutter, Olga Schnitzler, sehr gut befreundet. Vielleicht kannst du mit ihr oder mit ihm in Berührung kommen. (Ihre Adresse war: 2 East, 86th Str.)

Mein „Sodom" ist inzwischen in London in unserm Wiener Theaterchen aufgeführt worden und hatte einen riesigen Erfolg. Es wird immer noch allabendlich gespielt, nun schon die 7. Woche! Außerdem habe ich noch ein paar andere Sketchs geschrieben, u.a. einen „Spuk in Salzburg", wo die Geister Mozarts und Jedermanns sich begegnen. Sehr wirksam!

Sonst führe ich ein denkbar stilles und monotones Leben. Ewig kann das nicht so weitergehen, sonst versaure ich gänzlich! Die einzige Abwechslung ist ein gelegentlicher Besuch in Bournemouth. Neulich hörte ich die „Schöpfung" – das erste Konzert seit Kriegsbeginn!

Was macht dein Requiem? Ist irgendeine Aussicht zur Aufführung? Und irgendeine für unser „Leonce"? Du warst erst so optimistisch! Hast Du dort je [Hans Walter] Heinzheimer [sic!] getroffen? Und spielt er eine Rolle? Hast Du einmal [Fritz] Stiedry getroffen? Ich kenne ihn gut – aber er ist wohl mehr von der Schönbergschule – also keine Hilfe für Dich!

Schreibe mir doch recht bald – vor allem, ob du etwas über Berghof oder ein deutsches Theater in Erfahrung bringen konntest! Und alles andere, was dich angeht! Wie lebst du eigentlich? Wovon lebst du? Ich höre hier immer, daß es allen Intellektuellen, die hinüberkommen, so schlecht gehen soll! Aber deine Erfahrungen sind doch anscheinend besser. Meine Mutter, der ich deine Erfolge und deinen Rat, hinüberzukommen, mitteilte, sagte nur: „Der Erich ist eben ein Genie!" (womit sie andeuten wollte, daß sie mich für keins hält!)

Schreib – und denk an mich!
Grüß die Trude, sei selbst herzlich gegrüßt
Dein Hugo

# MALVINE FEITLER an ERIC und GERTRUD ZEISL

*Wien, 7. April 1940*

Meine l Kinder!
Wie ein Wunder war es, daß in den letzten Tagen Eure 2 Briefe kamen, die Eure Mutter restlos glücklich machten. Als ich Ihr von deiner Verlobung l Egon berichtete resp vorlas strahlte Sie übers ganze Gesicht, faltete Sie die Hände, ich glaube es war ein Dankgebet, und sogar im Traum wiederholte Sie immer den Namen „Elli" eine größere Freude hättest du Ihr bestimmt nicht bereiten können, und daß du l Walter einen Posten bekommen hast, daß Erich & Willi im Radio Aufführungen hatten, Ihr Glück hatte kein Ende und glückselig u stolz erzählte Sie es Ihrer nächsten Umgebung. Ihr könnt glücklich sein, Eurer Mutter die letzten Tage verschönt zu haben. Und nun will auch ich dir l Egon zu deiner Verlobung alles Glück auf Erden wünschen denn du verdienst es glücklich zu werden. So eine Überraschung! Ein Lichtblick in unserem Dasein! So schön wär Alles gewesen, doch der Mensch denkt und Gott lenkt. Einmal streichelte mich Eure Mutter Bist mir nebst meinen Kindern das Liebste auf der Welt, küsse mir meine Kinder, ich entledige mich dieses Auftrags, küsse Euch innigst, bis ichs persönlich tun werde können, ein wertvoller Mensch ist nicht mehr, doch in meines und unserer Aller Liebe lebt er weiter. Nochmals mein l Egon, du Sonntagskind, viel, viel Glück! Grüße mir deine Braut und sage Ihr, sie hat gut gebetet! In Liebe und Wehmut Eure Euch küssend [sic!]
Tante Malvine!
Und du l Walter <u>sei tapfer.</u> <u>Rackere dich nicht ab</u>, damit du gesund bleibst.

# SIGMUND ZEISL an ERIC und GERTRUD ZEISL

*Wien, 1. Mai 1940*

Meine l Kinder
Seit 25 Febr habe von Euch keinen ausführlichen Brief bekommen u kann nur sagen wie sehnsüchtig wir alle warten von Euch gute Nachrichten zu erhalten. Inzwischen habe schon einige Briefe u Karten geschrieben u bis heute noch keine Nachricht von Euch. Im letzten Brief schreibst du l Trude daß du so große Zahnschmerzen gehabt hat [sic!]. Gott gebe daß Alles schon in Ordnung ist. In der l Karte schreibt kein Datum daher wir nicht wissen wann die Karte geschrieben wurde. Es freut mich daß die Composition des l Erich einen großen Erfolg hatte u bin außer Zweifel daß er vorwärts kommen wird, ein berühmter Componist in einem Jahr sein wird. Daß der l Willi gesungen hat freut mich auch muss aber weiter Geduld haben u wird mit Gottes Hilfe auch über den Berg kommen. Briefe von Egon u Walter erhielten am 25 April wo sie mir schrieben daß Egon bei seinem zukünftigen Schwiegervater schon fleissig arbeitet u derl[ei] Mühe u Plage braucht um das neue Geschäft kennen zu lernen. Er wird sich aber bald hineinfinden. Auch Walter schreibt daß es ihm sehr gut geht u großen Erfolg in seinem neuen Beruf hat. Das Avidavit [sic!] von Herrn Fink ist noch nicht gekommen sonst hätte vom Konsulat eine Verständigung bekommen. Die Schiffartsgesellschaft [sic!] hat auch an die Amerikanische Schiffartges geschrieben und an Euch wegen der 5 Punkte die nicht in Ordnung sind zu verständigen. Habe diesbezüglich auch dem l Walter geschrieben. Jetzt ist halt die Situation eine andere nachdem meine geliebte Kamilla nicht mehr hier ist aber für mich immer lebt. Ihr könnt Euch denken wie schwer mir ums Herz ist daß auf Umwege von dieser Katastrophe Euch verständigen musste. Wir haben sehr viel mitgemacht, namentlich die l Malvine welche die letzten 4 Wochen von der Direction die Bewilligung erhalten hat bis Abend bei Ihr zu bleiben. Alles ist gethan worden um Ihr Alles zu erleichtern. Täglich sagte Sie laßt mir die Kinder küssen u sollen keine Trauer tragen. Sie hat in ihrem

Krankheitszustand Alles versucht u konnten wir u auch der Professor nichts ausrichten. So gescheit war die l Kamilla. Ihr könnt Euch denken was wir bis zum Schluss mitmachten. Gestorben ist sie am 6. April u begraben am 11. April in dem Grabe Ihrer Eltern. Ich schreibe deshalb so weil doch Briefe an Euch schon vorausgegangen sind. Telegrafieren konnten aber nicht, daher das zurücktelegrafieren zwecklos war. Für heute schließe
Es küsst Euch Euer Vater
Sämtliche Noten werde mitbringen & Willi soll stark sein und Muht [sic] fassen
Ilona lasse küssen
Schreibt mir ausführlicher. Brief aber mit <u>Datum</u>.


Malvine Feitler (1879–1942) ist die Schwester von Erics Mutter Kamilla Feitler (1878–1940), welche nach schwerer Krankheit am 6. April 1940 in Wien verstirbt. Malvine nimmt sich an Kamillas Stelle um die Familienangelegenheiten an und kümmert sich um den Vater, Sigmund Zeisl und Malvine Feitler heiraten später. Von seinen Eltern Emanuel (1840–1904) und Rosalie Zeisl (ca. 1837–1918) übernimmt Erics Vater im Jahr 1897 das Zeislsche Café Tegetthoff. Er ist bis zur Arisierung[111] im Jahr 1938 Besitzer des Kaffeehauses, führt dieses bis 1921 selbst und verpachtet es von 1921 bis 1937. 1938 wird das Lokal unter die kommissarische Leitung eines Eduard Wobornik gestellt. Ein auf 18. Juli 1938 datiertes Schreiben des „Personalamtes des N.S.D.A.P Kreises IX." lautet: „Parteiamtlich wird bestätigt, dass Pg. Wobornik seit 1.V.1938 Mitglied der NSDAP ist. Zeugniss [sic] erteilt zum Zwecke der Einstellung als kommissarischer Verwalter. Heil Hitler! (F. Marschalek)." Am 4. August 1938 schreibt Wobornik an die „löbl. Prüfungsstelle für Kommissarische Verwalter", Wien I., Strauchgasse 1: „Ich erlaube mir höfl. mitzuteilen, dass ich das Kaffee Thegetthof [sic!], Wien II. Heinestr. 42 am 31. Juli gesperrt habe und die Liquidierung beaufsichtige, wofür ich mir 50% meiner bisherigen Gebühren von RM 5.– pro Tag also RM 2.50 anrechne. Hochachtungsvoll Der kommissarische Verwalter Wobornik Eduard

---

[111] Österreichisches Staatsarchiv, Archiv der Republik, Vermögensverkehrsstelle, St. 7117. Arisierungsakt Café Tegetthoff.

*Abb. 6: Handgefertigtes Quartett-Kartenspiel: „Die lustigsten Vergnügungslokale" – Café Zeisl (ZN)*

XXI. Dafertg. 19." Ein am 12. November 1938 von der „Vermögensverkehrsstelle im Ministerium für Wirtschaft und Arbeit" abgestempeltes Formular der „Arisierungsstelle der Gast- und Schankgewerbeinnung", Wien, I., Regierungsgasse 1, handelt den Verkauf des Café Tegetthoff als erledigt: Verkäufer – Sigmund Zeisl, Käufer – Julius Christenheit.

Eine Gegenwelt zu Eric Zeisls exilierten Briefpartnern tut sich mit der Korrespondenz des in Wien verbliebenen Vaters Sigmund und der Tante bzw. Stiefmutter Malvine auf. Noch während Eric in Wien ist, kämpfen die Eltern Sigmund und Kamilla um den Erhalt des traditionsreichen Familienbetriebs in der Leopoldstadt. Mit der Arisierung und dem „Verkauf" des Café Tegetthoff verliert Sigmund Zeisl sein wirtschaftliches Standbein, mit Egons, Walters, Erics und Wilhelms (im Exil William) Flucht verliert er seine vier Söhne, mit Gertrud die bis dahin einzige Schwiegertochter. Unaussprechlich bedeutend wird ihm daher der über den Brief aufrecht erhaltene Kontakt zu den Kindern Eric und Gertrud. Auch die Eric nahe stehenden Zeisl-Brüder sind in den intimen Briefverkehr eingebunden, werden mitunter auch persönlich angesprochen. Qualen um das Fortkommen in der Beschaffung der für die „Auswanderung" aus Österreich nötigen Dokumente sprechen aus den Briefen Sigmunds und Malvines, die „es gar nicht erwarten" mögen, die verlorenen Kinder und die „kleine Bärbele umarmen zu können". „Leider", so Sigmund Zeisl zur im Mai 1940 geborenen Enkeltochter und zum Tod seiner Frau Kamilla weiter, „ist es der l Camilla nicht gegönnt gewesen sie zu sehen was doch ihr sehnlichster Wunsch war."[112] Auch Sigmund und Malvine Zeisl bleibt es verwehrt, die Kinder wieder und das Enkelkind Barbara zum überhaupt ersten Mal zu umarmen – mit der Deportation der Wiener Zeisls nach Theresienstadt im Juli 1942 bricht die Korrespondenz ab, beide werden 1942 im Vernichtungslager Treblinka ermordet. Vom Tod Sigmunds und Malvines erfährt Eric Zeisl erst nach Kriegsende.

## SIGMUND ZEISL an ERIC, GERTRUD und WILHELM ZEISL

*Wien, 28. Mai 1940*

Meine vielgeliebte Trude Erich & Willi
Deinen l Brief an mich u l Malvine habe erhalten wo ich daraus ersehe daß ihr G s D gesund seit [sic!]. Ich kann mir ja denken daß Ihr von der traurigen Nachricht sehr beunruhigt ward, aber über das Schicksal das uns betrifft, liegt in Gotteshand u kann man dagegen nichts machen. Ich bin seit der Krankheit unserer unvergleichlichen Kamilla nicht mehr derselbe muß mich aber trotzdem zusammenreissen um mich für Euch zu erhalten. Ich weiß ja daß es für mich ein furchtbarer Schlag war u nur den einen Trost noch habe Euch meine Lieben noch einmal zu sehn. Ich weiß gut l Trude

---

[112] Sigmund Zeisl an Eric und Gertrud Zeisl, 28. April 1941.

daß du ein gutes Kind bist sowie auch der l Erich & Willy. Nur kann ich es nicht begreifen daß der l Willy nicht eine Zeile noch geschrieben hat. Ist er vielleicht krank? Oder kann er aus Kränkung nicht schreiben. Er soll mir doch wenigstens einige Zeilen schreiben ob er gesund ist oder viel zu tun hat. Deinem l Erich schrieb ich ja Alles. Sehr erfreut hat es mich zu hören, daß bald eine frohe Botschaft von Euch bekommen werde. Ich bin schon sehr neugierig. Hoffentlich werd Ihr Glück haben. Wenn ich nicht die l Malvine hätte wüsste ich nicht was ich anfangen möchte. Sie ist wirklich sehr brav u kümmert sich um Alles was für mich bestimmt ist. Auch der Siegfried [Sigmund Zeisls Bruder] schaut sich um mich um nur möchte er schon so weit halten wie sich um ein Avidavit von irgend einer Seite zu erhalten. Walter bemüht sich sehr. Auch von Egon & Walter bekommen sehr gute Nachrichten daß es Ihnen gut u immer besser wird. Egon hat ja geschrieben daß er schon im Juni oder Juli heiratet. Ich wäre froh wenn ich schon dabei wäre. Leider wird erst im Juli die deutsche Quote dazu kommen u dann zur Untersuchung u Schiffskarte. Also wie Ihr seht noch ein langer Weg bis ich wegfahren kann. Daß es der l Mutter gut geht freut uns ungemein u sage Ihr ich habe mir an einem Tage 8 Zähne ziehen lassen da sie porös wurden. Wenigstens bekommt Sie ein ordentliches Gebiss. Ich lasse Sie herzlichst grüßen und küssen so wie dich Erich & Willi Euer
    Vater

## GERTRUD und ERIC ZEISL an HILDE SPIEL und PETER de MENDELSSOHN

New York, 29. Mai 1940 (Poststempel)

Lieber Peter u. liebe Hilde
    Obwohl mich Eure Antwort auf meinen letzten Brief noch nicht erreicht hat, schreibe ich doch wieder um es Euch ohne Verzug wissen zu lassen daß ich am 17ten Mai 5 Minuten nach Mitternacht ein kleines Mäderl zur Welt gebracht habe, wobei klein übertrieben ist denn es war ein ganz dickes echtes Zeisl baby u.

wog 8 Pfund. Wir haben uns entschlossen ihm den Namen Barbara, dem wir ihm schon vor der Geburt, so ähnlich wie bei Hilde Theodor, beigelegt haben zu belassen. Sie hat kohlrabenschwarzes Haar graue Augen ein ganz dickes Gesicht ein Naserl wie ein böhmischer Knödel und sieht ganz dumm vergnügt und pfiffig aus. Ich finde sie zuckersüss bin aber als Mutter nicht ganz massgebend Sie ist jedenfalls ganz der Papa, brüllt auch sehr melodisch, was auf Musikalität schließen lässt. Obwohl der junge Goldberg [Sohn von Gertruds Freundin Hedi G.-Goldberg] bereits um ihre Hand angehalten hat will ich doch leicht durchblicken lassen, daß auch eine Bewerbung Deines Sohnes sicher sehr günstig aufgenommen würde insbesondere wäre mir hier der Schwiegervater u. Schwiegergrossvater viel lieber, die Frage der Mitgift müsste allerdings vorläufig ruhen gelassen werden. Erich der unbedingt einen Sohn wollte war anfangs entschlossen ein Baby weiblichen Geschlechts in den River zu werfen ist aber jetzt davon abgekommen. – Wenn ich Euch jetzt so schreibe und denke wie wir dieses Ereignis zusammen gefeiert hätten im Sechsergespann in der guten alten Zeit wird mir ganz wehmütig zu Mute.

„Das waren Tage die wie goldener Wein in eine Schale von Kristall geflossen – – flossen"

So sehr ich mich mit dem Baby freue, so schrecklich ist andererseits alles Drum u. Dran – Ohne Geld ohne Wohnung ohne nix mit einem kleinen Kind dazustehn ist weiss Gott ein Problem. G.s.D. ist meine liebe Mutter da sonst wäre ich ja ganz verloren u. könnte das auch gar nicht bewältigen. Ausserdem hilft mir mein ewiger und unverwüstlicher Optimismus und obwohl ich in 3 Tagen nach Hause komme ohne daß ich einen Wagen, eine Wiege eine Badewanne für das Baby oder auch nur 1 Handtuch dafür habe denke ich mir diese Dinge werden schon auf irgend eine Weise rechtzeitig herbeigeflogen kommen. Darüber muß sich wirklich der liebe Gott den Kopf zerbrechen, nicht ich, da er mir so unzeitgemäß meinen Herzenswunsch erfüllt. In der Mölkerbastei wäre es wohl alles einfacher gewesen. Nun schließe ich für heute mein Schreiben. Hoffe selber bald von Euch zu hören und bin Eure
    alte
    + neue Barbara

Lieber Petervater!

Ich bin auch Vater eines dicken Kindes welches mir leider so ähnlich sieht wie ein Ei dem anderen. Es ist zuckerherzig und wäret ihr alle ausser sich wenn ihr es sehen würdet wie herzig es ist. Ich bin sehr glücklich und ist es wirklich ein Trost in dieser ganz miesen Zeit. Vielleicht würde es euren Sohn heiraten, ich fürchte aber bei „die Zeiten" werde ich nicht einen Dollar Mitgift sparen können. Vorderhand teilen wir uns (das Baby und ich) die Muttermilch, was sehr billig auch ist

Allerherzlichst euer Erich

## ERIC ZEISL an HILDE SPIEL

*Mamaroneck b. New York, undatiert*

Liebe Hilde!

Heute ist die 9te Stunde des Fasttages der überhaupt kein Ende nimmt. – Vielen Dank für Deinen l. Brief, wir hätten Dir schon längst geschrieben, dachten aber, dass Du die Adresse verändert hast. Wie froh wäre ich, wenn Du und Deine Familie hier wäret! Ich habe genug geschrieben!! Jedenfalls bin ich glücklich, dass ich gesund bin. Habt ihr keine Möglichkeit herzukommen? Das arme Mäderl! Unseres ist zuckersüss und look like „papa" Es ist nach allem was geschehen ist erstaunlich, das [sic!] Du berufliches von mir fragst und doch es ist die einzige Möglichkeit diese furchtbare Zeit zu überstehen. Auch dies wird einmal vorüber sein!! Von mir kann ich ziemlich gutes berichten. Ich habe morgen die Uraufführung meines Kosackentanzes aus „Hiob" in N.B.C. Vorige Woche war die Ouverture auch in N.B.C. Ein grosser Verlag hat meine Werke übernommen. Anbei ein Katalog. Nur mit dem Geld sieht es mies aus. Du glaubst gar nicht, wie schwer der Dollar zu verdienen ist. N.Y. ist direkt ein Kriegsschauplatz. Alles rauft um den Dollar. Aber wir sind doch sehr glücklich, irgendwie geht das Leben doch weiter und langsam wird man „in". Das bedeutet hier „arriviert". Ich bleibe noch 1 Jahr hier und gehe dann hoffentlich mit Kontrakt nach Hollywood. – Vorderhand sind das alles noch

Pläne. – Schreibt bald! Wie geht es eurem Kinderl? Kannst Du es nicht herschicken? Grüsse Deinen l. Mendelson [sic!] und Deine l. Eltern und sei umarmt von Deinem
 Eric
  ps Die Liesel haben wir nie wiedergesehen! Es ist aus auf immer!

Die deutsch-jüdische Emigrantenzeitschrift *Aufbau* berichtet am 2. September 1940: „Wie der ‚Hollywood-Reporter' meldet, haben eine Auswahl von berühmten deutschen Refugee-Autoren, die sich noch im unbesetzten Frankreich oder in Portugal befinden, von verschiedenen Studios Filmkontrakte bekommen. Franz Werfel, Alfred Neumann, Friedrich Wolf, Wilhelm Speyer, Robert Neumann, Hans G. Lustig gehören u.a. dazu. Erich Zeisel [sic!], einer der bekanntesten Wiener Komponisten, hat mit den Associated Publishers, New York, einen Vertrag über den Vertrieb aller seiner Werke abgeschlossen. Zeisel, der in Marmaronek [sic!], N.Y., lebt, arbeitet an einer Oper, deren Buch auf dem Hiob-Roman Joseph Roths basiert."[113] Der Artikel nennt zum Teil jene Autoren, die, aufgenommen in eine Liste von „Ten Outstanding Anti-Nazi Writers" und unterstützt durch das Emergency Rescue Committee, über Filmverträge mit Metro-Goldwyn-Mayer und Warner Brothers nach Hollywood geholt werden. Zeisls nun mit Tochter Barbara dreiköpfige Familie lebt zu jener Zeit noch an der Ostküste, allerdings nicht mehr in New York, sondern bereits in Mamaroneck auf Long Island Sound. Unter der Headline „Local Composer Gains Radio Fame" berichtet das Blatt *The Daily Times, Mamaroneck* Anfang Oktober 1940 über den zugesiedelten Refugee-Composer: „Two compositions of Eric Zeisl of 809 Stuart Avenue, Village, composer, will be played by Erno Rapee's orchestra over the National Broadcasting system [...]. The ‚Overture' and ‚Cossack Dance' from his opera ‚Job', will be played."[114] Bald nach der Ankunft in den Staaten werden die orchestrierten Teile des Pariser Bühnenstücks konzertant gebracht. *Cossack Song and Dance* wird zu *Cossack Dance* der künftigen Oper *Hiob* (*Job*), das *Organ Prelude* zur Ouvertüre.

---

[113] *Aufbau.* 20. September 1940 (ZN).
[114] *The Daily Times, Mamaroneck.* 2. Oktober 1940 (ZN).

Der Vertragsabschluss mit Associated Publishers und die aufgeführte Orchesteradaption der *Hiob*-Bühnenmusik sind Ausdruck von Zeisls Renommee in den Vereinigten Staaten.

## GEORG MOENIUS an ERIC und GERTRUD ZEISL (Typoskript)

*Seattle, 8. Oktober 1940*

Liebe Familie Zeisl,

Sie sehen, ich bin Ihrem guten Beispiel gefolgt und gleichfalls in U.S., und nicht in Brasilien, gelandet. Vor ein paar Tagen kam ich mit dem Clipper von Portugal her in New York an und habe dann die lange Fahrt ans andre Ende der Neuen Welt gemacht, dahin, wo sie gen Osten [sic!] schaut, aus dem hoffentlich nicht bald Japsenbomben auf unsere unschuldigen Häupter platzen werden; das hiesse denn dann wirklich: vom Regen in die Traufe kommen.

Also, da bin ich auf dem gleichen Kontinent mit Ihnen, und durch keinen Ozean mehr von Ihnen getrennt. Ich gebe Ihnen dies Lebenszeichen, und bin Optimist genug, zu glauben, dass es Sie erreicht.

Sie werden sich indes gut eingelebt haben, und ich nehme an, dass sich Ihnen auch der entsprechende Wirkungskreis eröffnet.

Ich denke gern an die musikalischen Stunden, die Sie mir auf dem Pariser Hotelzimmer bereitet haben, und da ich zur Zeit an einer sehr grossen Kathedrale weile, denke ich daran, ob Ihre „opera" nicht in „diesen heiligen Hallen" aufgeführt werden könnten. Sie sehen, ich halte Wort: es muss ja nicht das Strassburger Münster sein.

Vielleicht sehen wir uns bald einmal. Es gäbe allerlei zu erzählen. Denn meine europäischen Erlebnisse sind seit unserem Beisammensein um ein paar groteske Seiten reicher.

Wie geht es Ihnen, und was hören Sie von gemeinsamen Bekannten?

Ihnen allen herzlichste Grüsse in angenehmster Erinnerung von Ihrem sehr ergebenem [sic!]
Br. Georg Moenius

Mit dem deutschen katholischen Priester Georg Moenius reiht sich eine illustre Persönlichkeit unter Zeisls Briefpartner. Schillernd erscheint er vor allem im „Duo" mit Alma Mahler-Werfel: Die Trauerfeier für Franz Werfel findet am 29. August 1945 in Beverly Hills statt, Moenius hält die Trauerrede, spricht dabei von „Wassertaufe", „Nottaufe" und „Begierdetaufe" als den verschiedenen Möglichkeiten getauft zu werden. Moenius' Rede auf den Juden Werfel, die bekannten antisemitischen Ressentiments Alma Mahler-Werfels gegenüber Franz Werfel und vor allem ihr vages Entgegnen auf die Frage nach einer eventuell abgehaltenen „Nottaufe" Werfels bringen den Priester Moenius und Alma immer wieder mit Spekulationen nach einem „Hinüber-retten" des Verstorbenen zum Katholizismus in Verbindung.[115]

1915 zum Priester geweiht, auf Grund von Sympathiebekundungen für den Pazifisten Friedrich Wilhelm Foerster in Zwist mit der katholischen Kirche und 1924 von dieser „beurlaubt", arbeitet Moenius von 1926 bis 1927 für die 1925 erstmals erscheinende Wiener Zeitschrift *Schönere Zukunft*, die katholische *Wochenschrift für Kultur und Politik, Volkswirtschaft und Soziale Frage* und kauft 1928 die ausgeprägt katholisch-konservative Münchner Wochenschrift *Allgemeine Rundschau*. Als erbitterter Gegner des Nationalsozialismus flüchtet er im März 1933 in die Schweiz, hält sich in Rom und 1935 hauptsächlich in Wien auf, wo er Kontakte zu Karl Kraus (1874–1936) und Ernst Krenek (1900–1991) pflegt und dem Kreis um die Zeitschrift *Der Christliche Ständestaat* verbunden ist. Bezeichnend für Moenius' politische Ausrichtung ist die Nähe zu Ernst Karl Winter (1895–1959), welcher, im Versuch, über verschiedene Konzeptionen der nationalsozialistischen Bedrohung Einhalt zu gebieten, vorerst Gegner der Ausschaltung des österreichischen Parlaments, später als Vizebürgermeister Wiens Repräsentant des austrofaschistischen Ständestaates ist und schließlich für die Restauration der Monarchie eintritt.[116] Nach März 1938 flüchtet Moenius nach Frankreich, durch Alma Mahler-Werfel lernt er in Paris Eric und Gertrud Zeisl kennen. Der Priester erreicht über Portugal 1940 das amerikanische Exil, bis 1943 ist er Seelsorger an der Saint James' Cathedral, 804 Ninth Avenue, Seattle, Washington, von

---

[115] Hilmes, *Witwe im Wahn*, S. 351-356.
[116] Heinz, Karl Hans: *E. K. Winter – Ein Katholik zwischen Österreichs Fronten 1933-1938*. Wien-Köln-Graz 1984.

dort schreibt er an Zeisl nach New York. Seit Dezember 1944 wohnt Georg Moenius in Los Angeles und trifft neben den Mahler-Werfels auch mit Thomas Mann (1875–1955), Lauritz Melchior (1890–1973) oder Lion Feuchtwanger zusammen. Ab 1952 hält Moenius sich in München auf, wo er 1953 stirbt.[117]

## MALVINE FEITLER an ERIC und GERTRUD ZEISL

*Wien, 24. Oktober 1940*

Mein liebster Erich & Trude!
Heute Vormittag erhielten wir Euren l Brief und Puppis Fotografien, für die Euch innigst danke. Schön und süß ist dieses kleine Menschlein. Stirn & Augen von der l Trude, Nase & Mund vom Erich. Am besten gefällt mir das Bild wo das Kopferl klein ist, man kann sichs nicht genug oft ansehn wie brav von Euch uns diese Freude zu machen. Wenn ich mir das Bild ansehe, natürlich, natürlich tränenden Auges. Denn wenn wir Alle dieses kleine Lebewesen noch so lieb haben, niemand hätte es mehr geliebt als Kamilla, Eure Mutter, wie Ihr ja selbst genau wisst. Ich frage mich heute noch immer warum gerade Sie? Mein Alles hier! Doch ich will nicht undankbar sein. In Euch lebt Sie mir weiter, aber wie gerade Sie mir fehlt, das kann ich Euch gar nicht sagen aber begreifen und verstehn werdet Ihr mich sicher. Euer Bärbele hat Euch geholfen darüber hinwegzukommen und das ist ein Glück, leider werde ich sehr lange warten müssen, dieses Glücks teilhaftig zu werden; wir sind auf dich mein l Erich sehr stolz und gebe Gott daß du auch weiterhin so tüchtig und schaffensfreudig sein mögest und langsam die Leiter des Ruhmes zu erklimmen. Ein bisschen Glück dazu, damit du auch die Früchte deiner Arbeit genießen kannst, dies ist unser Aller Wunsch für dich. (Hoffentlich wendest du dein geflügeltes Zitat, beginnend mit L. nicht auch bei mir an.) Kenne ich

---

[117] Munro, Gregory: *Hitler's Bavarian antagonist. Georg Moenius and the Allgemeine Rundschau of Munich, 1929-1933*. Lewiston 2006.

*Abb. 7: Malvine Zeisl ( Feitler) (ZN)*

dich doch zu gut, bist und bleibst eben ein Origi[nal] und ein guter Kerl bist du ja ebendrein. Verstanden haben wir dich zwar nicht, und jetzt freuen wir uns <u>so</u> mit dir, ob wirs verdienen, ich weiß es du siehst ich bin ehrlich genug es dir zu sagen und einzugestehn. Ich fürchte leider länger warten zu müssen, als mir lieb ist, da ich nicht so ein Typ bin als Euer Vater der in Allem und jedem ein gottbegnadetes Talent hat um mich bald persönlich von Allem überzeugen zu können. Von uns gibt es sonst nichts zu berichten, es ist G s D Alles beim Alten.

Wie gerne möchte ich Dir helfen liebste Trude, ich zerbreche mir ohnedies nur den Kopf wie du es bestreiten kannst mit deinen zwei Babys. Ich weiß ja was so ein Pamperlatsch für Arbeit gibt. Du hast l Trude bez unsrer sel[igen] Camilla einen Wunsch geäußt [sic!],

*Abb. 8: Sigmund Zeisl (ZN)*

den zu erfüllen ich derzeit außer Stande bin, mir wird's in übersehbarer Zeit möglich sein. Ich werde bestimmt nicht vergessen.
    Wenn ich drüben wäre möchte ich doch entbitten, Bärbele möchte mich auch lieb gewinnen, haben mich doch alle 4 Buben (als Sie Kinder waren) sehr lieb gehabt. Doch leider lässt sich mit dem „wenn" nicht viel ausrichten. Küss mir 1 Trude deine 1 Mutter, die Vielgeplagte und Tüchtigste der Frauen. Bleibt uns Alle gesund, ja ich will Euch noch innigst drücken für die Gastfreundschaft die Ihr Dorl [Isidor Feitler, Kamillas Bruder] & Gretl [Feitler] gewährt habt. Seid oft und oft geküßt von [uns] bleibt glücklich und zufrieden zu unsrer Aller Freude Eure Euch
    Innigst liebende
    Torte[n] Tante Malvi

# SIGMUND ZEISL an ERIC und GERTRUD ZEISL

Wien, 25. Oktober 1940

Meine vielgeliebte Trude & Erich
Ich bin von Eurem Brief sehr überrascht worden und habt mir eine große Freude bereitet. Namentlich wenn man von so einer weiten Ferne so einen wunderbaren Bericht bekommt. Alle waren wir bei Tisch u horchten wie Onkel Siegfried u die l Malvine den Englischen Brief übersetzten. Ich habe mir das ja schon so vorgestellt, daß du lieber Erich einmal wenn du draussen bist ein großer Komponist werden wirst. Natürlich gehört auch ein bisschen Glück dazu u hoffe daß du es immer haben wirst, wenn du so eine brave und tüchtige Hausfrau zur Seite hast, die dir auch alle Wege leitet und die größte Intelligenz hat. Ich wünsche dir u der l Trude weiter viel Glück und Gesundheit. Daß Erich der l Gott beschützen möge. Vorläufig bin ich sehr optimistisch auf dich l Erich u soll es mir weiter so bleiben bis auch mir das Glück gegönnt sein werde einmal persönlich Alles miterleben zu können. Die Fotografie der l Barbara ist das herzigste u schönste was man sich vorstellt, denn auf dem Bild schaut sie so gutwillig u treu drein wie wenn sie schon 2 Jahre alt wäre. Natürlich ist die l Barbara der Segen im Hause u wäre schon froh u glücklich wenn ich sie in meinen Armen tragen könnte. Hoffentlich wird auch das werden. Vom Konsulat habe ein Schreiben bekommen daß Alle Zusatzpapiere vom Herrn Brüll, Egon & Walters Bankkonto eingelangt sind u warten muß bis nun auch die Reise kommt. Vorläufig ist vom Konsulat kein Visum u zur Untersuchung komm auch nicht ohne Schiffskarte u soll man via Lissabon u Russland auch noch nicht fahren könn [sic!]. Bis dahin muß man halt warten. Hoffentlich wird sich bald eine Lösung finden. Der l Siegfried wartet auch schon auf sein Avidavit von irgend jemandem. Die l Malvine kommt am 3 Nov dran u hat auch noch keine Verständigung. Für heute schließe und bleibt Alle weiter gesund.
Euer Vater
Dem Willi habe separat einen Brief geschrieben.

Küsse mir die l Mama u wünsche Ihr Alles Gute
Namentlich Gesundheit.

## GEORG MOENIUS an ERIC ZEISL (Typoskript)

*Seattle, 2. November 1940*

Lieber Herr Zeisl,
herzlichen Dank für Ihren Brief und meine aufrichtigsten Glückwünsche Ihnen und Ihrer lieben Frau und ein ganzes Füllhorn von Wünschen in die Wiege der glücklichen Amerikanerin.

Ich schreibe Ihnen erst heute, weil ich Ihretwegen inzwischen allerlei Beziehungen angeknüpft habe. So zum Beispiel zum jungen und sehr begabten Organisten der hiesigen Kathedrale, dem ich den Prospekt gab und von Ihren unveröffentlichten Werken sprach. Wie kann man diesem Organisten von Ihnen wissen lassen, vom Requiem etwa und von jenen Werken, die in einer einer [sic!] Kathedrale aufführbar wären?

Jetzt erst, wo ich Ihnen schreiben möchte, kommen Sie einfach einmal mit Ihren Werken her, empfinde ich, wie weit ich räumlich getrennt bin von Ihnen. Schon die Orgel in der hiesigen Kathedrale, um gar nicht zu sprechen von der wunderbaren Gegend, würde die Reise lohnen. Aber Sie schreiben ja, dass Sie einmal nach Californien kommen, dann sind wir ja an der gleichen Pacifik-Küste, und ein Wiedersehen ist leichter zu arrangieren.

Wie ist es mit Ihren Plänen, an eine Schule zu kommen? Ich habe bereits mit der hiesigen jüdischen Kolonie der deutschen und österreichischen Emigration Fühlung aufgenommen und von Ihnen gesprochen. Ich glaube, Seattle wäre ein Platz, der Ihnen gefällt. Doch lassen Sie mich von Ihren anderen Plänen hören, und lassen Sie mich wissen, ob ich mich einschalten soll. Doch vergessen Sie den ersten Schritt nicht, mir mitzuteilen, was ich weiter dem hiesigen Domorganisten von Ihnen sagen oder geben soll.

Ich freue mich, dass Sie wieder so gut untergekommen sind. Auch ich bin sehr gut untergebracht und habe keinerlei Sorgen. So bin ich also hier, um einzugewöhnen und abzuwarten.

Was wissen Sie von Neuangekommenen? Werfel ist da, und die anderen? Wenn dieser Brief Sie erreicht, werden wir auch wissen, welchen Präsidenten wir Bürgerschaftsanwärter haben.

Was ist mit den anderen Familienmitgliedern, die ich in Ihrem Hause kennen lernte? Herzlichst! Ihr G. Moenius

P.S. Und bitte noch einen Prospekt!

## GERTRUD (Typoskript) und ERIC ZEISL an HILDE SPIEL und PETER de MENDELSSOHN

*Mamaroneck b. New York, 11. Februar 1941*

My dear old Hildegirl:

I was so glad to get your letter to day and to hear that all of you are well, that I hasten to answer you immediately. I was already very worried about not hearing from you and the Baby. I tried in vain to contact your sister in law, but as you gave me both, a wrong name and a wrong adress, it is no wonder, that I did not find her in the telephonregister and that my letter remained unanswered. And I was already so curious to see the baby and to present her to mine. It will be awfully cute when they meet, but it is too terrible that you will not be with her to see it. I think you are a real roman heroine parting with her at that adorable age, but of course you are right and I would do the same thing, though it would break my heart. I am terrible in love with my daughter, more than I ever was or could be with any man. She is the cutest and definitely the most stupid little thing that ever was. As my mother said it, she is a mixture between a beauty and a potatoe. She is still mostly her father, but she has very bright blue eyes and highcoloured cheeks. She is always merry, never cries and everything from my middlefinger to a little whistle or just solemnly pronouncing a difficult word like haberdacher or so will make her roar with laughter. By the way she laughs like a cabdriver or like your beloved Sofy Tucker or Zarah Leander. She looks awfully silly and funny like these little short black dogs, which were so fashionable a few years ago. This strong animality she has from her father as you know. I cannot tell you how much I would love to have you here. Besides, we live in a very big house and there would be room for us all and Peter and you, each could have a beautiful quiet room to work in. Is there no chance that you come with the baby? I do not understand why you couldn't. Is it, that you are more afraid of financial insecurity as of bombs and warrisks? Life is of course none too easy here and the struggle for life is harder than anywhere and really reminds of war very much. Thanks heaven we do not live in New-York any more, but are here in a very lovely quiet place not far from it – about like Baden b/Vienna. Very often we have to go to New-York and then we are always glad to come back. We live in a marvellous house (it belonged to the Bolivian ambassador) from all the windows we look over lovely green country, now white with snow like at home and our very garden ends in an arm of the sea, so that we have a private-beach. Erich has a beautiful room with panelled windows for his own to work in, in perfect separation and he did this winter the first act of an Opera „Job" (Hiob)*, which is going to be very very beautiful and so full of melody, that moves the heart, that I always get tears in my eyes, when I listen. I know you you [sic] would love it too, though it is quite different from what he used to write before. Since a few weeks he has however stopped composing, because he got a very fine job as orchestrator of the Metropolitan Audition of the Air, a Radio hour every Sunday in NBC sponsored by the Metropolitan. opera. He has to work very hard for it and his fee is small but it is a great reference and brings him into very important contacts. Besides we were already totally at our wit's ends and had practically no money at all. If we had not got this job I really do not see how we would have managed to get along. But I assure you that I was not worried for a moment. I knew something had to happen, to help us through, since we had so far come along by the help of God. But when you read the New-York times and all the beautiful things, concerts, stage and shows don't thing [sic!] that we have anything to do with it. We have neither money nor time for it and in all the nearly two years I am already here I have not been in the theatre even once. We have a lot of friends here, but nevertheless we are usually very lonely. Everybody hunts for work and chances or has them and is the more busy. There is no social life as it used to be in the good old times just for fun's and a good serious talk's sake. Going to meet people is just another side of business and you meet only these, whom you need for your business and so it is no wonder that you long very much for your old friends – such as you were – instead of these tedious jobhunter-conversations. In every letter I ask you about Roland Stern but you never answer, why? How is his adress? let me know. Hugo is still in: New College School, Sorile Road, Oxford. I think. Try to contact him there. I think he is nearly ready to come over, I would be very pleased if he came. How are your parents? Give them my love Also my mother sends her love to you all and especially the baby. She must be a young lady by now. Can she already walk. Has she all her teeth. Does she already begin to speak. Mine just started to sit upright, it was a very difficult job for her she is too fat I think and too stupid. The secret of creeping has not yet unveiled itself to her. She is desperatedly hopping and throwing her backside up and down to get along of course in vain, the little silly. Now I wrote quite a lot and I do hope it is not in vain and you get the letter this time.

Many many kisses and I hope we see each other not too long from now

Your old Susi

*The plot is from Josef Roth's famous novel of same name, Do you know it?


Dear Hilde and Mendelson [sic!]!

I am very happy to hear new's from you and your family. It is unhappy that you could not come in this country. You would be a very great success with your Romans. It is impossible? My English!! My best regard's for your parents. (grandparents)

Your Erich

# SIGMUND ZEISL an ERIC und GERTRUD ZEISL

*Wien, 28. April 1941*

Mein [sic!] l Trude & Erich
Ich kann Euch gar nicht sagen was für eine Freude ich habe nach so langer Zeit einen Brief zu erhalten. Ich bin ganz glücklich zu hören daß Ihr gesund seit [sic!], wo ich Euch von uns daßelbe mitteilen kann Endlich haben vom Konsulat die Mitteilung erhalten daß bei uns Alles in Ordnung ist u nur mich um die Ausreise kümmern muss. Leider habe von der americ Express Company ein Schreiben bekommen daß ich in Lissabon für 5 Dez gebucht worden bin Könnt Euch denken wie mir da zu Mute worden ist. Habe gleich nach Erhalt des Briefes ersucht wenn es möglich ist um eine Vorverlegung für Juni Juli u warte auf Antwort. Ich schrieb Ihnen daß ich für die Spesen welche daraus erwachsen aufkommen werde. Nun fahre ich doch nicht allein da ich doch die l Malvine geheiratet habe u bin glücklich so eine Lösung gefunden zu haben damit ich nicht allein in der Welt bleibe trotzdem Ihr meine Kinder so sehr brav seit [sic!] und [mich] auch in den letzten Jahren meines Lebens beträuen [sic!] werdet. Ich kann es gar nicht erwarten Euch und meine kleine Bärbele umarmen zu können. Jetzt muss sie doch sehr herzig sein wenn man von so einer Mutter abstammt. Leider ist es der l Camilla nicht gegönnt gewesen sie zu sehen was doch ihr sehnlichster Wunsch war. Natürlich genießt jetzt deine l Mutter die grosse Freude. Die Hauptsache ist jetzt, daß Ihr zufrieden seit [sic!] u wird der l Gott Euch weiter Glück u Gesundheit geben u der l Erich in dem grossen Reiche eine ansehnliche Karriere machen. Ich kann früher nichts beginnen bevor ich nicht die Vorverlegung erhalte da doch das Visum wie ihr doch wissen werdet in 4 Monaten abläuft Gott gebe daß ich früher davon komme. Dann werde mit Volldampf an die Arbeit gehen u mir Alles besorgen
Für heute schließe mein Schreiben u verbleibe
Euer aufrichtiger
Vater

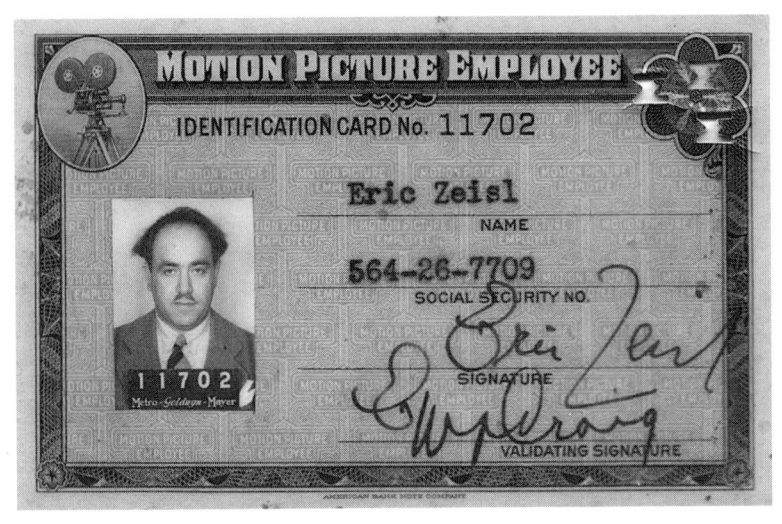

*Abb. 9: Motion Picture Employee Identification Card No. 11702 Eric Zeisl (ZN)*

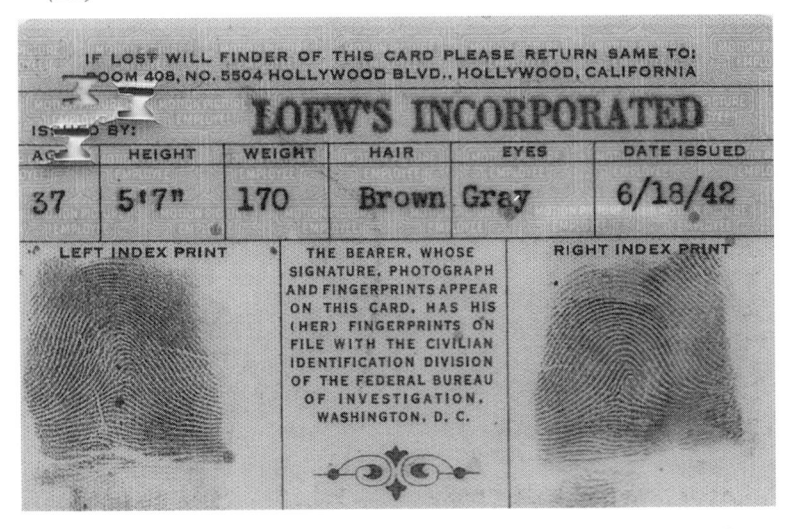

*Abb. 10: Motion Picture Employee Identification Card No. 11702 Eric Zeisl (ZN)*

## *Yes I am a movie composer! Isnt terrible?*

## HANNS EISLER an ERIC ZEISL

*Los Angeles, undatiert*

Lieber Herr Zeisl!
Ich habe eben mit Brunswick gesprochen. Die Sache schaut <u>gut</u> aus. Er hält es für durchaus möglich Sie plus Familie nach Hollywood zu verpflanzen. Er will, so sagte er mir, morgen sofort beim Council die nötige Information etc beginnen. Gehen Sie sofort daran mit Ihm zu sprechen. (Aber schicken Sie bitte nicht Ihre Frau allein!) Er beklagte sich etwas über Ihre Weltfremdheit. Ich habe vorläufig einen <u>sehr guten Eindruck</u> von der Angelegenheit.
Also viel Glück!
Bestens Ihr
Hanns Eisler
P.S. Verständigen Sie mich wenn Schwierigkeiten auftreten sollten.
Meine Empfehlungen an Ihre Frau.

---

„Melodie um jeden Preis" – diese dem Hollywood der dreißiger, vierziger und fünfziger Jahre geltende Forderung will Hanns Eisler in seiner Filmmusik-Ästhetik durch die Emanzipation der Harmonie in Neuer Musik korrigiert und ausgeglichen wissen. Seine Ansätze subsumiert Eisler mit Theodor W. Adorno (1903–1969) in *Composing for the Films* (1947) (später *Komposition für den Film*), der „literarischen Rechenschaft"[118] über das von der Rockefeller Foundation finanzierte und in den Jahren 1940–42 laufende Film Music Project: Ein Postulat gegen den durch Erich Wolfgang Korngold und Maximilian Raoul Steiner (1888–1971)

---

[118] Adorno, Theodor W./Eisler, Hanns: *Komposition für den Film.* Frankfurt am Main 2006.

repräsentiert gesehenen „klassischen" Hollywood-Stil, gegen standardisiertes Illustrationsverfahren, gegen die Verwendung musikalischer Klischees, gegen das Komponieren nach Stimmungsbildern und gegen leitmotivische Verfahrenstechniken. Denn immer noch, so Eisler und Adorno, wird „die Kinomusik durch Leitmotive zusammengekleistert. Während ihr Erinnerungswert dem Betrachter handfeste Direktiven gibt, machen sie es zugleich dem Komponisten in der Hast der Produktion leichter: er kann zitieren, wo er sonst erfinden müßte."[119]

Der in Leipzig geborene und in Wien aufgewachsene Hanns Eisler, dem Schönberg-Kreis nahe und wie viele dieses Umfelds auch in der Wiener Arbeitermusikbewegung engagiert, übersiedelt 1925 nach Berlin, tritt dort der Deutschen Kommunistischen Partei bei und beginnt seine Zusammenarbeit mit Bert Brecht (1898–1956). Eislers Werk wird 1933 verboten, die Flucht führt ihn über Österreich, Dänemark und Spanien in die Vereinigten Staaten, wo er, durch einen Einladungsbrief der 1933 zur „University in Exile" umgebildeten New School for Social Research mit einem Nonquota Visum ausgestattet, ab 1935 unterrichten kann.[120] Über den Kontakt zum Regisseur und Intendanten Erwin Piscator (1893–1966), der an der New School die Schauspielschule Dramatic Workshop leitet, für die Eric Zeisl komponieren möchte, lernen Zeisl und Eisler in New York einander kennen. 1942 übersiedelt Hanns Eisler nach Hollywood.[121] Im „very gifted fellow"[122] Zeisl sieht er den begabten, künftig erfolgreichen Filmkomponisten, dessen Übersiedlung an die Westküste er forciert. Hanns Eisler selbst hat eine gute Position in Hollywood, vieldiskutiert ist seine „Vertonung" des die Ereignisse um das Attentat auf Reinhard Heydrich in Prag 1942 verarbeitenden Anti-Nazi-Films *Hangmen Also Die*: Der Film von Fritz Lang erscheint 1943 unter der Mitarbeit von Hanns Eisler, Bert Brecht und John Wexley. Mit einer Dauer von etwa

---

[119] Ebd., S. 12.
[120] Vgl. dazu Middel, Eike/Dreifuss, Alfred/Frank, Volker/Gersch, Wolfgang/Kirfel-Lenk, Thea/Schebera, Jürgen (Hg.): *Exil in den USA*. Frankfurt am Main 1980.
[121] Vgl. dazu Schebera, Jürgen: *Hanns Eisler im USA-Exil. Zu den politischen, ästhetischen und kompositorischen Positionen des Komponisten 1938 bis 1948*. Berlin 1978. Vgl. dazu Schebera, Jürgen: *Hanns Eisler. Eine Biographie in Texten, Bildern und Dokumenten*. Mainz 1998. Vgl. dazu Glanz, Christian: *Hanns Eisler. Werk und Leben*. Wien 2008.
[122] Hanns Eisler an Herbert Kline, 2. Juli 1942.

achteinhalb Minuten ist Eislers Beitrag zu *Hangmen Also Die* nur wenigen Sequenzen vorbehalten, lange Zeit läuft der Film ohne Musik, wird sie verwendet, so nicht illustrativ, sondern gleich musikalischen Kommentars als Gegenlicht gesetzt.[123] Mit *Hitler's Madman* folgt im Jahr 1943 ein weiterer Film zum Propagandastoff „Heydrich-Attentat": Korngoldscher Stilistik nahe wird Eric Zeisl diesen Film „illustrieren".

Zeisls „Unterkommen" in Hollywood kann letztlich durch Hans (John) Kafka erwirkt werden. Ab Mai 1940 hält Kafka sich in Hollywood auf, sein Drehbuch zu *The Uniform* wird von Metro-Goldwyn-Mayer angenommen und 1941 mit erheblich verändertem Inhalt unter dem neuen Titel *They Met in Bombay* mit Clark Gable (1901–1960), Rosalind Russell (1907–1976) und Peter Lorre (1904–1964) in den Hauptrollen verfilmt. Kafka, mit den Strukturen im „movie-business" vertraut, steht als beherzter Vertragsverhandler und „personal Zeisl representative" vor Ort, sieht eine „terrific chance", den österreichischen Komponisten „hineinzubringen", und wird neben Hanns Eisler zum Hauptakteur im „Verpflanzen" Zeisls in den Westen. An „einer Umarbeitung des alten Operettenschinkens ‚Rio Rita' zu einem Musical" für Metro-Goldwyn-Mayer arbeitet Kafka gerade – „entsetzlich", mit allein dem Vorteil, dass man „dadurch in guten Kontakt mit dem head des Musikdepartments" kommt. Kafka erwähnt den Komponisten, Dirigenten und Produzenten Nathaniel W. Finston (1895–1979), der in der Zeisl-„Angelegenheit" als Head des Music Departments bei MGM zur wichtigen Verbindungsperson zum „lieben Gott Persönlich" wird. Mit welcher Vehemenz Hans Kafka sich für seine „Wallis" einsetzt, ist berührend: Um den künftigen „movie composer" in Hollywood einzuführen, verleugnet Kafka – selbst gerade „seit 3 Wochen wieder bei Metro" und hoffend, „diesmal ganz drin zu sein"[124] – Erics Alter und die New Yorker Vertragsbindung, weist darauf hin, dass der Österreicher Englisch „like hell lernen" muss, gibt Anweisungen, wie dieser sich alle „erdenkbaren technischen Ausdrücke" anzueignen habe, berichtet von „gefeuerten 500 Dollar Musikern" und „einziehenden 75 Dollar Musikern" und schlüsselt die Kosten für die

---

[123] Roth, Markus: *Der Gesang als Asyl. Analytische Studien zu Hanns Eislers Hollywood-Liederbuch*. Herausgegeben von Claus-Steffen Mahnkopf und Johannes Menke. Hofheim 2007, S. 47-49.
[124] Hans Kafka an Eric und Gertrud Zeisl, 9. Juli 1941.

bevorstehende Übersiedlung und die ersten Wochen des Lebens in Los Angeles auf – dies immer im Zustand von „schrecklicher time pressure mit einer Story",[125] welche durch die Eingriffe nachfolgender Schreiber – „hinter mir waren 14 writer dran" – zur „lausigsten, stinkendsten Sache"[126] werden kann. Mit dem von Hans Kafka erwähnten Remake zum „Operettenschinken" *Rio Rita* auf der einen Seite – eine um Nazi-Gestalten „aktualisierte" Spionagegeschichte an der mexikanischen Grenze, die einzig den Sinn der rasanten Komödie zu erfüllen mag und nach niveauloser Musik verlangt – und mit den hohen künstlerischen Ansprüchen des Filmmusik-Ästheten Hanns Eisler auf der anderen Seite tun sich Spannungsmomente auf, welche die späteren Probleme in der „Traumfabrik" Hollywood bereits vorwegnehmen: Die von Zeisl als künstlerisch wertlos empfundene Filmschreiberei blockiert das anspruchsvolle Schaffen, mit der strikten Trennung von „business and art" kommt Zeisl schlecht zu Rande, Intrigen und Rangeleien in den Studios tun das Ihrige hinzu. Auch sind dem bescheidenen Komponisten die kommerzialisierten, „moneyminded" Hollywood-Zelebritäten fremd – umso wichtiger wird die vertraute Beziehung zu den europäischen Filmkollegen Ernst Toch, Alexandre Tansman (1897–1986), Mario Castelnuovo-Tedesco (1895–1968), Erich Wolfgang Korngold, Darius Milhaud oder Hanns Eisler. Von regelrecht „institutionalisierten" sonntäglichen Nachmittagstreffen zwischen den so verschieden komponierenden, dennoch in hoher gegenseitiger Wertschätzung stehenden „movie composers" Zeisl und Eisler in Santa Monica an Los Angeles' Küste weiß Barbara Zeisl-Schoenberg zu berichten[127]. Hanns Eisler wird 1947 in Los Angeles und Washington vor dem „Ausschuss zur Untersuchung unamerikanischer Tätigkeit" verhört – unter „technischer Deportation" des Landes verwiesen, kehrt er 1948 nach Europa zurück.

Hans Kafka indes ist neben der Vertragspartnerschaft mit MGM auch bei Columbia, King Brothers und Warner Brothers erfolgreich als Treatment- und Drehbuchautor angestellt und schreibt ab 1941 in der *Aufbau*-Beilage „Die Westküste" die Kolumne „Hollywood Calling – Hans Kafka Speaking". An umfangreicheren Texten für das deutsch-jüdische Exilantenblatt entstehen dabei etwa „Hollywood nach dem Krieg. Interview mit

---

[125] Hans Kafka an Eric und Gertrud Zeisl, undatiert.
[126] Hans Kafka an Eric und Gertrud Zeisl, 9. Juli 1941.
[127] Information Barbara Zeisl-Schoenberg, Februar 2008.

B. Wilder" (7. Mai 1943), „Are Jewish Themes verboten?" (27. August 1943) oder „What Our Immigration Did for Hollywood and Vice Versa" (22. Dezember 1944). Nach dem Ausscheiden Kafkas aus der Redaktion der „Westküste" im Jahr 1947 setzt Friedrich Porges die Kolumne unter „Man-About-Hollywood" fort, Kafka übersiedelt nach New York. 1950 kehrt er nach Los Angeles zurück.[128]

Nach zehn Monaten Komponierens für MGM – "I have enough time to write for myself but I can't. When you think that you would have to compose 60 Min. Musik, 400 pages scores in 9 days this takes you every string to compose for yourself. After the work is done you are empty like a stomac before Diner. Thats the way here!"[129] – schreibt Zeisl der Freundin Hilde Spiel zu *Journey for Margaret* (1942) und *Reunion in France* (1942): Zwei Filme, die in Zusammenarbeit mit Franz Waxman entstehen. An *Journey for Margaret*[130] komponieren nach der für Hollywood gängigen Praxis auch noch Mario Castelnuovo-Tedesco und Herbert Stothart (1885–1949), an *Reunion*[131] Mario Castelnuovo-Tedesco. In dieser Manier produziert Zeisl mit vielen Komponisten am Hollywood-Fließband, eine namentliche Erwähnung im Film-Vorspann, der begehrte „credit", ist bei der Beteiligung mehrerer Komponisten nur dem „größten" Namen vorbehalten. Die definitiv ersten und allein Zeisl zugeschriebenen Filmpartituren erstellt dieser im Dienste der von MGM produzierten *Fitzpatrick Traveltalks*. Zeisl hat die damals populären, landschaftsbeschreibenden Kurzfilme zu illustrieren und mit den von Eisler so heftig kritisierten „Musik-Klischees" zu unterlegen. Nach achtzehn Monaten löst MGM den über Hans Kafka abgeschlossenen Vertrag, anschließend bringt Zeisl sich als freischaffender Komponist durch, arbeitet auch für Universal International, arrangiert und orchestriert für Komponistenkollegen. An Filmen – noch nach der Vertragsauflösung hauptsächlich für MGM – entstehen: *Journey for Margaret* (1942), *Reunion in France* (1942), *Slightly Dangerous* (1943), *Bataan* (1943), *Hitler's Madman* (1943), *Above Suspicion* (1943), *The Cross of Lorraine* (1943), *Song of Russia* (1943), *The Invisible Man's Revenge* (1944), *Without Love* (1945), *They Were Expendable*

---

[128] Kafka, *Hollywood Calling*, S. 7-41.
[129] Eric Zeisl an Hilde Spiel, undatiert.
[130] Studiounterlagen Eric Zeisl, Prod. 1260/1942 (ZN).
[131] Studiounterlagen Eric Zeisl, Prod. 1262/24.10.1942 (ZN).

(1945), *The Postman Always Rings Twice* (1946), *The Cat Creeps* (1946), *Abbott and Castello Meet the Invisible Man* (1951), *Abbott and Castello Meet Dr. Jekyll and Mr. Hyde* (1953), *The Purple Mask* (1955), *The Looters* (1955), *At Gunpoint* (1955), *The Rawhide Years* (1955), *Money, Women and Guns* (1959).[132]

Im Berichten über die Hollywood-Szene erwähnt Hans Kafka den in Ungarn geborenen Eugene Zádor (1894–1977). Dieser, nach der Unterrichtstätigkeit in Wien und Budapest 1939 in die Vereinigten Staaten geflüchtet, arbeitet ab 1940 für den Film. Mit Zeisl ist er befreundet, auch er versucht, den jüngst in Amerika Angekommenen zu unterstützen. Einer MGM-Anstellung in Kalifornien nahe, denkt Zádor daran, die bis dahin wahrgenommene Tätigkeit beim Rundfunk in New York aufzugeben und den Posten an den noch in New York lebenden Zeisl zu übertragen. Zádor wendet sich an William J. Reddick, den damaligen Leiter der „Ford Sunday Evening Hour". Zeisl wird abgelehnt. Um „seinen alten Goi" in dieser Angelegenheit bemüht, schreibt Eugene Zádor im März 1940 von Hollywood nach New York: „Sie alter Goi! Glaubten Sie vielleicht, dass ich Ihre Komposition abschreiben will, oder unter meinem Namen aufführen will??? Ich wollte Ihnen helfen, u. gab sie einem ungarischen Geiger, der unlängst ein Quartett gegründet hat. Mit Ach u. Krach bekam ich es gestern zurück (nachdem ich 2 mal darum geschrieben habe) u. sende es Ihnen, aber auf Nimmerwiedersehen. Ich wäre an Ihrer Stelle schon zehnmal zu Pelletier gegangen, entweder in die Metropolitain, oder in die Metropolitain-Audition, und er hätte ihnen schon bestimmt Arbeit gegeben!! Da ich beabsichtige, die ‚paar' Jahre, die ich noch lebe, hier zu verbringen, bitte, gehen Sie mit Ihrer streitsüchtigen Frau zu Mr. Reddick, zum Leiter der Ford-hour 30, Rockefeller Plaza, II Stock, und zwar an einem Dienstag Vormittag; wenn er nicht im Büro ist, warten Sie auf ihn, und übergeben Sie beiliegende Zeilen, und sagen Sie ihm, dass Sie gerne für ihn arbeiten würden. Als Zahlung nehmen Sie, was er Ihnen gibt, so wie ich es sagte, als er mir Arbeit gab. Wenn Sie Glück haben, bekommen Sie die Ford-hour, die ich Ihnen hiermit feierlich vermache. Sie müssen aber sehr gut u. sauber schreiben … … Ich bekam eine Probenarbeit vom Metro (nachdem der Vizepräsident von Columbia seit 6 Monaten gebohrt hat), die so glänzend gelungen ist, dass

---

[132] http://www.imdb.com/name/nm0006345, 13.05.2008.

ich hoffe, engagiert zu werden. Nun beste Grüsse auch an die Mitkämpferin, vom Plagiator Zádor"[133]

Gedanklich streift Hans Kafka in den Briefen an Zeisl so unterschiedliche „movie composers" wie Daniele Amfitheatrof (1901–1983), welcher als Schüler Ottorino Respighis (1879–1936) seine erste Filmpartitur für Max Ophüls komponiert, über eine Einladung des Minneapolis Symphony Orchestra 1937 in die Vereinigten Staaten gelangt und auf Empfehlung von Boris Morros (1891–1963), dem damaligen Director of Music bei Paramount Pictures, nach Hollywood gelangt. Wie den arrivierten Erich Wolfgang Korngold oder den Hollywood-Granden Max Steiner, den seit 1914 in den Vereinigten Staaten lebenden Komponisten zu *King Kong* (1933), *Gone With The Wind* (1939) oder *Casablanca* (1942) – und eigentlichen „Star-Musiker bei Warners"[134]. Mit Korngold und Steiner spricht Kafka von den „Giganten" unter den Tonsetzern im Filmmusikbetrieb. Ihre opernsymphonischen, nach Leitmotivtechnik durchkomponierten Partituren halten für lange Zeit Standards aufrecht, denen jüngere Tonschaffende wie der von Kafka zitierte und ebenso an *Gone With The Wind* schreibende „begabte Refugee" Heinz Eric Roemheld (1901–1985) gerecht werden.

## HANS KAFKA an ERIC und GERTRUD ZEISL (Typoskript)

*Los Angeles, 9. Juli 1941*

Liebste Zeiserln,
ich schreibe Euch in aller Eile. Bitte seid nicht böse, dass ich Euren l. Brief so lange unbeantwortet liess, aber ich arbeite seit 3 Wochen wieder bei Metro – hoffe diesmal ganz drin zu sein – und hatte so rasend zu tun, dass ich nicht zum Schreiben kam. Andererseits will ich Euch aber schon seit ein paar Tagen sehr wichtig schreiben, denn ich glaube es ist jetzt eine wirklich sehr grosse Chance für Euch da. Ich arbeite nämlich gegenwärtig an einer

---

[133] Eugene Zádor an Eric Zeisl, 17. März 1940.
[134] Hans Kafka an Eric und Gertrud Zeisl, undatiert.

Umarbeitung des alten Operettenschinkens „Rio Rita" zu einem Musical. Für Metro. Die Arbeit ist für mich entsetzlich aber sie hat das Gute, dass ich dadurch in guten Kontakt mit dem head des Musikdepartments gekommen bin, der sonst unerreichbar ist. Diesem habe ich gleich von Dir erzählt und den Katalog u. Zeugnisse gezeigt und ist er wirklich interessiert. Da an einem Film wie Rio-Rita sicherlich an die 7 Komponisten und Musiker arbeiten werden, so glaube ich besteht eine terrific chance Dich jetzt hineinzubringen, vorausgesetzt, dass Du zur rechten Zeit da sein kannst, nämlich in der ersten Augustwoche. Selbstverständlich weiss ich Erich, dass Rio-Rita nicht das richtige für Dich ist aber es wäre eben die Chance hier in den Betrieb einmal eingereiht zu werden. Da ich an dem Buch arbeite, habe ich auch auf die Musik einen gewissen Einfluss und meinen Vorschlägen wird mehr Gewicht beigelegt werden als sonst oder bei einem normalen Buch, das nichts mit Musik zu tun hätte, auch wenn es Dir vielleicht besser liegt. Verstehst Du das Erich. Wenn ich Du wäre, so würde ich unbedingt diese Chance versuchen. Bitte besprich alles genau mit Trude, die ja die vernünftigere von Euch beiden ist. Ich glaube ihr solltet es wagen. Allerdings braucht Ihr meiner Schätzung nach ein Kapital von ca. 300 $ dazu, nämlich die Fahrt für Euch beide mit Gepäck u. etwas Geld um hier ca 4 – 6 Wochen zu überdauern, denn obwohl Erich unbedingt in der ersten Augustwoche da sein müsste ist es nicht gesagt, dass auch tatsächlich seine Arbeit bezw. Kontrakt sofort starten würde, so was braucht schon Zeit und manchmal ziehen sich die Verhandlungen einige Wochen lang hin, das muss ich Euch nur gleich sagen. Aber das Leben ist hier nicht teuer u. Ihr könnt wenn es Euch nicht zu eng ist bei uns wohnen. Da ich wirklich sehr fest auf die Sache bin wäre ja alles nur ein Uebergang. Ueberdies ist ein kleines Apartment um ca. 25 – 30 Dollar hier leicht zu finden. Teuer sind nur die Fahrten, da Ihr nicht immer werdet mit mir fahren können u. dass man hie und da mit den Leuten auf Lunch oder einen Drink geht u.s.w. Ich weiss nicht wie Deine Verhältnisse jetzt stehen, ob Du solche 300 $ hast oder auftreiben kannst, Erich wenn ja dann überlege nicht zu lange, denn so bald werde ich eine solche Chance für Dich nicht wieder haben, das sage ich Dir. Schreibt mir bald wie Ihr über die

Sache denkt, denn ich muss ja weiter für Euch hier arbeiten tue es aber nicht gerne ins Blaue hinein. –

Von mir kann ich wegen Zeitmangel heute nicht viel mehr berichten. Ich bin wieder in, das ist die Hauptsache. Der Samstag ist sehr angenehm weil Zahltag, und der Sonntag weil frei – von den anderen 5 Tagen will ich lieber nicht reden.

Mein Film läuft jetzt in N.Y. im Capitol – er ist die lausigste, stinkendste Sache geworden, die man sich denken kann und hat mit meiner guten Story überhaupt nichts zu tun – hinter mir waren 14 writer daran, darunter vier mit je 2500 Dollar die Woche – und d a s ist herausgekommen. Möglicherweise ist der Dreck aber box office – und dann haben die Leute eben recht. –

Also liebste Wallis hoffentlich sehen wir uns bald hier auf dem lot. Herzlichst Euer Hans

*Abb. 11: „personal Zeisl representative" in Hollywood: Hans Kafka (Foto: Privatbesitz Susan Hanley)*

# HANS KAFKA an ERIC und GERTRUD ZEISL
(Typoskript)

*Los Angeles, undatiert*

Liebste Wallis, war eben wieder eine halbe Stunde bei Finston und habe unter anderm die Erklärung abgegeben, dass Erich keinerlei Bindungen an einen Musik-Publisher hat und sein Abkommen mit Associated Music Publishers jederzeit lösen kann. Alter habe ich mit 34 angegeben, da eine Tendenz gegen zu „alte" Leute besteht, ferner „zwei Jahre im Land" und first papers. Als Sicherheits-Ventil gegen doch nicht zureichende Englisch-Kenntnisse habe ich Trudels perfekte Beherrschung der Sprache angeführt und die Möglichkeit erwähnt, dass Trudel in kritischen Situationen als interpreter mit aufs lot kommt. Jedenfalls muss Erich like hell lernen, vor allem alle nur erdenkbaren technischen Ausdrücke. Sie haben mit andern, die nicht gut Englisch konnten, furchtbare Krachs gehabt und sind jetzt darauf sehr heikel. Wunder Punkt war noch Erichs Nicht-Zugehörigkeit zur Union – aber Finston hat gemeint, dass er das wird arrangieren können. Das einzige, dass [sic!] er Mrs. Coppings Brief entnommen hat, war ein katastrophaler Fehler, nämlich die 75 Dollar. Es hätten gut und gern 125 in dem Deal gesteckt – aber da Erich für 75 „available" ist, wäre Metro schön dumm es nicht dafür zu machen. Die 75 waren aber ein schweres obstacle bei der gestrigen Verhandlung – „What kind of composer is he if he is unable to earn more than 75 in New York?" – Nun, ich habe gesagt, dass Erich viel mehr verdient, aber unregelmässig und dass er wegen des Barbara-Kindes some security haben möchte und dass er ausserdem um alles in der Welt jetzt nur Film-Musik machen möchte. – Am Ende sagte Finston gestern: "Now I know who Eric Zeisel [sic!] is – the only thing I wonder who the hell is Mrs. Copping?"

Heutiges Resultat: Die Sache ist von Finston aus „in Ordnung". Sie geht von ihm aus in das Front Office, d.h., zu den Executives um Genehmigung, was aber nur eine Formalität ist, da die Leute ja nichts verstehen und genehmigen müssen, was Finston als notwendig anfordert. Von dort aus wandert sie zum Legal Department, zur Ausschreibung der Verträge. Das dauert entsetzlich lang – ich zum Beispiel sitze jetzt drei Wochen bereits wieder im Office – und mein Vertrag wird erst morgen fertig. Finston rechnet, dass Erich am 1. August einchecken wird – ich habe gleich gesagt, dass er auf mündliche Zusagen n i c h t zur coast kommt. Er hat gemeint, dass man, wenn der Amtsschimmel sich ziehen sollte, villeicht [sic!] eine Interimslösung finden wird, einen Brief oder so was. Jedenfalls bin ich hinter der Sache her und werde von Samstag ab jeden Tag den Vertrag reklamieren.

Nun, ich freue mich wahnsinnig, und bei aller Vorsicht und Gewitzheit [sic!] mit mündlichen Abmachungen kann ich nur sagen, dass kein Fall bekannt ist, dass eine Sache nicht perfekt war, wenn ein Department Head sie als perfekt bezeichnet hat. Ich würde euch raten, jetzt alles theoretisch vorzubereiten, dass ihr auf shortest notice herunterkommen könnt. Das Beste wäre natürlich einen Wagen zu kaufen und loszufahren, da ihr ohnehin einen haben m ü s s t – (M.G.M. ist bekanntlich in einer andern Stadt, in Culver City – ich wohne noch relativ nahe und habe jeden Morgen fast eine halbe Stunde zu fahren, wobei ich meist auf neunzig Kilometer bin) – Wagen ferner in New York billiger sind und ihr an der Fahrt gleichfalls beträchtlich spart. Anderseits würdet ihr vierzehn Tage brauchen, und ich weiss, wie gesagt, nicht ob nicht der Antritt am 1. August schon sicher ist. Wenn es erster September wäre, so würde das glänzend ausgehen. Wohnen müsstet ihr wahrscheinlich erst kurze Zeit in einem Appartment-Haus [sic!], bis ihr mit Haus und Möbeln alles arrangiert habt. Wir könnten natürlich ein leeres Haus für euch suchen, aber ich fürchte, es ist eine zu grosse Verantwortung, da man sich hier immer auf die längst mögliche Dauer einrichtet.

Ich wiederhole noch einmal die Terms. Transportation für 2½ von und nach New York – 6 Monate zu 75 die Woche, 6 Monate zu 90, ein Jahr zu 100, ein Jahr zu 125 – Kündigung von seiten [sic!] des Studio (aber nicht von Erichs Seite) nach dem 5., dem 11., dem 23., und dem 35. Monat möglich. Jedenfalls eine terrific Chance. Die ersten sechs Monate werdet ihr gerade gut leben können, von da ab könnt ihr dann sparen.

Innigste Grüsse Euer über die Sache wirklich glücklicher Hans

Rosalind Mia Copping ist die Angestellte einer New Yorker MGM-Niederlassung (Loew Building, 1540 Broadway, New York). Am 10. September 1941 schreibt sie an „Professor Eric Zeisl, Lido Hotel, Yucca St, Hollywood, Calif.": "Dear Professor Zeisl: Thank you for your letter of the 2. Sep: in which you express your enthusiasm about beautiful California. I am sure you will soon find your place there and be able to enjoy it to the utmost of your great capacity for enjoyment. I immediately wrote to Mr. Hogan, who wired back for your address, and I surmise that he has got in touch with you now. Please take Mr. Hogan's advice, and do not listen to people who think they know this business. There are hundreds of jobless people in Hollywood, many of whom made the mistake of listening to the foolish talk of so-called friends. Do just what the Studio people say, and nothing else. You can go to Mr. Hogan occasionally, but don't bother him because he is a very busy man. He has taken a great interest in you from the start, and if you get a job, it is because he likes your compositions. I am sure you will soon get into the routine of the Studio and be able to do yourself justice. With best wishes, Rosalind Mia Copping. P.S. It is best to keep your PROFESSOR title in all transactions; it helps your prestige."[135] Den prestigeträchtigen Titel „Professor" führt Zeisl damals nicht.

## SIGMUND ZEISL an ERIC und GERTRUD ZEISL

*Wien, 15. Juli 1941*

Meine l Trude & Erich

Schon lange keine Nachricht erhalten kann ich nicht umhin Euch meine Lieben einige Zeilen zu schreiben und hoffe dass Ihr Alle gesund seit [sic!] was ich auch von uns mitteilen kann. Wir sind schon sehr neugierig wie deine Aufführung l Erich ausgefallen ist. Gott gebe dass du weiter Fortschritte machst u eine große Carriere bekommst. Denn wie ich weiß hilft dir ja die l Trude zu Allen deinen Erfolgen. Ich habe ja schon so viel von Eurer Barbarle gehört u kann mir denken was Ihr treibt wenn Sie einmal plauschen

---

[135] Rosalind Mia Copping an Eric Zeisl, 10. September 1941.

wird. Ich u die l Malvine können die Stunde kaum erwarten Alle meine Lieben umarmen zu können. Leider ist vorläufig das Konsulat gesperrt, daher nichts beginnen kann. Liebe Trude man sagte mir dass man von Waschington [sic!] etwas erreichen kann und vielleicht das Visum in Berlin zu erhalten und dann über Barcelona nach USA kommen zu können. Auch schreiben Leute dass auch die Möglichkeit besteht in der Schweiz die Aufenthaltsbewilligung auf einige Monate zu erhalten. Jedenfalls muß man Alles versuchen u ich glaube wenn man 4 Kinder hat u in guter Position stehen doch mit Gottes Hilfe etwas erreichen kann. Jedenfalls müssen wir uns in das Schicksal fügen. Die Zeit ist doch nicht mehr so lange zum 5 Dez fahren zu können. Jedenfalls handelt es sich um das Visum wie u wann man es bekommt. Ich kann ja betreff meiner Verlängerung des Passes & Unbedenklichkeit gar nichts anfangen. Die l Malvine müßte den Pass & Unb[edenklichkeit] jetzt schon nehmen u die Abfahrt bezahlen zu können. Hier ist jetzt auch eine große Hitze. Hoffentlich geht auch das bald vorüber. Die Zeit rückt ferner u gebe Gott Euch Alle umarmen zu können. Was macht die l Mama? Ist Sie gesund da wir doch schon Monate lange kein Lebenszeichen von Ihr hören. Nachdem du l Trude die einzige Person bist mit Ausnahme Dorl etwas auszurichten. Danke dir im vorhinein für deine Mühe u küsse doch die kl Barbarle & Erich

    Dein aufrichtiger Vater

Am 14. Juli 1942 werden Sigmund Zeisl und seine zweite Frau Malvine von Wien nach Theresienstadt deportiert, am 21. September 1942 von dort weiter in das Vernichtungslager Treblinka, wo beide ermordet werden.[136] Am 14. Juli 1942 wird das auf die Namen Zeisl Sigmund Isr, und Malvine S, ausgewiesene und von beiden unterzeichnete „Vermögensverzeichnis nachstehender in die Ostgebiete evakuierter Juden" abgestempelt. An den „Inspekteur der Sicherheitspolizei und des SD in Wien Abwicklungsstelle der Zentralstelle für Jüdische Auswanderung, Wien, II., Castellezgasse Nr. 35" ergeht am 14. September 1942 ein Brief der Länderbank Wien Aktiengesellschaft im Betreff: „b. v. S. Konto Sigmund

---

[136] Deportationskartei Sigmund Zeisl/Malvine Zeisl, DÖW.

Israel oder Malvine Sara Zeisl", Aktenzeichen XXXI / 712–13: „In Befolgung Ihrer Einziehungsverfügung vom 31. August 1942 wegen Sigmund Israel und Malvine Sara Zeisl haben wir das Depot von RM 300.– 4 ½ Anleihe des Deutschen Reiches 1938/II sowie das auf beschränkt verfügbarem Sicherungskonto ordinario der Genannten bestandene Guthaben von RM 7,451.– auf Ihr Sonderkonto ‚Judenumsiedlung' laut separaten Buchungsaufgaben übertragen. Für Sigmund Israel oder Malvine Sara Zeisl befindet sich bei uns noch ein beschränkt verfügbares Sicherungskonto separato mit einem Guthaben von brutto RM 6,442.– – (S.E.&O.), welches zugunsten des Finanzamtes Innere Stadt-Ost, Wien, Steuernummer 3433-Fl, wegen Reichsfluchtsteuer gesperrt ist. Wir bitten, beim genannten Finanzamt die Freigabe zu veranlassen, damit wir auch das Guthaben des wegen Reichsfluchtsteuer gesperrten Kontos an Sie übertragen können. Heil Hitler! Länderbank Wien Aktiengesellschaft"[137]

## HANS KAFKA an ERIC und GERTRUD ZEISL
(Typoskript)

*Los Angeles, undatiert*

Liebste Zeislerln, [sic!]
ich kann mir euren Seelenzustand sehr gut vorstellen, ich habe ihn seinerzeit zwischen dem ersten „der Vertrag ist in Ordnung" und der Vertrags-Unterschrift auch mitgemacht – aber ich kann euch nicht helfen, ihr müsst noch etwa 8 bis 10 Tage warten. Ich pestere [to pester = to bother] den armen Nataniel [sic!] jeden Tag – er wiederholt jeden Tag, dass es in Ordnung i s t – es gehen nur im Musik-Department eine Menge personeller Veränderungen vor, und ich glaube, das ist noch ein spezieller Grund zu dieser ohnedies üblichen Verzögerung. Es werden eine Anzahl 500 Dollar Musiker, darunter Mr. Aphitheatroff [Daniele Amfitheatrof] (er h e i s s t so!) gefeuert, und erst dann können die 75 Dollar Musiker einziehen. Nataniel, der inzwischen auf meine Veranlassung noch in New York

---

[137] Archiv der Republik, Bestand Finanzlandesdirektion Wien, Transportlisten 31/712, 713.

Erkundigungen eingezogen hat, ist von dem Ergebnis (ich glaube: Rapée, bin aber nicht sicher) sehr befriedigt. Eben war ich wieder bei ihm – ich habe euretwegen zu dem Konzert gehen müssen, das er in der Bowl letzte Woche dirigiert hat (er hat einen guten [Jaromír] Weinberger, allerdings aber auch eine Komposition von Lyonel Barrymore vor 30000 Leuten uraufgeführt und ist kein schlechter Dirigent) – habe ihm versichert, wie gut es war und noch einmal nach dem Vertrag gefragt. Er sagte: „Nächste Woche –," daher meine vorsichtige Schätzung von 8–10 Tagen. Vertrag geht wahrscheinlich an mich, da ich als personal Zeisl representative abgestempelt bin – und wird natürlich fünf Minuten, nachdem ich ihn habe, vom Postamt Culver City abgesandt. Erich hat also noch etwas Zeit, Englisch zu lernen. Mit Finston wird er sich sehr gut verstehen, ich habe ihn, da ich ihn jetzt so oft sehe, gut kennen gelernt, er liebt Weinberger und Hindemith, hasst die Atonalen, schätzt Korngold und [Eugene] Zador ganz richtig ein und ist sogar äusserlich Erichs Typ (nicht so schön). Wahrscheinlich wäre alles etwas rascher, wenn ihr da wärt – aber jetzt wartet doch lieber brav noch die 8 bis 10 Tage, weil ich einmal schon versichert habe, dass ihr nur mit Vertrag herunterkommt. Leider werde ich Erich auf dem Lot kaum mehr erleben können, weil mein Vertrag – zwei Monate – demnächst wieder einmal abläuft.

Soviel für heute – ich bin wieder einmal in schrecklicher time pressure mit einer Story – seid alle herzlichst gegrüsst von eurem Hans

## HANS KAFKA an ERIC und GERTRUD ZEISL (Typoskript)

*Los Angeles, undatiert*

Liebste Wallis,
eben bekomme ich euren Flug – special delivery – Brief – ich bin sehr traurig, dass sich das so lange zieht. In der Zwischenzeit habe ich einmal eine inter office communication von Finston bekommen, die ich beilege: beruhigt hat mich daran, dass

die Sache nach wie vor ausgezeichnet steht, geärgert, dass die „acht bis zehn Tage" sich in „a few weeks" verwandelt haben. Seit Montag bin ich wieder bei Finston angemeldet – heute, Mittwoch, ruft die Sekretärin an, dass er mich „im Lauf des Nachmittags" sehen will – hoffentlich kann ich euch am Schluss dieses Briefes Positives schreiben. Ich bin in dem Telephon-Gespräch und den ersten Briefen bestimmt nicht zu optimistisch gewesen, sondern habe euch nur Finstons Worte wiederholt. Das „Durchbesprechen mit den Exekutives" hat er als reine Formalität hingestellt, was sie auch tatsächlich ist. Wenn er dann noch etwas Zeit verlangte, so muss der Grund ausschliesslich bei ihm liegen, d.h. in der Situation im Musik-Departement. Wie ihr ganz richtig schreibt, wehren sich ein paar der „gefeierten Komponisten" [lautmalerischer Wortscherz auf „to fire" = „feuern"] mit Händen und Füssen. Ich verstehe euren Nerven-, Seelen – und finanziellen Zustand besser, als ihr ihn selber, denn ich habe ihn zweimal mitgemacht. Anderseits, wenn jemand nicht gerade für einen bestimmten, eiligen Job, sondern für einen Term-Kontrakt gebraucht wird, haben die Leute unendlich viel Zeit. Und die Chance für euch ist immerhin so gross, dass ihr das nötige Warten doch in Kauf nehmen solltet.

Von Copping weiss ich nichts. Das einzige, das Finston ihr sagen kann, ist dass die Sache schon läuft. Rubin kenne ich keinen, ausser ihr meint Ruben (Walter), der ein mittlerer Producer ist. Mayer ist der liebe Gott Persönlich (Metro Goldwyn M a y e r) – glaubt ihr, dass sie d e n meint? Eine Vertretungs-Kollison [sic!] wird bestimmt nicht herauskommen, da sie ja bei M.G.M. als talent scout arbeitet also nur befürworten, aber nicht vertreten kann. Ich werde heute Finston auch nach ihr fragen.

Das Angebot mit Vorvertrag und „einigen Monaten" Dauer kann ich nicht machen, weil die Leute die ersten vier bis sechs Monate überhaupt nicht zählen, sondern nur als „Einarbeitung" rechnen und natürlich nicht wollen, dass jemand, der von ihnen erfolgreich gecoacht worden ist, dann zu einem andern Studio gehen kann. Ebenso ist die Valuta-Klausel out of question. Sollte eine Inflation kommen, so ist die Guild dafür da, dass die Gagen generell in demselben Ausmass in die Höhe gehen. Zu den Music Departements anderer Studios habe ich sehr wenig Beziehungen, möchte erst die heutige Situation hier sehen; da müsste man eventuell einen Agenten (am besten, trotz allem, Marton) einschalten, was ich solange die Metro-Sache läuft vermeiden möchte, um euch unnötige Kosten zu sparen. Star-Musiker bei Warners ist übrigens nicht Korngold, sondern Max Steiner, und dann ist noch ein begabter Refugee namens [Heinz Eric] Roemheld dort, der auch schon auf acht oder neunhundert oben sein dürfte.

[Paul] Gordon produziert hier tatsächlich einen Film, u.zw. den alten Hauptmann von Koepenick.

So, und jetzt müsst ihr ein paar Stunden warten, bis ich von Finston zurückkomme.

Fünf Uhr. Eben ruft Finstons Sekretärin an, dass er mich nicht sehen kann und mich in der Angelegenheit Zeisel [sic!] noch um ein paar Tage Zeit bittet. Ich soll ihm, lässt er mir sagen, überlassen, den Zeitpunkt auszuwählen, an dem die Durchführung der Sache die wenigsten Schwierigkeiten macht. Ich schreibe euch das so, wie ich es eben wörtlich gehört habe. Er spricht noch immer davon wie von einer Sache, die für ihn perfekt ist und nur „durchgeführt" werden muss – aber natürlich, ich muss euch die Beurteilung überlassen. Ich kann euch gar nicht sagen, wie leid es mir tut – einige Verzögerung habe ich vorausgesehen, aber natürlich nicht d a s! Was euer Herkommen betrifft, so kann ich nicht zuraten, weil um das Fahrgeld sicher schade ist, nicht abraten, weil sich in Erichs persönlicher Anwesenheit sicher mehr tun wird, als über New York. Eben fällt mir ein, daß ihr mit Rubin und Meyer die New Yorker Chefs meint – hoffentlich haben die Erich nicht zu heftig empfohlen, denn zwischen denen und den hiesigen Chefs herrscht eine heftige Feindschaft.

Es ist scheußlich, aber wenn ihr den Vertrag in der Tasche habt wird es euch nicht mehr ganz so arg vorkommen. Einstweilen verzeiht Eurem unglücklichen Hans.

# ERIC ZEISL an HILDE SPIEL

*Los Angeles, undatiert*

My Dear Hilde!
To Day for the first time I write you. I think we haven't seen each other for 4½ years. Jes it is a long long time. I am since 10 Month in Metro.G.M. and composing picture. You can see and hear my things in every news reel. I have done until now 20 Fitzpatrick traveltalks. I was lately working on two big Pictures mit Franz Wachsman [sic!] together. One is „Journy of Margaret" [sic!] a marvelous picture the second is „Reunion". I think when you have this letter you can see thos [sic!] 2 pictures. Yes I am a movie composer! Isnt terrible? I have enough time to write for myself but I can't. When you think that you would have to compose 60 Min. Musik, 400 pages scores in 9 days this takes you every string to compose for yourself. After the work is done you are empty like a stomac before Diner. Thats the way here! And the time to make much money is gone. I make a good living thats all, and I am very satisfied. I am glad to here [sic!] you are doing so well and getting a second baby! Why not? I would have 10 others. But I have enough zores with my Barbara. She is really sweet and prety [sic!] but much too loud!!! – We have a nice hous [sic!] with a porch a big garden, which I make myself, Fruittrees etc. Everithing [sic!] would be very nice in peacetime. – But I am very hopefull [sic!] now! – Has Mendelson [sic!] any Idee for a ballet? I got a commission from the monte Carlo Ballet to write and have no Book. It should be a dynamik fantastic Idea! Think it over. When they take my music, it would be a great reclame for Peter and we would share 60 – 40 the tantiemes: – Please let me know. Now it is enough for to Day! Write sooner and <u>morer!</u>

Your old Eric

# ERIC ZEISL an HILDE SPIEL

*Los Angeles, undatiert*

My Dear Hilde!
I was very sorry to hear about your unluck. God has done it! But I am sure you should get another child. Trude is bothering all the time to get another child. But she has a bad heart and the first one was a big gamble. – I would very much like to see you both. We are very lonesom here. Peoples are very nice but strange to us and we have no friends at all. – I compose picture music and very little for myself. It is a shame but I need all my strenght [sic!] for my profession. You can't say, that's business and that's art. I have to write until business brings so much money that I can start again to make „art". You would be surprised how different the life here is from overthere, much stronger. For instance I have to compose 3 Shortpictures = 30 minutes music and 150 pages scores in 4 day's. Can you imagine? In Vienna I would need 6 month [sic!]. But I am accustomed to that kind of life. How is Peter doing? I thing [sic!] you both are very good for Amerika after the war. You would make a lot of money here. – Do you know what happened to Roland Stern or Hugo Königsgarten. I would love to know where and how they are.

Please take all my love from Your
old Eric


Den „armen Hernfeld, der einige Monate in Dachau war"[138] erwähnt Gertrud Zeisl im Juni 1939 in einem Brief an Hilde Spiel. Der in Wien als Fred Hernfeld geborene Literaturwissenschaftler, Philosoph, Pädagoge und Psychotherapeut steht in seiner Heimatstadt mit Eric und Wilhelm Zeisl, mit Julius Chajes und vielen anderen Persönlichkeiten dichtender, komponierender oder musizierender Natur als Literat über den Zirkel „Junge Kunst" in Verbindung. Der von Hernfeld gegründete illustre Kreis trifft sich Anfang der dreißiger Jahre regelmäßig in einem der Wiener

---

[138] Gertrud Zeisl an Hilde Spiel, 16. Juni 1939.

Kaffeehäuser. Der „Jungen Kunst"-Idee[139] federführend verpflichtet, schreibt Hernfeld am 11. Mai 1933 an Joseph Marx: „Sehr geehrter Herr Professor! Die Ihnen bekannte ‚Junge Kunst' veranstaltet am Donnerstag, den 18. Mai im Streichersaal III. Ungargasse 27, Stingelhaus, um 20 Uhr einen musikalisch-literarischen Abend, zu dem wir uns gestatten Sie höflichst einzuladen. Im Rahmen unseres Abends wird auch Fr. Thea Sevčik singen. Da wir wissen, dass Sie diese Dame persönlich kennen, setzen wir Interesse für diese Veranstaltung voraus und gestatten uns die Ehre Ihrer Anwesenheit zu erbitten. Wir würden uns ganz besonders freuen Sie begrüssen zu dürfen. Wir werden uns in den allernächsten Tagen gestatten bei Ihnen anzufragen ob wir Ihnen Ehrenkarten zu Verfügung stellen dürfen. Mit vorzüglicher Hochachtung [Stempel ‚Junge Kunst' Jugendvereinigung der Radiowelt] Fred Hernfeld.[140]

[handschriftlich verfasster Zusatz:] Sehr verehrter Herr Professor! Sevčik hat mich ersucht, Ihnen mitzuteilen, daß sie Ihr Lied ‚Hat Dich die Liebe berührt' im Rahmen ihres Programmes zum Vortrag bringt. Mit ergebener Empfehlung Fred Hernfeld."

Gedichte und die neue Gattung „Hörspiel" werden zu Hernfelds literarischem Metier im deutschen Sprachraum, bis auch er 1933 den deutschen Markt verliert. Ein bereits abgeschlossener Vertrag mit dem Programmdienst des Deutschen Rundfunks verfällt. In Österreich ist Fred Hernfeld der Literatenszene bis 1938 präsent. Am 10. November des Jahres wird er verhaftet und in das Konzentrationslager Dachau deportiert, nach der Freilassung Anfang 1939 kann Hernfeld im Juni 1939 mit seiner Frau Wien verlassen, über Triest erreichen beide 1940 das amerikanische Exil. Unter neuer Identität, nun als Alfred Farau, publiziert er 1943 in New York den Lyrikband *Das Trommellied vom Irrsinn. Gedichte aus dieser Zeit*. Mit Texten wie *Die Ballade vom zehnten November, Der Gefangene* oder *Gesang der Toten von Dachau* widmet er den Band dem Andenken seines Freundes Richard Hönich, „*der, neunundzwanzig Jahre*

---

[139] Programmzettel: *Musikalisch-literarischer Abend*, Streichersaal, 18. Mai 1933 (ZN).
[140] Alfred Farau (Fred Hernfeld) (Junge Kunst – Jugendvereinigung der Radiowelt) an Joseph Marx, 11. Mai 1933 (Typoskript mit Zusatz in Handschrift). ÖNB-Musikerbriefe (http://www.musikerbriefe.at): 829/17-1, Kat.-Nr. 2083.

*alt, am 14. Nov. 1938 in Dachau starb.*"[141] An die Deportation Alfred Faraus und Richard Hönichs im November 1938 erinnert sich Gertrud Zeisl in den siebziger Jahren: "One was a very close friend of Eric – Alfred Farau, he is called in this country – the other one, I forgot his name. And they read their poetry, as was usual in these meetings. And I still remember the poem of the one young poet. And it was pretty late when they left, and Fred stayed overnight with the other boy, who was a wealthy boy. Now, in the morning the Gestapo came to their apartment, and they were there, so they picked them up. And they probably didn't even come for them, but for the father, who was some kind of realtor, and when you were wealthy you were already automatically high on the list of being taken. And so they took them and shipped them to Dachau. And two days later the parents of the other boy got the urn with his ashes. And only when Alfred Farau came out (two months later, they let him out) his wife went to the Gestapo daily and finally found somebody who had pity on her, and they let him go. But he had been there for two months, and it was a horrible experience. And he told them then what had happened. The Gestapo made them sit on the train and look into the lights, and when they blinked or took their eyes off – because it was night time and they naturally got tired – they shot them, for disobedience. And that had happened to this boy."[142]

## ALFRED FARAU an ERIC ZEISL

*New York, 4. Jänner 1942*

Lieber Erich,
ich hab Deine aufgeregte Karte erhalten und bin überzeugt, daß Du Dich zwischenzeitig schon wieder besser fühlst. – Ich verstehe auch genau, <u>warum</u> Du Dich so schlecht fühltest – aber ich bin überzeugt, es geht alles gut aus für Dich – und die Deinen.

---

[141] Farau, Alfred: *Das Trommellied vom Irrsinn. Gedichte aus dieser Zeit.* New York 1943.
[142] Oralhistory Interview: Malcolm S. Cole/Gertrud Zeisl 1975, TAPE NUMBER: IV, SIDE TWO. http://www.schoenberglaw.com/zeisl/oralhistory.html.

Sag nicht, ich sei weit vom Schuß, das stimmt nicht, ich bin im gleichen Alter wie Du und – unsere Küste ist um nichts angenehmer als die eure, nur <u>noch</u> näher und in unserem Fall handelt es sich um <u>Deutsche</u>! Außerdem sind meine sonstigen privaten Umstände bestimmt .... aber gehn wir zu Interessanterem über!

Du fragst mich, was ich zur Situation zu sagen habe? – Vor mir auf dem Schreibtisch liegen fünf verschiedene Zeitungs- „editorials" der letzten Tage. Ihre Titeln sind ungefähr so: „Die verrückte Karriere des Führers am Wendepunkt" oder „Hitlers Untergang in Sicht" u.s.w. Ganz konkrete, schwarz auf weiß gedruckte amerikanische Zeitungsartikel. Glaubst Du, daß solche Artikel, noch dazu en masse, vor einem Jahr oder sogar noch vor einem halben Jahre möglich gewesen wären? Siehst Du – und hierin liegt der Unterschied zwischen Anfang 1942 und Anfang 1941. – Und jetzt könnte ich meine Schrift hernehmen, die vom August 1940, die Du ja kennst, und könnte Dir seitenlang zitieren. Ich werde mich aber darauf beschränken, Dir <u>einen</u> Absatz ins Gedächtnis zurückzurufen! „1941 ist das Jahr der Entscheidung .... Entweder werden <u>auf einem Ende</u> diejenigen, denen Leben noch etwas anderes bedeutet als willenlos versklavt sein und vegetieren, wieder aufatmen dürfen, oder sie sollten, auch wenn sie das Chaos verschont, aus eigenem Schluß machen. Denn wenn dieses Jahr negativ ausgeht, ist die Erde auf Jahrhunderte hinaus verdorben. Aber es ist meine tiefste Überzeugung, daß es positiv ausgeht. Es ist meine religiöse Überzeugung. – 1940–41 ist die Wende dieser Zeit. Sie bringt Hitlers Untergang. 1942 ist bereits eine ganz andere Welt."

Und noch eins zum Trost: endlich sind wir so weit, daß selbst die „Konkretesten" fest sind auf den Untergang Hitlers. Zwei Jahre früher waren selbstverständlich meine Meinungen „Phantasien" und „Hirngespinste". Aber schon halten die Herrn Konkreten einen neuen Unsinn parat: Dieser Krieg dauert noch Jahre. – Und ich, meinerseits hab ein neues „Hirngespinst" parat: Ich glaube, daß es noch jahrelanges Wirren geben wird, verschiedenster Art, aber ich sehe das persönliche Ende Hitlers und das Ende des Krieges heuer, 1942. – Ja ich weiß: Ölvorrat, Flugzeugproduktion, Aufmarschplan, Invasionsmöglichkeit und weiß der Teufel was noch alles, – davon versteh ich nichts. Aber was ich verstehe, ist: das dynamische Phänomen, in dem wir stehen, läßt einen jahrelangen Abstieg Hitlers nicht zu. – Und: Eine Blase <u>wächst langsam</u>. Aber sie <u>platzt plötzlich</u>.

Genug davon. Ich hoffe Dich „satisfied" von diesem langen Brief. – Von meiner „story" deutest Du was an. <u>Was</u> hast Du eigentlich mit ihr begonnen? – Aber, alles Gute Dir und den Deinen im neuen Jahr – was ja übrigens Das Jahr sein <u>muß</u>, nicht? – Über meine „Karriere" ist wenig zu berichten. Ich trete nächste Woche in eine Fabrik ein, als Arbeiter, weils einfach nicht mehr anders geht. Wenn man nur noch jünger wäre!

Herzlichst Dein, Euer Fred.

P.S. Ich hoffe, daß Du mein deutsch besser verstehen wirst als ich Dein englisch. Nichts für ungut, ich bewundere trotzdem gebührend Deinen Fleiß und Dein „Vorwärtskommen".

P.S.2. Besonders warte ich auf die Zeit zwischen 25. Jänner etwa bis Anfang April. – Bin selber neugierig.


In New York ist Alfred Farau anfänglich als Hilfsarbeiter beschäftigt, ab 1943 kann der in Wien bei Alfred Adler Ausgebildete in New York wieder seiner Tätigkeit als Individualpsychologe nachgehen und dort eine eigene Praxis führen. Als Phänomen erweist sich Faraus Universalität im Exil, daher sei auf seinen Werdegang näher eingegangen, nicht zuletzt, um den Inhalt seiner Briefe im entsprechenden Kontext vermittelt zu wissen: Ab 1949 hat Alfred Farau am New Yorker Alfred Adler Consultation Center eine leitende Position inne, 1951 tritt er dem Lehrkörper des Alfred Adler Training Institute bei und wird 1954 dessen Co-Direktor. 1950 wird er Associate Dean und Director of Psychology am Alfred Adler Institute in New York, dort arbeitet er mit Adlers Sohn Kurt und dessen Tochter Alexandra zusammen. Nach 1945 hält Farau sich wiederholt in Wien auf, um dort sein Studium an der Universität fortzusetzen, er promoviert 1953. Sein wissenschaftliches Hauptwerk, die Abhandlung *Der Einfluß der österreichischen Tiefenpsychologie auf die amerikanische Psychotherapie der Gegenwart*, erscheint im selben Jahr in Wien. Als Vermittler amerikanischer Wissenschaft bringt er mit diesem Werk den von der internationalen Forschung abgeschnittenen Studenten Österreichs die neuesten Errungenschaften auf dem Gebiet der Psychotherapie nahe, welche ja primär von Österreich ihren Ausgang haben. Unter dem Arbeitstitel *Psychologie und die Zukunft* konzipiert er eine Gesamtgeschichte der Psychologie, erst 1984 erscheint das von Ruth C. Cohn bearbeitete und erweiterte Buch unter dem Titel *Gelebte Geschichte der Psychotherapie. Zwei Perspektiven.* Dem Mitglied der American Psychological Association, des Council of Psychoanalytic Therapists, der American Society of Adlerian Psychology oder der New York Academy of Science bleibt die Literatur immer wichtiges Ausdrucksfeld. Nach dem *Trommellied vom Irrsinn* erscheint 1946 in New York die zwischen 1928 und 1940 entstehende Lyriksammlung *Wo ist die Jugend, die ich rufe?*: Eine literarische Überschau der letzten Jahre in Europa und der ersten im amerikanischen Exil. Dichterisches Hauptwerk im Exil ist das Grillparzer-Drama *Schatten sind des Lebens Güter.* Persönlichen Kontakt pflegt Farau zu den Exilschriftstellern Alfred Polgar, Ernst Waldinger (1896–1970), Berthold Viertel (1885–1953), Friderike Zweig (1882–1971), Max Roden (1881–1968), Friedrich Bergammer (1909–1981) und Walter Sorell (1905–1997).

In der Zwischenkriegszeit hält Farau an der Wiener Volkshochschule und am Schubert-Konservatorium Vorträge literarischen Inhalts, diese Tätigkeit verfolgt er im Exil als Vermittler deutschsprachiger Literatur mit Referaten wie „Siebenhundert Jahre deutsche Lyrik: Von Walther von der Vogelweide zu Rainer Maria Rilke", „Humor, Witz und Satire in der österreichischen Dichtung", „Weg und Zukunft der deutschen Dichtung, 1870–1945", „Die Welt von 1913" oder „Das Phänomen der Dichtung ohne Land".[143]

In New York ist Farau lange Zeit Vizepräsident, später Leiter der Literarischen Sektion des Austrian Institute (ab 1964 Austrian Forum).[144] Irene Harand (1900–1975), überzeugte Katholikin und Sympathisantin der Regierungen Dollfuß und Schuschnigg, gegen antisemitische Tendenzen der Austrofaschisten und der katholischen Kirche vehement Position beziehend, 1933 Gründerin der „Harand-Bewegung", Herausgeberin der

---

[143] Vgl. dazu Farau, Alfred: *Aus dem Tagebuch eines Emigranten und anderes Österreichisches aus Amerika.* Herausgegeben von Harry Zohn. New York 1992. Vgl. dazu Zohn, Harry: *Amerikanische „Thirty-Eighters" aus Wien als doppelte Kulturträger.* Wien 1994.

[144] Vgl. dazu Klösch, Christian: *Mimi Grossberg (1905-1997). Eine österreichische Exilautorin in New York.* Begleitbuch zur Ausstellung der Österreichischen Exilbibliothek im Literaturhaus, Wien. Wien 1999, S. 26-49.

antinazistischen Wochenzeitschrift *Gerechtigkeit* und 1935 Autorin von *Sein Kampf – Antwort an Hitler*, etabliert 1943 in Zusammenarbeit mit Guido Zernatto, Frederic Taylor und Siegfried Altmann das Austrian Institute und spätere Austrian Forum.[145] Über diese Einrichtung für österreichisch-jüdische Künstler in New York steht sie mit Alfred Farau in Verbindung. In den siebziger Jahren blickt sie zurück: „Vor 36 Jahren ist für uns eine Welt zusammengebrochen. Man meinte … es kann … es darf doch nicht sein. Das ist doch mein Land, dem ich treu diente, dem ich so manches Opfer gebracht habe, dem ich mit Leib + Seele verbunden bin. […] Wir alle haben hier Aufnahme gefunden. Dafür danken wir Amerika. Und wir wissen, unsere Wahlheimat hat keinen Grund, zu bedauern, daß sie uns aufgenommen hat. […] Wir haben weder der neuen, noch der alten [Heimat] Schande bereitet. Wir blieben – trotz allem was wir erlitten, für das Gute, das Österreich geboten hatte, […] dankbar. Und wir bewiesen es. 1943 gründeten wir das Austrian Institute, Inc., heute Austrian Forum, Inc. genannt. Zweck der Gründung war: altes österreichisches Kulturgut hochzuhalten, Künstlern, Musikern, Sängern, Dichtern und Malern ein Forum zu geben, wo sie gehört und gesehen werden können. … Wir haben in den letzten 2 Jahren, zwei Hauptleitungsmitglieder verloren, die wahrhaftig Opfer der Ereignisse März 1938 sind. Unseren unvergesslichen Prof. Alfred Farau, dem wir viele schöne Stunden der Erbauung, Belehrung … ermahnenden – nicht zu vergessen, ja auch heitere, aber immer gewinnbringende Stunden verdanken."[146]

---

[145] Vgl. dazu Klösch, Christian/Scharr, Kurt/Weinzierl, Erika: *„Gegen Rassenhass und Menschennot" Irene Harand – Leben und Werk einer Widerstandskämpferin*. Innsbruck-Wien-München-Bozen 2004.
[146] Handschriftlich verfasster Bericht von Irene Harand, DÖW, 11 059/1, 10.10.2001.

# GERTRUD ZEISL an HILDE SPIEL (Typoskript)

*Los Angeles, 9. April 1942*

Dear Hilde-darling!
Please forgive for not having written you, such a long time. I enjoyed your last letter very much with the sweet photos of little Christine. I would have loved to answer you immediately but just then so much came in between, that I had to postpone writing and now I hardly can explain myself how it is possible that so much time slipped by. I was so terribly glad and ashamed at the same time when yesterday I got another letter from you and said I would not let pass another minute to write you. You cannot think Hildedear, how often Eric and I think of you and how much we would love to have you here. We feel terribly lonely and out of place since we are here and we have no friends at all, that's Hollywood a terrible place, where you learn to despise mankind, a paradise which shows you oncemore that men are not made to live in it and will succeed to make it a rathole anyhow. I wish I could tell you longer and more clearly what and how everything happened, but it would make that letter far too long. Well we are here and it is hard to believe, when you think of the old days in St. Wolfgang with Lisel and Hirschenhausers [Steffi, Hilde und Fritzi Hirschenhauser] and how we used to imagine fantastic futures, for instance Eric in Hollywood composing pictures for Metro-Goldwyn, riding his own car, living in a Villa growing roses in his garden, where his baby plays. But here we are and everything is true, only that somehow it does not seem fantastic anymore, but is very normal here and most of the time we do not feel happy at all, but worry here a lot more than we ever used to. For this is a peculiar place where men seem to know, to wish, desire and love only one thing and that is money. Eric is very much out of place in a world so wholly commercialized as that and he has to suffer a lot, when he meets the coldness of friend and enemy, the intrigues of greed and ambition of people, which are however absolutely nonartistic and only moneyminded. Enough of all that, in any case we have to thank god for everything, especially for beeing [sic!] at least a short time out of our customary

financial troubles. If there would be no war we could perhaps enjoy everything quite thoroughly just for ourselves but as it is, life goes on beeing [sic!] as haphazard as can be. I can now better appreciate what heroes all of you have been, and what you have gone through. I was so glad to hear that you got your citizenship al least [1941]. Of course that means a lot and I wonder if you could now come over for a trip. We would terribly enjoy having you here. As for brainy babies, you would love Barbara, because there never was anything so silly as she. Or perhaps we are, because she speaks a lot only it is her own language and we just do not understand her. She is more like a little puppydog than like a little girl, but really very cute and awfully funny. And has she got a temperament! Compared with her Eric is a quiet thoughtful type. She is definitely his child and I worry already now when I think of her 14th birthday. But rather let her little boyfriends worry. Anyway we have lots of fun with her and she keeps me so busy that in the evening I can hardly breathe so tired I feel. All the brothers of Eric Walter, Egon, and Willie are in Milwaukee. Willy is in the draft and beeing [sic!] a bachelor will be caught in soon I guess. He is expecting it every minute but I do not think they can ever make a general out of him.

Anyhow he has got no wife as yet and there is definitely great hope for Emmy in case she wants to work to earn his living, that's what he expects of love I guess. My eldest brother in law Egon is married to an american girl. She is a very, very nice person, I like her very much and they live very happily with each other. Please Hildedarling write me soon and again about everything and also please let me know if perhaps I can do anything for you here. You know we are right in the middle of things and know quite a lot of people here. Meanwhile I send many kisses Kiss little christine and give my regards to Peter and your parents. I was very glad to hear the good news from your father.

    Yours old
    Trudefriend.

*Abb. 12: Die Zeisl-Brüder Walter, Wilhelm und Egon in den Vereinigten Staaten (ZN)*

Als „Mikrokosmos" in der Zeislschen Korrespondenz nimmt sich der nur kurz stattfindende, jedoch dichte Briefwechsel mit dem in Ostpreußen geborenen US-Exil-Schauspieler Felix Bressart (1892–1949) aus. Beide Künstler, von Hollywood nach Hollywood schreibend, setzen ihre Briefe zum eigenen und gegenseitigen Vergnügen auf, geschrieben wird auch mit „ausgeliehener" Identität, jüdischer Witz und Galgenhumor gehen den Scherzenden virtuos von der Hand, ein Wort-Spiel jagt das andere.

Bereits nach kurzer Zeit in Hollywood lebt Zeisl frustriert in einer, wie Gertrud meint, „world so wholly commercialized as that", „where men seem to know, to wish, desire and love only one thing and that is money". Dass allein Geld Hollywood regiert, hält Zeisl im Austausch mit dem ebenso fest im Filmbetrieb verankerten Felix Bressart über eine imaginierte Szene fest, welche den „heiligen Louis B. Mayer" noch zu „den Ärmsten der Armen" sagen lässt: „Was kann ich sogar an Dir verdienen." Hollywood, „a terrible place, where you learn to despise mankind, a paradise which shows you oncemore that men are not made to live in it and will succeed to make it a rathole anyhow" – um in Gertruds Wortlaut zu bleiben –, wird im Schreiben überzeichneter Scherz-Briefe erträglicher – die Post „von Haus zu Haus" in Hollywood diskutiert nicht „große" Themen, vielmehr wird in leichtem Tonfall „dahin geblödelt" in Dingen, die den Schreibenden an die Seele rühren.

1927 gelangt Felix Bressart nach Berlin, er wechselt Anfang der dreißiger Jahre von der Bühne zum Film und verkörpert gerne den Komödianten in Beamten- oder Militärkleidung. An bekannten deutschen Filmen dieser Zeit entstehen etwa *Der Sohn der weißen Berge* (1930), *Die Drei von der Tankstelle* (1930), *Nie wieder Liebe* (1931), *Der Herr Bürovorsteher* (1931) oder *Ball im Savoy* (1935)[147]. 1933 flüchtet Bressart von Deutschland in die Schweiz, hält sich später in Wien, Budapest, Amsterdam und Paris auf und flüchtet 1938 in die Vereinigten Staaten. Zu seinen erfolgreichen Hollywood-Filmen zählen *Ninotschka* (1939), *The Shop around the Corner* (1940) und *To Be or Not to Be* (1942) von dem in Berlin geborenen Ernst Lubitsch[148] (1892–1947) oder *The Seventh Cross* (1944) von dem in Wien geborenen Fred Zinnemann (1907–1997). *Ninotschka* mit Greta Garbo (1905–1990), Bela Lugosi (1882–1956) und Alexander Granach (1890–1945) ist eine MGM-Produktion, weitere solche mit Bressart im Team sind *Above Suspicion* (1943; mit Joan Crawford[149]), *Song of Russia* (1944) oder *Without Love* (1945; mit Katherine Hepburn und Spencer Tracy[150]) – für diese Filme komponiert auch Eric Zeisl.

Mit *To Be or Not to Be* nach dem Text des Österreich-Ungarn Melchior Lengyel (1880–1974) dreht Lubitsch einen Oscar-nominierten Propagandafilm – ein scharfer Verriss der Nazis, dabei Hitler-Satire und glänzend komödiantisch: Warschau 1939, kurz vor Kriegsausbruch probt eine „zusammengewürfelte" Schauspieltruppe ihre antifaschistische Komödie, welche im Film-Finale in virtuosem Verwechslungsspiel tatsächlich inszeniert wird und die Nazifiguren nicht nur einmal ausbootet. Felix Bressart spielt den zum Ensemble des geschlossenen Warschauer Theaters zählenden Schauspieler Greenberg. Diesem ist der Monolog des Shylock aus Shakespeares Kaufmann in Venedig zugetragen in just jenem Moment, der über das Gelingen der Flucht entscheidet. In Hollywood arbeitet

---

[147] http://uk.imdb.com/name/nm0107795, 13.05.2008.
[148] Vgl. dazu Barnes, Peter: *To Be or Not to Be*. London 2002.
[149] Vgl. dazu Quirk, Lawrence J.: *The Films of Joan Crawford*. New York 1968.
[150] Vgl. dazu Deschner, Donald: *The Films of Spencer Tracy*. New York 1968.

Bressart auch mit dem früheren europäischen Kollegen Joe Pasternak (1901–1991), sein überhaupt erster Film in den Vereinigten Staaten, *Three Smart Girls Grow Up* (1939), steht unter der Direktion des in Berlin geborenen Henry Koster (1905–1988) (Hermann Kosterlitz). Auch der in Wien geborene Wilhelm Thiele (1890–1975), vormals verantwortlich für *Die Drei von der Tankstelle*, engagiert Bressart als Filmdarsteller. Der ungarische Dialekt ist ihm Markenzeichen – wirksam eingesetzt etwa im nach Budapest transferierten *Shop around the Corner* mit Margaret Sullavan (1911–1960), James Stewart (1908–1997) und Joseph Schildkraut. Stellt Hans Kafka in den vierziger Jahren in seinen *Aufbau*-Kolumnen die Tendenz der Studios fest, Ausländerrollen auch definitiv mit Ausländern besetzen zu wollen, so relativiert Paul Kohner (1903–1988) dies in einem 1943 erscheinenden *Aufbau*-Interview: „Für die ungewohnte Fülle von foreign characters gab es keinen Bedarf. Brauchte man aber mal einen, schien es immerhin weniger riskant, einen bewährten amerikanischen Episodendarsteller herauszustellen. Lubitsch hatte große Bedenken zu überwinden, bevor er schließlich Felix Bressart und Alexander Granach für Ninotchka engagierte. Der Erfolg der beiden wirkte sich aber nur in bescheidenem Maße aus. [...] Die Ateliers spiegeln das europäische Durcheinander wider und sind von skandinavischen, polnischen und tschechischen Untergrundfightern, von russischen, jugoslawischen und griechischen Guerillas, von Heydrich-Fratzen bevölkert, Ausländer für foreign characters sind heute fast die Regel. [...] Aus diesem Grunde erscheinen heute viel mehr europäische Namen in den Hollywooder Ankündigungen. Trotzdem lässt sich nicht allgemein behaupten, daß alle es nur dank der Ausnahmezeit geschafft haben, noch, daß jeden, der heute nach Hollywood übersiedelt, sein Platz erwartet."[151] In den Vereinigten Staaten promoviert Bressart zum Doktor der Medizin, neben der Filmschauspielerei arbeitet er als Heilpraktiker. Im Jahr 1949 verstirbt er 57-jährig an Leukämie.

---

[151] Zitiert nach Klapdor, Heike (Hg.): *Ich bin ein unheilbarer Europäer. Briefe aus dem Exil.* Berlin 2007, S. 421.

# FELIX BRESSART an ERIC ZEISL (Typoskript)

*Los Angeles, 8. Juli 1942*

Lieber Herr Musizeisl –
infolge Ihres an mich gerichteten Briefes sind diese Zei(s)len einfach als Antwort auf ihn betrachtbar und sind zweifellos unter dem Wert des Papieres – auf dem sie geschrieben sind.

Ich habe natuerlich sofort verstanden – was Sie mit der Einladung fuer Samstag Nachm. gemeint haben. Sie haben gemeint – dass wir Samstag Nachm. zu Ihnen kommen sollen. Das war so einfach zu verstehen wie der Zorn Mosis als er bei der Rueckkehr vom Berg Sinai die Juden um das Goldene Kalb tanzen sah. (Einige von ihnen – auch inzwischen zur Christlichen Lehre Uebergetretene – tun es heute noch.)

Weniger verstaendlich ist die Tatsache der Einladung an sich. Entweder Sie hoffen auf eine Absage oder Sie wollen am Samstag Nachm. ausgehen und Jemanden in der Wohnung haben – damit Ihnen nichts gestohlen werde.

Gewiss – es gehoert zu den unangenehmsten Entdeckungen – seine Wohnung ausgepluendert vorzufinden. Aber ist es denn schon so sicher – dass eingebrochen wird wenn Sie die Wohnung verlassen? Selbst wenn eingebrochen wuerde – was macht Sie glauben – dass meine Frau und ich die Diebe in ihrem Vorhaben verhindern koennten? Halten Sie mich koerperlich fuer so stark – dass ich die Diebe mit Hilfe meiner Muskelkraft so lange in Schach halten kann bis Sie zurueckkehren?

Es ist wahr – ich turne jeden Morgen – um meine Muskeln am ganzen Koerper in der heute fuer die „Defense" so wichtigen Form zu erhalten. Auch mein Studio zieht mir jede Woche eine gewisse Summe fuer „Defense" ab. Dadurch aber bleibt mir natuerlich weniger Geld fuer das taegliche Leben. Infolge dessen kann ich meinem Koerper gewisse nahrhafte Dinge nicht zufuehren – die er zur hundertprzentigen [sic!] Aufrechterhaltung der Muskelkraft brauchte.

Es mag sein – dass das taegliche Turnen diesen Mangel in einer gewissen Weise ersetzt. Ob der Ersatz in seiner Wirkung so weit geht – dass es genuegt – um mir Diebe – deren Anzahl ich noch nicht kennen kann – vom Leibe (und von Ihrer Wohnung) zu halten – wird so lange eine ungeloeste Frage bleiben bis der Versuch eines Einbruches gemacht worden ist.

Sie werden wahrscheinlich darauf hinweisen – dass ein Einbruch ja gar nicht stattfinden muss und – besonders am Tage – vieles gegen einen solchen spricht. (Es ist Ihnen bekannt – das [sic!] die Mehrzahl der Einbrueche in der Dunkelheit ausgefuehrt werden – aus welcher Tatsache die Redensart „bei Einbruch der Dunkelheit" entstanden ist).

Warum aber – wenn Sie mit gar keinem Einbruch rechnen – laden Sie uns ein? Und wenn Sie uns schon einladen – erforderte es nicht der gesellschaftliche Takt – dass Sie zu Hause bleiben – damit wir die Moeglichkeit haben Einiges mit Ihnen zu wechseln – und sollten es nur Worte sein?

Sie werden einsehen muessen – dass fast Alles gegen Ihr Ausgehen am Samstag Nachm. spricht. Wir selbst werden hoechstwahrscheinlich verhindert sein nicht zu kommen – so dass Sie mit einem Betreten Ihrer Schwelle unsererseits zwischen 2 Uhr 90 und 2 Uhr 120 rechnen koennen.

Sollten Sie die Absicht gehabt haben an dem betr. Nachmittag nicht auszugehen – sollten Sie sich durch unser Kommen wirklich nicht verhindern lassen zu Hause zu bleiben. Ich kann Ihnen schon jetzt versichern – dass wir Sie ueberhaupt nicht stoeren werden. Ich bin gewiss – dass ich irgendwo ein ruhiges Eckchen finden werde – in dem ich mich mit meiner Frau unterhalten – vielleicht sogar manches Wichtige mit ihr besprechen kann. In dieser Beziehung kommt mir Ihre Einladung sogar sehr gelegen – und das Hoechste – was wir leisten koennen ist: ihr Folge.

Auf einen einzigen Punkt moechte ich Ihre Aufmerksamkeit noch gelenkt wissen: Sie schreiben am Schluss Ihres Briefes: „Beste Gruesse von Haus zu Haus". Es mag sein – dass Sie ein Haus besitzen oder in einem solchen fuer sich allein wohnen. Von uns aber ist Ihnen bekannt – dass wir in einem Apartment wohnen. Logischerweise haetten Sie dann schreiben muessen: „Beste Gruesse von Haus zu Apartment". Es ist dieses bestimmt kein besonders wichtiger Punkt – aber ich moechte – dass Sie sich ueber den Grad der Aufmerksamkeit – mit der ich Ihre Zeilen gelesen habe – die richtige Vorstellung machen.

Wenn ich Ihnen jetzt – am Schluss des Briefes – eine gewisse Anzahl von Gruessen sende – so möchte ich dieses nicht tun ohne Sie zu bitten die Haelfte davon Ihrer Gattin zu ueberreichen – deren Existenz Sie es zu verdanken haben – dass Sie sie heiraten konnten.

In unglaublicher Eile
Ihr
Felix Bressart

## ERIC ZEISL an FELIX BRESSART

*Los Angeles, undatiert*

*[Zeisls Handschrift: von Eric Zeisl als „Felix Bressart" an Felix Bressart als „Eric Zeisl" gerichtet]*

Lieber Herr Zeisl!
Bitte sind Sie nicht böse, dass ich <u>so lange</u> nichts von mir und meiner l. Frau hören liess, aber Sie werden verstehen dass das Medizinstudium einen grossen Teil meiner Zeit in Anspruch nimmt. Es ist hauptsächlich die Ulca-racius-judai, eine Krankheit an der die ganze Welt erkrankt ist und die zu studieren ich mir vorgenommen habe. Ich gehöre ja wie Sie wissen lieber Musikus zur sogenannten „Hassen-Rass" daher beschäftige ich mich mit den medizinischen Ursachen des „Rassen-Hass". Eine der Hauptursachen dieser Erkrankung sind die „Juden" oder plötzlichen Beschneidungen die effective zur wahnsinnigen Eifersucht unter den Völkern geführt haben. Es will leider heutzutage jeder beschnitten werden, sogar „Hitler" soll angeblich vollkommen bis zur – Eggs & Stomachölle [Stomac-hölle] beschnitten sein, was seinen furchtbaren Hass gegen Minderbeschnittene vollständig erklärt. Sie werden verstehen lieber Zeisl dass ich infolge dieser hochinteressanten Erkenntnisse weder den Kopf noch den Magen habe mit wem auch noch so musikalischen Menschen zusammenzukommen. Ausserdem bin

ich doch im Nebenberuf Actor und auch hier ein Faktor der meine Abgeschlossenheit gegen die Aussenwelt erklärt. Ich brauche allerdings oft einen Tractor um mich mit den Rollen die mir zugewiesen werden auseinanderzusetzen aber ich spiele wie Sie wissen mit meinem ganzen Herzen und muss ich daher sehr aufpassen dass diesem Herzen und der Aorta nichts wesentliches passiert. –

Das letzte Stückerl freie Zeit verbringe ich vor dem Bilde des heiligen „Louis B. Mayer". Sie können sich meine Verehrung für diesen Mann einfach nicht vorstellen! Diese hohe gewölbte Stirne diese irrsinnig zusammengepressten wüllstigen [sic!] Lippen, der stets zur Seite gerichtete Blick, der sogar den Ärmsten der Armen ansieht als wolle er sagen: „Was kann ich sogar an Dir verdienen."! Nein lieber Zeisl, Sie werden verstehen dass diese stumme Verehrung mir den letzten Rest meiner freien Zeit nimmt. – Bitte seien Sie daher nicht böse und hoffen Sie bald von mir zu hören als Ihr Felix Bressart

## FELIX BRESSART (Typoskript)

*Los Angeles, undatiert*

Lieber Herz Eisl –

Ihren undatierten Brief vom 14. Oktober habe ich leider erhalten. Sie befinden sich in der gluecklichen Situation – dass ich ausser Stande bin ihn zu beantworten – da er mir einen solchen Schock versetzt hat – dass mein Herz zwei Tage das Blut nur noch durch die Arterien pumpen konnte und zu schwach war es durch die Venen wieder hinaufzusaugen.

Das Blut hatte also keinen Weg mehr zurueck zu dem Koerper und fuehlte sich – mit recht – ausser Circulation. Es kommt hinzu – dass mein Zwerchfell durch einen Witz – den ich kurz vor ihrem Brief gelesen hatte – vollkommen erschuettert war – so dass ich von dieser Seite auf eine Unterstuetzung nicht rechnen konnte.

Da mir beim Lesen Ihres Briefes oefter der Atem wegblieb – konnten meine Lungen sich kaum zu dem Atem aufraffen – den ich zum reinen Atem brauchte. Natuerlich ist mir auch beim Lesen

Ihres Briefs die Galle uebergegangen – und kein Arzt ist bis jetzt im Stande gewesen festzustellen – zu wem. Bis zum heutigen Tag ist sie unauffindbar.

Da inzwischen die bowels aufgehoert haben irgendwelche Bewegungen zu machen – spuere ich auch keinen Drang auf die Aorta zu gehen. Das hat mich wiederum in die Lage versetzt so viel Gas aufzustapeln – dass ich meine Aa-stamps verschenken konnte.

Meine labor [Anspielung auf „Leber"] scheint gar keine Arbeit mehr leisten zu wollen – weshalb ich sehr daran denke ihr einen anderen Namen zu geben. Das einzige Stueck Eingeweide – das sich ruhig verhielt – war der Blinddarm – da er ja nicht sehen konnte – was vorging. Aus meiner Versicherung – dass ich die groessten Autoritaeten in Herren- und Darmkrankheiten zugezogen habe – koennen Sie ersehen in welchen vernichtenden Zustand Ihr Brief mich gebracht hat. Wie konnten Sie aber auch nur ein solches Ansinnen an uns stellen?

Sie wissen genau – durch wie viel Leid wir seit Hitlers Aufstieg gegangen sind. Sie wissen – dass wir fast unser ganzes Vermoegen verloren haben – von der Wohnungseinrichtung ganz zu schweigen. Sie wissen – wie wir von Land zu Land wandern mussten – nur um uns – unter unvorstellbaren Muehseligkeiten – an dem Leben zu erhalten – das an uns mehr haengt als wir an ihm.

Sie wissen wie viele schlaflose Naechte wir in der Ungewissheit verbracht haben ob wir ein Visum nach Amerika bekommen werden oder nicht. Sie wissen wie viele harte Jahre hier in Amerika hinter uns liegen – und Sie wissen – dass es uns – nach den Billionen Schweisstropfen – die uns von der Stirne geronnen sind – endlich – endlich gelungen ist ein wenig Ruhe und Stabilitaet (soweit von diesen Dingen unter heutigen Umstaenden gesprochen werden kann) in unser Dasein zu bringen.

Und mitten in dieses hart eroberte seelische Gleichgewicht platzt Ihr Brief hinein und macht alles – alles wieder zu nichte durch das Ansinnen – das Sie an uns stellen – naemlich: In der naechsten Zeit ein von Ihrer Gattin gekochtes Dinner zu verzehren. Sind Sie nicht ueberzeugt – dass wir schon genug durchgemacht haben? Kann es wirklich Ihre Absicht sein uns so weit zu Treiben – dass wir mit Ihnen durch Dick und Dinner gehen? Ich bitte Sie instaendigst

– geben Sie sich ein einziges Mal altruistischen Gedanken hin – und Sie werden zu dem Resultat kommen muessen – dass – je mehr Sie Ihre Gattin dem Kuechenschweiss entziehen – desto zusammengeschweisster wird Ihre Ehe werden – was mich nur insofern etwas angeht – als wir – wenn wir schon unsere sehr bewachten Grenzen ueberschreiten um zu anderen Menschen zu gelangen – dieses nur nach dem Dinner tun.

Ich faende es sehr merkwuerdig wenn ich Ihnen und Ihrer Gattin am Schluss des Briefes nicht einige Gruesse schickte – obwohl ich ueberzeugt bin – dass Sie es noch viel merkwuerdiger faenden als ich.

[Felix Bressart]

## FELIX BRESSART an ERIC ZEISL (Typoskript)

*Los Angeles, undatiert*

Lieber Herzeisl –
inliegend finden Sie einen Brief – den ich vor einigen Tagen an Sie geschrieben habe – und den Sie mir nun – ohne jeden Commentar – wieder zurueckgeschickt haben. Ich habe mir den betreffenden Brief nochmals aufmerksam durchgelesen – um auf den Grund zu kommen – der Sie zur Retournirung [sic!] desselben veranlasst haben koennte. Sie duerfen nicht vergessen – dass es keine alltaegliche Handlung ist jemandem einen Brief – sei er auch noch so ungewoehnlich (oder gewoehnlich) in seinem Inhalt – ohne ein Begleitwort zurueckzusenden.

In diesem Falle jedoch – so muss ich gestehen – haben Sie das Recht gehabt so zu handeln wie Sie gehandelt haben – weil es Ihnen nicht zugemutet werden kann ein solches „Schriftstueck" innerhalb der Mauern Ihres Hauses zu bergen – selbst wenn es in tausenden von Schnitzeln in irgend einem Papierkorb ruht.

Seitdem ich mir den Brief nochmals durchgelesen habe kann ich nicht aufhoeren mich zu wundern – dass ich je im Stande gewesen sein sollte derartigen Gedanken Raum in meinem Hirn verschafft zu haben – ganz zu schweigen von der Vermessenheit –

mit der ich es gewagt habe diese Gedanken zu Papier zu bringen – noch mehr zu schweigen von dem fast sinnlosen Mut – zu dem ich mich aufschwingen konnte dieses Papier – belastet mit diesen Gedanken – an Sie abzusenden.

Wenn es ueberhaupt eine Entschuldigung fuer eine derartige Handlung gibt – so ist sie nur mit der Tatsache zu erklaeren – dass ich mich – infolge Ueberarbeitung – in einem Zustande der vollkommenen mentalen Entmuskelung befinde – ein Zustand – der einen Menschen zu Handlungen hinreissen kann – die nur mit denjenigen verglichen werden koennen – die einer langen encephalitischen oder meningitischen Periode entspringen – und die oft zwangsjackenmaessig behandelt werden muessen.

Ich werde das Gefuehl nicht los – dass ich mit diesem Brief an Sie eine solche Suende begangen habe – dass ich glaube keine Ruhe finden zu koennen bevor ich nicht etwas getan habe – das Sie ueberzeugen muss – dass ich wirklich nicht der Mensch bin – der aus dem Inhalt des Briefes hervorzusehen scheint – und dass dieses Geschreibsel nicht nur als ein lapsus sondern als ein voelliger collapsus anzusehen ist.

Nehmen Sie – bitte – mit dem Ausdruck meines tiefst gefuehlten Bedauerns – den betreffenden Brief – lesen Sie ihn vor wo immer Sie koennen – zeigen Sie ihn herum in den verschiedensten Schichten des Volkes und uebergeben Sie ihn einem Museum – damit er uebergehe in die Zukunft als Zeichen des Tiefstandes eines sogenannten Schauspielers des zwanzigsten Jahrhunderts.

Ich halte das fuer eine gerechte Strafe – die ich erleiden muss – und ich hoffe nur – dass ich einst – wenn ich vor den hoechsten Richter treten werde – die geistige Klarheit zur Verteidigung besitzen werde – die ich in meinem „Brief" an Sie so schmerzlich vermissen liess.

Mit einem Fluch gegen den Erfinder der Tinte – der einen solchen Brief ermoeglicht hat schliesse ich diesen – dessen Wirkung nicht unaehnlich sein moege. Ich begruesse Sie mit der mir nicht gebuehrenden Hochachtung als der seinen Namen in Scham nicht Erwaehnende.

[Felix Bressart]

# DARIUS MILHAUD an ERIC ZEISL

*Oakland, 14. September 1942*

My dear Eric.
I often was wondering what was happening to you and I am glad to have a letter from you. Yes! everything is terribly difficult. but, you see, you finally get a contract. In these cruel times, it is such a luck to be here and to have almost your living. I am sure that your talent will force better contracts. and I wish it heartly.

I have a charming job. I teach composition to young girls. Why not? Everything is possible in this country with its youth so gifted. I have astonishing results with my students. I have the time to write. I made my 11th-quartet, a 2nd Concerto for piano. a Concerto for two pianos and orchestra, a Concerto for Clarinet and orchestra, Songs with orchestra for Lily Pores. piano pieces. I am going to write an opera on Bolivar.

But the news from my poor country are terrible. I lost my father, my mother is alone and sick. friends are in concentration camps. others have been shot. The music in Paris seems to continue. hopefully for the poor composers.

I have not been in Hollywood since one year. What for? Any possibility for writing for a movie until now. It is a pity San Francisco is so far. but it is a wonderful city. I love the Bay and the hills. My little boy [Daniel] is now 12 years old. He is very gifted for painting.

My wife works. cleans the house. drives the little car ... She had the opportunity to teach in the French House of this College during the Summer Sessions. and to make few lectures on French Poetry.

Remember me to your charming wife. The baby must be wonderful.

Very aff[ectionate].ly
Milhaud

In Paris treffen Eric und Gertrud Zeisl auf Darius Milhaud. Dieser, von 1916 bis 1918 als Attaché Paul Claudels (1868–1955) in Brasilien, zurück in Frankreich dem Kreis um Jean Cocteau (1889–1963) verbunden und prominenter Vertreter der Groupe des Six, flüchtet nach Ausbruch des Zweiten Weltkriegs mit seiner Frau Madeleine (1902–2008), einer Librettistin und Schauspielerin, in die Vereinigten Staaten. Die Milhauds leben in San Francisco, wo der Komponist bis 1971 am Mills College in Oakland (School of Fine Arts, Department of Music) unterrichtet: „Mills College ist ein kleines College für sieben- bis achthundert junge Mädchen, […]. Ich kannte Amerika gut, aber dies war meine erste Erfahrung als Lehrer. Amerikanische Colleges haben eine ganz eigene Atmosphäre. Sie sind wie kleine, abseitige Inseln, die einer wissensdurstigen Jugend alle Möglichkeiten zur Arbeit bieten: Bibliotheken voll unglaublicher Schätze, Laboratorien, griechische Freilicht-Theater, Theater, Konzertsäle, Ausstellungsgalerien, Ateliers für Bildhauerei, Keramik, Fotografie, Weberei, prächtige Schwimmbäder, Tennisplätze, Stallungen, Sternwarten."[152]

„Einmal im Jahr mindestens besuchten wir Los Angeles." – So Milhaud in seiner Autobiographie: „Es ist eine Stadt oder, besser gesagt, ein weiter Raum, bevölkert von einer ganzen Welt von Künstlern, Schriftstellern und Musikern aus aller Herren Länder, die weit voneinander entfernt wohnen. Einige von ihnen sind mehr wegen des Klimas als wegen der Nachbarschaft der Filmstudios dorthin gezogen."[153] Milhaud spricht von Schönberg, den Strawinskys, den Tansmans und von seinem „ehemaligen österreichischen Schüler" Zeisl. Und er spricht vom Film: „Die Welt des Films ist eine Welt für sich. […] Ich glaube nicht, daß ich in Amerika je Filmmusik geschrieben hätte ohne ein zufälliges Gespräch mit Norma Rathner, […] die gerade aus Paris zurückgekommen war, wo sie in freundschaftlicher Verbindung mit den Désormières stand. Sie schlug mich ihrem Freunde Albert Lewin als Komponisten für den Film *Bel Ami* vor, den er gerade drehte."[154] Milhaud ist für Hollywood tätig, wenngleich in bescheidenem Ausmaß gegenüber seinen europäischen Kollegen, für *The Private Affairs of Bel Ami* (1947) nach einer Novelle Guy de Mau-

---

[152] Milhaud, Darius: *Noten ohne Musik. Eine Autobiographie.* München 1962, S. 209.
[153] Ebd., S. 214.
[154] Ebd., S. 215.

*Abb. 13: Darius Milhaud in „Selbstdarstellung": „to Trudy and Eric affectionately Milhaud" (ZN)*

passants (1850–1893) komponiert er (ein Film, in welchem sich der in die Vereinigten Staaten geflüchtete Mendel Singer-Darsteller des Pariser *Hiob*, Hugo Haas, als Monsieur Walter wieder findet): „Obwohl in Hollywood die meisten Orchestrierungen nicht von den Komponisten gemacht werden, sondern von eigens dafür angestellten Musikern, so gab man mir doch das Recht, meine Musik zu orchestrieren, zu dirigieren und an der Synchronisierung teilzunehmen. Ich habe diese Arbeit in ausgezeichneter

Erinnerung […]."[155] – So Milhaud weiter. Im November 1946 schreibt er den Zeisls nach Hollywood: „Dear Friends I am arriving Saturday to slave on the picture. I will see you soon. I don't know where I will stay. but the Studio (I hope!) is taking care of this problem! So long Milhaud."[156] Mit Arthur Honegger (1892–1955) und Roger Désormière (1898–1963) arbeitet Darius Milhaud bereits 1939 an Filmmusik: Er komponiert für den 1940 erscheinenden Streifen *Cavalcade d'amour* des französischen Regisseurs und Drehbuchautors Raymond Bernard (1891–1977). Das Ergebnis ist *La Cheminée du roi René*, die illustrative Beschreibung imaginärer Szenen aus dem Leben eines Königs – Milhaud schafft damit sein populäres *Bläserquintett* op. 205, welches nach seiner Flucht an der University of Southern California in Los Angeles im Jahr 1941 durch das San Francisco Wind Quintet erstaufgeführt wird. Interessant erscheint der in New York gedrehte, ins Surrealistisch-Experimentelle reichende und unter Milhauds Mitarbeit entstehende Film *Dreams That Money Can Buy* (1947) von dem Dadaisten Hans Richter (1888–1976)[157]. In Richters 1928 erscheinendem *Vormittagsspuk* ist Madeleine Milhaud eine der Darstellerinnen.[158]

## ALFRED FARAU an ERIC ZEISL

*New York, 13. Oktober 1942*

Lieber Erich,
ich bin Dir eigentlich noch eine Antwort schuldig auf Deine Karte. Muß Dir gratulieren zu Deinem „improvement" in englisch. Viel erfahren hab ich allerdings über Euer Leben nicht aus ihr – Was Ihr wirklich treibt. Hie und da sickert was durch durch irgend einen Durchreisenden oder eine Notiz im österreichischen Action's-Heft. Ist mir zuwenig. Ich möchte gerne über meine Freunde eigentlich von ihnen selber wissen.

---

[155] Ebd., S. 215.
[156] Darius Milhaud an Eric und Gertrud Zeisl, 1. November 1946.
[157] http://www.imdb.com/name/nm0587366, 13.05.2008.
[158] http://www.imdb.com/name/nm0725257, 13.05.2008.

Bei mir ist insoweit ein „change", als Sylva endlich wieder hier ist (daher auch neue Adresse) Ich hab auch einen neuen Posten, ich bin office-boy und zwar bei der „Jewish Telegraph Agency" auf gut deutsch also, ich bin was man bei uns Bürodiener oder Geschäftsdiener genannt hat, Möbel tragen, Packel machen, Botengänge, Meldereiter (auf einem dieser „Botengänge" schreibe ich Dir diesen Brief, daher Blei!) – Erzähl mir niemand, das sei eine „chance", ich kenne dieses country zur Genüge – das steht nur in den amerikanischen Kindermärchen! – Das soziale ist mir daran Arsch, aber daß ich keine Minute mehr für mein eigenes Leben habe, ist einigermaßen arg!

Die Politik entwickelt sich etwas langsamer, aber im Styl kann ich wohl sagen wie ich es voraussagte. Die Blödesten müssen es wohl jetzt schon zugeben.

Auch Arsch. Scheiß auf Prophetentum. Was mir das schon nützt –

Hoffentlich ist alles o.k. bei Euch. Grüß mir herzlich alle Deine Frauen von 52 – 2½ und sei Dir selber herzl. gegrüßt von Deinem Fred.

## DARIUS MILHAUD an ERIC ZEISL

*Oakland, 7. September 1943 (Poststempel)*

My dear Zeisl.

I was glad to have yor letter and all the good news you give me of your situation in Hollywood. It is too bad I did not have your address when I have been there for few days.

Try once to come here. San Francisco is a beautiful town. and I should be happy to see you again –

Here, life is very quiet. a little difficult because salaries in Colleges are low – but it is a beautiful place to live and the possibility to work a lot. I am making the orchestration of my opera Bolivar which is a long opera (3 hours 20)

I like very much to teach composition to my students and they make very nice music.

I saw Curt Adler [Kurt Herbert Adler]. He is very charming. and likes you and your music.
My best regards to your dear wife.
Very aff.ly
Milhaud

1943 arbeitet Darius Milhaud am Stoff zum südamerikanischen Unabhängigkeitskämpfer Simón Bolívar (1783–1830) nach dem von Madeleine Milhaud zum Operntext eingerichteten Schauspiel des in Montevideo geborenen und in Paris verstorbenen Lyrikers Jules Supervielle (1884–1960). *Bolívar* op. 236, in drei Akten und zehn Bildern, wird am 12. Mai 1950 in der Pariser Opéra uraufgeführt, Bühnenbild und Kostüme entwirft Fernand Léger (1881–1955).

Über vielschichtige Kontakte ist Milhaud dem kulturellen Leben von San Francisco verbunden, so auch dem 1938 in die Vereinigten Staaten geflüchteten Wiener Kurt Herbert Adler, dessen enge Bindung an die San Francisco Opera 1943 beginnt, vorerst in der Funktion des Chorleiters, später als künstlerischer Leiter und ab 1957 schließlich als Generaldirektor. In Wien ist Kurt Herbert Adler neben Karl Alwin, Rudolf Nilius (1883–1962) oder Josef Holzer (1881–1946) einer der wichtigen Dirigenten Zeislscher Werke. In den Vereinigten Staaten dirigiert er Zeisls *Little Symphony*, *String Suite* (Scherzo, Variationen und Fuge des *Ersten Streichquartetts*, adaptiert für Streichorchester) oder *Romantic Comedy Suite* aus *Leonce und Lena*.[159] Noch in Wien widmet Zeisl dem „lieben Freund Kapellmeister Kurt Herbert Adler"[160] sein *Scherzo und Fuge für Streichorchester*, für das San Francisco Symphony Orchestra und die San Francisco Serie „Young People`s Concerts"[161] schreibt er 1950 in Adlers Auftrag das Weihnachtslieder-Potpourrie *Music for Christmas*, welches Adler im Dezember 1950 im San Francisco War Memorial Opera House uraufführt.

---

[159] Programmzettel: *The San Francisco Conservatory Orchestra conducted by Kurt Herbert Adler*, Jewish Community Center San Francisco, 3. März 1952 (ZN).
[160] *Scherzo und Fuge für Streichorchester*. UE 10924, Wien 1937.
[161] Programmheft: *Young People's Concerts*, War Memorial Opera House, 16. Dezember 1950 (ZN).

# FELIX BRESSART an ERIC ZEISL (Typoskript)

*Los Angeles, 14. Juli 1943 (Poststempel)*

Mein lieber s'Haues'l [s'Haeus'l] –
Ihr Brief kam mir insofern gelegen als ich ihn nie beantwortet haette – haetten Sie ihn mir nicht geschrieben. Ich kann nicht leugnen – dass ich Ihren Brief erhalten habe – wenn auch wohl nur aus dem Grunde – weil Sie ihn mit der richtigen Adresse versehen haben. Da ich Ihre Unterschrift unter dem Brief zuerst gelesen hatte – wusste ich die ganze Zeit waehrend des Lesens – dass der Brief von Ihnen war. Dass er an mich gerichtet war erkannte ich sofort an der Adresse. Ich darf wohl annehmen – dass ich der einzige Mensch bin – den Sie unter meiner Adresse kennen.

Der Inhalt Ihres Briefes sagt mir mehr als der Brief selbst. Ich gebe zu – dass ich ohne Brief seinen Inhalt nie kennen gelernt haette – waehrend ich Ihnen anderseits gestehen muss – dass ich den Brief ohne seinen Inhalt nie gelesen haette.

Ich muss Ihnen gestehen – dass mich in Ihrem Brief diejenigen Dinge am meisten interessiert haben – die Sie unerwaehnt gelassen haben. Z.B. sprechen Sie kein Wort ueber Erasmus von Rotterdam. Dieser herrliche Mann zeigt in seinem kleinen Band „In praise of folly" – dass er die Menschheit so gruendlich erkannt hat – dass sein Name in jedem Brief eines jeden Menschen mindestens ein Mal vorkommen muss. Unser gemeinsames Characteristicum – die lange Nase – (lt. Holbein) spricht absolut fuer ihn.

Sie erwaehnen weder die pharynx noch die larynx – obwohl Sie genau wissen – dass Sie grosse Schwierigkeiten haetten ohne beide zu leben. Die Aorta scheint fuer Sie ueberhaupt nicht zu existiren [sic!] – wohl aus dem Grunde weil sie oft syphilitisch werden und dann zu einer Geschlechtskrankheit fuehren kann. Dass Sie ueber das Rectum schweigen ist mir verstaendlich – da das zu wehe Erinnerungen in Ihnen wachrufen koennte. Unbegreiflich hingegen ist mir – dass Sie nicht ein Wort darueber schreiben wie erschuettert Verdi ueber den irren Zustand Donizettis war. Was aber soll man von einem Menschen denken – der einen zwei Seiten langen Brief schreibt und Geniusse wie Beethoven-Bach-Goya-Rembrandt und Michelangelo etc. nicht mit einer Silbe erwaehnt??

Ich kann es mir nur damit erklaeren – dass die Vergangenheit fuer Sie vergangen ist und Sie sich nur mit der Zukunft beschaeftigen – die fuer Sie Freitag Abend zu sein scheint. Es ist moeglich – dass Sie ein mathematisches Genie sind und mit allen moeglichen bekannten und unbekannten Groessen rechnen koennen. Ob Sie aber mit meiner Gegenwart am Freitag rechnen koennen – erscheint mir sehr fraglich.

Da Sie das Haus gekauft haben werden Sie wahrscheinlich auf jeden Fall zu Haus sein. Die Frage ist wie lange Sie – wenn Sie das Haus be-sitzen – be-stehen koennen. Der Grund – auf dem das Haus steht – ist sicher viel solider als der Grund aus dem Sie das Haus gekauft haben. Jedenfalls ist der Unterschied zwischen Ihrem Haus und dem Staat California nur noch gering. California ist a real state und Ihr Haus ist real estate. Da Sie aber sicher mit Ihrem Haus Staat machen werden wird der Unterschied bald unmerklich werden.

Ich glaube – dass das Grass vor dem Hause auch Rasen genannt wird weil manche Menschen – die zum Rasen gebracht werden – in's Grass beissen. Dieser Bemerkung moechte ich nur noch hinzufuegen – dass ich ueberzeugt bin – dass dieser Kauf fuer Sie Hausschlaggebend sein wird – und dass Sie durch diesen Kauf sich automatisch vom Austrian zum Haustrian verwandelt haben.

Hausend Gruesse und Hausianna. Wenn es Ihr Haushalt erlaubt mache ich mal vor Ihrem Haus Halt. Ich werde einige Informationen brauchen fuer mein neues Buch „Von Zeisl zu Heisl".
Felix Bressart

## HILDE SPIEL an GERTRUD ZEISL (Typoskript)

*London, 16. Jänner 1944*

My dear Susi,
(probably I am the only surviving person who still calls you Susi), this is to answer your letter, not dated, but sent off sometime last year. It's impossible to explain why I don't write oftener,

because I think of you many times a month, or even a week. But I have so little time to sit down to my typewriter, what with chores and queuing [sic!] and living in a suburb so that going to London takes a whole day – I simply don't find a quiet moment. In between I finished my novel and it is now at the publishers. No further news. Peter's book has meanwhile come out in America – you may have seen a review or two – and altogether I don't think it was a success, he had some enthusiastic reviews (one in San Francisco, I believe), but some people just couldn't make heads or tails of it. Anyhow, he got the credit of having written it beautifully, and there is still the English edition to prove whether it's been a mistake to give way so entirely to one's fancy. –

No other news yet either, so you see it doesn't make much difference if one only writes every four months. Christine is a great joy, but so must be Barbara. Life generally gets bloodier, and growing-up seems to mean losing one illusion after another. Sometimes I feel as old as fifty. But then, I always preferred times of introspection and great emotional upheavals to those dreadfully senseless, even dull times of outward changes and tremendous happenings. You don't want to hear guns roar and bombs whistle to feel anguish. But it seems that nothing short of that will stir the heart of the idiots mankind is mainly composed of, and so wars will have to be made and millions will have to be slaughtered, when one could get so much kick out of building garden cities where there are slums, and agreeing generally about the economics of the world, and then subtly torturing each other for love's sake or nostalgia or Wanderlust.

Eric wants to know about R. S. [Roland Stern] and H. K. [Hugo Königsgarten] The former still lives peacefully, like an aged maecenas, with his haetera who slightly loses her charm but never her capacity to suffer, the latter sent us a Christmas Card but hasn't been in London for a long time, so that I gather he still teaches school children at Oxford.

My dears, will you write again? When I'm not disgusted with life, I'm bored, so that letters mean a lot. Of course, this may just be the stifling atmosphere of having lived in a place for four years, when travelling was the soul of ones life. Peter went to Lisbon for

*Abb. 14: Hilde Spiel während der Kriegszeit in England (ZN)*

a fortnight just before Christmas, and said that everything was different when one changed one's domicile for once. So perhaps after the war we shall all break out in new bloom.

Much love to you three, Yours Hilde

# CARL BAMBERGER an ERIC ZEISL

*Columbia, 29. Jänner 1945*

Lieber alter Freund u Amerikaner:
Ich habe schon längst an Ihre Stücke gedacht – nur war dies Jahr keine Gelegenheit dazu. Der Weg der zeitgenössischen Musik muss hier langsam gegangen werden.
<u>Sicherlich führe</u> ich mal etwas auf. Die Bariton Lieder habe ich in sehr freundlicher Erinnerung. Hier müssen speziell unbekannte Stücke hauptsachlich [sic!] „charming" sein – sonst streikt das Publikum. Sind die Lieder ins englische übersetzt?
Mir geht's hier sehr gut – eine ruhige Stadt in der man friedlich – im Krieg – arbeiten kann. Haben Sie viel für den Film zu arbeiten? Ihr Bild und der kühne Schnurrbart wirken höchst arriviert!!
Also, Lieber, grüssen Sie Frau und Kind – und seien Sie selbst von Herzen gegrüsst von Ihrem alten Wiener Spezi
CB.

---

Der in Wien geborene Carl Bamberger (1902–1987) flüchtet nach Dirigaten in Deutschland und Gastdirigaten etwa auch in Asien, Russland und Ägypten 1937 in die Vereinigten Staaten. Von 1940 bis 1945 arbeitet er mit der New York Choral Group of Manhattan, von 1943 bis 1950 ist er Generalmusikdirektor des Frühlingsfests in Columbia. Den Brief an Zeisl verfasst er in der Funktion des Music Director der Columbia Music Festival Association und als Director des Southern Symphony Orchestra.[162] Ein Werk von Zeisl führt er nie auf. Carl Bamberger lehrt von 1938 bis 1975 am Mannes College of Music in New York, wie ebenso seine Frau Lotte (Maria Charlotte) Bamberger-Hammerschlag, die in Wien Bratschistin im Busch Qartett ist, 1936 nach Palästina emigriert und 1938 ihrem Mann nach New York folgt.

---

[162] Pass, Walter/Scheit, Gerhard/Svoboda, Wilhelm: *Orpheus im Exil. Die Vertreibung der österreichischen Musik 1938-1945*. Wien 1995, S. 234f.

*Abb. 15: movie composer Eric Zeisl – „kühn und arriviert", frühe 1940er Jahre (ZN)*

Der „alte Wiener Spezi" Carl Bamberger schreibt von Columbia, der „alte Stoehr", ehemals wichtiger Wiener Lehrer und nun Brief-Freund, meldet sich von Vermont. „Ungemein populär ist [...] als Theoretiker Richard Stöhr geworden, dessen Lehrbücher viel verbreitet und für gewisse Prüfungen obligatorisch sind. Stöhr ist ein sehr ergiebiger Komponist, dem keine Form fremd blieb, vom Lied bis zur Oper, und sein Name grüßt von vielen Konzertprogrammen."[163] So beschreibt Paul Stefan den Komponisten, Musikpädagogen und Musikschriftsteller Richard Stöhr in der 1921 erscheinenden Abhandlung *Neue Musik und Wien*. Zu jener Zeit steht der junge Eric Zeisl bei Stöhr in Ausbildung, ihn weist der Mentor später als seinen während 35-jähriger Lehrtätigkeit „begabteste[n] Schüler" aus, „auf den die denkbar größten Hoffnungen zu setzen waren".[164] Der 1874 als Richard Franz Stern geborene Stöhr, vorerst Korrepetitor und Lehrer für praktische Musiklehre am Wiener Konservatorium, unterricht von

---
[163] Stefan, Paul: *Neue Musik und Wien*. Leipzig-Wien-Zürich 1921, S. 28.
[164] Empfehlungsschreiben von Richard Stöhr, 22. Mai 1938 (ZN).

1908 bis 1938 an der Akademie für Musik und darstellende Kunst in Wien. 1924 dort zum Dozenten für Theorie ernannt, 1929 dem Hauptfach Didaktik des musikalisch-theoretischen Unterrichts zugeteilt, wird er im März 1938 seiner Position an der Akademie enthoben und in den dauernden „Ruhestand" abgeschoben. Am 20. Februar 1939 flüchtet er über Hamburg in die Vereinigten Staaten. Seine Lehrtätigkeit führt Stöhr, auch in Übersee als „pädagogische Autorität" angesehen, von 1939 bis 1941 am Curtis Institute of Music in Philadelphia und von 1941 bis 1950 als Head of the Music Department am St. Michael's College in Winooski Park, Vermont, fort. Anfang der vierziger Jahre hält er zusätzlich Sommerkurse am Cincinnati Conservatory of Music.[165] Über sein besonderes „Schülermaterial" kann Stöhr später berichten: „Was Sie von dem Dilettantismus in Amerika schreiben u. speziell von dem Schülermaterial, das bestätige ich vollends. Eine wohltuende Ausnahme war mir meine Erfahrung am Curtis Institut, wo Schüler wie Leonard Bernstein, Walter Hendl, Eugen Istomin etc immerhin ein schönes Niveau repräsentierten."[166] Richard Stöhrs kompositorisches Schaffen umfasst Opern, Oratorien, Orchester-, Chor- und Kammermusikwerke, Klavier-, Orgelwerke und vor allem Lieder. In der Publikation von Lehrbüchern unterstreicht er seine musiktheoretisch-musikpädagogische Ausrichtung: *Praktischer Leitfaden der Harmonielehre* (1906), *Formenlehre der Musik* (1911), *Praktischer Leitfaden des Kontrapunktes* (1911), *Praktische Modulationslehre* (1915), *Anhang zu der praktischen Modulationslehre* (1917), *Über die Grundlagen musikalischer Wirkungen* (1924), *Fragen und Aufgaben zur Harmonielehre* (1931). Als Manuskript liegen vor *Formenlehre* (1910) und *Die Kennzeichen der klass. Musik und ihre Wandlung seit dem 19. Jahrhundert* (1931).

„Ich bin kein Komponist der Gegenwart, verstehe die moderne Richtung nicht und nachdem sie die herrschende ist, versteht die Welt mich nicht."[167] So stellt Stöhr sich im Jahr 1905 selbst dar. Sein Biograph Hans Sittner (1903–1990) beschreibt ihn als den vielleicht letzten österreichischen Vertreter „eines Kompositionsstiles, den man als ‚romantischen Individualismus' bezeichnen"[168] könne. Stöhrs Stilistik und Zeisls

---

[165] Sittner, Hans: *Richard Stöhr. Mensch/Musiker/Lehrer*. Wien-München 1965.
[166] Richard Stöhr an Eric Zeisl, 25. Jänner 1954.
[167] Zitiert nach Sittner, *Stöhr*, S. 34.
[168] Ebd., S. 32.

frühe Einflüsse seien somit ohne Umschweife erklärt. Im selben Jahr und in der selben Stadt geboren wie Arnold Schönberg, steht Stöhr jenem gleichaltrig gegenüber, Stöhrs Tonsprache kann jedoch zu der des Wiener Enfant terrible kaum verschiedener sein: In seiner Sicht auf die Wiener Komponistenlandschaft positioniert Paul Stefan Richard Stöhr als zur „Generation im Übergang" gehörend, fasst weiter „Von Schreker bis Schönberg" und endet mit den Kapiteln „Schönberg und die Seinen" und „Andere Gegenwart". Im Gegensatz zu Schönberg, der nach mehrmaligen Aufenthalten in Berlin 1926 definitiv in die an Szenerie Neuer Musik reiche Metropole Deutschlands übersiedelt, bleibt Stöhr dem Wiener Musikleben bis zum Bruch im Jahr 1938 verbunden.

Von Vermont aus erläutert Stöhr um 1944/45 in Reaktion auf ein nicht vorliegendes „Schönberg Essay" Zeisls seine Gedanken zu „Schönberg und den Seinen": Stöhrs Argumentation mag dabei naiv erscheinen – die Ernsthaftigkeit, mir der er Zeisl die eigene Anschauung auseinandersetzt, die Gewissenhaftigkeit in den Ausführungen und die Loyalität für stilistisch „anders" Komponierende sprechen für ihn. Den „radikalen Schönberganbetern" stellvertretend nennt Stöhr Schönbergs Schüler Erwin Stein (1885–1958), welchem in der Organisation des Vereins für musikalische Privataufführungen eine besondere Rolle zukommt. Als Dirigent engagiert Stein sich für die Avantgarde, mit der Gründung und Herausgabe der über die Wiener Universal Edition vertriebenen Fachzeitschrift *Pult und Taktstock* setzt er dem Wiener Musikleben Impulse. Steins Abhandlung „Neue Formprinzipien", 1924 im *Anbruch*-Sonderheft zu Arnold Schönbergs fünfzigstem Geburtstag publiziert, ist die erstveröffentlichte Darstellung der „Methode der Komposition mit zwölf nur aufeinander bezogenen Tönen". 1938 flüchtet Stein nach London, wo er sich im Verlagshaus Boosey & Hawkes für das Werk Gustav Mahlers (1860–1911), Arnold Schönbergs, Benjamin Brittens (1913–1976), Alban Bergs (1885–1935) und Anton Weberns (1883–1945) einsetzt.

Eric Zeisl trifft mit Arnold Schönberg nur einmal zusammen: 1945 in Los Angeles bei einer Party im Hause Erich Lachmanns. Zuvor in Österreich gibt es keine Berührungspunkte. Die Begegnung mit Schönberg hinterlässt einen tiefen Eindruck auf Zeisl, der daraus Impulse zur Fertigstellung des Balletts *Uranium 235* (1945/46) schöpft. Den künftigen Schwiegervater seiner Tochter verehrt er aufs Höchste. Zu „Schönberg und den Seinen" äußert Zeisl sich 1952 – also bereits nach Schönbergs

Tod – in einem Interview mit *Hollywood Citizen News*: „Zeisl admires Schoenberg and Alban Berg, although he is no follower of the 12-tone school of composition. He believes there is an increasing trend back toward tonality in music. He says: ‚As long as you have something to say which is your own, you can say it in any idiom. The creative mind can take any material, triads, atonality, tonality and it becomes meaningful.' But among the atonalists, he acknowledges only Schoenberg and Berg. ‚Whether or not Schoenberg is accepted, he showed us how far we can go. And he crucified himself for the young composer. He was a saint. But he knew better than anyone else that the creator creates his own world – it is the technician who always wants a system!'"[169]

## RICHARD STÖHR an ERIC ZEISL

*Winooski Park, undatiert*

Antwort auf Ihr Schönberg Essay

Als ich ein Kind war, hatten wir eine Wohnung mit einer hübschen Aussicht auf den Kahlenberg aus der Ferne. Nach einigen Jahren kam die Gelegenheit, diesen Berg meiner Sehnsucht von einem Schiff in Klosterneuburg zu sehen, u. ich konnte nicht begreifen, dass dies derselbe Berg war, der von meinem Fenster aus so sehr meine Fantasie angeregt hatte. Erst in späteren Jahren erkannte ich, dass alle Dinge uns in dem Moment anders erscheinen, wo wir den Standpunkt zu ihnen ändern, wobei der Begriff „Standpunkt" in seiner ursprünglichen Bedeutung zu nehmen ist. Zwei Menschen, die in der materiellen (concreten) Welt dasselbe Ding von einem verschiedenen Betrachtungspunkt beschreiben, werden nie dasselbe über dieses Ding sagen können. Aber in keinem Fall wird daraus eine Streitfrage entstehen, da in materiellen (concreten) Dingen eine solche Verschiedenheit des Betrachtungspunktes etwas natürliches ist u. daher jeder dem anderen einen verschiedenen Eindruck zubilligt. Für Alles nun, was in der materiellen (concreten) Welt existiert, kann man in der geistigen (abstracten) Welt ein Analogon

---

[169] *Hollywood Citizen News*. 3. Mai 1952 (ZN).

finden, sonst gäbe es zum Beispiel in der Psyche keine Vergleiche, sonst könnte der Dichter durch solche Anleihen aus der himmlischen (concreten) Welt unsere Fantasie nicht so mächtig anregen, sonst könnten <u>Sie</u> durch Ihren treffenden Vergleich der Schönberg-Musik mit dem dürren Baum in der Wüste nicht so eindringlich das ausdrücken, was Sie meinen. Aber während die Menschen, solange es sich um Differenzen der Eindrücke materieller (concreter) Art handelt (wenn der Standpunkt zum Ding sich ändert), eine natürliche Toleranz zeigen, vergessen diese Menschen in der geistigen (abstracten) Welt diese Möglichkeit eines verschiedenen Standpunktes und werden zu verbitterten Gegnern, wenn diese Eindrücke nicht übereinstimmen. So wie die meisten Menschen gehen Sie von dem Standpunkt aus, dass es nur eine einzige „wahre" Wirkung eines Kunstwerkes giebt [sic!], damit die anderen als Irrtümer verdammend. Nun möchte ich Sie an folgende Erfahrungen, die jeder feinfühlende Künstler macht, erinnern: Es ist interessant, zu beobachten, dass sich unser eigener Standpunkt zu Dingen der Kunst nicht nur im Laufe der Jahre, sondern in ganz kurzen Zeit-Intervallen, oft nur kaum merklich, ändert. Sie wissen selbst, wie viel Korngolds Musik Ihnen noch vor 20 Jahren bedeutet hat, wie Sie dies jetzt nicht mehr begreifen können, und Ihren damaligen Mangel an Reife fälschlich beschuldigen. Sie werden ebenso vielleicht, wie ich bei meinen eigenen Werken, beobachtet haben, dass ein ganz neu geschaffenes Kunstwerk, besonders solange es noch in Ihnen glüht, Sie an verschiedenen Tagen mit verschiedenen Augen anschaut, Sie werden vielleicht auch beobachtet haben, dass Fotografien von Ihnen nahestehenden Menschen, wenn Sie sie nach längerer Zeit wieder anschauen, einen ganz anderen Eindruck machen wie früher. Ich habe zu wiederholten Malen dieselben Schallplatten des gleichen Werkes von demselben Apparat reproduziert gehört und immer wieder verschiedene Eindrücke an Intensität und Qualität gewonnen. In allen diesen Fällen ist doch der Sender (das Kunstwerk) sowohl wie der Empfänger (unsere Seele) derselbe geblieben, nur der Betrachtungspunkt, das Verhältnis zum Kunstwerk hat sich geändert. Sie können daher nicht sagen: der Eindruck, den ich heute vom Kunstwerk empfing, war der richtige, der von gestern war falsch, u. umgekehrt. Dies, solange Sender (Kunstwerk) u.

Empfänger identisch sind. Diese Unterschiede können zu Gegensätzen wachsen, wenn die Empfänger wechseln. Solange Sie an <u>einen</u> einzig möglichen Standpunkt in der Kunstwerk-Betrachtung glauben, muss Ihnen Trude's Standpunkt entweder 1.) als Heuchelei oder 2.) als Mangel an „Verständnis" erscheinen. Beides ist falsch. Nun werde ich Ihnen von meinen Erfahrungen im Berufe 35jähriger Lehrtätigkeit, in Bezug auf die Einstellung der heranwachsenden Jugend zu der neuen, Schönberg'schen Richtung erzählen. Ich fand zwei Gruppen unter den fortschrittlich Gesinnten. (Die anderen „klassisch" eingestellten schließe ich hier aus.) Die Radikalen unter ihnen duldeten die vergangene Musik vom <u>intellektuellen</u> Standpunkt als notwendiges, aber nun vergangenes Entwicklungsstadium, ihr <u>Herz</u> gehörte aber ganz der neuen Richtung. Die andere Gruppe war mehr konservativ eingestellt, Beethoven und Brahms bedeutete immer noch etwas für ihr Gefühlsleben, aber umgekehrt zur ersten Gruppe wurden Sie nie <u>intellektuell</u> durch Schönberg und seinen Kunstwillen angezogen. Sie sehen also zwei verschiedene <u>Standpunkte</u>.

Ich glaube, dass Ihre Frau sehr der letzteren Gruppe angehört, weil sie doch durch ihre Ehe mit Ihrer eigenen Musik inniger verwurzelt ist als der radikale Schönberganbeter (z.b. Erw [Erwin] Stein, U.E.) – Aber in keinem Fall dürfen Sie hier von Recht u Unrecht sprechen. Ich kann nicht die Frage aufwerfen: „Welches ist der wahre Kahlenberg? Der, den ich vom Fenster aus sehe oder der, den ich eines Tages in Klosterneuburg erblickte?"

Mit herzlichen Grüßen Ihres alten
Stoehr
Bitte lassen Sie Ihre Frau dies auch lesen u. berichten Sie dann, was sie dazu meint.

Die folgenden drei Briefe von Darius Milhaud (22. Februar 1945), Richard Stöhr (20. März 1945) und Josef Freudenthal (9. Juni 1945) geben Gelegenheit, Zeisls und Milhauds Auseinandersetzung mit Musik „jüdischen Idioms" nachzugehen. "Ich bin ein Franzose aus der Provence und ein Jude der Religion nach."[170] – Mit den ersten Worten seiner Autobiographie apostrophiert Darius Milhaud in Selbstreflexion seine jüdisch-provençalische Herkunft und unterstreicht damit sein religiöses und nationales Selbstverständnis. Sowohl für Milhauds musikalisches Schaffen als auch für einige seiner Schriften bleibt dies Zeit seines Lebens von Bedeutung. Eingehend beschreibt der französische Komponist die weit zurückreichende religiöse Tradition seiner Familie, die Verwurzelung im Judentum reflektiert er insbesondere in Kompositionen der zwanziger Jahre wie *Esther de Carpentras* (1925–27) oder *Prières journalières* (1927). Milhauds so wie dieser in Aix-en-Provence geborener und an jüdischen Sujets orientierter Jugendfreund Armand Lunel (1892–1977) verfasst das Libretto zu *Esther de Carpentras*, er schreibt auch den Text zur 1952/53 im Auftrag der Koussevitzky-Stiftung entstehenden Oper *David*. Neben den zwischen 1916 und 1926 komponierten, zionistisch orientierten Werken findet Milhaud auch Inspiration in der Idee der Staatsgründung Israels, *David*, in fünf Akten und zwölf Szenen komponiert, gibt als Jubiläumswerk zur 1954 geplanten Dreitausend-Jahr-Feier Jerusalems davon Zeugnis. Die Oper erzählt primär die Geschichte Davids als Gründer Jerusalems, innere Symbolik erhält das Werk jedoch durch die Gegenüberstellung einer biblisch-historischen mit einer realpolitisch-aktuellen Ebene. Frühe Kompositionen Milhauds wie die aus dem Hebräischen übersetzten *Poèmes juifs* (1916, *Chant de Nourrice*, *Chant de Sion*, *Chant du Laboureur*, *Chant de la Pitié*, *Chant de Résignation*, *Chant d'Amour*, *Chant de Forgeron*, *Lamentation*) verweisen bereits textlich auf zionistische und messianische Topoi. In den dreißiger Jahren zeigt der Komponist Interesse für kulturzionistische Projekte, so wie damals auch Ernest Bloch oder Heinrich Schalit (1886–1976) steht er mit dem World Centre for Jewish Music in Kontakt.[171]

Wenngleich Zeisl und Milhaud verschieden ausgeprägt „Jüdisches" identitätsstiftend über ihr Œuvre kommunizieren, so sind ihnen die jüdischen Wurzeln verbindendes Moment im Exil: Beider Werke finden Eingang in die selben Veranstaltungen: „Judaism in Art" etwa wird über

---

[170] Milhaud, *Musik ohne Noten*, S. 11.
[171] Brill, Andrea: *Jüdische Identität im 20. Jahrhundert. Die Komponisten Darius Milhaud und Alexandre Tansman in biographischen Zeugnissen und ausgewählten Werken*. München 2003.

die „Biennial Exhibit" der Women Associates of The University Religious Conference im März 1948 in Westwood Village, Los Angeles, thematisiert, neben Ausschnitten von Händels *Judas Maccabaeus* oder Mendelssohn-Bartholdys *Elias* sind Zeisls *Prayer*, Castelnuovo-Tedescos *Chant Hebraique*, Bruchs *Kol Nidrei*, Ravels *Kaddish*, Prokofiews *Overture on Hebrew Themes*, Teile aus Milhauds *Chants Populaires Hebraique*s oder Blochs *Prayer* zu hören.[172]

1944/45 komponiert Eric Zeisl mit dem *92. Psalm Tov L'hodos* das Hauptwerk seines jüdisch geprägten Schaffens. Der Psalm entsteht im Auftrag von Jacob Sonderling und ist ursprünglich für die Synagoge gedacht. Der in Los Angeles tätige Rabbiner kommissioniert mehrere Werke mit Bezug zur religiös-jüdischen Tradition, er initiiert etwa auch Arnold Schönbergs Version des *Kol Nidre* (1938), Ernst Tochs *Cantata of the Bitter Herbs* (1938) oder Erich Wolfgang Korngolds *Passover Psalm* (1941). Mit der erst nach Kriegsende kolportierten Nachricht von der Ermordung des Vaters Sigmund Zeisl und der Stiefmutter Malvine Zeisl ändert der am 92. Psalm Komponierende die Zueignung des Stücks, es wird zum *Requiem Ebraico* für den Vater, die Stiefmutter und die Opfer des Holocaust: „Another instance of outward stimulation entering the creative process was experienced by me when in April 1945 I received a commission to compose the 92$^{nd}$ psalm, which is a psalm of praises and thanksgiving. At that time war in Europe had just ended and I received the first news of the death of my father and many friends. The sadness of my mood went into my composition which became a Requiem, though I had not intended to write one and scarcely would have chosen the 92$^{nd}$ psalm for it. Yet the completed Requiem thus received a deeper meaning than I could have achieved by planning it that way."[173] Darius Milhaud komponiert 1947, in dem Jahr, in welchem er erstmals wieder nach Frankreich reist, mit *Service Sacré pour le Samedi matin* das Hauptwerk seiner jüdisch-liturgischen Kompositionen. Das Werk basiert auf Texten der Freitagabend- und Sabbatmorgen-Liturgie, es ist dem Zeislschen Psalm ähnlich, wenngleich Milhauds Komposition strengen Bezug zur Liturgie reflektiert. In der Komposition von *Service Sacré* hält Milhaud sich an das *Union Prayer Book* der Reformbewegung, unmittelbar knüpft er an die

---

[172] Programmzettel: *Biennial Exhibit*, Westwood Village, März 1948 (ZN).
[173] Zitiert nach Cole, *Armseelchen*, S. 50.

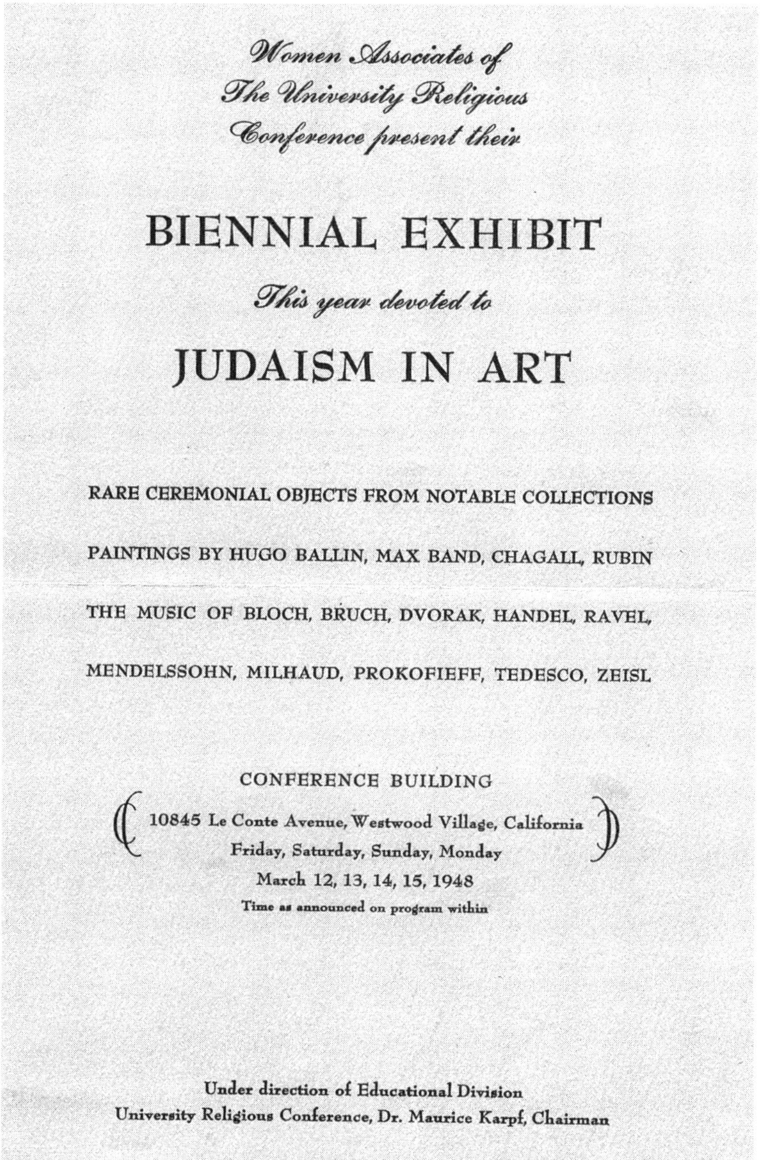

*Women Associates of*
*The University Religious*
*Conference present their*

## BIENNIAL EXHIBIT

*This year devoted to*

## JUDAISM IN ART

RARE CEREMONIAL OBJECTS FROM NOTABLE COLLECTIONS

PAINTINGS BY HUGO BALLIN, MAX BAND, CHAGALL, RUBIN

THE MUSIC OF BLOCH, BRUCH, DVORAK, HANDEL, RAVEL,

MENDELSSOHN, MILHAUD, PROKOFIEFF, TEDESCO, ZEISL

CONFERENCE BUILDING
10845 Le Conte Avenue, Westwood Village, California
Friday, Saturday, Sunday, Monday
March 12, 13, 14, 15, 1948
Time as announced on program within

Under direction of Educational Division
University Religious Conference, Dr. Maurice Karpf, Chairman

*Abb. 16: Judaism in Art, mit Musik von Milhaud und Zeisl, Los Angeles März 1948 (ZN)*

der Provence typische, weit zurückreichende Tradition von „Minhag Carpentras". Vergleichbare Rollen kommen Jacob Sonderling und Reuben Rinder zu: Der am Temple Emanu-El in San Francisco tätige Kantor Rinder erteilt Milhaud den Auftrag zu einem Werk für den morgendlichen Sabbath-Dienst, mit der Kommissionierung von *Service Sacré* will er den in Ernest Blochs *Avodath Hakodesh* (1930–35) begründeten Ansatz sowohl liturgisch als auch konzertant einsetzbarer Musik weiterführen. Rinder selbst initiiert *Avodath Hakodesh*.

Zeisl arbeitet im *Requiem Ebraico*, welches in der Eröffnungssequenz eine Abwandlung des Themas aus *Menuhim's Song* exponiert, mit modalen Strukturen, vormals liedhafte Wendungen werden zu ornamentierten Kantilenen, rezitativischen Passagen und rhapsodischen Melismen. Übermäßige Sekunden sind auch hier Signum für die Assoziation mit den Gesängen des Judentums, der Satz ist von archaisch anmutenden, parallel geführten Oktav- und Quintklängen getragen. Exotismen und Anklänge an die Synagoge bestimmen das Werk, welchem ab „Dass sie verkünden, Gott ist gerecht, es gibt kein Unrecht an ihm" über eine imposante Chorfuge und unter optionaler Hinzufügung eines Kinderchors und verstärkender Bässe ein mächtiger Schluss gesetzt ist. Inhaltlich vermittelt Zeisl seine sichere und vor allem tröstliche Verankerung in der jüdischen Religion.

Josef Freudenthal ist Zeisls Ansprechpartner bei dem New Yorker Verlag Transcontinental Music Corporation. Kurz vor der geplanten Drucklegung des *92. Psalms* bezieht Freudenthal heftig Position gegen den vom Komponisten intendierten Titel *Requiem Ebraico*, da der Psalm-Text seiner Meinung nach nicht mit dem Requiem-Gedanken korrespondiert. Dem hält Zeisl entgegen: „The Jews need a requiem so let`s try to give it to them."[174] Konsens stiftet schließlich eine dem Notentext beigefügte Erklärung: „True to ancient Judaic tradition, so significantly reflected in the Mourners' Kaddish – which in the hours of deepest sorrow ‚glorifies and sanctifies the Lord', – the composer has chosen for his Requiem Ebraico a scriptural text of praises and consolation rather than of sadness." Noch als *92. Psalm* im Programmheft verzeichnet, wird das Werk im Rahmen des „Hollywood Inter-Faith Forum"-Konzerts am 8. April 1945 in der Orgelfassung mit dem fünfzehn Personen fassenden Fairfax Temple Choir

---

[174] Zitiert nach Ebd., S. 401.

unter Hugo Strelitzer in der Hollywood First Methodist Church uraufgeführt, mit dem Bariton Wilhelm (William) Zeisl als Kantor und Norman Söreng Wright an der Orgel. Jacob Sonderling referiert zu „The Message of Music in Religion".

Der Programmzettel führt die englische Version des Psalmtexts: "It is good to give thanks to the Lord, and to sing praises to Thy name, O Most High; to declare Thy lovingkindness in the morning, and Thy faithfulness every night, with an instrument of ten strings and with the psaltery; with a solemn sound upon the harp. For Thou, Lord, hast made me glad through Thy work; I will exult in the works of Thy hands. How great are Thy works, O Lord, Thy thoughts are very deep. A brutish man knoweth not, neither doth a fool understand this. When we wicked spring up as the grass, and when all the workers of iniquity do flourish; it is that they may be destroyed forever. But Thou, O Lord, art on high for evermore. For lo, Thine enemies, O Lord, for lo. Thine enemies shall perish; all the workers of iniquity shall be scattered. But my horn hast Thou exalted like the horn of the wild ox; I am anointed with rich oil. Mine eye also hath gazed on them that lie in wait for me; mine ears have heard my desire of the evil doers that rise up against me. The righteous shall flourish like the palm-tree; he shall grow like a cedar in Lebanon. Planted in the house of the Lord, they shall flourish in the courts of our God. They shall still bring forth fruit in old age; they shall be full of sap and richness; to declare that the Lord is upright, my Rock, in whom there is no unrighteousness."[175] Das *Requiem Ebraico* erscheint 1946 bei Transcontinental auf Hebräisch (Tov l'hodos ladonoy ulzamër l'shimchoelyon […]) und Englisch. Entgegen Freudenthals Meinung, die Edition „has to be considered ‚uncommercial'" „for various reasons",[176] avanciert das *Requiem* zu Zeisls nachhaltig erfolgreichstem Werk im Exil und darüber hinaus. Die Orchesterversion ist erstmals 1947 in Canada programmiert, die amerikanische Premiere findet mit dem Santa Monica Symphony Orchestra unter Jacques Rachmilovich und dem Chorus of the First Methodist Church of Hollywood

---

[175] Programmzettel: *The Message of Music in Religion,* Hollywood First Methodist Church, 8. April 1945 (ZN).
[176] Josef Freudenthal an Eric Zeisl, 9. Juni 1945.

unter Norman Söreng Wright am 23. Jänner 1948 in Los Angeles/Santa Monica statt.[177]

Nach der Uraufführung des Psalms in der Orgelfassung schreibt *The Tidings* im April 1945: „The Hollywood Inter-Faith Forum recently presented a concert under the title, ‚The Message of Music in Religion'. The outstanding work was the world premier of the 92nd Psalm [...] by Erich Zeisl. [...] It is so refreshing to find a composer in Hollywood who can still divorce himself from the false glitter of film music and devote his spare time to writing music to a religious text."[178]

Nach der Orchesterpremiere in Los Angeles/Santa Monica berichtet die *Los Angeles Times* im Jänner 1948: „Mr. Zeisl has written an interesting, somberly colored work that rises to great effectiveness in the final fugue, handsomely sung by the excellent chorus. The mood of lamentation is stressed in the earlier sections by the use of Hebraic scale intervals, artfully employed but difficult of vocal realization."[179]

## DARIUS MILHAUD an ERIC ZEISL

*Oakland, 22. Februar 1945 (Poststempel)*

My Dear Zeisl

Thank you so much for sending me your Psalm. It is very expressive and well written. It is so hard to be so far and not to be able to see you sometimes. I am much better after a deep illness of ten months. I worked a lot. We have a quiet life. monotonous. and full of time for reading and composing It is as if we were living in the country. Letters from Paris begin to arrive. It is extraordinary to see all the works written and produced during the frightful time of hunger, resistance. cold. misery. I had a long and fascinating letter from Poulenc. How are Mrs. Zeisl and the baby? Daniel is a big boy of 15. He will be a painter.

---

[177] Ankündigung: *Santa Monica Symphony Series*, Barnum Hall Santa Monica, 23. Jänner 1948 (ZN).
[178] *The Tidings*. 13. April 1945 (ZN).
[179] *Los Angeles Times*. 26. Jänner 1948 (ZN).

Why don't you come for a little rest of four days in San Francisco. It is a wonderful city and only 15 miles from the College.
Aff.ly D. Milhaud

## RICHARD STÖHR an ERIC ZEISL

*Winooski Park, 20. März 1945*

Lieber Erich!
Da ich jetzt über die Ostern auf 3 Wochen verreise (Vorträge und Konzerte) habe ich gleich nach Erhalt Ihrer Musik dieselbe mir gestern und heute gründlich angesehen u. fand sehr viel darin. Es ist Vollblut-Musik, deren Welt einem allerdings erst nach wiederholtem Hören aufgeht. Das Gebet mutet mich an wie der verzweifelte Aufschrei aus der unendlichen Tragödie des Judentums, ein Aufschrei, der nie verstummen kann, weil auch die Tragödie nie ein Ende findet – Allerdings, das ist keine Musik für Amerika. Vielleicht würden Leute wie Copland, Bloch sie aufnehmen können, aber die große Masse hier?

In dem Psalm den ich Ihnen zurücksende fand ich einen Grundton sanfter Resignation, aber auch wundervolle Einzelheiten von echt orientalischem Colorit. Das Sopran Solo auf Seite 12 und wie sich das Ganze weiter entwickelt ist mir besonders nahe gegangen. –

Es sind natürlich manche technischen Schwächen im Chorsatz und Ihre polyphonen Neigungen stoßen oft noch auf Widerstand. Aber die moderne Kunst hat sich eben von diesem Stil emanzipiert und ich will mein Urteil nicht beeinflussen lassen, durch das, was ich in meiner Jugend an orthodoxen Wahrheiten und technischen Erfordernissen des guten, korrekten Satzes in mich aufgenommen hatte. –

Haben Sie zu Weihnachten meine Antwort über Ihr Schönberg Essay nicht erhalten? Sie erwähnen kein Wort darüber u. ich wüsste gern, ob Sie es der Trude gezeigt haben u. wie sie darauf reagierte. Dass <u>Sie</u> mit dieser Antwort nicht zufrieden sein können, kann ich mir denken, aber wenigstens ein Wort möchte ich darüber hören.

Berichten Sie mir, wie die Aufführung des Psalms war.

Viel Liebes wie immer. Schreiben Sie bald, es wird mir alles nachgeschickt, –
Ihrem alten
Stoehr

## JOSEF FREUDENTHAL an ERIC ZEISL (Typoskript)

*New York, 9. Juni 1945*

Dear Mr. Zeisl:

I was very glad, indeed, to hear from you and – of course – I remember you well.

It gave me great pleasure to read the score of your setting of the 92nd Psalm and I wish to compliment you on this exceptional work which is masterly written. You are right, it should be published and introduced to the synagogues of America and other countries, but I am sorry to say that for various reasons your work has to be considered „uncommercial".

First of all, only rarely liturgical compositions are performed by secular Jewish choirs, because most of them are connected with workers' organizations. Thus, performances would almost exclusively be restricted to synagogues. (Non-Jewish choirs show their good-will once in a while by presenting a Jewish work, but as a rule you cannot count on them.) Now, unfortunately „Tov L'hodos" is in the reformed Service an opening work which is sung when the congregation should be present, but is'nt [sic!]. I could think only of very few music directors who would go through the trouble of rehearsing such an elaborate work with their limited choir personelle – usually a quartette –, to sing it before still empty benches. The musicologists and progressive choir leaders would be greatly interested in your work, without any doubt, but their number is too small to make the publisher's investment a paying proposition.

Abb. 17: Requiem Ebraico, Sopran-Solo (beginnend T. 150), Autograph in Kopie (ZN)

For these $500 to 600, which would have to be invested, we could – frankly spoken – almost publish a complete Sabbath Service for

which we would have a far greater circle of prospective performers.
Yours is one of those works which can only be published if you succeed to find some backing by people who feel that publication of this important contribution to contemporary Hebrew music is a worthy cause. Please let us know whether you see such an opportunity in which case I shall be happy to cooperate with you; this would of course entitle you to an increased royalty. About the promotion of your work you would not need to worry, since we virtually cover the entire Jewish music field.
I am keeping your manuscript in our files, until I have heard from you again.
With kindest personal regards and all good wishes, I remain,
Sincerely yours,
Josef Freudenthal

Das künstlerische Wirken europäischer Exilanten blüht in den Vereinigten Staaten in erster Linie zwischen Franklin Delano Roosevelts (1882–1945) „New Deal" und dem Sieg der alliierten Streitmächte über den Faschismus. Die politische Richtungsänderung der Vereinigten Staaten nach dieser Phase lässt im Versuch des Definierens von typisch „Amerikanischem" auch in Kunst und Kultur Amerikanismen wichtiger werden, Folklore, wenn auch gerade in den Vereinigten Staaten geprägt von Einflüssen verschiedener Völker, Bezüge zum Jazz oder Sujets aus der US-Historie erlangen Relevanz. Mit dem Roosevelt-Nachfolger Harry S. Truman (1884–1972), dem Beginn des „Kalten Kriegs" und den Machenschaften des McCarthy-Ausschusses ändern sich die Rahmenbedingungen für die Exilanten. Die Truman-Ära kennt Emigrantenfeindlichkeit, deren übersteuerte Ausformungen wie Antikommunismus und Isolationismus etwa im 1946 reaktivierten, für Personen wie Eisler und Brecht bedrohlichen „Ausschuss zur Untersuchung unamerikanischer Tätigkeit" wirken. Bereits der Kriegseintritt der Vereinigten Staaten im Dezember 1941 forciert restriktivere Maßnahmen gegenüber den Immigranten aus kriegsführenden Ländern, „Verdächtige", die noch nicht amerikanische Staatsbürger sind, erklärt man zu „enemy aliens", zu „feindlichen Ausländern". Den Österreichern unter ihnen liegt daran, als „nicht Deutsche", somit als „nicht feindliche Ausländer" zu gelten. Um die „Naturalization" zu erhalten und damit diesen Reglements zu entgehen, sind eine Absichtserklärung, das Einwanderungsvisum, die Bestätigung über ein geregeltes Einkommen und zwei Bürgen vorzuweisen. Eine positiv zu absolvierende Prüfung über amerikanische Geschichte, Verfassung und Politik erfolgt nach fünf Jahren.[180] Eric und Gertrud Zeisl, 8578 West Knoll Drive, Los Angeles, California, werden am 12. Jänner 1945 zu amerikanischen Staatsbürgern.

Das Ende des Kriegs bedeutet für die US-Exilanten eine Änderung der politischen Rahmenbedingungen, gleichzeitig rückt durch allmählich wieder freigegebenen Postweg über Nachrichten von „drüben" Verbliebener das alte Europa, respektive Österreich näher. Das Aufeinanderprallen zweier Welten emotionalisiert, reißt Wunden auf, lässt Schmerz, Trauer und Wut, aber auch spekulative Fragen nach Remigration zu. Die Zeisls hängen zwischen ihrer „vormals"-Heimat und der Exilheimat. „Wir sitzen zwischen den berühmten 2 Sesseln", so schreibt Gertrud am 17. Juni 1946 an Hilde Spiel. Gleichzeitig zeigt der Mythos vom „Land der unbegrenzten Möglichkeiten" im nicht zuletzt durch die Frustration in Hollywood als drückend empfundenen „paradiesischen Kalifornien" seine Grenzen.

Hilde Spiel und Peter de Mendelssohn sind seit 1941 britische Staatsbürger, im Exilland wird ihnen nach der Tochter Christine im Jahr 1944 Sohn Anthony Felix geboren. Als Plädoyer, wenn nicht Zuneigungserklärung an die Engländer – „das moralischste Volk der Welt" – lesen sich die Briefe Hilde Spiels an die vom „american way of life" irritierten und enttäuschten Zeisls. Den Spiel-Mendelssohns eröffnet sich mit Beendigung des Kriegs neues berufliches Terrain: Peter de Mendelssohn ist ab 1945 drei Jahre lang Mitglied der britischen Kontrollkommission in Düsseldorf und später an der amerikanischen Nachrichtenkontrolle beteiligt. Im Auftrag des Obersten Alliierten Hauptquartiers engagiert er sich am Aufbau des demokratischen Pressewesens, den *Tagesspiegel* oder *Die Welt* initiiert er mit. Im November 1945 reist er als Berichterstatter „to the Nuremberg trial to report about it". Hilde Spiel kehrt 1946 als britische Kriegskorrespondentin des *New Statesman* erstmals wieder nach Österreich. Über das ihr 1945/46 gegenwärtige Kulturleben in England schreibt sie nach

---

[180] Vgl. dazu Dokumentationsarchiv des österreichischen Widerstands (DÖW): *Österreicher im Exil, USA, 1938-1945*. Bd. 1, Wien 1995.

Los Angeles: Sie erwähnt Egon Wellesz (1885–1974), welcher 1938 nach Großbritannien flüchtet, von 1939 bis 1974 am Lincoln College in Oxford unterrichtet und dort als Schüler Arnold Schönbergs und Guido Adlers der Musikwissenschaft hohe Standards setzt, und zitiert sich selbst als Mitglied der Anglo-Austrian Music Society. Die von der Autorin als „Austro-Anglian" Music Society bezeichnete Vereinigung wird im Herbst 1942 in London von einer kleinen Gruppe österreichischer Refugees und deren befreundeter englischer Kollegen gegründet, um die Lebensbedingungen der Exilanten zu verbessern und ebenso, um in der Idee eines „Bildungsauftrags" das Verständnis für österreichische Musik in England zu fördern. Als Hauptanliegen gilt der Music Society die Konzertorganisation während der Kriegszeit.

Die nachfolgenden vier Briefe erlauben Einblick in das Privatleben der Zeisls und Spiel-Mendelssohns. Gertruds Frage – „did you ever hear of Thorn again?" – und ihre Feststellung – „Thorberg [sic!] married this month in New York." – rühren aber auch an die gemeinsame Vergangenheit und fordern geradezu an der Person Friedrich Torbergs nach einer Rückblende, nach einem Blick in die Exilwelt und nach einem Ausblick.

Fritz Thorn (1908–2002) (Friedrich Adrien Thorn) ist Jugendfreund Friedrich Torbergs. Beide lernen Hilde Spiel Anfang der dreißiger Jahre im Wiener Dianabad kennen, an einem Ort, „wo man nicht nur selber schwimmt, sondern auch Wettbewerben und Wasserballspielen zusieht. Dort werden eines Tages zwei Mitglieder des jüdischen Sportklubs Hakoah auftauchen, zwei stämmige Burschen des Namens Fritz Thorn und Fritz Kantor, deren einer mein Freund, der andere mein Feind fürs Leben wird. […] Dennoch werden die beiden in wenigen Jahren ebenso gern an den Marmortischen des Café Herrenhof sitzen wie sich in den Bädern tummeln. Und der mein Freund wird, geht auf die sonntäglichen Skitouren mit."[181] – Dies Hilde Spiels Erinnerungen. Einer streng sozialdemokratischen Familie entstammt Friedrich Adrien Thorn, seine Liebe gilt neben dem technisch ausgerichteten Beruf dem Journalismus. 1938 flüchtet er von Österreich nach Nizza, dient freiwillig der französischen Armee, wird Kriegsgefangener der Deutschen, kommt frei und bewegt sich mit selbstgefälschten Papieren im besetzten Südfrankreich. Im Piemont hält er sich in Partisanenkreisen auf. Nach dem Krieg erreicht

---

[181] Spiel, *Helle und finstere Zeiten*, S. 59.

Fritz Thorn London, dort ist er Reiseleiter, Übersetzer und schließlich Kultur- bzw. Theaterkorrespondent für die *Süddeutsche Zeitung* und die *Neue Zürcher Zeitung*. In Wien ist auch Thorn einer der debattierfreudigen Stammgäste im Literaten-Café Herrenhof, wo ebenso die junge Hilde Spiel als integre Persönlichkeit verkehrt. Wie diese später berichtet, vertieft sich damals „die Freundschaft mit jenem zweiten Wasserballer."[182] Friedrich Kantor, ersterer der Wasserballer, in Wien geboren und mit der Familie nach Prag übersiedelt, veröffentlicht früh in der von Max Brod (1884–1968) redigierten Sonntagsbeilage des *Prager Tagblatts*, fortan unter dem Schriftstellernamen „Torberg". Journalistisch arbeitet er in dieser Zeit für die Wiener Zeitung *Der Tag* und den *Prager Mittag*. 1930 erscheint bei Zsolnay *Der Schüler Gerber hat absolviert*, ausgezeichnet mit dem auch Hilde Spiel für deren Romanerstling *Kati auf der Brücke* zugedachten Preis der Julius Reich-Stiftung, dem damals einzigen Literaturpreis der Stadt Wien. 1938 nach Zürich gelangt, 1939 nach Paris, flüchtet Friedrich Torberg 1940 von Paris nach Bordeaux, von dort über Spanien nach Portugal. Im Oktober des Jahres kommt er mit Hilfe des Emergency Rescue Committee nach New York, ein vom European Film Fund forcierter Vertragsabschluss mit Hollywood bringt ihn nach Los Angeles. Der Weg ins amerikanische Exil wird für Torberg, unterstützt auch von Wilhelm Dieterle und dem amerikanischen P.E.N.-Club, und neun andere Schriftsteller durch eine Liste von „Ten Outstanding Anti-Nazi Writers" frei: Torberg, Alfred Döblin (1878–1957), Lion Feuchtwanger, Leonhard Frank (1882–1961), Heinrich Mann (1871–1950), Walter Mehring (1896–1981), Alfred Neumann (1895–1952), Alfred Polgar, Wilhelm Speyer (1887–1952) und Franz Werfel sollen je zur Hälfte von den Filmbetrieben MGM und Warner Brothers unter eine Art „Wohltätigkeits-Vertrag" genommen werden, der für ein Jahr lang das Existenzminimum sichern soll.[183] 1944 geht Friedrich Torberg nach New York, 1945 heiratet er dort die in Wien geborene Marietta Bellak. 1951 kehrt er zurück nach Wien.

Vieldiskutiert im österreichischen Literaturbetrieb der Zweiten Republik ist das ambivalente Verhältnis zwischen Friedrich Torberg und Hilde Spiel: „Noch herrschte Friede zwischen uns", schreibt die Literatin

---

[182] Spiel, *Helle und finstere Zeiten,* S. 73.
[183] Axmann, *Friedrich Torberg,* S. 129ff.

in ihren Memoiren, sich an die fast täglichen Zusammenkünfte des „Herrenhof-Kretzls" erinnernd, „denn ich war niemand, jünger als er, eine angehende Maturantin, die zumeist bescheiden schwieg, er aber führte an Polaks Tisch bereits das große Wort. [...] Und als mein erstes Buch erschien, im selben Verlag, alsbald mit demselben Literaturpreis ausgezeichnet wie das seine, begann der lebenslange Krieg. ‚Ritze ratze, voller Tücke / für die Kati auf der Brücke' hieß, [...] die Zueignung seines zweiten Romans an mich."[184] Hilde Spiels Niederlage in der Präsidentenwahl des österreichischen P.E.N.-Clubs gegen den von Friedrich Torberg unterstützten Ernst Schönwiese wird die zu diesem Zeitpunkt auch öffentlich geführte Auseinandersetzung mit dem „Freundfeind" Torberg – im Kern eine Fehde um differierende politische Anschauungen – im Jahr 1972 an die Spitze treiben.[185]

„Der Platz, wo es einem besser schlecht geht als anderswo." – So beschreibt Alfred Polgar (Polak) laut Gertrud Zeisl Hollywood, die vielbesungene Stadt, die „nach den Engeln genannt" ist, „Paradies und Hölle"[186] zugleich – für Eric Zeisl „ein blaues sonniges Grab" in „cemetery like atmosphere".[187] Auch Polgar sitzt in Wien mit Hilde Spiel im „Herrenhof", später teilt er mit den Zeisls Freud und Leid im Exilort Hollywood. Der in Wien geborene Polgar ist von 1925 bis 1933 Theaterkritiker der *Weltbühne* in Berlin, flüchtet 1933 über Prag nach Wien, 1938 nach Zürich, dann weiter nach Paris, 1940 nach Marseille. Von dort gelangt auch er mit Hilfe des Emergency Rescue Committee über Spanien in die Vereinigten Staaten, arbeitet für MGM an der Westküste und hält sich ab 1943 in New York auf. 1940 schreibt Polgar an William S. Schlamm: „Erfahrungen mit der Film-Industrie in Hollywood habe ich noch keine. Die General-Weisung, die Freunde hier den neuen geben, lautet: take it easy. Klug sei, wer sich sofort darauf einstelle, ein winziges Rädchen zu sein in der, übrigens durchaus sauber und korrekt arbeitenden Maschine. [...] Begabung und Fleiß seien kein Übel, Arschkriecherei

---

[184] Spiel, *Helle und finstere Zeiten*, 68f.
[185] Axmann, *Friedrich Torberg*, S. 273ff.
[186] Hanns Eisler: *Hollywood Liederbuch* (1942/43) nach *Fünf Elegien* von Berthold Brecht.
[187] Gertrud Zeisl an Hilde Spiel, 1. Dezember 1945.

sehr zweckdienlich."[188] Nicht unähnlich Polgars Sicht auf das Filmgeschäft liest sich eine 1946 an Hilde Spiel gerichtete Beschreibung aus der Feder Zeisls: „Was Du ebenfalls nicht verstehst ist, dass der Job <u>nicht</u> zu Dir kommt. Du musst ‚around' sein mit den Producern dinnern die Weiber ‚titschkerln' dann setzt sich jemand für Dich ein. Ich tue <u>nichts</u> dergleichen."[189]

Bei aller Dankbarkeit gegenüber dem Gast- und Exilland, gegenüber amerikanischen Freunden, Kollegen und Mitstreitern stellt sich in Los Angeles immer deutlicher ein Gefühl des Entwurzeltseins, der Einsamkeit, der Heimatlosigkeit und der kulturellen Isoliertheit ein – „Under the circumstances you can understand how difficult it is to live and how we don't fit in into Hollywood."[190] – Dies Eric Zeisls Resümee im Dezember 1945. Die Schilderungen vermitteln ein Gefühl für den – zumindest damals gelebten – „american way of life", welchem ein als von den Zeisls zum Kulturverständnis Europas verschieden empfundener Kulturbegriff immanent ist. Die Briefe erzählen von kurzsichtigen, allein auf den Moment ausgerichteten, da publikumswirksamen Strategien in der Programmfindung für Konzerte, ebenso von Oberflächlichkeit, Konzessionen an die Qualität der Aufführungen und Nivellierung. Laut Zeisl deformiert Gewinndenken und Attraktionssucht den amerikanischen Kulturbetrieb.

Symptomatisch für die Kommerzialisierung der „klassischen" Musikszenerie in Hollywood und entgegen das dem Komponisten wichtige Ringen um Authentizität und Werktreue steht die Arbeit an der 1945 anlaufenden „Tschaikowsky operetta" *Song Without Words*. Ein Event, über welches Zeisl abgeneigt berichtet: „Last year I orchestrated a Tschaikowsky operetta which provided living for 8 months but why does Tschaikowsky need to be put in in [sic!] an operetta? That's the difference. No composer is important here. Only what can be done with his work is interesting."[191] Dem als Gegenpol und wohl von großem Interesse für den Komponisten nimmt sich die Arbeit an *Uranium 235* nach Maurice Dekobra aus. Dieses Projekt ist nicht zuletzt auf Grund des Textdich-

---

[188] Zitiert nach Klapdor, Heike (Hg.): *Ich bin ein unheilbarer Europäer. Briefe aus dem Exil.* Berlin 2007, S. 218.
[189] Eric Zeisl an Hilde Spiel, 7. Februar 1946.
[190] Eric Zeisl an Hilde Spiel, 1. Dezember 1945.
[191] Eric Zeisl an Hilde Spiel, 1. Dezember 1945.

ters anregend: Unter dem Pseudonym Maurice Dekobra arbeitet Ernest Maurice Tessier (1885–1973) als erfolgreicher Journalist, Übersetzer, Romancier und Drehbuchschreiber, bereits in den zwanziger Jahren beliefert er sowohl den französischen als auch den deutschen Film, Romantexte erscheinen damals auch auf Deutsch in Berlin. In prominentem Umfeld agiert Maurice Dekobra als Autor zu *La Sirène des tropiques* (1927). Dieser Streifen – Filmdebüt von Josephine Baker (1906–1957) in der Rolle der Papitou, dem *Mädchen aus den Tropen* – entsteht unter der Regie von Mario Nalpas und Henri Étiévant, einer der Mitarbeiter ist Luis Buñuel (1900–1983). 1941 erscheint in New York unter Maurice Dekobras Buch der Film *Émigrés de luxe*. Für Zeisl gestaltet Dekobra die Vorlage zum 1945/46 komponierten, futuristisch anmutenden Ballett *Uranium 235* – in ferne Zukunft gesetztes Szenario und drastisches Festhalten realer atomarer Bedrohung verschmelzen in diesem Text. Zeisls Musik liegt in I. *Prelude* und II. *Prelude to Scene 2* vor, das Ballett ist bis dato (Juni 2008) unaufgeführt.

Allein finanzielle Sorgen forcieren und rechtfertigen letztlich Zeisls Beteiligung an *Song Without Words*: Theodore Bachenheimer und James A. Doolittle bringen 1945 das Spektakel als „A light Opera in Two Acts – A romantic episode in the life of Peter Tschaikowsky"[192] auf die Bühne des Curran Theatre. Das Orchester steht unter der Leitung des in Wien geborenen, 1935 in die Vereinigten Staaten emigrierten und als Kapellmeister von Shows und Light-Operas profilierten Dirigenten Franz Steininger (1906–1974). Hugo Strelitzer leitet den Chor, Zeisl steuert das Tschaikowsky-Potpourrie bei. Klischeebehaftet, künstlerisch uninteressant und allein auf Liebesaffären reduziert zeigt sich dieses „Komponisten-Portrait". Anders werten die Rezensenten, welche gerade dieses Projekt gegenüber ähnlichen als „werktreu" herausstellen: „Operetta's Settings Realistic True Atmosphere of ‚Song Without Words' Impresses – The most striking thing about the current operetta, ‚Song Without Words', is its authentic European atmosphere. [...] This light opera will win its way across the country because of the music from the great orchestral works of Tschaikowsky, of course. Added to that will be the delight of the apprehensive music lovers in the clever orchestration for small theater orchestra

---

[192] Vorankündigung: *Song Without Words*, Curran Theatre, 10./12./15. September 1945 (ZN).

by Eric Zeisl. The adaptations made by the Viennese musician, Franz Steininger, have distorted the music less than any adaptations of great music I have heard in light opera."[193] „Musical Show Proves a Hit – At ‚Song Without Words', which opened at the Curran last night one is disarmed at once by the experience of finding Tschaikowsky credited with themes the song-hit boys have been stealing from him for years. Seriously, however, we can commend ‚Song Without Words' with fewer reservations than any other musical show we have attended recently. It is a well knit, lively-paced and entertaining operetta, which does less violence to the composer's music than usually happens in shows employing the works of the great masters. […] Franz Steininger deserves much credit for his tasteful adaptations of the Tschaikowsky music and his firm and vigorous conducting. Eric Zeisl has done good work in reducing the symphonic scores to the scope of the theater orchestra. […] ‚Song Without Words', already a popular success, has great possibilities for motion picture adaptation, if treated with more discretion than Hollywood commonly uses."[194]

## HILDE SPIEL an ERIC und GERTRUD ZEISL (Typoskript)

*London, 3. November 1945*

My dear Susi and Erich,
Your last letter is dated February 45. However, if we only write each other twice a year it is better than losing contact altogether.
I haven't much news for you, and the one thing that happened to me this summer is terribly sad. My father died very unexpectedly and suddenly of coronary thrombosis, looking hardly older than when you saw him last, and certainly feeling neither old nor sick. I can't write about it, but you will understand how terrible it is for me. I can still so well remember how Susi's father died, it made a great impression on me and I often thought of it these last months.

---

[193] Isabel Morse Jones, Zeitungsausschnitt ohne nähere Angaben (ZN).
[194] Clifford Gessler, *Los Angeles Times,* 2. September 1945 (ZN).

Christine and Anthony are getting on beautifully, they've got colds at the moment like everybody else in this infernal season, but otherwise they're happy and certainly warmer, better clothed and better fed than all the children on the other side of the channel. This, I suppose, is the standard these days, and I don't even bother to crave for the sort of life we lived before the war and which is only lived in the American hemisphere at the moment, but nowhere else. Yet I hear that some people in the States think of returning to Vienna. I just can't imagine how they can expect to find anything vaguely resembling normal life there before another three or four years. Peter Smollett [Hans Peter Smolka] has gone to Vienna as foreign correspondent for an English paper and he has told me a thing or to [sic!]. I have a secret plan of flying there just for a fortnight for a weekly review over here, and have actually more or less fixed it up, but it may yet come to nothing. I should be thrilled to the bone to go to Vienna for a very short while, to see everything and report about it, but to consider living there during the next years – I don't think it would bearable, probably even less so as a British subject and with a British job and extra rations. It would just break one's heart.

Still, Europe is a very interesting place just now and somehow I wouldn't like to be far away. Peter has been constantly flying round these last months, to Paris, Nuremberg, Munich, Frankfurt, even Salzburg, Mayrhofen, Kufstein, Innsbruck, and to Berlin. He's writing a book about it all. Next week he's going to the Nuremberg trial to report about it. He certainly sees a lot and he says that nothing could be more exciting, stimulating, gripping than the state of Europe now the war is over.

I do wish you'd ever tell me what exactly you're doing. I know so little and can't imagine the rest. Writing film music, growing apples in your garden, probably driving about in a car – but still, it doesn't make for a complete picture. Perhaps you are so different from the Zeisls I knew that we shouldn't be able to talk to each other at all. Who knows? I hope not, though. I don't think I've changed a terrible lot, except that I'm mellowed by age, rather cowed by Peter, a good mother I think in a slightly vague sort of way, and all the time a tiny bit frustrated, because I don't achieve too much myself. But now the war is over, and especially as I have a good maid I may be able to do things on my own once again.

Write again some time.
Love,
Yours ever,
Hilde

## ERIC und GERTRUD ZEISL an HILDE SPIEL

*Los Angeles, 1. Dezember 1945 (Poststempel)*

My dear dear Hilde!
Your letter just arrived in time. I am composing a ballet with Maurice Dekobra so I spend a little time in writing you. - - - Since the war is over we have quite a busy life but I still envy you to be in England and so near the place we loved once. I would have to tell you so much that I don't know where to start. I would very much like to give you a picture from our daily life which is very monotonous, but goes on your nerves. It is true we have plenty to eat and we are happy to be citizens of this great and interesting country, but still we are lacking some understanding. Austria is a country of Johann Strauss and „Wiener Liedern" that is all what the people here know about our great musical tradition. I have a great fight even for my poor living. You don't believe it but it is absolutely true. This country recognizes only composers which are world known and take them for granted and even Milhaud, Stravinsky, Tansman are struggling. Bela Bartok died in New York of hunger [Bartók starb am 26. September 1945 an den Folgen von Polyzythämie]! It is absolutely not possible to have an high classique [sic!] and modern music the people aren't so far advanced. I am sure it will come in 30-50 years but not earlier. Then the kind of working is so hard, that a lot of people prefer to relax in a movie and even we ourselves find us 2–3 times a week in a movie theater. There is one or two first-performances in the Los Angeles Philharmonic-Orch. that's about all. Under these uninspiring conditions it is hard for me to keep my creative gift alive. Months and months go without

even being near a piano. Last year I wrote the 92 Psalm which is going to be printed in N.Y. I am going to send you a copy. – In all these years I wrote 3 or 4 little works that's all. – That's about the artistique [sic!] life. – The other page is the daily fight for your living. – In order to get the „job" you have to give parties for 25–30 persons which cost a lot of money but it is the only way to get „around" with publicity. You have to know all those producers and talk to them etc. – then comes the 2nd part. You have to break in in [sic!] existing raquetts [sic!]. Composers and arrangers are forming a raquett to avoid somebody to get a „job" and take some of the jobs away. Yven [sic!] with the greatest knowledge it is not possible to break a raquett. – You don't believe it, but neither Schönberg or Stravinsky ever composed a picture. Under the circumstances you can understand how difficult it is to live and how we don't fit in into Hollywood. – So all that I dit [sic!] in those 6 years was I lived. Now the war is over and in my soul started a new Zeisl to come out and says „Your Erdenpensum"!! So I start to compose for myself in knowing there would be no need for my music as long as I live. – It is a funny feeling in me and when not Trude and my little Barbara wouldn't be with me I would have given up the struggle long time ago. But when I see the dear little face of Barby and the noisy voice sounds through all the rooms then I feel very happy in spite of all those difficulties. – – I am now 41 year [sic!] and I still hope. I don't know what I hope but I hope. In all those years of war I hoped and finally those criminals are now on trial. I can imagine how you feel to read all the names in the newspaper. – – I have not been out of Hollywood in all those years and my frustration is even bigger than yours. To get my motor on I have to have a lot of energy. – Last year I orchestrated a Tschaikowsky operetta which provided living for 8 months but why does Tschaikowsky need to be put in in [sic!] an operetta? That's the difference. No composer is important here. Only what can be done with his work is interesting. May be after my death some publisher would find some melody's [sic!] and make a hit out of it. Even this I doubt very much for my music is „still not commercial" – – – I am terrible sorry about your dear Father. But he died naturally and not in a gaschamber as my dear ones. – Please give all my love to Peter and many Pussis to your 2 children as your old Servus! Eric (Please pictures from your childrens)


Dear Hilde

I was so happy to get your letter after such a long silence. I have always hoped you would come with the family to San Francisco this season to attend the conference like you wrote. I told Barbi about it and she was very excited about meeting Christine. It would have been her first girlfriend. So far she has only boyfriends and therefore the language of a relentless killer and very barbaric tribal chief. I think that all European parents would faint at the manners of our children but as it is the custom of the country and generally accepted I do not care. Besides she is not only wild but also very good hearted and at times in spite of her roughness quite tender. What do you say for instance to a sentence like this? „Daddy do you see the sky go far down? It goes all around the world and has no end that's how much I love you." If you wrote such a thing in your book I would think it to [sic!] far fetched and highbrow. Eric has described you our life. It is terrible [sic!] monotonous and it seems the longer we are here the lonlier we get for certain things that just do not grow here. It got much worse since the war's end and it makes us terribly restless. Up to then we just had to stay where we are and could not go anywhere else. But since the war is over why do we live here? We sometimes ask ourselves? The country is beautiful grand the freedom and Grosszügigkeit are wonderful but when you are conditioned through half of your life to something else it is still not enough. I do not wonder that some people want to go back though life over there might be so hard because after all it is not for cream and sugar that you live nor for a car or a house which looks just like your neighbours [sic!] anyway. I am sometimes so homesick that you would not believe it and most of my friends made fun of me and cannot understand it. They hate Vienna and everything that is connected with it. I would just kill myself if I could go on that 14 days trip with you. Something would heal inside me if I could just once look down from the Kobenzl. Probably imagination. But you will understand I know. What would we give if just once again we could speak for an hour with our father. To have back what we lost for just a moment. It is just as crazy and just as strong and comes from loving something so very much. It was quite a shock to me to hear about your father. He was always so strong and tersely living. Could he make a go of his life in London or was it the Emigration that killed him too like so many others over here. But still Hilde dear be glad that you had him near you all the time and that he died normally and without much suffering. My dear father had to suffer very much. Every once in a while that whole time comes back to me and presses my heart. Erich's father came to Theresienstadt and that is the last we know. Did you know him? He was such an original, typically Viennese and only interested in food and always optimistic. Those beasts. But now we have to read in the papers here long articles every day rousing the public to pity for Germany. I wonder how Peter thinks about those things and what he saw. I wish we could meet and talk from morning to night for days. We have not changed much and you not either. I feel it from the tone of your letter. If we would meet it would be like always and as if you would come like in old times for a „schmus" near the chimney about life and ob man lebt von aussen herein oder von innen heraus. Remember how we spent whole evenings discussing life and love etc. We silly cubs. By the way I wonder what became of Dr. Langfelder who was so great at such theoretical discussions. He went to Yugoslavia and God knows if he is still alive. Hilde did you ever hear of Thorn again? He was in France? Did he come through? Thorberg [sic!] married this month in New York. Do you know that Lisel married Dr. Grossmann at last. When the war was over I got a letter from Sweden from Steffi Hirschenhauser who told me these news. She also told me that both of Lisel's parents were dead obviously killed by the Nazis because she wrote the „horrible death of Lisel's parents" but Lisel does not know it. I was so moved and felt such longing for Lisel when I heard all that. It seemed so silly to me that we should not contact anymore. I wrote a letter to Gaby Ehrlich about it to bring us together again. She met Lisel in New York and showed her my letter but unfortunately Grossmann had come along and read it too and was again offended by something and he was furious and the whole thing was off again. There is somebody whom even Hitler could not bring out of his egocentric craze. I suppose his whole family as well as Lisel's was killed off but he goes on having this complex against <u>me</u>, the most harmless person in the world. – I am certainly writing a long letter and I am getting afraid that I bore you but I missed you really so much all these years and I am so glad to talk to you if also just by a letter about things which only our little circle knows about. Dear Hilde please do not forget and send me everything you write about your visit in Vienna. You know how <u>brennend</u> it interests me. I hope you will meet Hedda [Lisel Salzers Cousine Hedda Salzer bzw. Bauersax-Salzer] if she managed to survive. She was so honest and brave and stayed only for her mother's sake. It must be the most thrilling thing to come back to Vienna just now. Perhaps if everything would go easy there again I would not long for it so much. Heaven knows how I loved that city and feel like frustrated not being there in her hour of pain. Speaking of being frustrated I do not believe you when you write you are. You are still very young and extremely gifted and capable and you are, you lucky thing, still in Europe where those things have an actual value. Here however is so much talent just lying on the rubbish heap that nobody cares anything about it. Artists of talent are usually about a generation ahead of the public, but here the public is generally 2 generations back from any European educated person that makes the space between the artist and his public just to [sic!] big and „never the twain shall meet". But Hollywood is a very special place besides and nothing bad said about it is enough, though it has its good points too. Polgar said Hollywood ist der Platz, wo es einem besser schlecht geht als anderswo and Eric said about it es ist ein blaues sonniges Grab. There is a cemetery like atmosphere about the town. Really you meet the most interesting people and famous people but meeting them here takes all the fun out of it, because they are just as dissatisfied frustrated and starving for the world as anybody else. We wish we could get out of here but this is not liable to happen too quickly because you need money for it and we struggle all the time. By the tone of our letters you must see how unhappy we are here and how much it means to us to keep the contact with our old friends. Therefore Hilde darling do not let such a terribly long time elapse before you write back. Please send some pictures of the children. It must be very sweet to have a couple. Do you remember Kurt Herbert Adler the conductor, he also has a couple of kids now. We will stay put with Barbara but she is a big joy to us, a very noisy one though. Please give my regards to your mother. I can imagine how stricken she was. Does she live with you? My mother has a very nice house near me but she works very hard as a pearl stringer. She has been quite sick this year with a tropical disentery [sic!] but she fortunately pulled through very well. Did Roland [Stern] still not marry this poor devoted Sulamith? Another Grossmann case. Hilde Hirschenhauser married a french army captain who knows nothing of her past and she is now with him in Germany. Fritzi writes us regularly poor thing she begins to be very old maidish. Do you know anybody in Hollywood besides us? I wish I could get you a contract to bring you over here. Send me some material about yourself. I might try but I like you too much to really wish it for you. Write soon and be kissed by your old Trude

## HILDE SPIEL an ERIC und GERTRUD ZEISL
(Typoskript)

*London, 14. Jänner 1946*

Meine lieben Zeiserln,
 Mir ist es jetzt zu dumm geworden, immer auf englisch zu schreiben. Ich bin zwar eine englische Schriftstellerin geworden, das heisst, ich denke auf englisch und bin ungeschickt im Deutschen, sowie ich mich zur Maschine setz, aber es kommt ja doch nicht die richtige Herzlichkeit dabei heraus. Und ihr habt mir einen so lieben langen Brief geschrieben, dass ich mir absichtlich Zeit genommen hab, um ihn zu beantworten. Weihnachten und Christines Ferien waren denkbar ungeeignet, um Musse zum Schreiben zu finden. Heute ist einmal niemand zu Hause, die Christine mit dem Maedchen bei einer „pantomime", einem Weihnachts- und Maerchenstueck, das hier endlos dauert, der Peter in der Stadt, und waehrend Anthony in der Gehschule strampelt und Keks isst, kann ich mich euch widmen.

Was ihr mir ueber euer Leben und Hollywood im Allgemeinen schreibt, hat mir die letzten Illusionen ueber Amerika genommen. Ihr duerft mich nicht missverstehen – so habt ihr es gar nicht einmal gemeint, und sicher habt ihr vieles an eurem Leben so lieb gewonnen, dass ihr es nie mehr entbehren koenntet – das weiss man ja alles erst, wenn man wieder einmal alle Bruecken abbricht. Aber dazu habt ihr ja auch keine Lust. Wir haben waehrend des Krieges und auch nachher noch hie und da mit dem Gedanken gespielt, zumindest fuer eine Zeit nach Amerika zu gehen, nie fuer ganz, weil wir doch hier zu sehr verwurzelt sind. Und es ist kein Zweifel, dass der Verzicht auf diesen Versuch, zumindest eine kleine Weile lang ein komfortables und sicher interessantes Leben zu fuehren, kein sehr leichter ist. Wer von England hinueberkommt, sagt euch sicher, dass er ein graues, kaltes, unbequemes Land hinter sich gelassen hat, in dem man sich nie zu Hause fuehlen kann, in dem das Klima, die Gegend, die Wohngelegenheiten, die „amenities of life" im Allgemeinen so unerspriesslich sind, dass er froh ist, das alles hinter sich zu haben. Und wenn Kalifornien oder gerade Hollywood, auch zu abgeschlossen ist, eine eigene Welt mit anscheinend nicht sehr erfreulichen Einrichtungen, so ist doch sicher viel fuer die Sonne, die modernen Haeuser, die Autos, und die Geselligkeit zu sagen. Von New York ganz abgesehen, in dem es Leute von viel geringerer Begabung als Peter materiell natuerlich laengst viel weiter gebracht haben. Aber jetzt kommen alle kleinen und scheinbar so laecherlichen Gruende, aus denen man hier nie wieder wegmoechte, und die das Leben hier in so direktem Gegensatz zu dem in Amerika stellen: die unbeschreibliche Anstaendigkeit der Englaender, beinahe die entscheidenste ihrer Eigenschaften, als erstes. Das ist hier, und davon bin ich nach neun Jahren felsenfest ueberzeugt, das moralischste Volk der Welt. Schufte gibt es ueberall, aber der Durchschnitt hier ist grundverlaesslich und liebenswuerdig ausserdem. Von vorn herein steht einem jeder Mensch freundlich, wohlwollend, und ohne Nebenabsicht gegenueber. Das hab ich weder in Wien, noch in Frankreich, Belgien, Italien – nicht einmal in der Schweiz gefunden. Dann sind die Intellektuellen hier absolut unbestechlich, weder durch Geld, noch durch oeffentliche Ehre, noch durch Parteizugehoerigkeit. Mit der

Geselligkeit hapert es: man kennt viele Leute, sieht sie aber nicht oft. Dafuer lebt man menschlich, mit der Zeit fuer sich und Buecher und seine Kinder. Nur wenn man wirklich will, muss man Leute sehen – Verpflichtungen gibt es nicht, und wenn man irgendwo eingeladen ist und Lust hat, zu lesen, oder gar nichts zu reden, nimmt einem das niemand uebel. Mit einem Wort, das groesste Mass an persoenlicher Freiheit, das sich mit unserer Zivilisation vereinen laesst. Alles nur ideale Werte, nicht so deutlich bequem und merklich angenehm wie Autos oder Bananen und Pfirsiche, aber beinahe unentbehrlicher.

Jetzt will ich euch aber gar nicht von hier vorschwaermen und euch vielleicht das Herz schwer machen. Das Leben ist inzwischen noch graesslich schwierig, mit staendigem Herumjagen nach Essen, Kleidern, und den wenigen Vergnuegungen, die alle anderen Leute auch haben wollen, weshalb man auch um alles sich anstellen muss, selbst um Kino und Theaterkarten, um Fahrkarten, neu erschienene Buecher. Und die grosse Kaelte, und keine Autobusse. Oder der verzweifelte Mangel an frischem Obst, den man besonders der Kinder wegen sehr empfindet. Manchmal gibt es nur ein Ei per Person im Monat. Und das wird noch ein oder zwei Jahre so dauern. Also seid ihr besser dran, wo ihr seid.

Was ich aber wirklich meine, ist dass ihr versuchen sollt, euch damit zu befreunden, nicht fuer immer und ewig in Hollywood zu bleiben. Ich will euch zu Europa gar nicht zureden – hier ist es sehr sehr ungemuetlich fuer jeden, der den Krieg nicht hier mitgemacht hat und also schon die Abwesenheit der Bomben angenehm empfindet, und immer darueber entzueckt ist, keine rockets fallen zu hoeren, waehrend er sich um Fisch anstellt. Aber mit der Zeit, wenn es irgend geht, versucht doch wenigstens nach New York zu gehen, wo man ernste Musik treiben kann. Ich weiss nicht, wie ihr das machen sollt, und woher ihr die Bewegungsfreiheit nehmen sollt. Aber mir ist es doch ganz klar, dass Erichs Genie in Hollywood ganz erwuergt wird. Es kommt ein Moment im Leben, wo man sich fragt, ob man die aeusseren oder die inneren Befriedigungen haben will. Und ich kann mir denken, dass ihr sogar in einem kleinen Haus auf dem Land gluecklicher waeret, wenn Erich dafuer schoene Sachen schreibt, die eines Tages einen ehrenhaften

Rueckzug in die Stadt mit sich bringen. Ich weiss natuerlich nicht, wie sehr es ihn noch draengt. Auch war ich nie musikalisch genug, oder verstaendig genug, um das Ausmass seiner Begabung wirklich gueltig zu beurteilen. Aber mir scheint, wenn man einen maessig musikalischen Menschen wie mich nach zehn Jahren noch dazu bringen kann, zehn oder zwanzig Lieder und Themen nachzusingen, die er gern gehabt und schoen gefunden hat, dann ist das vielleicht schon ein Zeichen von grossem Talent, das seine Wirkung hinterlaesst.

Ich bin hier Mitglied einer Austro-Anglian Music Society, und hab neulich Werke von Wellesz gehoert, die mich beinahe zu Traenen geruehrt haben. Dieser reizende und geniale Mann lebt in Oxford als Lehrer fuer Musikgeschichte. Warum zum Beispiel kann der Erich nicht an einer der zahlreichen Universitaeten in Amerika lehren und an seinem eigenen Oeuvre arbeiten? Ich will euch nicht entmutigen, aber der Ruhm, den man sich mit Filmmusik erwirbt, ist ja doch temporaer und bis zu einem gewissen Grad regional. Er enthaelt keine Samen, die einmal aufgehen und ihn unsterblich machen. Aber vielleicht liegt ihm nichts an Unsterblichkeit, dann muss er immerhin an die unbeschreibliche Befriedigung denken, die ein Musiker sich waehrend seiner Lebzeiten schaffen kann. Erich! Fass Dir ein Herz. Rasier Dir den Schnurrbart ab, mit dem ich mich leider noch immer nicht befreunden kann, und wirf Dich der Kunst in die Arme. Du wirst es nicht bereuen.

Aus Wien werd ich euch hoffentlich berichten koennen, wenn ich wieder da bin. Hier hat sich ein Komitee unter Leitung vom Wellesz gebildet, die ein neues grosses Programm zum Wiederaufbau des oesterreichischen Musiklebens entworfen hat. Davon werd ich euch auch naechstens schreiben.

Euer Kind find ich entzueckend, und die Susi hat sich ueberhaupt gar nicht veraendert. Nur der Erich sieht aus – wie der Peter sagt – als hatte man ihm seine Wurst weggenommen. Und das, scheint mir, ist auch genau, was passiert ist.

Also viele Busserln,
von eurer
Hilde

# ERIC ZEISL an HILDE SPIEL

*Los Angeles, 7. Februar 1946 (Poststempel)*

Liebe Hilde!
Eben bekam ich Deinen l. Brief! Ja, ich habe innerlich mit dem Movie Schluss gemacht, habe mich an's Klavier gesetzt und in 3 Wochen ein Ballet [sic!] komponiert dessen Text Maurice Dekobra gemacht hat. Nach Ansicht meines Freundes Alex. Tansman eines der grossartigsten Stücke, die ich je geschrieben habe. – Ich habe G.s.D. an Begabung gewonnen, bin ernster reifer und noch dramatischer geworden als ich als Junge war. – Es ist merkwürdig, dass wenn man auch Jahre lang Filmdreck schreibt das wirklich echte und starke nach aufwärts drängt. – Ich arbeite gerade an der Score, was mich sehr glücklich macht aber auch ebenso anstrengt. – Was Du aus deinen Zeilen nicht zu verstehen scheinst, ist die absolute Unmöglichkeit von der ernsten Musik zu leben. Wenn Du heute einen Roman schreibst, kannst Du ihn verkaufen und davon leben. In der Musik ist es ganz anders in U.S.A. Es gibt <u>keinen</u> Verleger der ernste Werke druckt. Dadurch ist es ganz unmöglich in die breite Masse zu gelangen. Mein Verlag (Associated Music Publishers in N.Y.) hat den Aufführungsvertrieb meiner Werke übernommen, druckt aber nur die europäischen Verträge wie Hindemith, Strawinsky etc. – Dadurch ist das Komponieren ein Luxus wie es <u>nie</u> in Europa war. – Ich plane im Herbst auf eine Zeit nach N.Y. zu gehen um eine Philharm. Aufführung durchzusetzen. – Was Du ebenfalls nicht verstehst ist, dass der Job <u>nicht</u> zu Dir kommt. Du musst „around" sein mit den Producern dinnern die Weiber „titschkerln" dann setzt sich jemand für Dich ein. Ich tue <u>nichts</u> dergleichen. Ich bin mit einem 3jahre contract nach der 3maligen Aufführung der Little Symphony zur Metro berufen worden. 2 Jahre der entsetzlichsten Leiden! Lauter Paläste Aber was für eine Sorte von Menschen!! Es fehlen einem die Worte! – Jetzt bin ich seit 2 Jahren weg vom Studio und lebe vom – Zufall. – Ich habe eine Tschaikowskyoperette orchestriert, arbeite für den Operettenkomponisten Rudolf Friml. etc. Dies alles kostet Zeit. – Man müsste Tag & Nacht arbeiten. Trotz aller Schilderungen könnt ihr euch diese

entsetzliche geistige Öde unter der wir leiden gar nicht vorstellen. Trotzdem würde ich euch anraten herzukommen. Wenigstens für eine Zeit. – Bücher werden kollosal [sic!] gelesen, die Studios kaufen Story's [sic!] aus Romanen und zahlen bis 250 000 $ und mehr. – Für euch wäre Hollywood absolut eine Chance. Ebenso die N. Yorker Verleger. – Ich und Trudl würden uns riesig freuen euch zu sehen. – Also überlegt euch dies! – Ich habe mit Europa innerlich Schluss gemacht! Mein Europa ist Trudl, Barbara und – ich! – – Ich habe mir schon vor Deinem Brief den Schnurrbart abrasiert. Ich habe jetzt den goldenen Mittelweg gewählt. – Ich mache 3 Wochen meine „Jobs" und komponiere 1 Woche. – Meinen Hiob dessen erster Akt fertig ist (apropos kennst Du den Roman von Josef Roth?) – will ich ebenfalls beenden. Der Text wird jetzt in N.Y. fertig gemacht. Hoffe bei der Art wie ich jetzt komponiere im Jahre 1954 fertig zu sein falls ich noch lebe. – Du siehst ich bin through mit Hollywood! – – Jetzt aber bitte erzähle mir was Du und Peter schreibst. Mich interessiert es brennend. Wenn ihr mir eines eurer neuen Werke sendet schicke ich euch meinen 92ten Psalm der jetzt in N.Y. erscheint. (Ein jüdischer Verlag der hereinsprang!) – Ich habe mich damit abgefunden Werke zu schreiben von denen ich nicht leben kann um wenigstens die innere Befriedigung zu bekommen. – Habe Lisl [sic!] eine Weihnachtskarte mit einem Thema von einem meiner Lieder gesandt ohne Antwort. – Sie ist ein pathologisches Schwein und gehört zu dem noch fetteren Schwein Grossmann. Von Beiden will ich nichts mehr wissen. – Gibt es in London Cafeehäuser? Wenn man so um 4h nachmittags mit seiner Arbeit fertig ist und absolut <u>nirgends </u>hin kann! – Nun ihr werdet ja sehen! – Vielleicht komme ich eines Tages nach London, sollte ich wieder <u>notgedrungen</u> Filme machen – Jedenfalls bin ich doch ein bischen [sic!] bös auf Dich, dass Du von mir annimmst nach Komposition von 30 ernsten Werken ein Filmjude geworden zu sein. Pfui Teufel!
    Grüsse Peter herzlich. Servus Erich

*Abb. 18: „War Correspondent" Hilde Spiel, Grinzinger Bad, Juli 1946 (ZN)*

# Es müsste aber vielmehr entnazt sein ehe ich mir hintraute

## HILDE SPIEL an ERIC und GERTRUD ZEISL
(Typoskript)

London, 18. April 1946

Meine lieben Zeiserln,
Euer Brief kam an, waehrend ich in Wien war, und seither war zu viel los. Ich kann euch nicht schildern, wie mir zumute war. Die Liebe zu den Doppelfenstern, den Lambrequins, den grauen Steinbauten, den Heiligen am Himmel, den komisch graugelben Winterstraeuchern, dem armseligen Beserlpark von einem Stadtpark hat den Abscheu vor den groben und lebensueberdruessigen Wienern ueberwogen. Ausserdem gibt's dort soviel Kulturleben dass einem schwindlig wird. Hofmannsthal und Thornton Wilder in der Josefstadt, die schoenste Othelloauffuehrung in der Oper seit Jahren – ich lernte den Bariton Paul Schoeffler kennen und bekam daher ununterbrochen Sitze, auch vom Hauptregisseur, einem Mann namens Schuh. Konzerte, Ausstellungen (gerade eine grosse vom Dobrowsky, der euch innig gruessen laesst). Sonst natuerlich Hunger, Elend, Schleichhandel, Zerstoerung, ewige Streitereien auf der Elektrischen, eine Denunziererei und Weisswaescherei sondergleichen. Aber wenn man dann nach Doebling faehrt, oder zum Heurigen geht – verstohlen, weil keine offen sind, nur wenn man „Beziehungen" hat – und wenn man so auf die Moelkerbastei schaut, oder vom halb zerbombten Belvedere herunter, greifts einem schrecklich ans Herz. Ich hab dort die wirklich wahnsinnigste Zeit meines Lebens verbracht. In englischer Uniform, furchtbar verhaetschelt von den speichelleckerischen Wienern, zu Empfaengen im Richard Strauss-Palais eingeladen, in dem ein englischer General wohnt, im Palais Kinsky taeglich gegessen –

und dahinter das unsaegliche Elend der Wiener, die einem aber bis auf einen gewissen Teil nicht sympathisch sind. Vor allem weil es zum grossen Teil Dorfbewohner sind, die irgendwie in die Stadt verschlagen wurden. Die feinen und meistens diffamierten Wiener sind in Salzburg und Linz.

Ich traf die Hedda [Salzer] mehrmals, leider nicht oft genug, weil ich so abgehetzt von einer Sensation in die andere rannte. Ich musste ja schliesslich mein Material zusammenkriegen. Ausserdem war ich in Kaernten, am Woerther und Ossiachersee, sogar auf der Kanzel beim Skifahren. Dort hat es mich gepackt, und nach drei Tagen fuhr ich heulend nach Wien zurueck. Diese Schoenheit war zu viel fuer mich. Es ist unertraeglich herrlich dort, und der einzige Ort der Welt, wo man weiss, dass man lebt.

Ich kann heut nicht mehr schreiben. Ich bin immer noch ganz wurlert. Schreibt mir bald. Wenn der Erich was zum Auffuehren in Wien hat, schickt es sofort. Ich leite es sofort an hoechste Kreise weiter. Das ist absolut tief ernst. Immer eure Hilde

„Danke Dir vielmals für Deine l. 2 Briefe. Wir waren beide so aufgeregt, wie wir das Bild vom Grinzingerbad bekamen. Nur das [sic!] man lauter verhungerte ‚Body's' sieht erklärt die Nachkriegszeit. Ich möchte auch sehr gerne nach Wien. Es müsste aber vielmehr entnazt sein ehe ich mir hintraute."[195] – So Eric Zeisls später folgende Antwort auf einen der Wien-Berichte Hilde Spiels und die Reaktion auf ein Foto, welches die Autorin in britischer Uniform im Juli 1946 im Wiener Grinzinger Bad zeigt. Hilde Spiel reist im Jänner 1946 im Auftrag des *New Statesman* erstmals wieder nach Österreich, als „War Correspondent" berichtet sie den Engländern zur sozialen und politischen Situation in der ehemaligen Heimat – „kein beschreibbares Gefühl", so die Autorin später, nichts, „das man in einem Satz ausdrücken"[196] kann. In eine „merkwürdig gespaltene Haltung, eine Schizophrenie"[197] ist sie mit dem Aufenthalt in Wien versetzt. Den Zustand des Entferntseins fühlt sie heftig am „topo-

---

[195] Eric Zeisl an Hilde Spiel, undatiert.
[196] Zitiert nach Wiesinger-Stock, *Hilde Spiel*, S. 92.
[197] Zitiert nach Ebd., S. 93.

graphisch genau bestimmbaren Ursprung"[198] ihrer „Einheit mit Wien" – dem Pfarrplatz in Heiligenstadt. Im Nachkriegs-Wien findet Hilde Spiel sich als Staatsbürgerin des vormals gegnerischen Landes wieder, in der Uniform der bis vor kurzem feindlichen Armee: „Ich blicke mich im Zimmer um und gewahre mein Gesicht in der Spiegelkonsole. Bleich unter der Khakimütze – obwohl meine Wangen noch ein wenig fiebrig gerötet sind – und mit den allzu sichtbaren Spuren eines langen, ermattenden Krieges, paßt es wenig zu diesem Zimmer, das einem anderen Zeitalter anzugehören scheint. Hinter mir im Spiegel sehe ich den burgunderroten Bettüberwurf, die Mahagonikommode und die weiße Marmorplatte des Nachttischs. Sie alle gehören zu einem Alptraum, der mich immer wieder im Krieg bedrängte, in dem ich meinte, nach Wien versetzt zu sein – eine Feindin in meinem Vaterland, mit englischem Geld in der Tasche, mit englischen Worten auf der Zunge, indes meine Muttersprache mir in der Kehle gefror. […] Noch jetzt, in diesem Augenblick, spüre ich den schalen Nachgeschmack der Angst, die mich im Traum erfüllte. Ein rettungsuchender Blick aus dem Fenster. Eben biegt ein Jeep ratternd um die Ecke der Kärntnerstraße. Der Krieg ist vorbei. Und ich bin in Wahrheit zurückgekehrt."[199] Die Autorin hält ihre *Rückkehr nach Wien* über Tagebuch-Aufzeichnungen fest, Subjektivität und Objektivität scheinen darin in Balance gehalten, der Text ist persönlicher Kommentar und zeithistorisches Dokument zugleich und wird als *Rückkehr nach Wien. Tagebuch 1946* im Jahr 1968 publiziert. Hilde Spiels an die Zeisls persönlich gerichtete Aufzeichnungen über Wien traumatisieren und emotionalisieren die „amerikanisierten" Österreicher. Auf die von Eric imaginierte Szene, die ihm Hilde in englischer Uniform nach Wien setzt, reagiert dieser unmittelbar: „Ich glaube ich würde vor seelischer Erschütterung tot umfallen."[200]

Die Zeisls, aufgewühlt in Ambivalenz zwischen heftigem Heimweh nach Wien – „I am sometimes so homesick that you would not believe it"[201] – so Gertrud – Trauer, Wut und Schock über das Geschehene – „Nach Wien würde ich lange Zeit nicht gehen. Beide Eltern verloren! Diese

---

[198] Spiel, *Helle und finstere Zeiten,* S. 226.
[199] Spiel, *Rückkehr,* S. 20f.
[200] Eric Zeisl an Hilde Spiel, 17. Mai 1946.
[201] Gertrud Zeisl an Hilde Spiel, 1. Dezember 1945.

Wiener ‚Schleimhäute'. Pfui Teufel!" – so Eric – und auch Angst vor dem möglichen Zustand Wiens des „Nichtentnazt-Seins", sehen zumindest in einer in Aussicht gestellten Radioausstrahlung die Möglichkeit eines Brückenschlags nach Europa – *Cossack Dance* aus *Hiob*, für die Aufführung 1939 im Pigalle in der Klavierfassung gebracht, liegt in den Vereinigten Staaten in orchestrierten Teilen vor: *Job. Excerpts*: I. *Prelude*, II. *Menuhim's Song*, III. *Cossack Dance*. Bereits 1940 dirigiert Ernö Rapée *Overture* und *Cossack Dance* für National Broadcasting System, nun soll Leopold Stokowski (1882–1977) im August 1946 unter dem publikumswirksamen Titel „Symphony Under the Stars" anlässlich der „Silver Jubilee Season" in der Hollywood-Bowl Teile des *Hiob*-Stücks bringen: „Es wird auch im Radio übertragen und da es das Silverjubileejahr der Bowl ist, so ist vielleicht eine Möglichkeit, dass die Sendung auch nach Europa geht, dann könntest Du zuhören, das wäre ein grosser Spass für uns."[202] Amerikasymptomatisch ist die Programmgestaltung des „Silver Jubilee"-Konzerts: Zeisls Opernstück findet sich neben Werken Wolf-Ferraris, Villa-Lobos', Saint-Saëns', Turinas, Tschaikowskys, Griegs, Amfitheatrofs, McKay's und Lalos in einer wohl mehr willkürlich als über Programmidee arrangierten Auswahl von bezuglos aneinandergereihten Werken oder Werkteilen: *Bachianas Brasileiras* neben *Samson and Delilah*, *Hiob* zwischen *Peer Gynt* und *Symphonie Espagnole*.[203]

Im Juni 1945 stellt Zeisl eine für Brass-Chor und Perkussion konzipierte *Fanfare for Stokowski* fertig – das Stück ist vom Komponisten als möglicher Teil des Hollywood-Bowl-Konzerts der „Jubilee-Season" 1946 gedacht, zu einer Aufführung gelangt es jedoch nicht. Auf Anregung Leopold Stokowskis arbeitet auch Arnold Schönberg im August 1945 an einer *Fanfare für ein Bowl-Konzert über Motive aus den Gurre-Liedern* für Blechbläser und Schlagzeug: Schönbergs Intrada-Stück bleibt mit 45 Takten Fragment.

Seine Eindrücke vom Europa der Nachkriegszeit übermittelt auch bald Alexandre Tansman. Als einer der ersten Remigranten der Hollywooder Exilantenzirkel verlässt er im Mai 1946 mit seiner Frau Colette – sie ist die Tochter des Komponisten Admiral Jean Cras, Pianistin und

---
[202] Gertrud Zeisl an Hilde Spiel, 17. Juni 1946.
[203] Programmheft: *Hollywood Bowl Magazine, Silver Jubilee Season*, August 1946 (ZN).

Interpretin der Werke Tansmans und verstarb bereits 1953 – und den beiden Töchtern Mireílle und Marianne die Vereinigten Staaten. Vor dem Auslaufen des Schiffs schreibt Tansman von New York nach Los Angeles, um sich von seinen „dearest friends" zu verabschieden. Es ist dies der erste Brief intensiver und stetig geführter Korrespondenz. Der in Polen geborene Tansman, seit 1919 in Paris, dort französischer Staatsbürger, flüchtet mit Ausbruch des Zweiten Weltkriegs über Lissabon in die Vereinigten Staaten, als Filmkomponist landet er in Hollywood, schreibt dort etwa für *Flesh and Fantasy* (1943), *Since You Went Away* (1944) oder *Destiny* (1944), der 1945 erscheinende Film *Paris Underground* bringt ihm 1946 die Nominierung für den Academy Award zur besten Musik.[204] Über die Filmmusikszene in Hollywood lernt er Eric Zeisl kennen.

Tansmans Œuvre gestaltet sich vielschichtig: Mit Werken wie *Isae le Prophète* (1949/50) und *Eli, Eli lamma sabachtani* (1966) zählt auch er zu jenen Komponisten, welche den Holocaust-Schock musikalisch verarbeiten. Bereits 1945/46 greift er in den liturgischen Stücken *Kol Nidrei* und *Ma tovu* auf jüdische Sujets zurück.[205] Tansman ist einer der an Nathaniel Shilkrets (1895–1982) *Genesis*-Projekt Komponierenden: Shilkret, Sohn einer österreich-jüdischen Immigrantenfamilie, bittet 1945 europäische, überwiegend jüdische Exilkomponisten um Beiträge für eine Kantate nach dem Buch *Genesis* – Arnold Schönberg (*Präludium*), Shilkret selbst (*Schöpfung*), Alexandre Tansman (*Sündenfall*), Darius Milhaud (*Kain und Abel*), Mario Castelnuovo-Tedesco (*Sintflut*), Ernst Toch (*Verheißung*) und Igor Strawinsky (*Babel*) komponieren die sieben Sätze fassende Suite. Das Werk, eine „hoffnungslos unvereinbare Mischung von Stilen, Techniken und Grundhaltungen",[206] kommt am 18. November 1945 unter Werner Janssen in Los Angeles zur Uraufführung. Das knappe Nebeneinander verschiedener Stilistiken mag irritierend, gerade aber deshalb interessant sein. Die wirkliche Bedeutung des Projekts liegt jedoch wohl in der vielschichtigen Auseinandersetzung mit Themen jüdischen und biblischen Inhalts. Die der Beschäftigung mit jüdischen Sujets immanente Symbolik verbindet so wie Milhaud und Zeisl auch Tansman und Zeisl: Eric Zeisls

---

[204] http://www.imdb.com/name/nm0849820, 13.05.2008.
[205] Brill, *Darius Milhaud und Alexandre Tansman*, S. 163-188.
[206] Zitiert nach Gruber, Gerold W. (Hg.): *Arnold Schönberg. Interpretation seiner Werke*. Bd. 2, Laaber 2002, S. 117.

*Brandeis Sonata* für Violine und Klavier (1949/50), welche im *Andante religioso (hebraique)* in Töne gesetzte jüdische Idiomatik spricht, ist dem Freund Alexandre (Sasha) Tansman gewidmet.

Neben dem Reflektieren jüdischer Tradition ist Tansmans Schaffen auch von Einflüssen polnischer Folklore, vom Werk Maurice Ravels (1875–1937) und Igor Strawinskys (1882–1971) geprägt, mit welchem Tansman befreundet ist und dessen Biographie *Igor Stravinsky. The Man and his Music* er 1949 veröffentlicht. 1939 lässt Strawinsky sich in den Vereinigten Staaten nieder, ab 1940 wohnt er in Kalifornien, im selben Jahr heiratet er Vera de Bosset, 1945 wird er amerikanischer Staatsbürger. Am 14. August schreibt Darius Milhaud aus Aspen an Eric Zeisl: „Dear Eric, Thank you for your letter. We are leaving for Paris Sept 14 and will be back to Mills end of next June as usual. Did Bob Kraft finally left with the Igors? The music is wonderful here. Many greetings to the Z. Trio from Madeleine and D.M."[207] Mit Robert Craft (*1923) nennt Milhaud Igor Strawinskys Assistenten und engsten Vertrauten, der junge Dirigent und Musikwissenschaftler steht den Strawinskys sowohl in Kalifornien als auch später in New York nahe. Craft schreibt das Libretto zu *The Flood* (1961/62) und arbeitet gemeinsam mit Strawinsky etwa an *Conversations with Igor Stravinsky* (1959), *Memories and Commentaries* (1960), *Expositions and Developments* (1962), *Dialogues and a Diary* (1963), *Themes and Episodes* (1967) oder *Retrospectives and Conclusions* (1969). Von 1940 bis 1969 lebt Igor Strawinsky in 1260 Wetherly Drive, Los Angeles, 1948 kommt Robert Craft in sein Haus. Über die ersten Exil-Jahre in Hollywood weiß Craft zu berichten: „Die Sprache, die Freunde, der Charakter des Heims waren fast ausschließlich russisch. Die engsten Freunde der Strawinskys im Los Angeles der frühen vierziger Jahre waren Russen [...], Russen waren auch die Ärzte, die Köche, die Gärtner und die Schneiderin. Der übrige Kreis um den Komponisten bestand weitgehend aus Flüchtlingen – den Werfels, Szigetis, Montemezzis, Castelnuovo-Tedescos, Rubinsteins und anderen, nicht so bekannten –, mit denen Strawinsky französisch oder deutsch sprach."[208] Über den Strawinsky-Freund Tansman lernen die Zeisls die „Igors" kennen, kurze Notizen und

---

[207] Darius Milhaud an Eric Zeisl, 14. August 1951.
[208] Zitiert nach Dömling, Wolfgang: *Igor Strawinsky*. Reinbek bei Hamburg 1982, S. 108f.

Nachrichten aus Wetherly Drive sprechen von gegenseitigen Besuchen und Glückwünschen zu den Festivitäten des Jahres. Im November 1951 kommt Post aus der Schweiz: „Greetings! 3 more concerts and we take the plane to New York. We long to be back in America. Maybe as tourists we would appreciate Europe much more, but in our case it is tiring to change all the time cities, trains, climat and doctors. I hope you are all well. Best wishes from us Vera Stravinsky."[209] Spricht Zeisl im Mai 1946 gegenüber Hilde Spiel von den „paar ‚Grossen' mit denen man verkehrt", von „Strawinsky welcher" ihm „sein neues Ballet [sic!] widmete", so denkt er an sein Exemplar der Taschenpartitur von Strawinskys Orchesterwerk *Scènes de Ballet* (1944), welches die Widmung trägt „To Erick Zeissel [sic!] cordially IStravinsky Hollywood Wetherly Dr April 1946." Igor Strawinsky, der auf Zeisls *Requiem Ebraico* spontan reagiert – „I am deeply touched it is a wonderful work!"[210] – schreibt mit seiner Frau Vera nach Zeisls Tod an Gertrud Zeisl: „Liebe Madame, Von Ihrer Mutter haben wir gerade von dem großen Verlust erfahren, der Sie getroffen hat. Aus diesem sehr traurigen Anlass sprechen wir Ihnen und Ihrer Tochter gegenüber unsere größte Anteilnahme aus. Persönlich bereitet uns der Tod Eric Zeisls tiefe Trauer, er war ein so guter Mensch, so voller Enthusiasmus. Glauben Sie uns, liebe Madame, unsere aufrichtigen und hingebungsvollen Gedanken sind bei Ihnen. Igor Stravinsky Vera Stravinsky Hollywood 20 Februar 1959"[211]

Von 610 N. Bedford Drive, Beverly Hills, Los Angeles, meldet sich Alma Mahler-Werfel im September 1946. Sie studiert Zeisls Psalmkomposition, möchte Teile daraus vom Komponisten selbst gespielt hören. Inmitten der Briefe Hilde Spiels, Alexandre Tansmans, Alfred Schlees und Joseph Marx', welche bis auf die erste Tansman-Nachricht aus Europa eintreffen und im Zeitraum von April 1946 bis Februar 1947 geschrieben werden, mutet Almas Notiz – wohl nicht zuletzt auf Grund der Schreiberin selbst – eigentümlich exotisch an. Alma Mahler-Werfel trifft in Hollywood regelmäßig mit den Zeisls zusammen, ein späteres Telegramm nach 8578 West Knoll Drive, Hollywood 46, bringt auch Almas und Gustav

---

[209] Vera Strawinsky an Eric Zeisl, 3. November 1951.
[210] Eric Zeisl an Hilde Spiel, 17. Juni 1946.
[211] Kondolenzschreiben Igor und Vera Strawinsky an Gertrud Zeisl, 20. Februar 1959.

Mahlers Tochter Anna Mahler in die Szenerie: „I am so sorry but am not well enough to come please come to my daughter for cocktails on Wednesday 13th Yours Alma Mahler"[212]

## ALEXANDRE TANSMAN an ERIC und GERTRUD ZEISL

*New York, 10. Mai 1946*

Dear friends,

We are waiting only monday – the boat had 3 weeks delay, and we are quite exhausted by New York.

I talked about you with quite many people, and I hope, it will bring some result, though you never know. People promise you often a lot of things .. and forget about them as soon as you are away.

We also miss deeply your so rare and faithful friendship and want you to feel that it is sincerely reciprocated and that we consider you as among our dearest friends, with whom we want to remain in contact and whom we want to see again very soon. I hope, that wish will be soon fulfilled.

I saw here a lot of people, had many interviews etc. but we are terribly tired from this „rest" in New York and we are counting the hours to board the boat and relax a little from this perpetual excitement. To-morrow evening I still will attend a performance of a work of mine – the rehearsals were very pleasant; saturday the whole day will be taken by the registry of the bagage; sunday the last visits here of many friends and monday the „installation" of our cabin.

I hope to find a nice and big letter from you on our arrival to Paris (23, rue Bernhard, Paris 7). Tell me also if my pupil, Salag, is working with you and how it goes?

Well, this is the real goodbye this time. With all our very affectionate thought and love

---

[212] Alma Mahler-Werfel an Eric Zeisl, 5. März 1957.

Your ever
Sasha

P.S. If you hear my <u>6th Quartet on May 25</u> on the Intern. Festiv. (Jacobs) – write me, how it was played.

## ERIC ZEISL an HILDE SPIEL

*Los Angeles, 17. Mai 1946 (Poststempel)*

Liebste Hilde!

Trudl und ich waren <u>so</u> aufgeregt über Deinen Brief ich kann Dir es gar nicht sagen. In Wien zu sein in englischer Uniform. Ich kann mir überhaupt nicht vorstellen, wie man dies aushalten kann. Ich glaube ich würde vor seelischer Erschütterung tot umfallen. Es wird noch lange dauern bis wir dies überstanden haben. Wenn Du so schreibst – „der einzige Platz, wo man wirklich lebt" <u>Du</u>, die Du doch in Europa bist, was sollen denn <u>wir</u> sagen! Wir leben nicht wir vegetieren, allerdings mit vollem Magen! Das einzige was Du hier wirklich hast! Alles andere ist „Job", Work. etc. – Die Tage laufen ab ganz inhaltslos. Das einzige was einem freut sind die paar „Grossen" mit denen man verkehrt. Strawinsky welcher mir sein neues Ballet [sic!] widmete. Apropos Ballet ich habe ein unerhörtes Ballet geschrieben! Hoffe es in N.Y. heraus zubringen – Korngold, Toch, Tansman, Milhaud, allen, allen ist gleich langweilig. Ich arbeit' und mir ist fad ist der hiesige Slogan. – Ich gebe den Gedanken nicht auf an Europa und sei es auch nur am Ende meines Lebens. London, oder Paris. Nach Wien würde ich lange Zeit nicht gehen. Beide Eltern verloren! Diese Wiener „Schleimhäute". Pfui Teufel! – Ihr solltet versuchen nach Hollywood zu kommen. Kinder da ist Geld! Wenn Du halbwegs Glück hast und eine Story verkaufst, kannst Du den Rest Deines Lebens in Döbling verbringen mit 4 Dienstboten und 2 Autos. Yes. That's U.S.A. – Ich habe zwar ein schönes Auto, Villa, etc. bin aber weit vom „Jack Pott" [sic!]. Während ich euch das schreibe kann sich alles verändern das ist Amerika! Liebste Hilde und Peter schreibt so oft es geht! Von

Peter habe ich grossartiges im Aufbau gelesen. Ihr seid 2 tüchtige Menschen. Alles Liebe

von Eurem Erich

P.S. Bezüglich Musik wird Dir die Trude extra schreiben, wenn wir die Noten ausgesucht haben!

Abb. 19: „ein schönes Auto, Villa, etc.": Eric und Barbara Zeisl, um 1945 (ZN)

Hilde Spiel versucht über ihre Kontakte, wenn nicht eine Rückkehr Eric Zeisls, so zumindest die Rückkehr seiner Werke in die österreichische Musiklandschaft zu ermöglichen. Beides misslingt: Nie wieder betritt Zeisl österreichischen Boden und erst in jüngster Zeit finden seine Werke in der ehemaligen Heimat die verdiente Resonanz. Zeisl selbst kontaktiert 1946 die Wiener Universal Edition, welche in der Sammlung *Neues Liedschaffen aus Österreich*, einem 1935 publizierten Album zum „Zweck der Propagierung des Schaffens österreichischer junger Komponisten",[213] Zeisls *Liebeslied* (1935; *Des Knaben Wunderhorn*) veröffentlicht. Im Jahr

---

[213] Universal Edition (Alfred A. Kalmus) an Eric Zeisl, 21. September 1934.

1937 ediert der Wiener Verlag auch *Scherzo und Fuge für Streichorchester*. Wie dem nachfolgenden Brief Zeisls an Alfred Schlee (1901–1999), den damaligen Direktor der Universal Edition, zu entnehmen ist, soll ein noch vor März 1938 abgeschlossener Vertrag zur Veröffentlichung der *Kleinen Symphonie* existieren.

Schwerpunktsetzung auf Neue Musik und somit die Förderung der Wiener Avantgarde bestimmen das Profil der Universal Edition. Emil Hertzka (1869–1932), seit 1907 Direktor des Verlags, fördert früh Komponisten wie Mahler, Schönberg, Berg, Webern, Zemlinsky, Casella, Janácek, Szymanowski, Bartók, Kodály, Weill, Eisler, Krenek, Milhaud oder Malipiero. Hertzka führt den Verlag bis zu seinem Tod im Jahr 1932, ab dann bilden Hugo Winter, kaufmännischer Verlagsdirektor seit 1910, Hans Heinsheimer (1900–1993) und Alfred A. Kalmus (1889–1972) das neue Direktionsgremium. 1927 wird der Musikwissenschaftler, Instrumentalist und Musiktheoretiker Alfred Schlee Mitarbeiter der U.E. als deren Berlin-Repräsentant. Mit der Nazi-Machtergreifung gelten viele der durch den Verlag vertretenen Komponisten als „entartet" und werden boykottiert. Schlee, von 1938 bis 1945 Mitarbeiter der Wiener Verlagsniederlassung und von Zeisl beschrieben als einer, der „nie dazugehört hat", kann wertvolles Material jüdischer Tonschaffender in Sicherheit bringen. Nach dem Krieg ist er maßgeblich am Ausbau der Universal Edition als weiterhin bedeutende Vertretung der Moderne beteiligt, gemeinsam mit Ernst Hartmann, der in Schlees Abwesenheit auch die Korrespondenzen übernimmt, leitet er die Geschicke des Verlagshauses.

Der Briefwechsel mit Alfred Schlee wird zur eigenen Ader in Zeisls Korrespondenz: Anliegen des Komponisten ist es, die 1935/36 nach Gemälden Roswitha Bitterlichs komponierte *Kleine Symphonie* definitiv „wieder" unter Vertrag und publiziert zu sehen. Im Hervorheben der Popularität des Stücks in den Vereinigten Staaten wiederholt Zeisl oftmals seine Argumentation, mitunter gerät die Kommunikation ins Stocken, wird wieder aufgenommen, bis letztlich der Vertrag nach langwierigem „Hin und Her" besiegelt werden kann – das US-Erfolgsstück erscheint 1953 in der Londoner Verlags-Dependance. Auf seine Lieder verweisend, erwähnt Zeisl gegenüber Schlee die *Kinderlieder* (1930/31), welche sowohl in Klavier- als auch in Orchesterfassung vorliegen und in Österreich etwa von der Sopranistin Marianne Mislap-Kapper gesungen oder von Rudolf Nilius dirigiert werden. Die Orchesterversion der

*Kinderlieder* (*Im Frühling, wenn die Maiglöckchen läuten, Triumphgeschrei, Wiegenlied, Sonnenlied, Auf dem Grabstein eines Kindes, Kriegslied*) übernimmt Nilius mit den Wiener Symphonikern in einem Ravag-Konzert am 22. Juni 1934. Später dirigiert Kurt Herbert Adler die Lieder, welche „in Melodie und Deklamation kindliche Töne" anschlagen, „doch zeigt ihre komplizierte Harmonik, daß sie zwar von Kindern handeln, aber (ähnlich Schumanns ‚Kinderszenen') nicht für Kinder bestimmt sind."[214] Vergleichbar der Bitterlich-Symphonie kommen die *Kinderlieder* in ihrer Fassbarkeit auch dem US-Publikum entgegen – Zeisl selbst begleitet drei der Lieder am 22. August 1946 in San Francisco in einem „debut recital of Josephine Paratore, young lyric soprano, [...] at the Colonial Room, St. Francis Hotel" und verweist darauf in den Briefen an Schlee. „Eric Ziesl's [sic!] modern English children's songs", werden durch die Presse als von „unusual interest in Miss Paratore's program"[215] eingeschätzt. Der *Pacific Coast Musician* befindet die Lieder für „especially impressive on that occasion, the choice being more to our liking. ‚Cradle Song', ‚Sun Song', and ‚On the Tombstone of a Little Child'".[216] Auch auf die in Österreich vormals erfolgreichen *Mondbilder* (1928) für Bariton nach Christian Morgenstern (1871–1914), ebenso in Klavier- und Orchesterfassung vorliegend, verweist Zeisl. Ins Skurrile schwenkt er mit den Morgenstern-Vertonungen, Holz- und Blechbläser, Streicher, Schlagwerkensemble und Harfe bringen Lyrik, Humor und Groteske zur Geltung. Die Uraufführung der Orchesterversion übernimmt Rudolf Nilius mit dem Wiener Sinfonieorchester und dem Solisten Hans Duhan (1890–1971) am 18. Dezember 1932. Ein charakteristisches Rahmenmotiv bindet die Sätze *Der Mond steht da wie ein alter Van Dyck, Eine goldene Sichel in bräunlichen Garben, Groß über schweigenden Wäldern und Wassern* und *Durch die Abendwolken fliegt ein Bumerang* zum Zyklus. Robert Konta rezensiert die Ravag-Uraufführung für *Radio Wien*: „Der erste Gesang ist eine humoristische Studie des Vollmondes, der wie ein feistes Gesicht auf den Beschauer wirkt. [...] Der zweite Gesang ist lyrisch. Zarte sordinierte Geigen und die Celesta leiten in ein Thema der gedämpften Trompete über; ihr herber Klang trägt in die lyrische Grundstimmung das Sarkastische des Morgen-

---

[214] *Reichspost.* 3. Mai 1936 (ZN).
[215] Zeitungsausschnitt ohne Angaben (ZN).
[216] *Pacific Coast Musician.* 7. September 1946 (ZN).

sternschen Humors. […] Der dritte Gesang beginnt mit einem mächtigen Thema in breiten Bläserakkorden, das die Stimmung des über Wäldern aufgehenden Mondes schildert; ein großes Trompetensolo ist der musikalische Höhepunkt dieser stimmungsmalerischen Episode. […] Der vierte Satz setzt mit einem Presto ein. […] Der Musiker verwendete für dieses Gemälde die Streicher, gedämpfte Trompeten und gedämpfte Posaunen, Xylophon und volles Schlagwerk als Farben. Die Singstimme vermittelt das eigentümlich Trunkene der Stimmung."[217] Auch das ursprünglich als Radio-Oper gedachte Singspiel *Leonce und Lena* (1937), welches vermutlich in Heinrich Swoboda, dem damaligen Leiter des deutschsprachigen Radiosenders der ehemaligen Tschechoslowakei, einen Initiator hat, zählt Zeisl zu seinen österreichischen Erfolgen vor 1938. Mit Wilhelm Loibner (1909–1971) nennt er in diesem Zusammenhang den bei Clemens Krauss (1893–1954) und Franz Schmidt (1874–1939) ausgebildeten, ab 1937 an der Wiener Staatsoper tätigen Kapellmeister. Die Gesprächsader Zeisl-Schlee steht für Eric Zeisls nach Kräften versuchte Rückkehr in das österreichische Musik- und Verlagswesen.

## ERIC ZEISL an ALFRED SCHLEE (Typoskript, Archiv der Universal Edition)

*Los Angeles, 22. Mai 1946*

Lieber Herr Schleh [sic!]!
Ich habe gestern zu meiner Freude von Hanns Eisler gehört, dass Sie weiter in der U.E. walten.
Ich möchte Sie nun fragen, wie sich die U.E. zu meinem Fall stellt. Ich hatte doch knapp vor Hitler einen Vertrag auf den Druck der „Little Symphony" „Kleine Symphony [sic!] nach Bildern der Roswitha Bitterlich mit U.E. abgeschlossen. Das Werk hat nichts an Wert eingebüsst und würde glaube ich heute in Europa und der ganzen Welt grossen Anklang finden, wenn es gedruckt würde. In Amerika wurde das Werk über NBC premiered und hatte einen

---

[217] Konta, Robert: *Neues von österreichischen Komponisten*. In: *Radio Wien*. 1932/12, 9. Jg., S. 8f.

richtigen Sensationserfolg. Es wurde über Verlangen des Publikums nach 14 Tagen wiederholt und noch ein 3tes mal im selben Jahr über dieselbe Station gespielt ein selbst für klassische Werke seltener Repertoireerfolg. Ich glaube dass Sie wenn Sie ihren Katalog auffüllen wollen kein besseres Stück haben können, dass so echt österreichisch und dabei so allgemein interessant und publikumswirksam ist.

Ich möchte Sie auch gerne für meine Lieder interessieren, namentlich die Kinderlieder, die seinerzeit in Europa so viel gesungen wurden. Auch meine Mondbilder nach Texten von Morgenstern haben grosses Aufsehen in Deutschland gemacht, es war aber zu knapp vor Hitler für den Druck. Ich könnte Ihnen viel Material senden, wenn Sie dafür Interesse haben.

Erinnern Sie sich noch an meine kleine Radiooper Leonce und Lena, die ich Ihnen bei Dir. [Hugo] Winter vorgespielt habe und sie sagten sie würde für Deutschland ein Schlager sein, wenn Sie sie nehmen dürften. Ich könnte Ihnen ca. 10 Klavierauszüge, die ich vor meiner Abreise mach [sic!] liess zur Verfügung stellen. Ungefähr einen Monat vor dem Einmarsch Hitlers wollte [Wilhelm] Loibner, der noch jetzt an der Oper ist das Werklein im Schönbrunner Schlosstheater herausbringen.

Ich lege anbei einen Katalog bei, aus dem Sie ersehen können, dass ich mir auch in Amerika einen guten Namen gemacht habe. Ich bin überzeugt davon, dass ich auch in meiner Heimat nicht vergessen bin und würde mich sehr freuen von Ihnen zu hören. Ich habe oft in all den Jahren an Sie gedacht und Ihnen Glück gewünscht wissend dass Sie einer der wenigen waren, die nie „dazugehört" haben.

Auf recht baldige Antwort von Ihnen hoffend
bin ich herzlichst
Ihr
Eric Zeisl

## HILDE SPIEL an ERIC und GERTRUD ZEISL
(Typoskript)

*London, 27. Mai 1946*

My dear Zeiserls

I can never get down to a real long letter these days, I'm busier than ever running my house, translating a novel for Switzerland, and functioning as a sort of go-between to Vienna. But I think of you often and I wish you would send me some new music of Eric's to send on to Vienna. He simply must get into contact with them again. In a year or two they will be on top again musically, and you will want to go there, anyway, if only for a visit.

Via Koenigsgarten I hear that Eric's written a new opera. Is it true? I should be so excited if it were.

You must forgive me for not writing sooner, or longer. I'm expecting Peter home on leave and we want to make up our minds whether to take the children over to Berlin for a year or two, where we should get half a villa and be looked after by the British Army. It would certainly mean better fun, just before we settle down in London again for good.

Well, my dears, much love to you both. Here are my two children, by the way, I hope you like them.

Write, write, write,
Yours ever
Hilde

## ALEXANDRE TANSMAN an ERIC und GERTRUD ZEISL

*Paris, 1. Juni 1946*

My dear Eric and Trude,

Thank you for your sweet letter, we received on arrival. I am glad that you liked my Quartet – if you saw some notices about it, please send them to me.

We still are in delight of Paris and it seems like a dream to be here. It is still impossible to have some definite impressions after 5 days, spent mostly with the family. and in organizing our life, but the first impressions are extremely favorable and promising. The conditions seem immensely improved, as far as food, transportation etc. are concerned, the people are extremely nice and kind; I did'nt [sic!] notice a slightest trace of xenophobia or antisemitism as far – and the music seems to florish. I did'nt take the opportunity to hear something, as we are too busy with the installation, but we saw the programs on posters – there is more contemporary music anounced [sic!] for the coming two weeks (in June!) than in L.A. in a whole year.

I did'nt see as yet my friends – I will begin next week my activity, have some interviews for the papers and meet people, as until now nobody knows that we are back. To make a recapitulation – until now it seems a heaven, but these are only the first impressions, and I will write you later how far they are correct.

We are happy that you have a good teaching activity – it is better than run after pictures and you will find one easier, if you do'nt [sic!] have to depend on them. I will see if there are some possibilities for you here, as soon as I see a little clearer the situation for myself.

If you find in the Musical Courier and America my interviews and picture (around May 15th) could you send me just the pages of it – thank you in advance.

We speak both very often about you and miss you very much – you know that we love you and consider you as most dear friends. The girls are most happy here – they are terribly spoiled by all the family and take advantage of it, they made here „a big success" and they speak often of Barbara.

I will write you soon, when I have seen some more of the musical life in Paris, as until now we saw only our family, and publisher, Sacene etc

I know, you remember us and we hope that our meeting will be very soon. Write more about you, our friends, „life in Hollywood" etc.

We expect to hear from you very soon again.
With our heartest friendship
Sasha

*Abb. 20: Alexandre Tansman mit den Töchtern Mireille und Marianne (ZN)*

## GERTRUD (Typoskript) und ERIC ZEISL an HILDE SPIEL

*Los Angeles, 17. Juni 1946*

Dear Old Hildegirl:
I am still carrying your last letter about Vienna around in my pocket and reading it from time to time. It is surely not exaggerated when I tell you that I must have read it at least 100 times. You must know that in this letter expresses itself a feeling that I had all along and you have a way of saying in a few sentences – just every thing. By now you are certainly over all your weakness but you never left Europe. I will never get over it and the longer I stay the more homesick I get. But at the same time I also know that we could not be happy over there anymore and probably could not even stand

it in the long run. Wir sitzen zwischen den berühmten 2 Sesseln. Please Hilde do not miss to send me copies of all the articles which you wrote about your stay. No reader of yours can possibly devour them as fervently as I will. How are the children? I wish I could see them. Is there no possibility that you come over for a trip? I am sure that you would be a big success in Hollywood und infolge Deiner masslosen Tüchtigkeit sogar diesen Verbrechern hier vielleicht gewachsen. Gott möchte ich mich gerne einmal mit Dir austratschen wie einst beim Ofen in der Mariannengasse. Steht das Haus eigentlich noch? Bist Du dort vorübergekommen? Weißt Du das [sic!] der Thorn G.S.D. gerettet ist und in Nizza lebt. Er hat geheiretet eine Französin. Da Du so lieb warst Erich anzubieten etwas für seine Musik in Wien zu machen so nütze ich dies aus und schicke Dir ein Paket mit dem Klavierauszug eines Ballettes „Uranium 235" das Buch ist von Dekobra und ist in allegorischer Ausmalung die Geschichte der atomic energy. Es hat eine sehr schöne Musik sehr schade das [sic!] Du sie nicht hören kannst bezw. Dass Erich sie Dir nicht wie in alten Zeiten vorspielen kann. Es besteht ziemlich begründete Aussicht dass es next season in der San Francisco Opera aufgeführt wird. Erich würde es sehr gerne an der Wiener Oper herausgebracht haben. Wäre dies im Bereich Deiner Möglichkeiten? Er hat bereits an [Franz] Salmhofer der dzt. Dir. der Oper ist geschrieben. Da aber kein Postpaketverkehr nach Wien geht, so können wir die score von hier nicht nach Wien schicken. Ich hoffe dass Du Mittel und Wege dafür hast. Da ich weiss wie gehetzt das Leben ist und wie viel man zu tun hat habe ich ein schlechtes Gewissen Dich so in Anspruch zu nehmen aber ich würde im gegebenen Fall es auch für Dich machen wenn ich die Möglichkeit hätte. Ich schicke Dir auch einen Klavierauszug von Leonce und Lena mit ein und möchte Dich sehr bitten ihn der Universal-Edition einzusenden wenn Du es kannst. Würde es Dich freuen einen Karton mit Babyfruitcans zu bekommen. ich kann es Dir senden. Bitte schreib mir nur ganz ungeniert wenn Du etwas brauchst. Alles körperliche gibt es hier in Hülle und Fülle nur mit der geistigen Nahrung steht es nicht so gut. Am 18ten August macht Stokowsky Erichs Kosakentanz in der Hollywoodbowl. Es wird auch im Radio übertragen und da es das Silverjubileejahr der Bowl ist so ist vielleicht eine Möglichkeit, dass die Sendung auch nach Europa geht, dann könntest Du zuhören, das wäre ein grosser Spass für uns. Die Steffi aus Schweden schreibt mir fleissig auch von der Hedda habe ich schon Post. Die lisel [sic!] ist vollkommen verschollen es ist ihr Wille so und da kann man nichts machen. Bitte liebe alte Hilde schreib bald wieder vergiss nicht an die Artikeln, bitte jeden einzelnen möchte ich haben. Barbara ist ein grosses Mäderl sehr schlimm und augenblicklich zahnluckert. So schnell vergeht die Zeit. Ich kann mich noch so gut erinnern wie mein erster Zahn ausgefallen bezw. ausgerissen wurde. Es war am Anninger unter höllischer Schadenfreude des Fritz Kramer. Der ist augenblicklich in New-York und seine Gerti soll riesig fett geworden sein. Liebe Hilde viele Pussi Dir und Euch allen von Deiner alten Freundin Trude

Liebe Hilde!
Eben kam Dein 1. Brief und gerade gestern hatte Dir die Trude obigen Brief geschrieben. Da Du mich nocheinmal aufforderst Dir Musik zu schicken so schicke ich Dir auch noch meine Little-Sinfony und eine Passacaglia für die Ravag beziehungsweise ev. die philharmonischen [sic!] Konzertsaison. Beide Werke sind in Wien uraufgeführt worden. (Passacaglia 11. April 1937 Radio Wien, Little Sinfony 30. Jänner 38. Radio Wien [definitiv fand die Uraufführung am 30. Mai 1937 über den Brünner Rundfunk unter K.H. Adler statt].) Bezüglich des Ballettes hat Dir die 1. Trude bereits geschrieben. Da ich fürchte dass Dir grosse Postspesen entstehen wenn wir so viel schicken, so bitte ich Dich <u>dringend</u> mir zu schreiben, was Du ausgelegt hast. Meine Tante Mella wird es <u>Dir sofort</u> ersetzen. Ich werde ihr sofort darüber schreiben und sie wird Dich anrufen. – Das Requiem ist für Dich persönlich bestimmt. Es wurde merkwürdigerweise bis jetzt in 2 grössten <u>Kirchen</u> für 3000 Personen aufgeführt. Ich glaube es ist sehr schön Strawinsky rief mich an und sagte „I am deeply touched it is a wonderful work"! – Wie Du weisst habe ich ja meinen Vater drüben verloren! – Trude & ich sind ganz aufgeregt,

dass ihr nach Deutschland gehen wollt wir haben schon ähnliche Pläne sind aber Angsthaasen [sic!]! – Die Kinder sind das süsseste was es auf der Welt giebt [sic!]. Das Mäderl ist ganz <u>Du</u>. Der Bub wie ein blondes Engerl. Schreib bald und sei vielmals gegrüsst und bedankt von your old Eric

### ALFRED SCHLEE an ERIC ZEISL (Typoskript, Archiv der Universal Edition)

*Wien, 10. Juli 1946*

Lieber Herr Zeisl!
Vielen Dank für Ihren Brief vom 22. Mai. Ich habe mich sehr gefreut, dass Sie sich meiner erinnern. Selbstverständlich würden wir sehr gerne wieder mit Ihnen in Verlagsbeziehung treten und wir betrachten den Vertrag über die kleine Symphonie als bestehend.

Bezüglich des Druckes gibt es zur Zeit noch Schwierigkeiten. Die Druckerei kann noch nicht in vollem Umfang für uns arbeiten. Es fehlt an Papier und sonstigen technischen Dingen. Auch an Facharbeitern. Hiezu kommt, dass in den letzten Jahren fast der ganze Bestand an klassischer und Unterrichtsmusik ausgegangen ist und dass hier unverhältnismässig Vieles nachgedruckt werden muss. Obwohl ich viel lieber in erster Linie Modernes drucken würde, werden wahrscheinlich auch Sie einsehen, dass die Grundlagen des musikalischen Unterrichtes selbstverständlich in erster Linie vorhanden sein müssen, damit die musikalische Erziehung der Jugend, die ohnedies eine grosse Unterbrechung erfahren hatte, nicht weitere Einbusse erleidet.

Da wir nun schon wieder auf längere Sicht disponieren können, möchte ich doch sehr gerne möglichst bald ein Exemplar der kleinen Symphonie wieder hier haben. Ich glaube schon, dass gerade durch den Bezug auf die Bilder der Bitterlich das Werk besonderes Interesse finden könnte. Leonce und Lena würde ich gerne wieder sehen. Senden Sie mir doch bitte zunächst einmal den Auszug.

Ihr Werkverzeichnis ist durchaus imponierend. Haben Sie gar keine Kammermusik geschrieben? Leider ist es in unserem Musikleben so, dass wir auf dem Gebiet der Kammermusik viel mehr Möglichkeiten haben, als in den Orchesterkonzerten. Dies insbesondere infolge des Dirigentenmangels. Hingegen sind wir sowohl in der IGNM [Internationale Gesellschaft für Neue Musik] sehr rührig, als in den Hauskonzerten, die ich in der Universal-Edition selbst vor einem kleinen aber sehr auserlesenem [sic!] Kreis geladener Gäste in ziemlich grossem Umfang veranstalte. Sollten Sie etwas dafür Geeignetes haben bitte ich Sie, es mir zu senden.

Ich hoffe bald wieder von Ihnen zu hören.
Beste Grüsse
[Alfred Schlee]

## ERIC ZEISL an ALFRED SCHLEE (Archiv der Universal Edition)

*Los Angeles, undatiert*

Lieber Mr. Schlee!
Vielen Dank für Ihren 1. Brief, den ich herzl. beantworte. Ich habe Ihnen vor zka 4 Wochen durch eine Gesellschaft ein Paket mit einer Auswahl aus meinen Werken senden lassen und hoffe ich, dass Sie es bald in Händen halten. – Meine little Sinfonie habe ich direkt an Mr. Kralik von der Ravag gesandt zwecks Aufführung und bitte ich Sie sich mit ihm in Verbindung zu setzen. Ausserdem hat die Associated 2 Scores und würde Dir. Winter Ihnen auf Verlangen bestimmt eine senden falls es mit meinen Sendungen nicht rasch klappt. – Mein neues Ballet [sic!] „Uranium 235" ein Atomic Ballet, dass [sic!] jetzt von der San Francisco Opera Company herauskommen soll, habe ich mit gleicher Post an Salmhofer in die Wiener Oper gesandt und bitte ich Sie sich mit Ihm ebenfalls in Verbindung zu setzen falls Sie Interesse dafür haben. Es ist ein ganz grosses Werk und – <u>echt österreichisch!</u> – Hoffe sehr bald von Ihnen zu hören und

den Empfang meiner Sendung bestätigt zu haben und verbleibe mit besten Grüssen
Ihr Eric Zeisl.
P.S.
Ein Paketerl an Sie mit guten Sachen ist auch unterwegs und ich glaube bestimmt dass Sie die Sachen werden brauchen können!

Mit den Briefpartnern Alfred Schlee und Joseph Marx hält Zeisl die Nachkriegsjahre über Kontakt zu zwei während der Nazizeit in Österreich tätigen Persönlichkeiten, deren Positionierung in der Musikszene grundsätzlich verschieden ist: Als Komponist vertritt Joseph Marx eine traditionsbezogene, konservative Sprache, die Verwurzelung in der Tonsprache des 19. Jahrhunderts und somit in der Tonalität, welche er auch als „naturgegeben" glaubt, verlässt er nie. In seinen musikpolitischen Schriften gibt er sich reaktionär, scheut heftige Angriffe auf Vertreter progressiver Stilrichtung nicht und attackiert die universell agierende Internationale Gesellschaft für Neue Musik. Um 1934 und später postuliert Marx Heimatverbundenheit, Volkstum und Tradition als primäre Wesensmerkmale guter, wahrhafter Musik, österreichische Musik sehe er eng verbunden mit volksnahem, landschaftsbezogenem Musizieren. Bereits 1914 wird Marx an die Akademie für Musik und darstellende Kunst in Wien als Professor für Komposition, Harmonielehre und Kontrapunkt berufen, mit einer Unterbrechung zwischen 1932 und 1934 ist er der Wiener Akademie bis 1952 auch als Leiter und Rektor verbunden. Von 1946 bis 1957 ist Marx Honorarprofessor am musikwissenschaftlichen Institut der Universität Graz. Buchpublikationen, Feuilletons und vor allem Rezensionen im *Neuen Wiener Journal* (1931–38) und in der *Wiener Zeitung* (1945–1954) unterstreichen seine einflussreiche Stellung im Musikleben Österreichs, in den vierziger und fünfziger Jahren gilt er als der meistaufgeführte lebende Komponist des Landes.[218]

---

[218] Holzer, Andreas: „*Nicht alles, was tönt, ist auch – Musik.*" *Joseph Marx, Hüter der Tradition*. Phil. Diss., Graz 1999. Musiksammlung der österreichischen Nationalbibliothek (Hg.): *Zum 100. Geburtstag von Joseph Marx*. Wien 1982.

Joseph Marx' Musikpublizistik zielt in scharfer Polemik gegen die komponierende Avantgarde. Den Kreis um Arnold Schönberg – bereits 1932 bezeichnete Marx diese Komponisten als „vorlaute Schmuser" und eine „amusische Gesellschaft"[219] – verreißt der Wortmächtige schmählich. So hebt er 1934 in einer Ausgabe der ständisch orientierten *Österreichischen Rundschau* unter „Musik der Heimat" in einem Querschuss auf Schönbergs „Methode der Komposition mit zwölf nur aufeinander bezogenen Tönen" den Mythos bodenständiger Kunst und Kultur zum Postulat: „Versuche, […] volkstümliche Gebundenheit durch artistische Verfeinerung der vorhandenen Kunstmittel oder gar durch unerprobte, kalt erklügelte Theorien zu ersetzen, führten im ersten Fall bei entsprechender Begabung (Debussy, Skrjabin) zu zart schimmernden, […] Ergebnissen, im andern Fall zu unerfreulich phantasielosen, schlecht klingenden Asphaltprodukten, deren trübe und häßliche Wirkung man dann mit dem Hinweis auf wüste Zerfahrenheit unserer Zeit in seelischen Dingen sogar ausdrucksmäßig begründen wollte. […] Mit der klassischen Tonsetzkunst hat sie nichts mehr zu tun, weder in der Idee noch in der Technik; denn Musik ist Melodie, schöner Klang, edle Gefühlsbewegtheit und vor allem Erfindung, die bei aller großen persönlichen Kunst volksverbunden blieb […]."[220] Dass Schönberg selbstreflexiv Bach, Mozart, Beethoven, Wagner und Brahms als seine „Lehrmeister" bezeichnet, er die Tradition nie verleugnet, vielmehr aus ihr heraus schafft, scheint Marx in populistischer Argumentation auszublenden. Missbraucht wird Marx' romantischem Denken gerecht werdende und als Abbild der Natur geheißene Musik schließlich von den NSDAP-Propagandastimmen, die in dieser Sprache ein Äquivalent zur „Blut- und Boden"-Ideologie zu erkennen glauben und in Marx' Musik die gewünschten musikästhetischen Vorstellungen realisiert sehen. Joseph Marx' Positionierung und Anpassung gegenüber sich wandelnden politischen Rahmenbedingungen wird in der Literatur vielfach und kontrovers diskutiert – bleibt man allein bei seinen an Zeisl gerichteten Briefen, so mutet die Wortwahl der glücklich überstandenen

---

[219] Zitiert nach Eder, Gabriele: *Wiener Musikfeste zwischen 1918 und 1938*. Veröffentlichungen zur Zeitgeschichte, Bd. 6, Wien-Salzburg 1991, S. 24.
[220] Marx, Joseph: *Musik der Heimat*. In: *Österreichische Rundschau*. 1934/8, 1. Jg., S. 380.

„Schrecken eines Bombenkrieges und einer Eroberung"[221] in jedem Fall eigentümlich an.

Wohl die Passion für das deutsche Kunstlied führt Eric Zeisl in den dreißiger Jahren zum Liedkomponisten Marx. Nur für kurze Zeit ist Zeisl sein Schüler. Gemeinsamer Berührungspunkt bleibt der Österreichische Komponistenbund, welchem Marx von 1930 bis 1938 als Präsident vorsteht und dessen Mitglied Zeisl in den dreißiger Jahren ist. Positiv rezensiert Marx den jungen Komponisten, so etwa anlässlich eines Konzerts des Komponistenbunds vom 18. November 1936. Im Großen Ehrbarsaal sind Auszüge des *Ersten Streichquartetts* (ca. 1930–33) mit dem Kolbe Quartett (Margarethe Kolbe-Jüllig, Hertha Schachermeier, Dora Streicher, Lucie Weiß) zu hören: „Auch der letzte Abend des Komponistenbundes brachte einige erfreuliche Erscheinungen. In erster Linie wäre da das Streichquartett von Erich Zeisl zu nennen, das gut gestaltet, sich einer gewählten und stets fesselnden Tonsprache bedient. Abwechslungsreiche, hübsch klingende Variationen über ein slowakisches Volkslied, ein farbiges Scherzo, und eine Fuge über ein nicht ganz fugenmäßiges Thema – aber gerade diese schwierige Aufgabe wurde musikantisch gut gelöst."[222] Die Einschätzung dessen, was in der Komposition als „konservativ" zu bezeichnen sei, differiert – wie Marx' Reaktion auf das *Requiem Ebraico* zeigt – zwischen Zeisl und dem ehemaligen Lehrer. So stellt Marx in der Betrachtung des Psalms fest: „Dass das Stück ‚konservativ' ist, wie Sie schreiben, ist mir nicht aufgefallen; im Gegenteil, es sind recht herbe Stellen in der Stimmführung und Intervallbehandlung zu bemerken, […]."[223]

Blickt man in Österreichs Nachkriegszeit, so finden die innerhalb der Komponistenschaft vor dem Krieg geführten Richtungskämpfe über die Musikpreisvergabe der Zweiten Republik eine Fortsetzung: Vereinfacht dargestellt steht die Stilistik der „Spätromantiker" mit Joseph Marx und Egon Kornauth (1891–1959) als deren Hauptrepräsentanten jener der Propagatoren der „Moderne" mit Arnold Schönberg, Alban Berg, Anton Webern, Hans Erich Apostel (1901–1972) u.a. gegenüber. „Ich habe überhaupt die Komponisten ausgelassen, die zu ausgelassen sind, mit

---

[221] Joseph Marx an Eric Zeisl, 24. Juli 1946.
[222] *Neues Wiener Journal*. 20. November 1936 (ZN).
[223] Joseph Marx an Eric Zeisl, 7. Februar 1947.

Tönen Schabernack treiben, den Hörer narren, Musiken konstruieren, die abwechselnd entweder hässlich oder schauerlich laut sind, oder beides zugleich, dafür keine Tonart haben, weil sie in vier Tonarten gleichzeitig stehn, und nur thematische Grimassen schneiden. Ich mag Milhaud, Honegger und andere Exposituren der Schönberg-Schule nicht – weil sie keine Musik schreiben, die sie selbst verstehen."[224] – So Joseph Marx. Bis in die beginnenden sechziger Jahre dominieren die Traditionalisten das Feld in Österreich. In der Vergabe der Musikpreise kommt dies zur Geltung, dabei wiederum über die Person Joseph Marx. Er ist fest in den Jurys der Preisrichterkollegien und –gremien verankert.

## JOSEPH MARX an ERIC ZEISL (Typoskript)

*Grambach b. Graz, 24. Juli 1946*

Lieber Herr Zeisl!
Wissen Sie, dass ich öfters an Sie gedacht habe, als Sie vermuten?! Denn Sie gehörten zu jenem Kreis von lieben geistig regen und begabten Menschen, die einem im Lauf der letzten Jahre immer mehr abgingen. Sie verstehn mich?? Erfreulich, dass Sie es so gut getroffen haben; aber schliesslich kommt man mit Talent überall bei vernünftigen Leuten weiter. Das hatte ich mir auch öfters gedacht, wenn ich bereute, nicht auch das Weite gesucht zu haben. Aber es wäre bei mir einigermassen schwer gewesen, da ich noch mehr unter „öffentlicher Kontrolle" stand … Nun ist ja das Ärgste vorüber, aber noch allerhand Arges geblieben, das sich nicht so geschwind reparieren lassen wird. Allerdings, ich bin gesund, habe alle die Schrecken eines Bombenkrieges und einer Eroberung glücklich überstanden, was immerhin schon ein beträchtlicher „Treffer" ist (nicht getroffen worden zu sein …). Ansonst gibt es eine Menge zu tun; ich denke auch daran, meine

---

[224] Zitiert nach Kröpfl, Monika: *Preise und ihre Vergabepolitik im Österreich der Nachkriegszeit am Beispiel von Hans Gál und Egon Wellesz*. In: Haas, Michael/Patka, Marcus G. (Hg.): *hans gál und egon wellesz. continental britons*. Buchpublikation zur gleichnamigen Ausstellung des Jüdischen Museums Wien. Wien 2005, S. 120f.

theoretischen Kenntnisse mehr auszunützen als bisher, und darüber einiges zu schreiben. Nebstbei habe ich allerhand komponiert, das einigermassen nach verschiedenen Richtungen liegt, aber insgesamt in die Perspektive eines phantasievollen Menschen gehört. Dies zu meiner „Entschuldigung". Nun aber eine wichtige Frage: wissen Sie etwas vom Sänger Liban? Ich habe jahrelang nichts von ihm gehört. Er war ein feiner besserer Mensch, und mir hat er gut gefallen. Hoffentlich ist er nicht irgendwo zu Schaden gekommen. Wenn er seinen afrikanischen Passionen nachging, wäre es nicht ausgeschlossen, dass er mitten in Kampfhandlungen gekommen ist, was ich nicht einmal meinen Feinden wünsche. Ich habe da Bombenangriffe mitgemacht, wo die Häuser recht [sic!] und links nebenan einstürzten … Amerika würde mich sehr interessieren, und ich denke manchmal daran, hinüber zu kommen, und ein anderes Klima zu versuchen. Es verdriesst einen manchmal im verwüsteten Europa. In Wien ist es gar nicht mehr schön, und Sie würden etwas melancholisch werden, wenn Sie durch die alten Strassen gingen. Jedesmal, wenn ich nach längerer Zeit hinkomme, muss ich mich erst wieder an die Zerstörungen gewöhnen. Die Phantasie stellt manches wieder so her, wie es war, und wohl nie mehr sein wird … Nun will ich Ihnen nochmals sagen, wiesehr ich mich gefreut habe, von Ihnen zu hören. Und ich muss Sie gleich bitten, mir bald und noch ausführlicher zu schreiben. Mit der Zeit – die Sendezeit ist leider ziemlich lang – werden wir einen hübschen Briefwechsel mit einander haben. Denken Sie nicht doch daran, wieder einmal herüber zu kommen? Ich würde mir sehr wünschen, mit Ihnen einmal ausführlich zu sprechen. Nun danke ich Ihnen noch für Ihre freundlichen Zeilen und bin mit vielen schönen Grüssen Ihr ergb
Joseph Marx

# ALEXANDRE TANSMAN an ERIC und GERTRUD ZEISL

*Paris, 18. September 1946*

Dear Eric and Trude,
I received your last letter and I am really worried that Barbara is still sick with her tonsilitis – did you take some decision on this account and what says the doctor?

We were delighted to hear about your success in San Francisco. As you see, progressively it will go on and the only thing you have to do, before all, it is to have works „in stock" and to compose! The parcel, you mention, has'nt [sic!] arrived yet, but I hope, it will. I received the parcels from Alex Sapiro in best condition. Thank you from all my heart. I had yesterday a festival on the radio in Paris; this evening I will listen to one from Brussels and Sunday from Rome.

I am working a lot since we returned from vacations – for the moment, more on rehearsals than on composing. I never heard from Vienna, and I ca'nt [sic!] to write first and propose them works. Unless they tell me, they are interested. As I wrote you, there are good chances for my trip to USA and it would be such a joy to see you.

We speak so often about you and miss you very deeply. It is strange that all our realliest friends remained in this dull Hollywood! I had a very sweet letter from Milhaud. He did'nt [sic!] mention his return to Paris, but wrote that there were chances to make a picture in Hollywood – he still was'nt [sic!] sure at this moment. I hope, he gets it .. though I do'nt [sic!] envy him. Do you see sometimes his Marysard – I wrote here [sic!] once, as promised, but never heard from her. As for you, if you make a living without pictures, you should feel happy, as you do'nt have to prostitute yourself.

But you <u>should</u> find time for composition.

This is the most important. Please, call the Brodetzkys and tell them that I wrote them twice and am anxious to hear from them. They are the sweetest people in the world. Colette plays often on the Radio; the girls are funnier than ever.

Write again soon and much. With all our love and affection Yours Sasha

## GERTRUD (Typoskript) und ERIC ZEISL an HILDE SPIEL

*Los Angeles, 18. September 1946*

Liebste Hilde!
Wenn Du Dich durch den ersten Brief durchgefressen hast, den ich nur des Interesses halber mutschicke [sic!] dann bitte lies diesen auch noch und hoffentlich bist Du nicht danach through with the Zeisls for good because they are too confusing. Die Sache war so, dass wir hin und her überlegten wie und wohin die Partituren zu schicken seien inzwischen kam Dein zweiter lieber Brief und nur zwei Tage darauf wurde der Postverkehr für Österreich freigemacht bezw – in Aussicht gestellt, und wir hatten ein Versandhaus das bereits schicken konnte. Daher wollte ich Dich nicht mit all diesen hohen Portospesen belasten und habe die Sachen direkt geschickt. Dadurch ist aber natürlich wieder der ganze Brief hinfällig gewesen und ich musste einen neuen schreiben. Das war bis jetzt ob Du es glaubst oder nicht nicht möglich, meine Zeit war so angefüllt. Hauptsächlich mit Fluchtplänen vor der grauenhaften Hitze die hier im Sommer und dieses Jahr besonders herrscht. Noch heute den 18ten September hat es 97 grade. Hundstage in den Tropen sind kein Kinderspiel. Wir hatten nur eine herliche [sic!] Woche in San Francisco, wo es immer kühl ist und frisch wie szt. in Salzburg. Erich hatte 2 Konzerte dort mit seinen Liedern und dann wurden die Kinderlieder auf Platten aufgenommen, wenn das Set herauskommt schicke ich es Dir ein. Eine sehr gute junge amerikanische Sängerin hat sie gesungen. Unser alter Freund Kurt Adler der jetzt an der San Fr. Opera ist hat das alles für Erich eingeleitet. Liebe alte Hilde wenn Du also wirklich etwas für Erich tun kannst so ist die Sachlage die: Die „Little Symphony" und die

Passacaglia haben wir direkt an [Heinrich] Kralik der dzt. Direktor der Ravag ist geschickt und wenn Du bei ihm intervenieren kannst wäre das ganz grossartig. Noch besser wäre es aber natürlich, wenn Du etwas für das Ballet [sic!] „Uranium 235" tun kanst [sic!] dessen Klavierauszug Buch und Partitur wir an Dir. Salmhofer von der Wiener Oper geschickt haben. Wenn dieses Werk an der Oper angesetzt würde, würden wir zur Aufführung hinfahren, das wäre wirklich ein schöner Traum. Leonce und Lena und die Lieder haben wir direkt an die Universal Edition geschickt. Doblinger schrieb uns dass noch ca 250 Exemplare von beiden Liederbänden bei ihm liegen. Doblinger ist die grosse Musikalienhandlung in der Dorotheergasse kannst Du Dich erinnern. Die platten [sic!] sind leider in einer Naziaktion eingestampft worden. Wenn Du also von Sängern weisst die Erichs Lieder singen würden, lasse sie darum zu Doblinger gehen. Hoffentlich bist Du nicht böse Liebe alte Hilde, dass wir so lange nicht geantwortet haben und dass wir Dich schliesslich doch so in Anspruch nehmen. Aber es ist so riesig lieb von Dir und ich weiss Du tust es gerne. Ich würde alles dafür geben Euch hier zu haben. Wir haben leider fast gar keine Freunde hier, so wie Dich meine ich wirkliche Freunde im gleichen Alter mit denen man sich so selbstverständlich versteht und ohne viel Worte. Wir haben einen sehr schönen Kreis von fabelhaften Menschen die wir hier kennen aber man sieht sich hier selten und kommt sich nicht mehr wirklich nahe weil die meisten zu alt sind oder zu verschieden. Verschiedene Kontinente oder Generationen können sich eben nie ganz verstehen. Geht es Euch ebenso? Wie steht es nun mit Euren Europaplänen sind sie Wirklichkeit geworden? Bitte liebe Hilde vergilt nicht gleiches mit gleichen [sic!] und antworte bald und schreibe alles was ihr treibt und schreibt, was die süssen Kinder machen, wie gerne würde ich sie wirklich sehen und schicke mir ein bischen von Deinen Artikeln cin soweit Du es kannst, bitte es interessiert mich so rasend. Früher oder später werden wir uns ja doch wiedersehen. Entweder wir kommen nach Europa wir träumen ununtrochen davon oder Ihr kommt nach Hollywood Euch ein paar Dollars holen, die es hier in Fülle gibt wenn man es richtig versteht. Ich zweifle nicht im geringsten daran dass Ihr beide ein grosser Success hier wäret und die Zeisls möchten sich so

freuen. Mit normaler Post schicke ich Dir ein Requiem ebraico, der 92 psalm in der original Bibelsprache, den Erich für seinen Vater komponiert hat und der kürzlich in New-York herauskam. Bitte schreib bald Pussi Trude
 Bitte schreib uns die Adresse von Hugo Königsgarten und auch von Roland Stern wenn Du sie hast.


Liebe Hilde!
 Trudl hat Dir schon grössten Teils geschrieben. Ich gebe sehr viele Stunden, Leiter eines Konservatoriums [gemeint ist vielleicht: Leiter der Kompositionsklassen] Ich möchte sehr gerne von euch etwas lesen. Warum schickt ihr uns nichts oder kommt selber. – Ich glaube ihr könntet diese Gangster abräumen. Ich kann es leider nicht, lebe aber doch sehr gut und bin dick und fett so auch Trudl. Schreibt bald und viel. Alles Liebe Erich

## ALMA MAHLER-WERFEL an ERIC ZEISL

*Los Angeles, 19. September 1946*

Lieber Herr Zeisl!
 Herzlichen Dank für die Übersendung des Psalms, den ich nun studiert habe und der prachtvoll klingen muss!
 Ich hätte gerne, dass Sie ihn mir einmal vorspielen würden, so wie Sie es sich vorstellen, dass es gesungen werden muss!
 Bitte rufen Sie mich CR 65791 an – und kommen Sie mit Ihrer lieben Frau!
 Mit lieben Grüßen und Dank
 Ihre
 Alma Mahler Werfel

# ERIC ZEISL an ALFRED SCHLEE (Typoskript, Archiv der Universal Edition)

*Los Angeles, 24. September 1946*

Lieber Herr Schlee,
Ich habe leider noch keine Nachricht von Ihnen ob Sie meine Noten bekommen haben. Ich möchte Sie sehr bitten mich gleich zu benachrichtigen, wenn Sie das Paket bekommen.

An Dir. Kralik von der Ravag habe ich heute geschrieben und ihn gebeten die Partituren der Passacaglia-Fantasy und der Kleinen Symphonie, wenn er über eine Aufführung entschieden hat an Sie zu übergeben. Ich hoffe sehr, dass er die Werke in der Ravag ansetzen wird, wo sie szt. uraufgeführt werden [sic!]. Dies würde mir mehr Freude machen als alle anderen Aufführungen sonst in der Welt.

Leider habe ich fast keine Kammermusik geschrieben, die ich Ihnen senden könnte aber ich glaube, dass meine Lieder sehr gut in den Rahmen solcher Konzerte passen würden. Die Kinderlieder sind vor kurzem hier auf Schallplatte herausgekommen natürlich auf englisch gesungen. Im August habe ich bei 2 modernen Konzerten meine Lieder selbst begleitet (in San Francisco) und grossen Erfolg gehabt.

Bei dieser Gelegenheit möchte ich sie auch auf die besonders schöne Kammermusik meines Freundes Alexander Tansmans [sic!] aufmerksam machen, den ich hier in Hollywood kennen gelernt habe und der inzwischen nach Paris zurückgekehrt ist. Er ist ein international berühmter Komponist und hatte hier und in den westlichen Ländern grosse Erfolge. Seine Adresse ist 23 rue Bertrand, Paris 7 und er hat mir geschrieben, dass er sich freuen würde mit Ihnen in Kontakt zu kommen. Auch Darius Milhaud, der gestern hier zu Besuch war hat mich nach Ihnen gefragt. Er lebt ständig an Mill's College in San-Francisco wird aber wahrscheinlich nächsten Monat in meinem Hause leben, da er hier einen Film macht. Er hat sich in der Emigration in Frankreich wie ein Vater zu mir benommen.

Ich hoffe sehr bald von Ihnen zu hören und bin
mit den allerherzlichsten Grüssen
[Eric Zeisl]

# ALFRED SCHLEE an ERIC ZEISL (Typoskript, Archiv der Universal Edition)

*Wien, 17. Oktober 1946*

Sehr geehrter Herr Zeisl!
Besten Dank für Ihren Brief vom 24. September. Eben sind die Noten angekommen. Ich danke Ihnen sehr. Ich werde mich in den nächsten Tagen damit beschäftigen.
Ich danke Ihnen auch für den Hinweis auf Tansman, den ich übrigens einmal in Paris kennen gelernt habe und dessen früher erschienenen [sic!] Werke mir geläufig sind.
Grüssen Sie Milhaud unbekannterweise von mir, ich bin seit meiner frühesten Kindheit ein Verehrer seines Schaffens. Ich habe übrigens auch vor ca. 25 Jahren häufig die Saudades do Brazil als Begleitung für Yvonne Georgi gespielt.
Herzliche Grüsse
[Alfred Schlee]


Die Tänzerin und Choreographin Yvonne Georgi (1903–1975) ist Schülerin Mary Wigmans (1886–1973). Kurt Jooss, mit dessen Tanzensemble auch Zeisl 1939 in Paris in Kontakt steht, holt sie im Herbst 1924 als Solotänzerin an das Stadttheater Münster. Gera, Amsterdam, Düsseldorf und Hannover sind weitere Stationen. Alfred Schlee, der große Affinität zur progressiven Theaterszene und zum Ausdruckstanz hat (er ist etwa Herausgeber der von 1928 bis 1931 erscheinenden Vierteljahresschrift *Schrifttanz*), ist Pianist der Tournee-Truppen von Mary Wigman und Yvonne Georgi. Die zitierte Tanzsuite *Saudades do Brasil* op. 67 komponiert Darius Milhaud 1921 in Erinnerung an seinen Aufenthalt in Brasilien (1916–1918).

# JOSEPH MARX an ERIC ZEISL (Typoskript)

*Wien, 24. Oktober 1946*

Lieber Herr Zeisl!
Vielen Dank für Ihren ausführlichen Brief. Das ist ja ein ganzer Roman, den Sie erlebten, man müsste das einmal veröffentlichen; denken Sie nicht daran? Ueber die Dinge, wie sie sich im Lauf der letzten acht Jahre abspielten, will ich lieber nicht sprechen: man schämt sich, ein Mensch zu sein … Leider geht der sogenannte „Aufbau" ganz langsam vor sich, man merkt kaum so wenig davon wie von der Bewegung eines Stundenzeigers, und das deprimiert oft .. Nun hätte ich mit einer Delegation der Autorengesellschaft nach Amerika kommen sollen – leider stimmte eine Kleinigkeit am Visum nicht, und wir konnten nicht fahren – o heiliger Bürokratius .. !! Ich bedaure es sehr, denn ich hätte dann einige alte Freunde wiedersehen und begrüssen können. Bekanntlich macht das bedeutend jünger, man meint, die vergangene Zeit wäre nicht gewesen, oder wenigstens kürzer. Um den Liban ist mir sehr leid. Vielleicht ist er wo in Afrika, wohin es ihn immer wieder zog. Er wollte mich auch zu einer Wüsten-Tour begeistern, und ich wäre schliesslich dazu bereit gewesen. Jetzt ist das Reisen hier in Europa ein Problem geworden, wie alles Vernünftige, soweit es erhöhte Kultur bedingt. Man muss eben wieder einmal von vorne anfangen; wie oft denn noch .. ??? Ueber meine eigenen Produkte kann ich Ihnen nicht viel sagen. Wenn die Postverhältnisse besser werden, bekommen Sie eine Biographie, in der allerhand steht. Ich habe drei Streichquartette geschrieben (I.) chromatico, II.) in modo antico in Kirchentonarten, II.) [sic!] in modo classico), ferner „Altwiener Serenaden" für Orchester, „Feste im Herbst", Lieder, eine Violinsonate, usw … Nebstbei arbeite ich wieder kritisch in Zeitschriften und bei Büchern mit, nächstens kommen Rossini-Briege [sic!] historisch von mir eingeleitet bei Zsolnay heraus. Dann bin ich kürzlich neben meiner Tätigkeit an der Wiener Musikhochschule Professor für Musikwissenschaft an der Grazer Universität geworden, auf Grund von Vorträgen, die ich vor einem Halbjahr dort hielt. Zwei wichtige theoretische Dinge möchte ich in den nächsten Jahren

gern schreiben, aber anderes hält mich da sehr ab. Man ist eben noch immer in verschiedenen Sparten tätig. Ich bon [sic!] Gottlob gesund, und hoffe es zu bleiben. Leider ist der Nachwuchs bei uns sehr spärlich, wie sie sich denken können. Viele begabte Leute sind auf den Schlachtfeldern spurlos verschwunden, man weiss nicht einmal wo sie liegen und wie sie umgekommen sind ... Umso mehr interessiert einen das, was noch blieb und schaffte. Vielleicht können Sie mir einmal was von Ihren Werken schicken? Ich kann mir vorstellen, dass Ihnen Wien verleidet ist. Aber es hat jeder irgendwie draufgezahlt bei diesen politischen Experimenten. Man muss froh sein, wenn man mit heiler Haut davongekommen ist. Die letzten Jahre vor dem Umschmiss waren besonders erquicklich; so interpoliert zu sein zwischen Gestapo und Bomben. In der Traungasse neben dem Haus, wo ich wohne, ist allerhand passiert. Ich hätte meine geringe Habe leicht verlieren können. Nun, diesbezüglich war das Schicksal gnädig, denn was würde man jetzt ohne Bücher und Noten anfangen, wo man nichts zu kaufen bekommt, da doch die Druckereien draussen nicht mehr für den gesamten Musikbetrieb arbeiten, und es unmöglich ist, Noten aus Frankreich und England zu beziehen .. Wie gesagt, jeder der gesund blieb, und noch was von seinem Eigentum hat, ist glimpflich aus der Geschichte herausgestiegen ... Sie laden mich ein auf Wiener Küche in Amerika! Bald wird man so weit reisen müssen, um sie zu bekommen ..! Auf Ihre freundliche Aufforderung nach meinen Wünschen: Süss-Stoffe, Chokolade wären mir als Blutnahrung sehr erwünscht. Schicken Sie mir davon einmal ein „Muster ohne Wert" (wie es früher hiess). Nun mahnt das Ende der Seite zum Schluss: alles Schöne und Herzliche aus der Traungasse [Traungasse 6 im III. Bezirk] (wie vor beinahe alten Zeiten) von Ihrem
Joseph Marx

Marx erwähnt an eigenen Werken das *Streichquartett A-Dur* (1936), welches er 1948 als *Quartetto Chromatico* revidiert, das *Quartetto in modo antico* (1937/38), welches er 1945 als *Partita in modo antico* für Streichorchester arrangiert und das *Quartetto in modo classico* (1940/41), welches er 1944 als *Sinfonia in modo classico* für Streichorchester arrangiert. Weiters die *Alt-Wiener Serenaden* für Orchester (1941/42), *Feste im Herbst/ Herbstfeier* (1946; eine arrangierte Version von *Ein Herbstpoem* aus der *Herbstsymphonie* von 1920/21) und die *Frühlingssonate D-Dur* für Violine und Klavier (1944). 1947 erscheint im Paul Zsolnay Verlag *Gioacchino Rossini – Ausgewählte Briefe. Mit einer biographischen Skizze von Joseph Marx*. Auch Marx' Publikationstätigkeit im musiktheoretischen Bereich ist rege, bereits früher erscheinen *Harmonielehre* (*Regelbuch I*) (1933) und *Kontrapunktlehre* (*Regelbuch II*) (1935). Letztgenannte Bücher entstehen unter der Mitarbeit Friedrich Bayers, dem späteren Musikkritiker des *Völkischen Beobachters* und Leiter der nationalsozialistischen „Nachfolgeorganisation" des Österreichischen Komponistenbunds, des Bunds deutscher Komponisten. 1934 ist Bayer Mitinitiator des nationalsozialistischen Ständigen Rates für internationale Zusammenarbeit der Komponisten.

## ALFRED SCHLEE an ERIC ZEISL (Typoskript, Archiv der Universal Edition)

*Wien, 26. Oktober 1946*

Lieber Herr Zeisl!
Ich bin gerührt über das Paket mit Lebensmitteln und erfreut über die verschiedenen Pakete mit Noten. Besten Dank!
Ich werde nun sehen, was sich tun lässt. Hoffentlich kann ich Sie bald wenigstens mit einer Radioaufführung überraschen.
Also nochmals herzlichen Dank und
herzliche Grüsse
[Alfred Schlee]

## HILDE SPIEL an ERIC und GERTRUD ZEISL
(Typoskript)

*London, 28. Oktober 1946*

Meine lieben Zeiserls,
Nur ein eiliger kleiner Brief, um euch fuer die schoenen Noten zu danken. Ich war sehr geruehrt. Sie kamen in der Frueh an, ich sass im Bett ueber meinem Fruehstueck, und hab sofort den ganzen Toten Arbeiter [Petzold] gesungen. Das Requiem kann ich leider nicht selber singen. Koenntet ihr mir noch ein Exemplar schicken. Vielleicht kann ich es in Berlin zur Auffuehrung bringen lassen. Und habt ihr es nach Wien geschickt? Inzwischen habe ich nach Wien geschrieben, wo Hans Weigel schon mit dem Opernregisseur Schuh geredet hat. Koenntet ihr vielleicht ein oder zwei kleinere Propagandanotizen herschicken – kurzer Lebenslauf Erichs, Werke, ein paar guenstige Urteile (wie das Strawinskys, oder Milhauds) die man sowohl in Wien wie in Berlin veroeffentlichen koennte. Diese beiden Staedte sind jetzt so wichtig als Kulturzentren, weil alle vier Maechte die Auffuehrungen in oesterreichischen und deutschen Kulturstellen sehr genau verfolgen, und auch nach Hause davon berichten. Musikalische Ereignisse werden besonders ernst genommen, weil man in beiden Staedten das Beste erwartet.
Lasst von euch hoeren!
Immer eure Hilde

## ERIC ZEISL an HILDE SPIEL

*Los Angeles, undatiert*

Liebe Hilde!
Danke Dir vielmals für Deine l. 2 Briefe. Wir waren beide so aufgeregt, wie wir das Bild vom Grinzingerbad bekamen. Nur das [sic!] man lauter verhungerte „Body's" sieht erklärt die Nachkriegszeit. Ich möchte auch sehr gerne nach Wien. Es müsste aber vielmehr entnazt sein ehe ich mir hintraute. Ich glaube in 1–2 Jahren

wird man anstandslos in Wien leben können. Dein Artikel über Salzburg hat uns zu Tränen gerührt. Wir leben nämlich hier nicht, wir <u>existieren</u>. That's all! – Ich habe auf Dein Anraten dem Salmhofer mein neues Ballet [sic!] gesandt. Noch keine Antwort. Vielleicht kannst Du einmal nachfragen. Du bist wirklich rührend und ist es mir unangenehm immer zu verlangen und nichts zu geben. What's about a Packeterl? Bitte schreibe mir was ihr braucht und <u>ob</u> ihr für die Kinder irgendetwas wichtiges zum Essen braucht. Unsere Barbi hat 2 Pfund Untergewicht in U.S.A.!! Sie will nichts essen. Ich muss ihr die Mandeln nehmen lassen. Du schreibst nie über Deine herzigen 2 Pupperln. Wie gerne ich sie sehen würde und euch alle dazu! Wird leider noch eine Weile dauern! Trudl und ich sind so fett dass es schrecklich ist. Da man geistig <u>nichts</u> bekommt <u>muss</u> man fressen! – Habe Hugo Königsgarten geschrieben. Wenn Du wieder nach Wien kommst lasse mir das Krapfenwaldl grüssen!! Die l. Trudl wird Dir extra schreiben da sie selten die Zeit dazu hat. Anbei sende ich Dir ein paar Kataloge. Du bist wirklich sehr brav. Vielleicht kann ich einmal etwas für Dich tun! Who knows? Grüsse Peter und Deine Lieben bleibt gesund Dein Eric

## ALEXANDRE TANSMAN an ERIC ZEISL

*Paris, 15. November 1946*

Dear Eric,
This morning we got the surprise-parcel, you sent in October, and I really d'ont [sic!] know how to thank you for the wonderful things it contained. Needless to say that I particularly appreciated the „personal message" included (cigar.) and this was a real holiday! But I am really ashamed that you spoil us to [sic!] much and I insist that you get these expenses from Alex Sapiro to whom I gave instructions on this subject, as I feel terribly embarrassed to have you spend money and the message would be as sweet, just the same, as it is the intention which is touching. Please, dear Eric, let you pay by Sapiro all your expenses and I will sleep better! What a pleasure to smoke a good cigarette, which I missed for

some time. Everything arrived safely and nonopened. I am in full work – I recently completed a ballet, commissioned in London, and am finishing another one for Paris. I have also a commissioned string quartet, and all this in between concerts – this week I have three, two of them with orchestra, and I have to prepare all my programs for the tours, starting January. But work always makes me feel happy, except for the Hollywood films! I hope, I will come over for another Nichols picture [Dudley Nichols ist Direktor des bei RKO Radio Pictures 1946 erscheinenden Films Sister Kenny, für den Tansman schreibt], but probably in summer. Sister Kenny had very little music – at least can it be heard? The girls got lately their anti-dyphteria shots (4 times – every 2 weeks) – it is supposed to be very necessary. They had very little vacation (just one day) and are all right. Colette works much, as she plays in most of my festivals abroad, when I am conducting the whole concerts of my work. She will play the Partita in Brussels, Italy, Sweden and Holland and I play it a lot of times with conducting symphonic movies.

 I want that you start to compose – it is a shame to neglect it still. You certainly can find one hour daily – it is the best hygiene and inspiration will come if you work steadily. Remember how the ballet worked out. I had a letter from Milhaud from Hollywood – he tells me that they will come to Paris in August. Stravinsky sent me the score of his Symphony, but did'nt [sic!] write for sometime. You are the best correspondent and it is always a real warmth and affection that every letter from you brings. It is funny, that all my best friends are in Hollywood! Here I have a lot of „relations", but most of the colleagues are jealous and would prefer me to stay in USA … or to have been sent to Auschwitz! The musical movement here is very intense, but there are no interesting composers – all the good ones being in America.

 It would be so sweet to see all of you again – we hope it will be quite soon. How is Barbara now. The girls were happy to get the letter. With love, affection and thanks from all of us for all of you
  Your friend
  Sasha

## ERIC ZEISL an ALFRED SCHLEE (Typoskript, Archiv der Universal Edition)

*Los Angeles, 5. Dezember 1946*

Lieber Herr Schlee!
Vielen Dank für Ihre lieben Zeilen. Ich freue mich, dass das Packerl gut angekommen ist. Bitte schreiben Sie mir doch wenn Sie irgend einen besonderen Wunsch haben. Wird prompt besorgt.
Ich würde sehr gerne wissen, welche Noten Sie bekommen haben. Haben Sie von der Ravag gehört, ob die Partituren von meiner Passacaglia und Little Symphony dort eingelangt sind. Ich habe von der Ravag bezw. Kralik, dem ich geschrieben habe keinerlei Bestätigung. Ich wüsste auch so gerne, ob mein Ballet [sic!] „Uranium 235" Klavierauszug und Partitur samt Buch an die Oper gekommen ist. Auch von Dir. Salmhofer bis heute kein Wort. Könnten Sie so lieb sein sich mit den Genannten in Verbindung zu setzen und mir Nachricht zukommen lassen?
Denken Sie an eine Amerikareise in der nächsten Zukunft. Ich würde mich sehr freuen Sie wiederzusehen. Vielleicht führt Sie der Zufall bald hierher.
Mit herzlichen Grüssen
Eric Zeisl

## JOSEPH MARX an ERIC ZEISL (Typoskript)

*Wien, 7. Februar 1947*

Lieber Freund Zeisl!
Brief und Paket sind allerdings etwas verspätet, aber richtig eingetroffen; schönsten Dank. Den Klavierauszug des Requiems habe ich mir natürlich gleich genauer angesehn, weil es mich interessiert hat, wie Sie sich zu diesem Ensemble stellen. Schade, dass ich nicht auch Einsicht in die Partitur habe. Ich würde mir dann über Klangwirkungen noch ein genaueres Bild machen können.

Das Ganze ist stimmungsvoll, aus dem Erleben einer schmerzlichen Zeit gestaltet, manchmal etwas exotisch, was natürlich Absicht ist, und zum Vorwurf passt, zu Amerika natürlich auch. Die Fuge zum Schluss zeigt Sie von ungewohnter Seite; aber Sie haben sich auch hier gut und persönlich mit dieser klassischen Form auseinandergesetzt, was gar nicht leicht ist, wenn man im „Ton" des Ganzen bleiben will. Besonders gelungen scheint mir der erste Chor, und manche der folgenden Solostellen im Arioso. Dass das Stück „konservativ" ist, wie Sie schreiben, ist mir nicht aufgefallen; im Gegenteil, es sind recht herbe Stellen in der Stimmführung und Intervallbehandlung zu bemerken, und gerade deshalb hätte mich die Art Ihrer Orchesterbehandlung in diesem Zusammenhang interessiert. Vielleicht kann man das Werk auch hier aufführen; es gäbe allerhand gute Gelegenheiten dafür, da des öfteren in Gedenken an die vielen unschuldigen Toten Feiern abgehalten werden.

Also Korngold kommt nach Wien; ich werde mich freuen, ihn nach langer böser Zeit wiederzusehn. Dass Sie nicht auch bald herkommen, kränkt mich etwas. Wie gern würde ich mit Ihnen wieder einmal plaudern, und alte Erinnerungen wachrufen ... Jedesmal, wenn ich an Sie denke, fällt mir auch der treffliche Liban ein. Vermutlich ist er doch noch irgendwo in Afrika, wo er sich oft aufhielt, und hat die Zeit noch besser überstanden als wir Beide. Ich hoffe noch immer von ihm Nachricht zu erhalten; noch immer melden sich verspätete Gäste und Oesterreicher ...

Von mir kann ich insofern Erfreuliches berichten, als ich gesund bin; allerdings bedeutend schlanker als sonst, was aber nicht ungesund ist, denn ich hatte immer Anlage zur Fülligkeit. Und die kann einem mit der Zeit schaden. Dies ist wohl so ziemlich der einzige Nutzen, den ich aus der „grossen Zeit" gezogen habe.

Leider habe ich allerhand Schaden davon gehabt. Nicht nur die unersetzlichen Jahre dieser katastrophalen Politik mit ihren Folgen, die einem nie und nimmer ersetzt werden; auch sonst. Die Menschheit versagt vollständig in Punkto Ethik. Ich erlebe da die bösesten Enttäuschungen, und bin noch immer so unvernünftig, mich über die Unzuverlässigkeit, Schlechtigkeit, Unzulänglichkeit von nahestehenden Menschen zu kränken. Gerade jetzt ist mir da wieder was Böses zugestossen; natürlich nichts Berufliches, Geldliches, Politisches, sondern etwas rein Persönliches. Und dies sind gerade die traurigsten Dinge, die man nicht gleich so leicht abschütteln kann wie anderes. Ich leide sozusagen augenblicklich an seelischem Zahnweh; können Sie das verstehn .. ?? Wenn man älter wird, keine neuen Freude [sic!] mehr erwirbt, schmerzt dies umso mehr. Und Menschen, mit denen man sich freundschaftlich aussprechen könnte, sind in der ganzen Welt verstreut, unerreichbar. Auch dies ist eine Folge jener politischen Experimentierkunst …

Hoffen wir, dass es mit der Zeit doch besser wird, im Politischen, Wirtschaftlichen, und vor allem im Menschenwürdigen, das immer mehr herabsinkt zu einer Schleuderwirtschaft.

Nun danke ich Ihnen nochmals für Brief, Partitur und Paket, und begrüsse Sie und unbekannter Weise auch Ihre liebe Frau herzlichst!!

Ihr Joseph Marx

*Abb. 21: „Wir sehen nur – Palmen": Eric Zeisl mit Hugo Strelitzer (ZN)*

## *langweiliges Provinzleben unter Palmen und Strawinsky's*

Kontakte zu den unter Palmen verpflanzten Größen des Kulturlebens wie den „Strawinskys", den „Korngöldern" oder den „Tochs" bedeuten für Zeisl zumindest ein zeitweiliges Entfliehen aus der von ihm beschriebenen „entsetzliche[n] geistige[n] Öde unter der wir leiden".[225] – „Da man geistig <u>nichts</u> bekommt <u>muss</u> man fressen!"[226] – So schreibt er an Hilde Spiel. Zumindest das *Requiem Ebraico* bringt unmittelbaren Erfolg, der neue Kontakte eröffnet und die Isolation aufweicht. Die Erstaufführung des *Requiems* in der Orchesterfassung findet am 25. März 1947 mit dem Toronto Symphony Orchestra unter Emil Gartner und dem Toronto Jewish Folk Choir in der Massey Hall Toronto statt. Am 26. März 1947 schreibt Colin Sabiston in *The Globe and Mail*: „Featuring five important musical numbers heard in Canada for the first time, the Jewish Folk Choir of Toronto and the Toronto Symphony Orchestra under the leadership of Emil Gartner, presented a remarkably fine program to a large audience at Massey Hall last night. […] Leading all other items on a varied program, both in interest and excellence, was the Hebrew Requiem, based on Psalm 92, by Eric Zeisl. This is one of the most gripping pieces of elegaic composition in the history of music. It is a requiem of praise and consolation, rather than of sadness; and although written in memory of the composer's father and other victims of the Nazi regime, it is great music, rather a social document."[227]

In „Knickerbocker" peilt Darius Milhaud von Oakland aus seinen „short visit in L.A." an, zum Plaudern mit dem exilierten Europa – mit Strawinsky, Tansman, Schönberg oder Zeisl. Die „Altösterreicher" Ernst Toch und Erich Wolfgang Korngold lernt Eric Zeisl überhaupt erst im Hollywooder Exil kennen bzw. näher kennen, auf ihren Ausflügen zurück

---

[225] Eric Zeisl an Hilde Spiel, 7. Februar 1946.
[226] Eric Zeisl an Hilde Spiel, undatiert.
[227] *The Globe and Mail*. 26. März 1947 (ZN).

in die „Alte Welt" werden sie ab 1949/50 zu wichtigen Briefpartnern und so wie Hilde Spiel zu Österreich-Botschaftern.

In ihrem ersten Blick nach Wien im April 1946 trifft die Autorin auf den Maler Josef Dobrowsky, der die Zeisls von dort „über das große Wasser" hinüber „innig gruessen laesst". Dobrowsky, ab 1932 regelmäßig einer der Künstler im Umfeld der „Zinkenbacher Malerkolonie" und des „Malschiffs" in St. Wolfgang, prägende Persönlichkeit für Lisel Salzer und Freund für Hilde, Eric und Gertrud in früherer Zeit, wird von „den tastenden Experimenten dieser Jugend zu einem Mann, der in all den Jahren, durch Krisen, Krieg und Bombardement, unbeirrt vor sich hin gemalt hat, wie es seinem eigenen starken Ausdruckswillen entsprach. […] Von seiner Kunst besessen, ein primitiver Mann mit einer komplizierten Seele, […]."[228] Neben Ferdinand Kitt oder Egon Schiele (1890–1918) ist Dobrowsky Schüler von Christian Griepenkerl (1839–1912) an der Wiener Akademie der bildenden Künste, von 1919 bis 1939 gilt er als bedeutendes Secessions-Mitglied und prägt den gemäßigten österreichischen Expressionismus der Zwischenkriegszeit. Noch einer der Repräsentanten Österreichs im Rahmen der Österreich-Abteilung der Pariser Weltausstellung im Jahr 1937, wird Josef Dobrowsky ab 1938 in seiner Ausstellungstätigkeit teilweise boykottiert. Nach Kriegsende unterrichtet er ab 1946 an der Wiener Kunstakademie und leitete ab 1947 eine Spezialschule für Malerei im Rahmen außerordentlicher, ab 1954 im Rahmen ordentlicher Professor.[229] An gemeinsamen „alten guten Freunden drüben" nennt Dobrowsky die mit Fritz Grossmann verheiratete Lisel Salzer und den Maler und Kunstkritiker Wolfgang Born, der, wie Salzer meint, „ein Malerkollege" ist, „der mit seiner Kunst […] keinen überragenden Erfolg" hat und „sich für die Kunstkritik"[230] entscheidet. Born überlässt der Malerin sein Atelier. Die in Wien aufstrebende Künstlerin erwähnt er anlässlich der Secessions-„Frühjahrsausstellung" 1931 als „sehr hoffnungsvoll",[231] zur Ausstellung „Wiener Frauenkunst" im Hagenbund spricht Wolfgang Born von „Lisel Salzer, die eine Weile experimentiert"

---

[228] Spiel, *Rückkehr*, S. 91.
[229] Vgl. dazu Zemen, Herbert: *Josef Dobrowsky 1889-1964. Ein Künstlerbildnis.* Wien 2007.
[230] Zitiert nach Steinmetzer (Hg.), *Lisel Salzer*, S. 60.
[231] Zitiert nach Ebd., S. 18.

und nun „ihre Art"²³² findet. Josef Dobrowskys Brief rührt an die Zeit von Lisel Salzers „kleiner Wiener Bohème", an die Zeit ihrer Bewunderung für den „großen" Dobrowsky, an die Zeit der gemeinsamen Urlaube im Sommerrefugium St. Wolfgang und an die Idee einer Annäherung zwischen Malerei, Musik und Literatur über Dobrowsky, Salzer, Ehrlich, Zeisl und Spiel.

## ERIC ZEISL an HILDE SPIEL

*Los Angeles, undatiert*

Liebe Hilde!
Habe eben Deinen Brief vor mir. Also unbeantwortet. – Ich würde mich schrecklich freuen, wenn ihr herkömmt. Bis Dezember werdet ihr bestimmt etwas bekommen, wir könnten uns ja umschauen, es fragt sich natürlich wie viel ihr ausgeben wollt. Die Preise sind noch immer ziemlich hoch werden aber bis Dezember bestimmt fallen. Ihr solltet euch 6 Monate Urlaub nehmen wenn möglich, dann habt ihr Spielraum etwas zu unternehmen. – Ich war sehr krank hatte einen Nervenzusammenbruch von Überarbeitung. Jetzt geht es schon gut und ich arbeite schon wieder wie toll. Zum Komponieren komme ich sehr wenig habe sehr viele Schüler. Gestern kaufte die Trude ein kleines Häuschen für ein Studio dass ich mir im Garten bilde [Zeisl denkt an „to build"]. Hoffe dann Ruhe für Arbeit zu finden. Habe inzwischen grosse Erfolge gehabt. In Toronto wurde mein Requiem mit ungeheurem Erfolg mit 150 Mann Chor und der Toronto Sinf. uraufgeführt Anbei eine Kritik des schärfsten Kritiker [sic!] in Kanada. (ein Christ!) Meine Passacaglia hatte einen durchschlagenden Erfolg in Detroit. Philh 100 Mann Orch. unter Karl Krueger. Meine Kinderlieder (Erinnerst Du Dich?) wurden auf Commercial records aufgenommen und werden demnächst fertig. Sende euch ein Album sof. nach Erhalt. – Sonst haben wir ein langweiliges Provinzleben unter Palmen und Strawinsky's! Grüsse mir Deine 2 Putze und gib ihnen ein Pusserl.

---

²³² Zitiert nach Ebd., S. 21.

Barbara geht schon in 2nd grad school. Ich beneide euch um die Welt ob schön oder nicht die ihr seht. Wir sehen nur – Palmen. Grüsse Peter euer alter Erich

P.S. Vielleicht kannst Du den Steckbrief dem [Name unleserlich] geben.

## DARIUS MILHAUD an ERIC ZEISL

*Oakland, 7. April 1947 (Poststempel)*

Dear Friends.
We will be for a short visit in L.A. from the 12 at night to the 17 noon.
Will call.
We shall be at the Knickerbocker.
Aff.ly
DM

## JOSEF DOBROWSKY an ERIC und GERTRUD ZEISL

*Wien, 18. Mai 1947*

Lieber und verehrter Herr Zeisl und noch gnädige Frau!
Zu meiner großen Freude erhielt ich durch Vermittlung von Frau Hedda Salzer Ihr Liebespaket mit den vielen und guten Leckerbissen und sage Ihnen dafür werter Herr Zeisl meinen und meiner Familie innigsten Dank.

Dass Sie sich immer noch erinnert haben – berührt mich so wohltuend – daß ich es Ihnen gar nicht mitteilen kann; denn wir wenigen Unschuldigen fühlen uns ja hier mit den Wirklich Schuldigen – durch die gleichen Räumlichkeiten – in denen wir diese scheußlichen Jahre hindurch leben mußten – so gleichschuldig – als die, die in den verseuchten Ländern durch die Seuche hindurch kamen.

Dazu leben Sie in Hollywood – einer Stadt mit phantastischem Nimbus.

Aber ich getraue mich – Ihnen doch von mir zu schreiben – daß ich mit meiner Familie meiner Frau und meinen 2 Buben, die Sie ja noch als unwillige Schüler im Gedächtnis haben dürften – gesund und unbeschadet durch den Krieg und den Kampf um Wien – gekommen bin – und mich mit der Besetzung durch die alliierten Mächte langsam und stetig – zum größten Teils durch das rege Interesse Ihrer Kulturfaktoren wieder emporgearbeitet habe – Zur Zeit läuft hier ein Wochenschaufilm der amerikanisch englischen Bildberichter – in der man mich vor meinen Bildern im Atelier malen sieht. Vielleicht kommt er Ihnen auch zu Gesicht und ich könnte Sie mit dieser lebhaften Veranschaulung in Hollywood herzlich grüßen. Seit vorigem Jahr bin ich Professor an der Wiener Kunstakademie; und hätte durch diese Stelle – wenn alle Stricke rissen – eine Versorgung auf meine alten Tage.

Aber damit hat's ja noch Zeit – ich arbeite mit Feuereifer an allen möglichen Plänen – unter denen sich auch eine Ausstellung in New York befindet – die mir ein amerikanisches Ehepaar das eben nach N. York zurückreist – vermitteln wird. –

Auch mit alten guten Freunden drüben – vor allem mit Lisl [sic!] Großmann Salzer – Lerch – Born – etc stehe ich in schriftlicher Verbindung – und es wäre mein sehnlichster Wunsch – wenn das Landl drüben über dem großen Wasser nicht so groß und nicht so weit weg wäre – einmal auf einen „Sprung" hinüber zu kommen. –

So wie man hier bei uns sagen würde – – komm einmal auf einen Sprung nach Grinzing. –

Und wie geht es Ihnen – lieber und sehr verehrter Herr von Zeisl und Ihrer lieben gnädigen Frau. – Wenn Sie in Hollywood sind – muß diese Örtlichkeit sicher in Beziehung zu Ihrer Musik stehen – und Sie werden sehr erfolgreich sein – was ich hoffe und wünsche. Und wenn Sie wieder einmal – nach Wien zurückkommen – wenn sich diese arme Stadt wieder aufgerappelt hat, was wir immer im Stillen hoffen – dann nur mit Koffern voll Geldes. –

Ich denke gerne zurück an Sie und an die Zeiten damals – in der wir noch gar nicht ahnten – was sich Schreckliches vorbereitet

– und heute – da es aus ist – scheint uns, als wären wir nochmals zur Welt gekommen. Darf ich Sie bitten, werter Herr Zeisl mir einmal kurz mitzuteilen – wie es Ihnen und Ihrer lieben Frau Gemahlin geht, was Sie arbeiten und wie es Ihnen sonst geht – Empfangen Sie nochmals meinen herzlichsten Dank und sind Sie und Ihre liebe Gnädige von mir und meiner Familie herzlichst gegrüßt. Mit meinen besten Wünschen bin ich Ihr
Ihnen herzlichst
verbundener
alter Dobrowsky
Wien III. Untere Weißgärberstraße 17
Austria

## JOSEPH MARX an ERIC ZEISL (Typoskript)

*Grambach b. Graz, 27. Juli 1947*

Lieber Freund Zeisl!
Vor allem vielen Dank für die freundlichen Glückwünsche anlässlich einer beinahe betrüblichen Tatsache: das [sic!] man wieder einmal älter geworden ist. Das bedeutet in unserer Zeit beträchtlichen Zeitverlust, ohne den es bei so grossen Umwälzungen sehr zum Schaden der Miterlebenden eben nicht abgeht .. Ich kann mir vorstellen, dass Sie manchmal sehnsüchtig an Wien denken, aber es ist nicht mehr dasselbe – kann ich Ihnen tröstend versichern. Auch ich muss in die Vergangenheit flüchten, wenn ich mir ein glückliches Wien zu Gemüte führen will … Gesundheitlich geht es mir recht gut; ich arbeite viel, schreibe nicht nur Noten, sondern seit neuerer Zeit auch Bücher; zu Weihnachten erscheint ein grösseres Werk gesammelter Aufsätze. Eben habe ich ein III. Streichquartett beendet – Sie sehn, ich bin bei der Arbeit … Und nun überlege ich, was ich wieder machen soll, mit andern Worten, ich warte auf einen brauchbaren Einfall, der dann die Ausführungsrichtung bestimmt. Leider werde ich so bald Ihrer lieben Einladung zu einem Gullasch in Ihrem gastlichen Haus nicht so

rasch folgen können; am Ende kommen Sie doch noch früher nach Wien, und erscheinen plötzlich in der Traungasse .. ! Übrigens soll ich im nächsten Jahr zum Kongress der Komponisten und Autoren nach Südamerika kommen; was sagen Sie dazu. Den heurigen in London habe ich nicht besucht, weil ich hier viel zu tun hatte, und nicht reiselustig war. Für Ihre freundliche Absicht, mir eine Sendung zukommen zu lassen, danke ich Ihnen bereits im voraus. Sie werden ja wissen: wir in Wien haben bei gewissen Artikeln, gerade bei lebensnotwendigen, einen Überfluss an Mangel … Wer hätte sich das träumen lassen .. ??! So ein Durcheinander überall .. Und sich auszudenken, dass nur die Gedankenlosigkeit, Bösartigkeit minderer Menschen allen Vernünftigen und Anständigen in seltsame, oft höchst peinliche Lagen gebracht hat … !!! Genug an dem, ich freue mich, dass Sie sich sanieren konnten, und wohlbehalten über alle Schrecknisse zu einem erquicklichen Dasein gekommen sind. Was arbeiten Sie? Wie geht es Ihnen? Könnten wir uns beim Kongress sehen? Alles Schöne und Herzliche von Ihrem Joseph Marx

## MAX HELFMAN an ERIC ZEISL (Typoskript)

*New York, 27. Mai 1948*

Dear Mr. Zeisl:
Both as a serious artist and conscious Jew, you will, I am sure, be deeply interested in the Hebrew Arts Project sponsored by the Brandeis Youth Foundation.

Believing as we do, that the most precious asset of a people is its creative youth, and that we, in America, have a vast artistic potential in our Jewish youth, the Foundation is establishing an Arts Institute on its estate Santa Susana, California, where a selected group of qualified students between the ages of 18 – 27 will be enabled to live and work together with distinguished leaders in their respective arts in a creative Jewish atmosphere.

In other words, – a sort of Hebrew Tanglewood.

We feel that by opening up for these gifted young men and women – the future composers, conductors, singers, dancers, – the treasures of our artistic heritage and resources, and by making them aware of the possibilities for the continued contemporary development of this heritage and these resources, we shall notably, profoundly enrich them, make it possible for them, in turn, to enrich our cultural life here in America and indeed everywhere.

I am enclosing the Prospectus which will give you a more detailed idea of what we are trying to do. To my knowledge, it is the first attempt to systematize the special problems of the Hebrew Arts.

I hope you will read it and, if at all possible, let me have your reactions. And because – if this Project is to be developed properly – we must have the sympathetic interest, advice and collaboration of those significant artists who are truly concerned with the continuance of Jewish creativity in this country, I take the liberty of asking you.

1) Whether it would be possible for you to accept our most cordial invitation to be the honored guest of the Institute for as long or as little a period of time as you can spare.

2) Would you be available for a lecture or two? – or for a discussion with our special music students who, I am sure, would find your ideas invaluable.

3) Could you recommend to us some students whom you think worthy of total or partial scholarships?

Inasmuch as time is so short – we hope to start the Institute during the first week of July – I would deeply appreciate it if I could hear from you at your very earliest convenience. Many thanks!

Cordially yours,
Max Helfman
Artistic Director
Brandeis Youth Foundation

Der Einladung Max Helfmans leistet Eric Zeisl Folge: Von 1948 bis 1950 unterrichtet er in den Sommermonaten als „composer in residence" am Brandeis Camp Institute, dem heutigen Brandeis-Bardin Institute. Nach erfolgreicher Etablierung des 1942 in Winterdale, Pennsylvania, gegründeten ersten Brandeis Camp initiiert Shlomo Bardin, Direktor der American Zionist Youth Commission, 1947 im nordwestlich von Los Angeles gelegenen Simi Valley in der Nähe von Santa Susana das zweite Brandeis Camp Institute. Die dort Lehrenden erweisen sich als ausgesuchte Persönlichkeiten der jüdisch-amerikanischen Kulturszene, die Musiker unter ihnen sind mit der Vermittlung sowohl tradierter als auch zeitgenössischer jüdischer Volks- und Kunstmusik betraut. Für die Organisation der Musikkurse am Brandeis Camp zeichnet Max Helfman verantwortlich. Neben Zeisl sind um 1948 dort Julius Chajes, Mario Castelnuovo-Tedesco, Ernst Toch, Louis Gruenberg, Izler Solomon, Salomon Rosowsky, Erwin Jospe, Heinrich Schalit, Anneliese Landau oder Benjamin Zemach tätig, ebenso die Tänzerin Gertrude Krauss, der Autor Irving Fineman oder die Künstlerin Ruth Bardin. Jüdischer Ethik ist Bardins und Helfmans Programmidee verpflichtet, diese Haltung soll sowohl durch die Kursinhalte als auch durch die Art der Vermittlung kommuniziert werden. Nicht Jugendliche im Schulalter, vielmehr bereits spezialisiert ausgebildete, junge Komponisten, Autoren, Schauspieler, Dirigenten oder Tänzer sind die Teilnehmer im Camp, in denen die Verantwortlichen Menschen mit Potential für künftige Führungspositionen im jüdisch-amerikanischen Kulturbetrieb zu erkennen glauben. Vorbild in der Konzeption und Ideologie sind die vor allem im lebendigen Kontakt zur Jugend positiv populären Tanglewood-Kurse Leonard Bernsteins (1918–1990).

„[…] young men and women between the ages of 18 and 25 gather from all parts of the country. They come to acquaint themselves more fully with Jewish values, draw inspiration from the reborn state of Israel, study the methods of democratic leadership and thus be trained as youth leaders for the American Jewish community. The Brandeis Camp of the West with its 2,000 acres of picturesque southern California country immediately suggests the hills of Judea to the imaginative young person. Exposed to skillful direction and programming, the Brandeis camper acquires a new understanding and pride in his Jewish heritage and a new dignity as a human being. Upon leaving, the Brandeis camper carries with him a sense of personal responsibility for his Jewish community and for the future of the Jewish people."[233]

Die Einladung zum „Hebrew Tanglewood" bedeutet für den „serious artist and conscious Jew" Zeisl ein hohes Maß an Anerkennung und Akzeptanz in der Szene jüdisch-orientierter Kunstmusik, welche in den dreißiger, vierziger und fünfziger Jahren als gesonderte Sparte des amerikanischen Kulturbetriebs vor allem unter dem Einfluss vieler in die Vereinigten Staaten geflüchteter Juden blüht. Der im polnischen Radzyn geborene, am Mannes College of Music in New York und am Curtis Institute of Music in Philadelphia ausgebildete Max Helfman ist selbst Vertreter dieser Komponistengruppe. Als Organist und Chorleiter am Temple Israel Manhattan eignet er sich Musizierpraxis an, kompositorisch intendiert er, so etwa in *Shabat Kodesh* (1942), jüdische Liturgie in eine zeitgemäße Musiksprache zu fassen. Die Arbeit mit der Jugend ist dem 1938 zum Vorstand der Jewish Music Alliance Gewählten großes Anliegen: 1944 wird Helfman an die School of Sacred Music des Hebrew Union College in New York bestellt, 1961 gründet er die School of Fine Arts an der University of Judaism in Los Angeles.

## ERIC ZEISL an ALFRED SCHLEE (Typoskript, Archiv der Universal Edition)

*Los Angeles, 25. April 1949*

Lieber Herr Direktor Schlee:
Ich kann es nicht verstehen, dass ich von Ihnen so ganz und gar nichts höre. Übrigens auch nicht von der Wr. Ravag an die ich seinerzeit die Kleine Sinfonie und die Passacaglia gesandt habe. Ich würde mich doch sehr freuen wenn Sie sich meiner Musik annehmen würden. Ich glaube, dass Europa doch am besten von Wien bezw. Ihrem Verlage bedient werden kann und dass viele meiner Sachen die ich noch drüben geschrieben habe weiter viel Erfolg hätten, wenn sich ein Verlag tatkräftig dafür einsetzen würde. Bitte lassen

---

[233] Informationsheft: *A Program for American Jewish Youth.* Brandeis Camp Institute, Santa Susana, California (ZN).

Sie mir doch Nachricht zukommen, was mit meinen Sachen geschehen ist und insbesondere ob Sie daran denken, das eine oder andere in Druck zu geben. Die Papiersituation dürfte ja jetzt schon wieder normal sein. 1946 schrieben Sie, dass Sie den szt. Vertrag für die Kleine Sinfonie aufrechterhalten wollen. Sie waren auch für meine kleine Spiel und Radio-oper Leonce und Lena sehr interessiert, die in Deutschland sicher viel Absatz finden würde.

Ich hoffe nun bald von Ihnen zu hören
Mit den allerbesten Grüssen
Ihr Eric Zeisl
P.S. Der österr. Bundesverlag bringt 12 Klavierstücke von mir jetzt heraus.

## ALFRED SCHLEE an ERIC ZEISL (Typoskript, Archiv der Universal Edition)

*Wien, 5. Mai 1949*

Lieber Herr Zeisl!
Leider haben wir bisher noch nichts erreichen können und ich kann Ihnen auch bezüglich Inverlagnahme im Augenblick gar keine Versprechungen machen. Die Papiersituation hat sich zwar gebessert, dafür aber sind andere sehr bedeutende Schwierigkeiten aufgetreten, die uns zwingen, unser Programm ziemlich einzuschränken. Die grösste Schwierigkeit liegt darin, dass wir enorm viel klassische Werke, von denen wir ja leben, nachzudrucken haben.

Es tut mir leid, dass ich Ihnen im Augenblick keine bessere Nachricht geben kann.

Mit den besten Grüssen
Ihr
[Alfred Schlee]

## CARL BAMBERGER an ERIC ZEISL

*Columbia, 23. Mai 1949*

Lieber Freund:
Dank für Brief. In Eile, am Wege nach Europa ein kurzer Gruß. Ich mache <u>sicher</u> ein Stück von Ihnen, sobald sich die Zahl meiner Konzerte hier steigert. <u>Ich bin Ihnen Treu,</u> aber alle meine Freunde <u>müssen</u> Geduld haben. Columbia ist ein ganz neuer Boden.
 Was halten Sie von der Idee einmal den Spieß umzudrehen und mir Gastkonzerte in Californien zu verschaffen ????
 Bin am 19. September zurück. Ich will mich gut auskraxeln in den Bergen für 4 Monate!
 Ihnen u. Trude Alles Gute!
 Ihr Carl B.

## ERIC ZEISL an ALFRED SCHLEE (Typoskript, Archiv der Universal Edition)

*Los Angeles, 1. Juni 1949*

Lieber Direktor Schlee:
Für einen Freund Dirigent und Leiter eines Operndepartments an einem College hier bitte ich Sie mir umgehend einen Katalog Ihrer Neuerscheinungen insbes. Orchester und Opernmaterial einzusenden.
 Es tut mir leid, dass Sie nichts für meine Musik tun können. Sie ist erfolgreich hier und wäre es umsomehr drüben. Es käme eben auf den Versuch an. Doch dies steht bei Ihnen. – Korngold, wird dieser Tage in Wien sein.
 Viele Grüsse und bitte um baldige Einsendung des Katalogues [sic!] womöglich 2fach.
 Ihr ergebener
 Eric Zeisl

## ERIC ZEISL an ALMA MAHLER-WERFEL

*Los Angeles, 31. August 1949*

Liebe Alma!
Allerherzlichste Gratulation und alles Liebe zum 70 Geburtstage. – Es muss wunderbar für Dich sein heute zurückzublicken auf Dein Leben, das eine einzige Inspiration für die Kunst war und ist, und zu wissen, dass wir alle Dich wie eh und je brauchen die Du uns mit Deinem unerschütterlichen Glauben an das Wahre, Echte und Edle in der Kunst eine bleibende Kraftquelle bist. Möge der liebe Gott uns noch viele Jahre Deine herrliche Freundschaft erhalten. In Liebe
Erich Zeisl

## ERICH WOLFGANG KORNGOLD an ERIC ZEISL

*Gardone, 25. September 1949*

Lieber Freund Zeisl!
Dieterle hat auf einer Insel südlich von Sizilien einen Film gedreht mit einer – glaube ich – guten Mischung von landschaftlichem wie menschlichem Interesse, den er mir im Rohschnitt zweimal gezeigt hat (ich habe auch ein paar gute Schnitt"ezes" gegeben) und den ich eventuell sogar nicht ungern selber komponiert hätte (Hauptdarstellerin: Magnani, grosser italienischer Star, miess aber hervorragend). Da ich aus Gesundheits- [unleserlich] und auch prinzipiell da ich doch keinen Film mehr machen will, ablehnen musste, wird die Musik für die Original – italienische Version von einem Italiener schlecht und recht gemacht werden. Da Dieterle aber auch für Amerika eine dramatische Score, die nicht viel kosten darf, braucht, habe ich mir erlaubt, Sie „zu empfehlen". Trauen Sie sich das zu nachdem Sie immerhin ein paar Jahre nicht mehr für den Film gearbeitet haben? Jedenfalls wird sich Dieterle an Sie wenden – Schurli hat ihm Ihre Adresse gegeben.

Sie werden volkstümliche und leidenschaftliche Musik brauchen, einen Kampf unter Wasser, grosse Fischfänge, eine Vulkanexplosion, Procession, Gebet – Kurz, was das Herz eines Komponierlustigen Komponisten (was ich ja <u>nie</u> war!!) begehrt. (Den <u>Anfang</u> für einen „<u>Maintitle</u>" habe ich Dieterle aufgeschrieben und <u>geschenkt</u>; er steht Ihnen zur Verfügung!)

Also hoffentlich wird was draus!

Unsere Reise war herrlich:

Rom, Assisi, Perugia (wo ein <u>Wiener</u> Musikfest – Clemens Krauss – war) Florenz, Bologna, Mantua, Gardasee – man wird ganz deppert!

Alles Liebe Euch beiden in alter Freundschaft!

EW Korngold


Dear Mr. Zeisl:

I know I haven't written in a long time, but I know that „Mutti" filled in for me!

We are having a collossal trip worth more than 10 years of education at UCLA [University of California Los Angeles]

I shall write detailed from WIEN. Keep your fingers crossed for the picture – I certainly shall.

greetings to all,

Schurli.


Georg („Schurli") Wolfgang Korngold ist der jüngere Sohn Erich Wolfgang Korngolds. Dieser heiratet 1924 in Wien die Pianistin und Filmschauspielerin Luise („Luzi") von Sonnenthal (1900–1962), eine Enkelin des Adolf Ritter von Sonnenthal. 1925 wird den Korngolds Sohn Ernst (Ernest) Werner (1925–1996), 1928 Sohn Georg (George) Wolfgang (1928–1987) geboren. Georg W. Korngold ist in Los Angeles Schüler Eric Zeisls. Er verbringt die Kriegsjahre in den Vereinigten Staaten, kommt im Sommer 1949 nach Wien und studiert an der Akademie für Musik und darstellende Kunst Musiktheorie und Harmonielehre. Ab 1951 hält

Georg W. Korngold sich wieder in Kalifornien auf. Später ist er in Hollywood als Music Editor tätig.[234]

Des Komponierens für den Film müde, legt Erich Wolfgang Korngold dem Freund Zeisl Wilhelm (William) Dieterles (1893–1972) Projekt *Vulcano* ans Herz. Korngold folgt bereits 1934 zur Bearbeitung von Felix Mendelssohn-Bartholdys *Ein Sommernachtstraum* für eine Verfilmung bei Warner Brothers unter Max Reinhardt und Wilhelm Dieterle dem Ruf in die Vereinigten Staaten, lässt sich ein halbes Jahr in Hollywood nieder, reist zurück nach Wien und tätigt 1935/36 sowie 1936/37 weitere Filmaufträge.[235] 1938 kehrt er, vom „Anschluss" und dessen Folgen überrascht, von einer USA-Reise zur Vertonung von *The Adventures of Robin Hood* bis in das Jahr 1949 nicht mehr nach Europa zurück. Zu Filmen wie *Captain Blood* (1935), *Give Us This Night* (1936), *The Private Lives of Elizabeth and Essex* (1939), *Juarez* (1939), *The Sea Hawk* (1940), *King's Row* (1942) und *Of Human Bondage* (1946) schreibt er die Musik, für *Anthony Adverse* (1936) und *The Adventures of Robin Hood* (1938) erhält er den Oscar.[236] Neben Warner Brothers arbeitet Korngold auch für Paramount.[237]

Wilhelm Dieterle, in den frühen zwanziger Jahren noch unter Max Reinhardt (1873–1943) am Deutschen Theater in Berlin tätig, beginnt ab 1920 mit der Filmschauspielerei und Regietätigkeit, 1927 gründen er und seine Frau, die Drehbuchautorin Charlotte Hagenbruch, mit Charha-Film eine eigene Produktionsfirma. Bei der Deutschen Universal unter Vertrag, dreht Dieterle mit *Ludwig der Zweite, König von Bayern* seinen ersten großen biographischen Spielfilm – dieses Genre („biopic") wird ihm später zur Domäne. 1930 emigriert Wilhelm Dieterle als Regisseur deutschsprachiger Versionen für die Warner-Tochter First National Pictures nach Kalifornien, 1933 nimmt ihn Warner Brothers unter Vertrag. Über die Mitbegründung und Finanzierung der von Ewald André Dupont (1891–1956) herausgegebenen, antifaschistischen Kulturzeitschrift *The Hollywood Tribune* und über die Gründung des eng-

---

[234] Ulrich, Rudolf: *Österreicher in Hollywood*. Wien 1993, S. 253.
[235] Carroll, Brendan G.: *The Last Prodigy – A Biography of Erich Wolfgang Korngold*. Portland-Oregon 1997.
[236] http://www.imdb.com/name/nm0006157, 13.05.2008.
[237] Vgl. dazu Korngold, Erich Wolfgang: *Composing for the Pictures*. In: *Etude Music Magazine*. January 1937. Vgl. dazu Korngold, Erich Wolfgang: *Some Experiences of Film Music*. In: *Music and Dance in California*. June 1940.

lischsprachigen Exiltheaters „The Continental Players" engagiert Dieterle sich für vertriebene Kollegen aus Europa. Er selbst führt nach dem Bruch mit Warner ohne Erfolg die William Dieterle Production Co. bei RKO und steht bei MGM, David O. Selznick, Paramount und Columbia unter Vertrag. Mit Max Reinhardt arbeitet er an *Midsummer Night's Dream* (1935) – über diese Produktion sowie über *Juarez* (1939) stößt er auf Erich Wolfgang Korngold.[238]

Die von Korngold dem „komponierlustigen" Freund Zeisl offerierte Chance, „volkstümliche und leidenschaftliche" Musik für Dieterle zu schreiben, kann Zeisl aus nicht eruierbaren Gründen letztlich nicht einlösen: *Vulcano* erscheint 1950 in Italien, 1953 in den Vereinigten Staaten – als Komponist tritt Enzo Masetti (1893–1961) in Erscheinung. Ob er der von Korngold genannte, seine Sache „schlecht und recht machende" Italiener ist, bleibt offen – Star der Produktion ist in jedem Fall Anna Magnani (1908–1973) in der Rolle der auf die Insel Vulcano zurückgekehrten Prostituierten Maddalena, Rossano Brazzi als Donato und Geraldine Brooks als Maddalenas Schwester stehen an ihrer Seite. Renzo Avanzo assisitiert, das Script stammt von Piero Tellini und Victor Stoloff.[239]

## ERIC ZEISL an ALFRED SCHLEE (Archiv der Universal Edition)

*Los Angeles, undatiert*

Lieber Direktor Schlee!
Würden Sie die Liebenswürdigkeit haben und mir <u>umgehend</u> auf <u>meine Kosten</u> die 2 „Leonce und Lena" Klavierauszüge, die ich Ihnen seinerzeit einsandte, zurücksenden? Die Oper wird hier in 2 Colleges uraufgeführt und bräuchte ich hierzu jeden Klavierauszug. – Vielen Dank im Voraus! Ich hoffe dass es Ihnen recht gut geht und tut es mir schrecklich leid, dass Sie gerade in Wien nichts von mir herausbringen, während ich in Amerika sehr erfolgreich bin. – Es ist halt immer das alte Lied. Den Namen muss sich der

---

[238] http://www.imdb.com/name/nm0226189, 13.05.2008.
[239] http://www.imdb.com/title/tt0042030, 13.05.2008.

Österreicher im Ausland machen, dann kommt schon die alte Heimatstadt Wien nachgetümpelt! Siehe Schönberg! Bitte schreiben Sie mir doch ein paar Zeilen! –
 Vielen Dank im Voraus!
 Mit allerherzlichsten Grüssen verbleibe ich Ihr ergebener
Eric Zeisl
 P.S. Wenn Sie irgend ein Item benötigen, bitte lassen Sie es mich wissen!

## ERNST TOCH an ERIC und GERTRUD ZEISL

*Bad Aussee, 5. Mai 1950*

Ihr lieben Zeiserln,
 – Briefe schreiben sich nicht von selbst, aber Symphonien noch weniger, und wenn man daher eingeklemmt ist wie ich momentan, ist es klar, zu wessen Gunsten leider Gott sei Dank die Wahl ausfallen muss. Nur eins wollt ich ich [sic!] immerhin schon seit Wochen schreiben. Einmal in Wien, vor etwa 4–5 Wochen, schlenderte ich durch die Leopoldstadt, ungezählte Erinnerungen sammelnd. Durch die Czerninpassage, die immer noch dasteht (dieser Bezirk ist erstaunlicherweise in dem sonst schwer getroffenen Wien kaum beschädigt) ging ich den vor genau 50 Jahren täglich gegangenen Weg ins Sophiengymnasium, bis an die Tür meines eigenen weiland Klassenzimmers, wie gern hätte ich sie aufgemacht und mich auf meinen Platz gesetzt. Aber es war Unterricht – römische Geschichte, so hörte ich nur von aussen zu.
 Das Zirkus Renz Gebäude neben dem Gymnasium (ausgerechnet dieses) ist total zerbombt. Ausser diesem fand ich nur noch den Tempel in der Tempelgasse, natürlich, und diesen nicht durch Bomben, bis auf wenige Reste der Aussenmauern dem Erdboden gleich gemacht. Aber ein Café Tegethoff [sic!] gibt es nicht mehr. Café Praterstern, Schreyvogel, Dogenhof, alles da – aber kein Tegetthoff! Ich fragte viele Leute, und niemand konnte mir Auskunft geben, natürlich auch nicht das Telephonbuch. Alle wussten, dass es es [sic!] <u>einmal</u> irgendwo dort war! Und ich hätte mich doch so

gern hineingesetzt, vielleicht einer Chonteuse auf den Schoß, und Ihnen eine Ansichtskarte von dort geschickt, die Zeislsche Jugend in Stellvertretung durchlebend! Ich war wirklich traurig und bin, um mich zu trösten zum Hauswirt gegangen u. habe einen Paprikakarpfen gegessen. (Er war aber auch schlecht, ganz gegen den sonst in dieser Beziehung so hohen standard.) Grüssen Sie alle Freunde, ich wollte vor allem auch den lieben Gimpels schon so oft schreiben, ich fürchte, Peter wird schon sein drittes Verhältnis hinter sich haben, bis ich ihn wiedersehe, und alles Liebe Ihnen mit Extragruss an die Großmama und an Barbi, wenn sie sich meiner erinnert. (Ist sie heute fieberfrei? Ich hoffe.) Ihr aller Ernst Toch.

Eric Zeisl und Ernst Toch lernen einander im Jahr 1942 in Los Angeles über den Exilautor Emil Ludwig (1881–1948) kennen – Zeisl vertont 1943 für Ludwig, auf den er durch den aus Deutschland geflüchteten Hugo Strelitzer trifft, dessen Bühnenstück *The Return of Ulysses*. Tochs Briefe an Zeisl sprechen von Zugeneigtheit und geteiltem Sinn für Humor. Neben dem ohnehin verbindenden Moment des selben Geburtsorts tun sich im Exil zwischen Toch und Zeisl weitere Anknüpfungspunkte auf: Ein Dokumentieren der jüdischen Herkunft über das Werk wird beiden zum Schaffensinhalt, das Komponieren für Hollywood bietet Kontinuität in der Freundschaft bis zu Zeisls Tod, auf welchen Toch mit den Zeilen reagiert: „[…] als ich ja in demselben Raum – Studio 16 – lebe und arbeite, in dem ich ihn zum letzten Mal im Leben gesehen habe. Seine Stimme habe ich wenigstens noch gehört, denn er war der erste von den Freunden, den ich nach unserer Rückkehr hierher angerufen habe, das gibt mir ein wenig Trost."[240] Ebenso unterrichten beide an musikvermittelnden Institutionen Los Angeles': Zeisl lehrt ab 1946 an der Southern California School of Music and Arts die Fächer Komposition und Orchestrieren, Harmonielehre, Kontrapunkt, Formenlehre und Analyse. Ab 1949 unterrichtet er am Los Angeles City College im Rahmen der nach Art einer Volkshochschule organisierten Abendkurse.

Im Gegensatz zu Zeisls Werdegang ist jener Tochs mit dem Geburtsort Wien wenig verbunden: Über ein Stipendium bietet sich Toch die

---

[240] Ernst Toch an Eric Zeisl, 24. Februar 1959.

Möglichkeit zum Musikstudium am Hochschen Konservatorium in Frankfurt, später unterrichtet er Theorie und Komposition am Mannheimer Konservatorium. Als Komponist ist er nach dem Ersten Weltkrieg in Deutschlands Szene Neuer Musik präsent. 1929 nach Berlin übersiedelt, dorthin nach Hitlers Machtergreifung von einem Florenz-Aufenthalt beim Maggio Musicale nicht wieder zurückgekehrt, hält Ernst Toch sich 1933 in Paris auf. Über Zusammenkünfte mit Arnold Schönberg steht er im Diskurs zu religiösen und nationalen Fragen des Judentums, damals noch negiert er, sich als nicht-praktizierender, assimilierter Jude im Kampf gegen den Nationalsozialismus auf das eigene Judentum zu berufen.[241] Mit zunehmendem Nazi-Terror ändert der im Katalog zur Düsseldorfer Ausstellung „Entartete Musik" als „jüdischer Vielschreiber" an „prominenter" Stelle angeprangerte Toch seine Haltung: Im Frühjahr 1938 entsteht unter Jacob Sonderlings Kommission die *Cantata of the Bitter Herbs*. Später bearbeitet er jüdische Tänze aus Palästina und Osteuropa, komponiert den sechsten Satz (*The Covenant*) der von Nathaniel Shilkret initiierten *Genesis*-Suite (1945) und setzt seine *Fünfte Symphonie* op. 89 (1962) unter den Titel *Jephta*.

Noch im Jahr 1933 flüchtet Ernst Toch von Paris nach Großbritannien und komponiert dort für drei Filme exilierter Regisseure: *The Rise of Catherine the Great* (1934; Paul Czinner), *The Private Life of Don Juan* (1934; Alexander Korda) und *Little Friend* (1934; Berthold Viertel). Über die Produktion *Peter Ibbetson* ist er bereits in London den Paramount Studios verbunden. Eine Einladung Alvin Johnsons zur Lehrtätigkeit an der „University in Exile" der New School for Social Research in New York (1934/35 und 1935/36) ermöglicht ihm so wie zuvor Hanns Eisler die „Nonquota"-Immigration in die Vereinigten Staaten.[242] Zusätzlich unterrichtete er, wie vorher Arnold Schönberg, am Malkin Conservatory in Boston. 1937 übersiedelt Toch an die Westküste, unter seiner Mitwirkung entstehen Filme wie *Heidi* (1937), *Outcast* (1937), *The Three Musketeers* (1939), *The Cat and the Canary* (1940), *Ladies in Retirement* (1941)

---

[241] Ringer, Alexander: *Arnold Schönberg. Das Leben im Werk.* Stuttgart-Weimar 2002, S. 271.
[242] Plessner, Monika: *Die deutsche „University in Exile" in New York und ihr amerikanischer Gründer.* In: *Frankfurter Hefte.* 1964, 19. Jg., S. 181-186.

oder *Address Unknown* (1944).[243] Bei Paramount, 20th Century Fox und Columbia Pictures ist Toch unter Vertrag, enttäuscht zieht jedoch auch er sich vom Filmgeschäft zurück. Intensiv hingegen gestaltet sich die Unterrichtstätigkeit an der University of Southern California (USC) mit nebenbei geführten Gastvorlesungen an der Harvard University.[244] Ernst Toch lebt ab 1949 kurzfristig in Europa, wandelt dabei auf den Spuren der eigenen und Zeisls Kindheit und schreibt immer wieder „zurück" in die Exilheimat an das „Liebe Gezeisl", die „Lieben Freunde", die „Lieben Zeiserln" oder die amerikanisierten „Dear folks".

## ERIC ZEISL an ALFRED SCHLEE (Typoskript, Archiv der Universal Edition)

*Los Angeles, 16. Juli 1950*

Lieber Herr Direktor
Von der Wr. Ravag erhielt ich heute von Dir. Kralik folgenden Brief: „Das uns zur Ansicht übersandte Werk ‚Little Symphony' beabsichtigen wir in der kommenden Saison hier im Rundfunk zur Aufführung zu bringen. Wir bitten Sie uns das Orchestermaterial hiezu zu senden."
Es handelt sich hier um die 4 Orchesterstücke nach Bildern der Roswitha Bitterlich über die ich einen Vertrag mit der Universal-Edition habe. Ich glaube es wäre sehr umständlich und unpraktisch, das bei Associated Music Publ. in New-York befindliche Orchestermaterial nach Wien zu senden, wodurch es lange Zeit ausständig bliebe und in der Zwischen Zeit amerikanische Aufführungen nicht stattfinden könnten. Ich möchte Sie daher bitten, ob Sie nicht auf Grund unseres Vertrages ein neues Material für Wien und Europa herstellen könnten und nun auch bei dieser Gelegen-

---

[243] http://www.imdb.com/name/nm0006324, 13.05.2008.
[244] Vgl. dazu Docherty, Jack/Hopkins, Konrad: *Der vergessenste Komponist des 20. Jahrhunderts. Ernst Toch.* In: *Filmharmonische Blätter.* Heft 6, Juni 1987, S. 25-27. Vgl. dazu Jezic, Diane Peacock: *The Musical Migration and Ernst Toch.* Iowa (USA) 1989.

heit überhaupt den Druck des Werkes, der so viele Jahre in Rückstand ist, in Angriff nehmen wollen.

Ich möchte Ihnen hiezu folgenden Vorschlag machen, um Ihnen die Entscheidung zu erleichtern. Das Werk hatte voriges Jahr mehrere Aufführungen u.a. mit der San Francisco Symphony und der Standardhour über NbC [sic!]. Associated haben mir die vorige Saison noch nicht abgerechnet und schulden mir ungefähr S100. Diesen Betrag zuzüglich der bei der Ravag für die Aufführung auflaufenden Beträge meines Kontos würde ich Ihnen zur Gänze überlassen und bin bereit darüber hinaus weitere 100.–S gegen Verrechnung auf zukünftige Tantiemen vorzuschiessen, falls das Werk von Ihnen in dieser Saison in Druck erscheinen würde.

Wenn Sie bedenken wie schwer es war, von Ihrer Firma einen Vertrag im kritischen Jahr 1938 zu erreichen, werden Sie erkennen welche Möglichkeiten in dem Werke stecken, dass [sic!] von der U.E. in der schwersten Publikationszeit angenommen wurde. Im Rahmen der Möglichkeiten einer ungedruckten Partitur hat die Suite in Amerika ungewöhnlichen Erfolg und viele erstklassige Aufführungen aufzuweisen, wurde u.a. 3 mal von der NBC nationwide gesendet, voriges Jahr von der Standardhour über die ganze Westcoast incl. Canada etc. Das Werk hat stark österreichisches Colorit, so dass Ihr Verlag der gegebene Representant [sic!] ist und Sie würden grossen Erfolg mit dem Werk haben, ausserdem ist mein Name heute in jedem Katalog etwas wert. Ich sehe daher nicht, wie Sie mit dem Drucke fehlgehen könnten insbes. da ich doch bereit bin, den grössten Teil des Risikos selbst zu tragen. Glauben Sie nicht selbst lieber Herr Direktor, dass die endliche Erfüllung eines so lang rückständigen Vertrages an sich eine Ehrenpflicht Ihres Verlages ist?

Bitte lassen Sie mich sofort wissen, wie Sie zu meinem Vorschlag stehen, damit ich der Ravag Bescheid geben kann. Die Partitur des Werkes befindet sich bei der Ravag doch kann ich Ihnen falls Sie es wünschen noch eine Partitur einsenden.

Ich hoffe auf Ihre umgehende Antwort
viele herzliche Grüsse
in Freundschaft
Eric Zeisl

# HILDE SPIEL an ERIC und GERTRUD ZEISL

(Postkarte)

*Mallnitz, 17. Juli 1950*

Liebste Suserl und Erich!
In diesem herrlichen Tal ist mir gestern plötzlich das Lied eingefallen „Vergißmeinnicht hab ich im Tannenwald [sic!] gepflückt", und darum muß ich euch rasch viele Busserln schicken und sagen, daß ich an euch denke und mir so wünsche, wieder einmal mit euch in einem österreichischen Wald spazieren zu gehen. Extra Austriam non es vita. – Aber wozu euch das Herz schwer machen, und mir, denn ich bin auch im September wieder in L. – Morgen kommen die Ehrlichs her. – Schreibt einmal eurer alten Hilde!

*Abb. 22: Vergissmeinnicht: Eric und Gertrud in Österreich, 1930er Jahre (ZN)*

„Vergissmeinnicht hab' ich im Fichtenwald gepflückt, wo Moos bescheiden ihm die Wurzeln schmückt. Und sinnend halte ich den blauen Strauss in der Hand und blicke traurig auf das holde Wunder unverwandt. Komm her mein Kind und kühle dein Gesicht in dieser Sterne keuschem Licht."

Das Sopranlied *Vergissmeinnicht* vertont Eric Zeisl nach Richard Schaukals (1874–1942) Text im „Liederjahr 1931" – zart und schlicht, ein Stimmungsmoment, der wie die besungene Blume im Gedächtnis verbleibt. So wie das ihr zugeeignete *Immer leiser wird mein Schlummer* oder Alfons Petzolds *Toter Arbeiter* erlebt Hilde Spiel auch *Vergissmeinnicht* als ein Sinnbild für die Jugend mit den Zeisls, der Text wird zur Allegorie auf die nicht vergessene Vergangenheit. *Vergissmeinnicht* entsteht unter Zeisls Zueignung „Meiner lieben Frau gewidmet", welche, in der „Provinz" Los Angeles sitzend, „der Verlockung" der „Mallnitzer Karte nicht widerstehen" kann, sich „hinsetzen" und „bissl tratschen" muss. Die im Gasthof zu den „Drei Gemsen" flink aufgesetzte Notiz aus dem Kärntnerischen Mallnitz lässt Gertrud einen ausführlichen Situations- und Befindlichkeitsbericht vom zwar paradiesischen Kalifornien, aber ebenso „mörderischen Platz" Hollywood schicken, der sich den Zeisls als „eine einzige große backstage mit allem dazugehörigen Aufwand an menschlicher Bosheit, Niedertracht und frustrations" zeigt. Die Übersiedlung nach New York wird angedacht. Dass Eric mittlerweile in Los Angeles „einen erstklassigen Namen" hat und „eine Art Lokalgröße" ist, steht dem freilich entgegen. Bezeichnend für das Empfinden, sowohl in Hollywood als auch in Wien „displaced person" zu sein und als solche hoffentlich den „Mars bald eröffnet" zu bekommen, ist Gertruds Statement „Dafür ist es nirgends hier so heimlich wie bei uns." Los Angeles wird zum „hier" – Österreich zum „bei uns".

Im Bericht über die aktuellen musikalischen Ereignisse erwähnt Gertrud Zeisl die 1949/50 im Brandeis Camp fertiggestellte und dem ebenso „jüdisch" komponierenden Freund Sasha Tansman gewidmete *Sonata for Violin and Piano* (*Brandeis Sonata*). Zeisls stilistische Wende wird über dieses Werk greifbar: „Da Du den Weg nicht mit uns gegangen bist würde Dir sicher alles sehr fremd und merkwürdig vorkommen und doch ist es noch ganz der alte Erich." – Dies Gertruds emotionale Beschreibung dessen. Eine „Voraufführung"[245] der Sonate findet am 13. August 1950 mit dem Geiger Israel Baker (*1921) und der Pianistin Yaltah Menuhin (1921–2001) im Brandeis Camp statt, am 24. September 1950 spielt das Duo Baker/Menuhin in Santa Monica die Uraufführung.[246] Yaltah Menuhin lebt während der fünfziger Jahre in Los Angeles, wo sie als Interpretin zeitgenössischer Werke eine wichtige Rolle spielt – sie übernimmt etwa auch Uraufführungen von George Antheil (1900–1959), Ernst Krenek, Frank Martin (1890–1974), Louis Gruenberg, Mario Castelnuovo-Tedesco oder Walter Piston (1894–1976). Israel Baker, mit dem sie 1951 das New York-Debüt im Duo feiert, unterrichtet am Scripps College in Claremont und prägt als Zweiter Geiger der Heifetz-Piatigorsky Kammerkonzerte, als Interpret der Werke Igor Strawinskys, Arnold Schönbergs und Alban Bergs das Konzertleben an der Westküste. Im Oktober 1950 berichtet der *Aufbau* über „Neue Musik in Los Angeles": „Dem Duo Yaltah Menuhin (Klavier) und Israel Baker (Violine) verdanken wir mehrere Abende mit interessanter neuer Musik. Beide setzten sich unlängst für die Sonate in e-moll (Brandeis) von Eric Zeisl ein, zu der der Komponist bei seiner Lehrtätigkeit in dem nahe bei Los Angeles gelegenen Brandeis Camp durch die betont jüdische Atmosphäre angeregt wurde. Unter den vielen Neuerscheinungen der letzten Jahre hörte ich selten ein Kammermusikwerk von solcher Geschlossenheit: jeder der drei Sätze ist gleich stark und fesselnd. Ohne ein bereits bestehendes jüdisches Motiv zu zitieren, schrieb Zeisl hier, im besten Sinne inspiriert, wahrhaft jüdische Musik, die unserem heutigen Empfinden entspricht."[247]

---

[245] Programmzettel: *Brandeis Camp Institute Concert*, Brandeis Camp, 13. August 1950 (ZN).
[246] Programmzettel: *Israel Baker, Yaltah Menuhin Sonata Recital*, Barnum Hall Santa Monica, 24. September 1950 (ZN).
[247] Hausdorff, Martin: *Neue Musik in Los Angeles*. In: *Aufbau*. 20. Oktober 1950 (ZN).

# GERTRUD und ERIC ZEISL an HILDE SPIEL

*Los Angeles, undatiert*

Liebe alte Hilde:
Obwohl unbeschreiblich viel und wichtige Arbeit auf mich wartet, kann ich doch der Verlockung Deiner Mallnitzer Karte nicht widerstehen – und muß mich hinsetzen bissl mit Dir zu tratschen. Es sind ja Äonen vergangen, seit wir nichts von einander gehört haben und während bei uns inzwischen alles beim Alten geblieben ist, bin ich überzeugt, daß bei Dir soviel vorgefallen ist, daß Du 3 Romane damit füllen kannst und wahrscheinlich auch inzwischen tatsächlich geschrieben hast. Die letzte Nachricht von Dir war aus Deutschland aber inzwischen scheint Ihr wieder nach England zurückgekehrt zu sein. Wie ich Euch beneide darum, daß Ihr Europa und Österreich nicht ganz verloren habt, kann ich gar nicht ausdrücken. Wie Du geschrieben hast „extra Austria [sic!] non est vita" und wir leben eben nicht wirklich. Aber wir vegetieren auch nur so halbwegs weil der Lebenskampf in Amerika <u>nicht von</u> Pappe ist und einem die besten Kräfte raubt. Hollywood ist speziell ein mörderischer Platz eine einzige große backstage mit allem dazugehörigen Aufwand an menschlicher Bosheit, Niedertracht und frustrations und ich habe manchmal wirklich das Gefühl, daß wir tatsächlich die einzigen sind, die von dieser Atmosphäre nicht angesteckt sind und noch Menschen geblieben sind, mit den dazugehörigen Gefühlen. Aber es ist schrecklich auf die Dauer in diesem luftleeren liebeleeren Raum zu leben. We don't fit. Wir denken ernstlich daran nach New-York zu übersiedeln, das auch künstlerisch viel besser für Eric wäre. Ausser den movies ist Los Angeles Provinz. Es ist nur sehr schwer eine ganze Familie (meine Mutter ist ja auch hier) so aufs Gerate-wohl zu verpflanzen. Viel geben wir hier nicht auf und vor allem ich sehe keine Zukunft hier. Soweit man hier kommen kann sind wir. Erich hat einen erstklassigen Namen und ist eine Art Lokalgröße, vielleicht sollten wir dies mehr schätzen. – Ich möchte gerne wissen, wenn Du Dich noch an das Vergissmeinnicht erinnerst, was Du jetzt zu seinen Sachen sagen würdest. Da Du den Weg nicht mit uns gegangen

bist würde Dir sicher alles sehr fremd und merkwürdig vorkommen und doch ist es noch ganz der alte Erich. Ich schick Dir anbei ein Programm von der Uraufführung einer neuen Violin-Sonate diesen Sonntag. Yalta [sic!] Menuhin ist die Schwester Yehudi Menuhins und Israel Baker ein sehr guter Geiger. Ich schicke Dir auch 2 Bilder von uns. Barbara verändert sich fortwährend. Sie ist unglaublich herzig und lustig wie ein junges Hunderl, wie ein Glockerl das fortwährend bimmelt, nach dem ernsten Bild kannst Du Dir Ihre wahre Natur schwer vorstellen. Sie ist genau wie ein Kind aus den Funnies, Hände waschen erfordert einen Kriegsrat. Klug und schlau wie ein Dackerl und ebenso dumm, hat im Leben noch kein Buch gelesen, „I'm just not the type" oder „I'm just the opposite of Shakespeare". Aus dem Familienbild kannst Du sehen daß ich sehr weiss geworden bin (kein Wunder) und der Erich hat die meisten seiner Haare verloren, die übrigen werden grau.

Von Österreich hören wir manchmal. Der österreichische Bundesverlag hat ein Buch mit Klavierstücken für Kinder von Erich herausgebracht, daß man wahrscheinlich auch in London bekommt da es in 3 Sprachen erschienen ist. „Pieces for Barbara". Falls Deine Kleinen Klavier lernen so schreib mir und ich schicke es Dir. Die Ravag wird dieses Jahr die Little Symphony nach Bildern der Roswitha Bitterlich aufführen, ich weiss leider noch kein Datum, sonst könntest Du es vielleicht in London hören.

Krenek der hier mit Erich am City College ist ist jetzt in Wien auf Hochzeitsreise aber die Frau (er hat vor 2 Monaten geheiratet) ist hier. Einer muß im Geschäft sein. Inzwischen musste der Erich hier seine Klassen übernehmen was sehr anstrengend ist. Warum kommt Ihr nicht einmal her. Auf Besuch hierher zu kommen ist herrlich und welche Freude das für uns wäre. Alte Freunde sind ganz und gar unersetzlich. Ich glaube so auf einige Wochen würde Euch Hollywood wunderbar gefallen. Es dauert ½ Jahr bis man das Gift in der Atmosphäre spürt psychisch und physisch. Die Luft ist mit Benzin und Öldämpfen so durchsetzt daß man oft kaum atmen kann, besonders im Sommer. Aber die Natur ist herrlich.

Californien ist ein wirkliches Paradies. Herrliche Gebirge, das Meer, die Wüste von deren eigenartiger Schönheit, Ihr Euch gar keinen Begriff machen könnt und die märchenhaften Red-

woodwälder mit den Riesen Sequoias, Urwaldbäume so Riesenhaft und 1000jährig daß man sich wie eine Ameise vorkommt und ganz friedlich wird, wie immer wenn einem die eigene Vergänglichkeit bewusst wird. Diese Wälder sind das Schönste was ich überhaupt im Leben gesehen habe. Nichts lässt sich damit vergleichen. Nicht einmal Oesterreich wo es am schönsten ist. Die Wildheit und Unberührtheit dieser Natur kennen wir nicht. Dafür ist es nirgends hier so heimlich wie bei uns. Wenn man sich hier verirrt ist man ein „dead duck" und kann Tagelang gehen ohne einen Menschen zu treffen. Genug getratscht, bitte liebes Hildekind, schreib deinen alten Freunden einen guten langen Gummibrief mit allen angesammelten Nachrichten von Dir, Peter, Kindern, Freunden, Mutter etc. – Meine Tante Mela (Schwester meiner Mutter) ist seit Juni hier es gefällt ihr gut nach London das Leben dort scheint auch nicht zu erfreulich zu sein. Wir sind alle irgendwie displaced persons, auch wenn man nach Wien zurückginge ist man dort auch displaced. Hoffentlich wird der Mars bald eröffnet. Viele Pussi Dir und Deiner Familie
    Von Deiner alten Susi


    Alles Gute euch allen! Viele Grüsse und kommt einmal her. Hier ist es menschenleer.
    Euer ganz alter Erich


## ERNST HARTMANN an ERIC ZEISL (Typoskript)

*Wien, 25. Juli 1950*

Sehr geehrter Herr Zeisl,
    Ihr Brief vom 16. Juli ist während unserer Betriebsferien und in Abwesenheit Direktor Schlees eingetroffen. Wollen Sie sich nun bitte mit einer Antwort bis Mitte August gedulden.
    Um die Angelegenheit nicht unnötig zu verzögern, bitten wir nur um Aufklärung ob es sich bei dem von Ihnen genannten

Betrag, den Ihnen die AMP aus der vorigen Saison schuldet, um S 100,– oder (wie wir vermuten) um $ 100,– handelt, es könnte sich hier um einen Schreibfehler gehandelt haben. Weiters würden wir empfehlen, uns die angebotene zweite Partitur des Werkes auf alle Fälle zu übersenden.

Mit vorzüglicher Hochachtung
[Ernst Hartmann]

## ERIC ZEISL an ERNST HARTMANN (Typoskript)

*Los Angeles, 31. Juli 1950*

Sehr geehrter Herr Hartmann:
Vielen Dank für Ihren Brief vom 25. Juli d.J. Wie Sie ganz richtig vermuten handelt es sich um einen Schreibfehler und der Betrag bei AMP soll richtig 100,– Dollars heissen. Eine weitere Partitur der Little Symphony geht Ihnen zu. Ich erwarte Ihre bezw. Dir. Schlee's baldige Antwort auf meinen Brief, damit ich der Ravag antworten kann.

Mit besten Grüssen,
Ihr ganz ergebener
Eric Zeisl

„Concert Celebrates The Birth of Israel" – so die Headline einer Rezension zu einer Veranstaltung mit dem Titel „Palestine Night", welche prominente Vertreter der jüdischen Musikwelt am 18. Mai 1948 zur Proklamation des Staates Israel in der New Yorker Carnegie Hall feiern: „The new republic of Israel celebrated its birth in song and symphony at last night's ‚Pop' Concert in Carnegie Hall. While the newborn state was battling for its life on distant fronts Siegfried Landau and a staff of soloists, including Sidor Belarsky, reported on the growing action along Palestine's vocal and symphonic front. Mr. Landau opened the program by leading the orchestra in ‚The Star-Spangled Banner' and the Jewish national anthem. Many patrons sang out the Hebrew words of ‚Hatikvah' in ringing style. Anyone doubting Israel's claim to a place in the repertory had a few surprises in store for him on last night's program. The country has already taken several long strides towards symphonic maturity. Maybe the names were new to most concert fans, names like David Scheinfeld, Salomon Rosowsky, Nardi, Julius Chayes [sic!], and Eric Zeisl. Yet taken together, they spelt out the promise of a great future for Jewish music. For here was music grounded in a fertile folk legacy, reflecting a long history of suffering and striving. This was music nourished in a great dream now come true. Its very keynote was hope – the ‚Hatikvah' of the Zionist anthem."[248] Die Programmpunkte dieses Fests für Israel im Mai 1948 sind: *Pastorale and Hora* (David Scheinfeld), *Ode for Mourning* (Salomon Rosowsky), *Sadod Shebaemek* (Ben Haim), *Shir Hachamishah* (Zaira), *Yo Adir* (Jacob Weinberg), *Zemer Chalutzim* (Nardi), *Shir Ha-emek* (Lavri-Binder), *Yaaleh* (Joel Engel), *Liberation Hymn* (Salomo Rosowsky), *Palestinian Song Suite* (Nardi), *Hebrew Suite* (Julius Chajes) und *To the Promised Land* (Eric Zeisl).[249]

## JULIUS CHAJES an ERIC ZEISL (Typoskript)

*Detroit, 18. September 1950*

Dear Erich:

I am enclosing the check for your Piano Sonata which I hope will have a performance in Detroit. I shall let you know about it as soon as I know something definite.

Please send me two copies of your „Pieces for Barbara" with enclosed bill.

I have asked Freudenthal to send you my „Psalms" and hope that he has done so.

I am very happy that we renewed our friendship, and I am reminiscing with much pleasure today about the beautiful hours which I spent with you and your dear wife in the Simi Valley.

---

[248] Zeitungsausschnitt ohne Angaben (ZN).
[249] Programmzettel: *Carnegie "Pop" Concert, Palestine Night*, Carnegie Hall, 18. Mai 1948 (ZN).

For the past few days I am working eagerly on my second movement of the Concerto and tried very hard „to move my bass as much as possible", according to you and Tedesco. The same constructive criticism I have heard before from Kauder and from, if I may say so, Brahms ...

I hope to hear from you soon, and remain, with best wishes for a happy New Year to all three of you from Marguerite and myself,
Cordially,
Julius Chajes
Director of Music


Julius Chajes, in Lemberg geboren, Pianist, Komponist und Dirigent, kommt als klavierspielendes „Wunderkind" 1920 nach Wien. Er ist der Neffe des bis 1927 in Wien tätigen Oberrabbiners Zwi Perez Chajes. Mit den beginnenden dreißiger Jahren trifft Julius Chajes auf Eric Zeisl: Beide formen als komponierende Pianisten das Profil des Wiener Musiker- und Literaten-Zirkels „Junge Kunst" um Alfred Farau. Als Komponist feiert Chajes in Wien Erfolge mit von Einflüssen deutscher Spätromantik durchsetzten Charakterstücken, sein *Trio d-Moll* op. 11 für Violine, Violoncello und Klavier (1929) steht exemplarisch für diesen Stil. Unter dem Sigle „Junge Kunst, Wien" wird das Werk auch am 7. April 1933 im Beethovensaal der Wiener Hofburg gespielt.[250] Sowohl Eric Zeisl als auch Julius Chajes sind in Wien Schüler Hugo Kauders.

Die jüdischen Wurzeln lassen beide Komponisten über die Foren jüdisch-amerikanischen Kunstlebens nun auch im Exil gemeinsam agieren: Die „Palestine Night" bringt Chajes' *Hebrew Suite* und Zeisls *To the Promised Land*, und gleich Zeisl ist auch Chajes im Sommer 1950 einer der Lehrenden am Brandeis Camp Institute in Simi Valley. In den Vereinigten Staaten dem Schaffen „jüdischer Kunstmusik" verpflichtet, stiftet Chajes mit seinem Werk einen Beitrag sowohl zum liturgischen Repertoire für den reformierten und traditionell-konservativen Synagogendienst als auch für die Konzertszene säkularisierter Musik. Mit seiner der Zeislschen Suite gleichlautenden Kantate *The Promised Land* schreibt

---

[250] Programmzettel: *„Junge Kunst", Wien, Konzert*, Beethovensaal der Wiener Hofburg, 7. April 1933 (ZN).

er später ein Werk zum zehnten Jahrestag der Gründung Israels, die 1966 erstaufgeführte Oper *Out of the Desert* ist eine Darstellung der Geschichte des Judentums vom Auszug aus Ägypten bis hin zur Staatsgründung. Zeisls *To the Promised Land* entsteht als Suite der *Hiob*-Teile *Folk Dance* (vormals *Cossack Dance*) und *Menuhim's Song*, erweitert um *Lullaby* (eine Abwandlung des *Wiegenlieds* von 1928) und *Kuma Echa* (*Hora*). Die Suite wird im Rahmen der „Palestine Night" uraufgeführt – der „jüdischen Idee" steht Zeisl nahe, fühlt sich ihrer Unterstützung verpflichtet, zionistisch äußert oder engagiert er sich hingegen nie. Julius Chajes, der Wien 1934 Richtung Palästina verlässt, hält sich seit 1937 in den Vereinigten Staaten auf und ist ab 1940 in Detroit als Director of Music des Jewish Community Center tätig. In dieser Funktion schreibt er an Eric Zeisl. Seine Frau Marguerite Kozenn-Chajes ist ebenfalls in der Organisation institutionalisierten jüdischen Kunstlebens tätig.

## ERIC ZEISL an ALFRED SCHLEE (Typoskript, Archiv der Universal Edition)

*Los Angeles, 27. November 1950*

Lieber Herr Direktor:

Auf meinen Brief com [sic!] 16ten Juli d.J. bin ich ohne Antwort geblieben. Ich möchte Sie vielmals bitten, mir mitzuteilen, ob Sie auf meinen Vorschlag eingehen wollen. Insbes. ist es wichtig zu wissen, ob die Ravag von Ihrer Firma das Material für die Bitterlich-Symphony bekommt. Das Stück wird am 5ten December von der San Francisco Symphony, die es auch voriges Jahr spielte, aufgeführt und ich habe noch andere amerikanische Aufführungen zu erwarten, so dass es schwierig wäre, das hiesige Material nach Wien zu senden.

Bitte vielmals um umgehende Antwort. – Ich sehe gerade, dass die zweite Partitur der Symphony nicht an Sie abgegangen ist und hole dies heute nach. Eine Partitur befindet sich bei der Ravag.

Viele herzliche Grüsse,
Eric Zeisl

Die jetzt eingesandte Partitur ist die Originalpartitur. Im Besitz der Ravag ist glaube ich die amerikanische Version, die eine kleine Abänderung im 4ten Stück Var. 6 und 7 aufweist, die ich auf Wunsch eines amerikanischen Dirigenten vorgenommen habe. Für die Ravag bezw. Europa möchte ich aber unbedingt die Originalfassung verwendet haben.

## ERNST TOCH an ERIC und GERTRUD ZEISL
(Postkarte)

*Zürich, 9. Dezember 1951*

Liebe Freunde!
Richtiger Brief wieder einmal hoffnungslos, also lieber ein kurzer, aber herzlicher Weihnachtsgruß! Ihr September Brief hat mich zwar Ihretwegen u. wegen des entworfenen lokalen u. Zeitbildes traurig gestimmt, aber ich musste doch über die drastische Schilderung lachen, besonders über den 12 tönigen K.CL. in der Musik u. ähnliche Schilderungen. Im Frühjahr sehen wir uns wieder (bis dahin s.g.w. als Großeltern), zunächst geht's wieder – zum 3. Mal – nach Wien, zur Uraufführung der 2. Symph. am 11. Jan. Ein Packet, das wir an Franzi [Franziska Toch-Weschler, die Tochter von Ernst und Lilly Toch] dieser Tage vorausschicken wollen, enthält übrigens u.a. die Partitur der ersten, ich werde ihr schreiben, sie soll sich mit Ihnen in Verbindung setzen, falls Sie sich sie anschaun wollen, sie kann genau so gut inzwischen bei Ihnen liegen. Also auf bald und einstweilen alle herzlichsten Wünsche für ein gutes und aufheiterndes neues Jahr für Sie alle von uns beiden
Ihr alter Ernst Toch

Seine *Erste Symphonie* op. 72 vollendet Ernst Toch im Alter von 63 Jahren 1950 in Wien. Im Folgejahr schreibt er die Albert Schweitzer (1875–1965) gewidmete *Zweite Symphonie* op. 73, 1955 stellt er die *Dritte Symphonie* op. 75 fertig. Bis in das Jahr 1964 entstehen sieben Symphonien. Am 11. Jänner 1952 werden in Wien die *Erste* und *Zweite Symphonie* mit den Wiener Symphonikern aufgeführt. Ernst Toch verfasst dazu eine Programmnotiz: „Meine lieben Symphoniker! Auf Ihr Ersuchen um eine Einführung in meine beiden Symphonien antworte ich Ihnen so gut ich kann. Kurz vor meiner Europareise fiel einmal mein Blick auf Luthers ‚Eine feste Burg ist unser Gott'. So vertraut mir diese lapidare Dichtung in Wort und Ton von jeher war, so traf sie mich nach den Ereignissen der letzten Jahrzehnte neu in ihrer neuen Beziehung zur Gegenwart. Soweit auch die Symphonie, wie alle meine Musik, entfernt ist von einem ‚Programm', so sicher bin ich, daß dieser starke Eindruck, der während der Zeit der Komposition in mir nachklang, die Symphonie mitformte. Ich schrieb, davon dankbar überzeugt, das Gedicht auf die letzte Seite der Partitur und gab ihr bei der Drucklegung die erste Zeile des Kernsatzes ‚Und wenn die Welt voll Teufel wär' – Und wollt' uns gar verschlingen, – So fürchten wir uns nicht so sehr, – Es soll uns doch gelingen' als Motto mit. Stärker noch als in der ersten Symphonie bin ich mir hinsichtlich der zweiten der entscheidenden Einflüsse bewußt, unter denen ich schrieb."[251]

## ERIC ZEISL an RICHARD STÖHR

*Los Angeles, 12. Dezember 1951 (Poststempel)*

Lieber Herr Professor!
Ich komme erst heute dazu Ihnen auf Ihren 1. Brief zu antworten. Die l. Trude muss einen Kurs machen um die Erlaubnis zu unterrichten (Credencial) [sic!] auf 1 Jahr zu bekommen und hat noch nicht mit dem unterrichten begonnen. Ich habe jetzt jeden Abend im City College zu tun, Krenek ist weg und ich habe 10 Stunden die Woche was ein sehr kleines Fixum bedeutet da 35% abgezogen werden. Was meine 2 Comissionen [sic!] betrifft (Klavierkonzert, Streichquartett) so sind sie, wenn auch nicht gut aber doch bezahlt, das Geld ist schon weg und ich schwitze mich noch redlich ab. Es hat nichts mit Gohstwriting [sic!] zu tun. –

---

[251] Zitiert nach Jona Korn, Peter: *Ernst Toch und seine Freunde – die österreichischen Komponisten im kalifornischen Exil.* In: Österreichische Gesellschaft für Musik (Hg.): *Österreichische Musiker im Exil – Kolloquium* 1988. Kassel 1988, S. 137f.

Dieses Jahr wird meine Oper „Leonce Lena" hier in Concertfassung am City College uraufgeführt, meine Viola Sonate im Radio – Museumconcert, meine Little Sinfony im Spring-Festival, mein „Requiem Ebraico" im Jewish Fest.concert und meine Messe (in Wien komponiert) [die Kleine Messe aus 1932 ist bis dato (Juni 2008) unaufgeführt] hat hier die Uraufführung im April. Sie sehen also künstlerisch ausgezeichnet. Eine New Yorker Firma hat meine Violin- und Viola Sonaten sowie meine Kinderlieder & Kinderstücke auf comercial [sic!] Reccord [sic!] aufgenommen (Kommen im Jänner heraus.) Alle diese Ereignisse incl. meine Christmass [sic!] Variations, die in San Francisco, Indianapolis, und anderen Städten aufgeführt werden, haben nichts mit meiner geradezu schrecklichen financiellen Situation zu tun. 5 erstklassig zahlende Privatschüler sind momentan eingerückt, was einen financiellen Verlust von 250 $ monatlich bedeutet. Alle guten Privatschüler von 18 – 21 rücken ein der Rest ist ungeduldiges Dilletantenzeug [sic!], das nach 2 Stunden den Tristan komponieren will. – Es ist halt alles in Amerika Zufall! Wenn alle meine Schüler hier wären, würde es mir glänzend gehen. In keinem Land der Welt ist man so vom Zufall abhängig wie in Amerika. Ich sage immer: Alles ist unsicher nur eines ist sicher – der immer wiederkehrende Dollar!! Sie kennen doch das Schicksal Bartoks? Dieser grossartige Komponist ist inmitten glänzender musikalischer Erfolge in New York verhungert. – Jetzt spielt jedes Orchester seine Werke. – Financieller Erfolg und künstlerischer Erfolg haben überhaupt nichts miteinander zu tun. Ich warte noch dieses Jahr ab – dann werde ich mich an jüdische Organisationen wenden, da ich doch ein prominenter Jüdischer Komponist bin. Viele Leute stellen mein Werk höher wie Bloch. – Ich habe meine Oper „Hiob" noch nicht aufgegeben – wenn ich auch nicht sehe wie ich den Text und Musik weiter machen soll. – Apropos ist die Barrel [sic!] Collection (Wagner Briefe) [Letters of Richard Wagner, The Burrell Collection, The Macmillan Comp. New York, 1950] nicht von Ihnen übersetzt? Könnte ich nicht ein ermässigtes Exemplar bekommen? Hier kostet 1 Buch 11 $. Alles Liebe und Gute zu Christmass [sic!] von Ihrem treuen Eric

P.S. Wir kommen bestimmt mit dem Auto East im Juni. (20ten) Freue mich schrecklich meinen lieben alten Lehrer und Freund meiner Jugend wiederzusehen!

Kompakt ist die Korrespondenz zwischen Eric Zeisl und Richard Stöhr um die beginnenden fünfziger Jahre. Dem „Lieben Herrn Professor", dem „alten Lehrer und Freund der Jugend" schreibt der Jüngere im Tonfall des bei dem Älteren um Rat Suchenden, denn instabil ist damals seine körperliche und psychische Verfassung, von Depression ist immer wieder die Rede. Daneben sind Berichte zu Konzertaufführungen anregende Gesprächsthemen, welche Gelegenheit zur Überschau der aktuell entstehenden Kompositionen geben.

Zeisls Adaption „jüdischen" Tonfalls in absoluter Musik ohne Bezug zu jüdischen Sujets (*Naboth's Vineyard*, *Jacob and Rachel*) oder Texten (*Hiob*, *Requiem Ebraico*, *From the Book of Psalms*) ist symptomatisch für den mit der *Sonata Barocca* für Klavier 1948/49 anhebenden und mit dem *Second String Quartet* 1953 endenden Zyklus von Instrumentalwerken. Hier komponiert Zeisl Musik, die nicht in Zusammenhang mit religiösen Themen steht, auf keine aus dem Synagogengesang oder der jüdischen Volksmusik tradierten Motive zurückgreift, sondern den „Geist jüdischer Folklore" in den vitalen Tanzsätzen, den „Geist jüdischen Gebets" in den *Andante*-Sätzen (*Andante religioso*, *Andante religioso – hebraique*) zu vermitteln sucht. Mit der Sonatenform in „klassische" Textur gefasst, dabei satzweise in Rondo- und Fugenform gegossen, entsteht eine Durchmischung von verinnerlichten europäisch-tradierten Kompositionstechniken mit dem neuen, auf Modalität, charakteristischen Intervallen, Ostinati oder Rezitativik basierendem Material. In dieser „Fusion" etabliert Zeisl seinen für die fünfziger Jahre gültigen Personalstil. Bis auf wenige und vor allem begründete Ausnahmen (*The Return of Ulysses*, *Pieces for Barbara*, *Uranium 235*, *Music for Christmas*) ist sein Exil-Schaffen von „synagogalen Anklängen" durchdrungen. Der Instrumentalzyklus bringt neben der *Sonata Barocca* die *Brandeis Sonata* (1949/50) für Violine und Klavier, die *Viola Sonata* (1950), die *Cello Sonata* (1951) und das *Second String Quartet* (1953). Der Klaviersonate steht als verwandtes Werk das Eda Schlatter-Jameson gewidmete *Piano Concerto* (1951/52) gegenüber, der

Cellosonate das Gregor Piatigorsky gewidmete *Concerto Grosso for Cello and Orchestra* (1955/56).

Für die Pianistin Eda Schlatter-Jameson komponiert Zeisl 1951/52 das *Piano Concerto in C Major* – Resümee des in den Instrumentalwerken zuvor etablierten Stils, nun im ausladenden Orchestersatz mit technisch anspruchsvollem Solopart. Mit Heinrich Kralik (1887–1965), der in der Zwischenkriegszeit Musikkritiker beim *Neuen Wiener Tagblatt* ist, ab 1945 Leiter der Musikabteilung der Ravag und später Musikkritiker bei der *Presse*, laufen bereits Verhandlungen zur Uraufführung des Konzerts in Wien, Solistin soll die Widmungsträgerin selbst sein. Noch bevor diese Pläne konkret ausgearbeitet oder gar realisiert werden, stirbt Zeisl. Zwar ist das Werk an zwei Klavieren im Rahmen einer Studentenaufführung noch mit Zeisl selbst zu hören, die Originalversion reüssiert jedoch erst im Jahr 2005 in den Vereinigten Staaten zum 100. Geburtstag des Komponisten. Entgegen zeitgleicher Entwicklungstendenzen der Avantgarde erscheint das *Piano Concerto* als wie demonstrativ in die Tonart C-Dur gesetzt – *Hollywood Citizen News* gegenüber meint Zeisl 1952 dazu treffend: „‚You have to be interesting in C Major for five minutes to be a real composer.‘ Zeisl himself thinks the hardest problem in composition is writing an eight-bar melody that sounds new. ‚Melody is heart and you cant't construct melodies. They are the essence of musical gift‘, he says."[252]

Im Auftrag der New York Chamber Music Society entsteht 1953 das *Second String Quartet in D Minor*. Kernaussage und Quintessenz dieses Werks ist ein lyrisch-expressives Gebet. In seinem Glauben und in seiner Position ist der „Jewish composer" Zeisl gefestigt, von den Pfaden der Orthodoxie ist er weit entfernt. Vielmehr feiert er mit der Familie – im Dezember 1954 etwa erweitert um Erich Wolfgang Korngolds Mutter Fina Korngold – seine „Goimass" unter dem Weihnachtsbaum und engagiert sich mit Weihnachtsmusik aus Europa für jugendliche Konzertbesucher in San Francisco: Im Auftrag Kurt Herbert Adlers, der ab 1943 Chorleiter, ab 1953 Musikdirektor und von 1956 bis 1981 Generaldirektor an der San Francisco Opera ist, entwirft Zeisl für das San Francisco Symphony Orchestra und dessen Serie „Young People's Concerts" ein Arrangement populärer europäischer Weihnachtslieder. Die Premiere findet am 16. Dezember 1950 im War Memorial Opera House unter Adlers Dirigat

---

[252] *Hollywood Citizen News*. 3. Mai 1952 (ZN).

statt: „Young People's Concerts of the San Francisco Symphony began another season, Saturday morning at the Opera House, with greetings for Yuletide and a pleasant debt to noted Hollywood composer Eric Zeisl. Kurt Herbert Adler conducted various Christmas music and music of general festivity and high ideals. At Adler's request, Zeisl wrote expressly for this program a distinctive work called ‚Music for Christmas', or ‚Variations and Fugue on the Themes of Christmas Carols'."[253]

Gleich einem Relikt aus alter Zeit taucht *Leonce und Lena* auf, das mit Hugo F. Königsgarten 1937 fertiggestellte Singspiel, von Zeisl selbst immer wieder als sein „farewell" an Österreich bezeichnet. Die Uraufführung der kleinen Oper im Schönbrunner Schlosstheater mit Kurt Herbert Adler ist für das Frühjahr 1938 geplant, ab März 1938 wird das Werk boykottiert. Als „Spring Opera Production 1952" kann *Leonce and Lena, Comic Opera in Three Acts* für den 16. Mai 1952 am Los Angeles City College schließlich mit einer „Verspätung" von vierzehn Jahren angekündigt werden: „Book by John Kafka, After a play by Georg Büchner, Lyrics by H. F. Königsgarten, Music by Eric Zeisl. Stage Director: Val Rosing, Musical Director: Adolph Heller, Stage Designer: Serge Krizman, Dance Director: Ellen Albertini, Technical Director: Barry McGee, produced by Hugo Strelitzer."[254] Der österreichische Konsul Friedrich E. Waller empfängt den Opernkomponisten noch vor der Premiere, der *Aufbau* berichtet: "[…] einen Empfang für den Komponisten Eric Zeisl aus Anlass der bevorstehenden Erstaufführung seiner Oper ‚Leonce und Lena' am L.A. City College. […] Erich Zeisl, der aus Wien stammende Komponist, der als Professor für Musik am Los Angeles City College wirkt, hat während seiner Schaffensperiode in Los Angeles viel vortreffliche und häufig gespielte Musik […] geschrieben. Nun hat John (Hans) Kafka, der bei dem Empfang gleichfalls Gegenstand herzlicher Ehrung war, ein neues Libretto zu Zeisls Oper verfasst. Dr. Hugo Strelitzers hervorragender Anteil an der Gründung und dem Aufbau des Opera Workshop, in dessen Programm Zeisls Oper Mitte Mai herausgebracht wird, wurde von Professor Leslie Clauson [sic!] vom Los Angeles City College in

---

[253] *San Francisco Examiner*. 18. Dezember 1950 (ZN).
[254] Programmzettel: *Spring Opera Production 1952*, „*Leonce and Lena*", The Los Angeles City College Opera Workshop, Los Angeles City College Auditorium, 16.-17. Mai 1952 (ZN).

einer Rede ausführlich gewürdigt."²⁵⁵ Am 19. Mai 1952 resümiert Albert Goldberg in der *Los Angeles Times*: „The first stage performance of ‚Leonce and Lena', a three-act comic opera with music by Eric Zeisl, was given by the Los Angeles City College Workshop in the school auditorium Friday night. [...] Although this plot would scarcely be difficult to follow in any language, its comprehension is facilitated by spoken dialogue between the musical pieces, which in turn were sung for the most part in perfectly lucid English. It all gets off to a very merry start. The dialogue has a certain pungency, the characters are clearly defined, the scenes are short, and the music is tuneful, sprightly and conventional enough that it poses no problems whatever. [...] At any rate, the performance of the first two acts reflected much credit on all concerned. Under Val Rosing's direction the young people moved and acted with admirable naturalness, the sets of Serge Krizman were imaginative and practical, and the Los Angeles City College Evening Division Symphony Orchestra under Adolph Heller's direction played the score with professional thoroughness."²⁵⁶ Neben Hugo Strelitzer wird Adolph Heller zum wichtigen Partner für Zeisl am College, am 22. November 1949 dirigiert er etwa im Rahmen der „City College Chamber Concerts"²⁵⁷ die Suite für Chamber Orchestra (*Suite Antique*) nach *The Return of Ulysses* (1943). Später unterrichten sowohl Heller als auch Strelitzer mit Zeisl im Rahmen der Kurse des Arrowhead Music Camp. Adolph Heller wird in Los Angeles von einem Auto überfahren, er verstirbt nach dem Unfall.

Die zwischen Zeisl und Stöhr beteuerten gegenseitigen Besuche von California Richtung „East" nach Vermont finden nie statt. Seinen „lieben alten Lehrer und Freund" der „Jugend" sieht Zeisl nicht wieder. Verbundenheit jedoch bringt der geeinte Blick in das Nachkriegs-Österreich im heftigen Bedürfnis nach Information zum Leben in der ehemaligen Heimat, respektive zu den „Musikverhältnissen" in Wien. Die Einsicht, dabei „keinen Nichtarischen Componisten auf Programmen" zu finden, muss auf Zeisl und Stöhr, der „auch da das Hitler Gift noch als das

---

[255] *Aufbau*. 2. Mai 1952 (ZN).
[256] *Los Angeles Times*. 19. Mai 1952 (ZN).
[257] Programmzettel: *Compositions by Eric Zeisl*, Los Angeles City College, 22. November 1949 (ZN).

einzige Dauerhafte vom Krieg übrig geblieben"[258] sieht, immer noch wie ein Schock wirken.

## ERIC ZEISL an RICHARD STÖHR

*Los Angeles, 18. Jänner 1952 (Poststempel)*

Lieber Herr Professor!
Komme erst heute dazu Ihnen alles Gute für 1952 zu wünschen, vor allem Gesundheit Frische und Arbeitskraft für weiteres Schaffen. Ich hätte Ihren 1. Brief schon früher beantwortet, aber ich war entsetzlich krank. Ein ganz schwerer Anfall von Ischias machte mich beinahe unbeweglich. Es ist furchtbar schwer, komponieren und unterrichten. Es sind zwei verschiedene Berufe, jeder absorbing und wahnsinnig anstrengend. Ich habe 12 Stunden in der Woche im City College, 10 privatstunden, zusammen 22 Stunden in der Woche + 15 Stunden komponieren – das heisst 6 Stunden pro Tag creative work. Dazu kommt „social committments" Party's etc. Es ist wie wenn man 2 Leben zu gleicher Zeit leben würde. Ich bin schon seinerzeit in Wien zusammengebrochen an dieser Überlastung. – Ich habe seit 6 Wochen komponieren aufgegeben obwohl ich inmitten eines Klavierkoncertes bin. Es ist schon besser nur habe ich beim Sitzen grosse Schmerzen. – Es ist nicht viel neues in Hollywood. Wir waren diese Woche bei einem all Strawinskykonzert dass [sic!] er selber dirigierte. Ein Genie – aber <u>wie</u> pessimistisch! Wir waren bis 2h nachts mit Straw. zusammen mit welchem uns einige innige Freundschaft verbindet. – Wir planen noch immer Ende Juni nach N.Y. mit dem Car zu fahren und werden Sie bei dieser Gelegenheit besuchen. Ich freue mich schrecklich meinen lieben alten Lehrer wiederzusehen und bin ich sicher, dass wir uns viel zu erzählen haben auch musikalisch. – Was Sie über Verleger schreiben kann ich nur bestätigen. Ich bin bis jetzt nicht imstande meine Kammermusik anzubringen. Da jetzt Records (comercial) [sic!] herauskommen, hoffe ich dass dies

---

[258] Richard Stöhr an Eric Zeisl, 25. Jänner 1954.

wenn ich nach N.Y. komme vielleicht helfen wird. – Momentan arbeiten wir am Material der Oper „Leonce und Lena" die im May hier im City College Opera Workshop uraufgeführt wird. Schade dass Sie sie nicht hören können. Ich werde aber bestimmt Platten haben und sie bei meinem Besuch mitbringen. Bis dorthin sende ich Ihnen viele Grüsse und auf baldiges Wiedersehen auf welches sich unbändig freut
 Ihr alter treuer Erich

## RICHARD STÖHR an ERIC ZEISL

*Winooski Park, 20. Juni 1952*

Lieber Erich!
 Sie können sich denken, dass diesmal Ihr Brief keine geringe freudige Überraschung für mich war, wenn er auch eine Enttäuschung brachte. Nämlich die Enttäuschung über Ihr Nichtkommen. Ich hoffe aber, dass Sie diese Enttäuschung nächstes Jahr gutmachen können u. wir uns wiedersehen werden. Mich hat Ihr großer Erfolg natürlich stark beeindruckt u. glaube ich mich zu erinnern, dass Sie bereits in Wien von „Leonce & Lena" sprachen u. daran zu arbeiten begannen. Stimmt das? Wenn ich mich nicht ganz täusche, haben Sie mir sogar daraus etwas vorgespielt. Ist das möglich? – Außerdem schwebt mir vor, dass es eigentlich keine Oper, sondern ein Singspiel werden sollte. Wie dem immer sei, ich bin glücklich mit Ihnen, sowie vor fast 150 Jahren Haydn über die ersten Erfolge Beethovens, seines Schülers, sehr stolz war. Ich kann nur nicht verstehen, dass eine solche Aufführung Ihnen materiell nichts einbringen konnte. Zwei ausverkaufte Vorstellungen müssen doch Tantiemen bringen? – Dass Ihre Trude selbst Ihnen das Notenmaterial schrieb, finde ich rührend. Wo findet man so leicht eine solche Frau, die tüchtig u. willend ist, dies zu tun? Ich kenne in der Musikgeschichte keinen zweiteren Fall, in welchem die treue Gattin eine solche Hilfe dem Gatten wurde. Wenn Sie mir einen Theaterzettel, resp. Programm dieser Aufführung ein-

senden könnten, wäre ich Ihnen dankbar. Haben Sie eine Chance für die Drucklegung, wenigstens des Klavierauszugs?

Ich hoffe bald, auf alle meine Fragen Antwort zu erhalten und kann Sie nur nochmals versichern, dass ich mich über diesen ersten großen Erfolg aufrichtig freue.

Vor ein paar Tagen erhielt ich von einem ehemaligen Schüler (Geiger u. auch Komponist) einen Bericht aus Wien über die dortigen Musikverhältnisse. Er schreibt unter anderem: „Ein Nicht-Arier hat derzeit hier (in Wien u. ganz Österreich) kaum die Chance zu Wort zu kommen, u. bereuen die wenigen die zurückkommen wie Korngold, Toch etc es bereits bitter, dass sie nicht in Amerika blieben." Nachdem ich regelmäßig für österreichische Zeitungen u. speziell musikalische Berichte schreibe, finde ich dies aus denselben bestätigt. Außer Mahler, der von [Bruno] Walter gebracht wird, finden Sie keinen Nichtarischen Componisten auf Programmen. –

Seien Sie nochmals beglückwünscht
von Ihrem alten
Stoehr

# DARIUS MILHAUD an ERIC ZEISL

*Oakland, 15. November 1952 (Poststempel)*

Dear Erick
Thanks for your letter. Chr. Col. [Christophe Colomb op. 102, 1928 komponierte Oper in 2 Akten und 27 Bildern nach Paul Claudel] was given entirely. but for the broadcast it should have been too long and only the 1st part was on the air.

We will come end of March for a week – <u>Take care of yourself</u>. <u>Don't worry</u> – I worked hard. David [David op. 320, 1952/53 komponierte Oper in 5 Akten und 12 Szenen nach Armand Lunel] is finished. I have to orchestrate it now. It is a work of about 3 hours.

I hope to hear your Concerto.
Love to Trudy Barbara and yourself
DM

# ERIC ZEISL an RICHARD STÖHR

*Los Angeles, 12. Dezember 1952 (Poststempel)*

Lieber Herr Professor!
Bitte seien Sie nicht böse, dass ich erst jetzt schreibe. Sie können sich doch vorstellen, dass ich nicht ganz in Stimmung bin Post zu erledigen. Ich bin zwar etwas besser aber lange noch nicht gut und ist die economische Situation auch nicht angetan meinen Zustand zu verbessern. Meine Stellung ist für nächstes Jahr sehr unsicher sie wollen alle Abendclassen den Tagesclassen geben. Also wieder ein Schock. Ich habe wirklich keine Ahnung was wir machen werden. Trudl die hie und da arbeitet und teacher ist meint, dass wir unbedingt hier bleiben sollen, wo mein Name established. Ich muss so leid es mir tut mit den Movies wieder anfangen. Momentan habe ich sehr wenig Privatschüler sie rücken alle ein und nur 3 Abendclassen, 8 Stunden in der Woche. Ich hätte enorm viel freie Zeit zum Komponieren – es geht aber nur sehr langsam und einige Takte pro Tag machen mich schon müde. <u>Mein Klavierconcert ist fertig</u> und ich glaube etwas gutes geleistet zu haben. Mein Arzt – ich gehe jede 10 Tage zu einem berühmten Homeophaten [sic!] – meint dass Climacterium eingetreten ist. Jedenfalls ist diese Zeit die furchtbarste meines Lebens. Bitte schreiben Sie mir aus Ihrem Leben wenn Sie 48 waren. Vielleicht kann ich mir eine Philosophie zurechtlegen um diese enorme Schwankung meiner Seele zum Stillstand zu bringen. Es hat vielleicht auch mit Leonce & Lena zu tun – es war ein sensationeller Erfolg und gleich darauf das Vacuum – es war wie wenn man vom Himmel auf die Erde geworfen würde. Hier ist es seit Eisenhowers Wahl sehr still und entsetzlich langweilig. Ich führe täglich mein Tagebuch <u>ohne eine Erleichterung</u> zu spüren. Bitte vielleicht haben Sie eine Idee für ein „Hobby" – die Amerikaner nennen es „Point of interest". Wie geht es Ihnen lieber Prof? Ich wollte ich hätte Ihre Agilität, Philosophie und Lebensweisheit, ich würde ruhiger werden. Bitte bald und recht viel! Mit vielen Grüssen bin ich Ihr <u>alternder</u> treuer Erich

# RICHARD STÖHR an ERIC ZEISL

*Winooski Park, undatiert*

Lieber Erich!
Ich danke Ihnen für Ihren lieben Brief u. war speziell an Ihrem Urteil über die fähigen Psycho-Analytiker interessiert. Ich glaube nur, dass New York in dieser Beziehung höher stehen dürfte, da die besten dieser Leute doch jetzt aus Europa kommen u. sich zum größeren Teil in N.Y. niedergelassen haben dürften.

Ich sende Ihnen beiliegendes Stückchen Programm ein, weil mich interessieren möchte, ob Sie das Werk von Hindemith kennen, das hier jüngst aufgeführt wurde. Für mich war seine Musik stets eine fremde Sprache, die man in der Jugend nicht mehr gelernt hat, da man zu spät auf die Welt kam. Aber dieses Werk, das ich neulich gehört, war das erste, das ich von Hindemith hörte und gleich „verstanden" habe. Ich war nicht <u>begeistert</u> davon, aber es war gut klingende, interessante Musik.

Ich wüsste gerne, wie Sie über seine Musik denken, kann mir aber nicht vorstellen, dass ein Mensch, der imstande war, die Bitterlich Bilder zu schreiben, für Hindemith mehr als ein kühles Interesse empfinden kann.

Ich grüße Sie und Ihre liebe Frau herzlich u. in alter Treue!
Ihr unveränderter u. gottlob noch gesunder
Stoehr

# ERNST TOCH an ERIC und GERTRUD ZEISL

*Illinois, 23. Mai 1953*

Liebes Gezeisl!
Sind Sie vielleicht schon Alle in Wien oder sind Sie noch da? Ich hoffe sehr das Letztere, für Alle Beteiligten, wozu ich auch gehöre. Wann ich, oder wir, zwar wieder in LA zurück sein und wir beide endlich wieder eine Schachpartie werden machen können, ist noch nicht raus. Meine arme Frau [Lilly (Alice) Toch] rennt sich in

N.Y. die Haxen ab, behauptet, dass jedes Gespräch mit jedem höchst interessante Information zutage fördert, was zu sicher so sein wird, und ebenso sicher <u>nicht</u>, wenn ich statt ihrer die Gespräche führen würde.

Lieber Zeisl, Sie gehen (– ich sehe eben, ich „mixe" zwar nicht die Worte, dafür aber Current- und Cursiv-Schrift –) also Sie gehen doch sicher heut abends zur Milhaud reception ins City College? Möchten Sie so lieb sein die Strelitzers von mir schönstens zu grüßen und auch wieder Milhaud(s) und ihm sagen, es tut mir schrecklich leid, dass ich so Pech mit seinen Konzerten u. Wiedersehen habe, aber von hier ist es doch zu weit, hinzukommen, ich hoffe es klappt nächstens besser. Ein Wort auch übers Konzert, aber vor Allem wie es Ihnen Allen geht, teils so und teils überhaupt, wird sehr erfreuen Ihren Sie Alle herzlich grüßenden

Ernst Toch

## ERIC ZEISL an ALFRED SCHLEE (Typoskript, Archiv der Universal Edition)

*Los Angeles, 16. Juli 1953*

Sehr geehrter Direktor Schlee:

Sie haben seinerzeit bei mir um Kammermusik angefragt und ich komme nun etwas verspätet auf diesen Vorschlag von Ihnen zurück. Ich habe Ihnen 4 Sonaten, – für Klavier, Violine und Klavier, Viola und Klavier und Cello und Klavier – eingesandt, die ich in den letzten Jahren komponiert habe. Diese Sonaten sind inspirierte Werke und können in der heutigen Weltliteratur einen ersten Platz einnehmen. Sie sind die Essenz meines jetzigen Stils.

 Zwei von diesen Sonaten, die Violinsonate und die Violasonate sind auf kommerzielle Platten aufgenommen und ständig in Amerika ausverkauft. Es ist jedoch schwer in Amerika Kammermusik gedruckt zu bekommen, da die Verleger noch zu sehr auf populäre Musik eingestellt sind.

Ich möchte Ihnen nun vorschlagen, da ich über die Ausführung der Little Symphony sehr erfreut war, diese Sonaten ebenfalls mit derselben Vereinbarung drucken zu lassen. Ich glaube nicht, dass ich mein Wiener Geld besser anlegen kann und kann Sie, lieber Herr Direktor Ihrerseits versichern, dass Sie mit diesen vier Sonaten, vier aussergewöhnliche Werke für Ihren Verlag bekommen.

Frau Dr. Salzer [Hedda Salzer] wird wie bei der Little Symphony mit Ihnen Verbindung nehmen und alles erforderliche mündlich besprechen.

Mit allerherzlichen Grüssen
bin ich Ihr ganz ergebener Eric Zeisl

## ALFRED SCHLEE an ERIC ZEISL (Typoskript, Archiv der Universal Edition)

*Wien, 19. Oktober 1953*

Sehr verehrter lieber Herr Zeisl,
Besten Dank für Ihren Brief, den ich, von einer Reise zurückkommend, vorfinde.

Der Vertrag über die „Little Symphony" geht nun zur Genehmigung an die Nationalbank. Sobald die Genehmigung erteilt ist, kommt das von uns unterzeichnete Gegenexemplar.

Wie mir unsere Herstellungsabteilung versichert, wird die Partitur im Laufe der kommenden Woche fertig sein. Ich sende Ihnen dann sofort die 25 Exemplare, die Sie zur Propagierung des Werkes zu haben wünschen. Hinsichtlich des Stimmenmaterials bin ich allerdings der Ansicht, dass zunächst wohl das eine vorrätige Material genügen müsste.

Leider kann ich den Entschluss in bezug auf Ihre Sonate nicht revidieren, doch habe ich Frau [Hedda] Salzer telefonisch gesagt, dass eventuell eine Herausgabe durch den zu unserem Konzern gehörenden Aibl-Verlag oder den Verlag Hofmeister in Frage kommen könne. Sie wird Ihnen darüber genauer Bericht erstatten. Ich glaube, dass die Herausgabe im Verlag Aibl für Sie eher in Frage kommen dürfte. Falls Sie damit einverstanden sind, erwarte ich weitere Nachricht.

Mit besten Grüssen
[Alfred Schlee]

## ERIC ZEISL an ALFRED SCHLEE (Archiv der Universal Edition)

*Los Angeles, undatiert*

Lieber Herr Direktor!
Ich bin der Ansicht dass <u>ein</u> Material für die „Little Sinfony" keinesfalls genügen kann, und es leicht passieren kann, dass man auf diese Weise eine Aufführung verliert, da wir doch hoffen, dass das Werk in Europa <u>und</u> Amerika <u>gehen</u> wird. Falls Sie glauben dass der Druck des Materials zu teuer ist, so bitte ich Sie <u>sofort</u> zu veranlassen, dass das Material einige Male fotographiert wird, so das [sic!] wenigstens 3–5 Materiale hier sind, von denen 2 in Amerika verbleiben sollten.

Nun möchte ich Sie fragen ob der Vertrieb des Werkes durch Associated M.P. stattfinden wird? Ich habe pers. in diesem Frühjahr meinen Vertrag mit Assoc. gelöst und meine Werke der A.S.C.A.P. [American Society of Composers, Authors and Publishers] übergeben. –

Es ist mir nicht ganz klar, wie sich das für „Scherzo & Fuge für Streichorch" und für die Little Sinf. auswirkt. – Ich möchte Sie diesbezügl. um Aufklärung bitten. –

Ich möchte Sie vielmals bitten und rechne damit, dass Sie der Little Sinf. <u>jede</u> Förderung zuteil werden lassen, wie den anderen Werken Ihres Verlages. Das Werk hat allein 3 nationwide Broadcasts in N.B.C. innerhalb eines Jahres gehabt und viele Conzertaufführungen in Amerika. – Indem ich auf baldige Antwort und Aufklärung warte verbleibe ich Sie bestens grüssend
Ihr Eric Zeisl.
P.S. Bezüglich des Aibl Verlages wird Dr. Hedda Salzer mit Ihnen in Verbindung treten.

# ALFRED SCHLEE an ERIC ZEISL (Typoskript, Archiv der Universal Edition)

*Wien, 2. November 1953*

Lieber Herr Zeisl,

besten Dank für Ihren Brief. Inzwischen ist die Partitur also erschienen und ich hoffe, Sie haben Exemplare bald in Händen. Wir haben Ihnen im ganzen 30 Stück geschickt, sodass Sie also 5 Freiexemplare für privateste Verwendung und 25 Stück zur Propaganda drüben haben werden.

Bezüglich des Materials würde ich vorschlagen, dass wir vorläufig mit zwei Materialen auskommen dürften, von denen eines in USA bei der AMP liegen soll und eines für europäischen Bedarf in Wien.

3 – 5, wie Sie vorschlagen, ist eine sehr unrentable Zahl. Das Fotokopieren ist bei uns leider unverhältnismässig teuer. Es wäre eventuell zweckmässig, dass Lichtpausen angefertigt werden, von denen dann jederzeit auf schnellste und billigste Weise Abzüge gemacht werden können. Wenn Sie dies wünschen, werde ich Ihnen die Kosten mitteilen.

Sehr interessant ist die Frage der Aufführungsrechte, die wir leider bisher nicht bedacht haben. Durch unsere Vereinbarung mit der AMP [Associated Music Publishers] werden alle Werke, die bei uns erscheinen, durch die AMP bezw. EMI kontrolliert. Sie müssten also der ASCAP mitteilen, dass von 1954 an die „Little Symphony" durch EMI verwaltet wird. Das Gleiche ist seit Erscheinen für „Scherzo und Fuge" für Streichorchester der Fall. Für „Scherzo und Fuge" werden allerdings alle Pauschalbeträge an den Custodian bezahlt. Da ich annehme, dass Sie Mitglied der ALACA [American League of Authors and Composers from Austria] sind, trifft die Vereinbarung, die wir mit dieser geschlossen haben, auch für Sie zu. – Für das neu erscheinende Werk gelangen die Aufführungsgebühren jedoch sofort und separat zur Verrechnung.

Da wir hier über die Höhe der Aufführungsgebühren nicht immer ganz richtig unterrichtet sind, wäre es für mich von grösstem Interesse, wenn Sie mir sagen könnten, welche Beträge Sie für die

National Broadcasts in NBC erhalten haben. Die Informationen, die wir darüber erhalten, widersprechen sich zum Teil. Es wäre daher für uns eine möglichst detaillierte Angabe von grösstem Nutzen.

Unsere Verhandlungen mit der AMP sind noch nicht ganz zum Abschluss gebracht. Grundsätzlich soll jedoch einesteils eine Pauschalsumme gezahlt werden; wenn es sich hingegen um National Network Broadcasts handelt, soll die AMP an den betreffenden Autor ausserdem noch den gleichen Betrag zahlen, den die ASCAP in solchen Fällen verrechnet.

Ich wäre Ihnen für eine möglichst genaue Beantwortung meiner Fragen dankbar.

Mit besten Grüssen

[Alfred Schlee]

## HUGO FRIEDRICH KÖNIGSGARTEN an ERIC ZEISL (Typoskript)

*London, 2. November 1953 (Poststempel)*

*[Absender: Pseudonym H. F. Garten (Hugo Frederick Garten), 10 Priory Mansions, Drayton Garden, London S.W.10.]*

Mein lieber Erich!

Dank für deinen Brief, der nun auch schon einige [Briefteile fehlen] freue mich sehr, daß du rüstig weiter schaffst und [...] schade, daß ich nichts von deinen neueren Sachen horen [sic!] [...] unter die Markensammler gegangen bist, hat mich sehr amüsiert [...] habe ich im Augenblick nichts Interessantes auf diesem Gebiet. [...] englische Kronungsmarken [sic!] kannst du doch sicher leicht bekommen – [...] Luftpostbriefe darf man nichts hineinstecken.

Es ist unverständlich, daß nach dem Erfolg der ersten Aufführung niemand auf „Leonce und Lena" angebissen hat. Auch hier kann ich weiter nichts tun, nachdem sowohl Novello wie Boosey & Hawkes es abgelehnt haben. Ich will es noch bei der B.B.C. versuchen, obgleich ich mir nicht viel davon verspreche. Es bleibt eben doch hauptsächlich ein deutsches Werk, und deshalb wäre es sehr nötig, daß irgendeine deutsche Oper anbeißt. Du schreibst von Hamburg. Hast Du von dort wieder gehört? Das Original ist doch deutsch – und man müsste so weit als möglich auf den originalen Büchnertext zurückgehen. Natürlich mit den Erweiterungen, die sich bei Hans Kafka bewährt haben. Ich glaube, daß [sic!] Einfachste wäre, wenn es in der endgültigen Fassung einfach heißen würde: Text von H. F. K. und Hans Kafka – nach dem Lustspiel von Büchner. Das erübrigt alle Rangstreitigkeiten! Vielleicht könnte man es auch beim Residenztheater München einreichen, die im „Gärtnertortheater" kleine leichte Opern spielen! Kennst Du dort jemanden?

Wir haben eine herrliche lange Reise nach Österreich gemacht, waren in Aussee, in Salzburg, im Stubaital. Anne hat sich als glänzende Bergsteigerin bewährt. In Salzburg dachte ich viel an unsern Sommer dort! Sah den „Rosenkavalier" und die Generalprobe zum „Prozess" von Einem (nichts Besonderes!) [Der Prozess op. 14, Gottfried von Einems Oper in neun Bildern, Libretto von Boris Blacher und dessen Schüler Heinz von Cramer nach Franz Kafka; UA 17. August 1953, Salzburger Festspiele, Karl Böhm, Oscar Fritz Schuh, Caspar Neher] Dann war ich eine Woche in München, wo mein Freund Mark Lothar lebt und Bühnenmusiken macht. Ich will jetzt sogar einen Operntext für ihn schreiben.

Nach meiner Rückkehr hierher gab es die Straußwoche der Münchner Oper mit „Arabella", „Liebe der Danae" (sehr schwach!) und „Capriccio" (sehr schön!!) Er ist immer noch besser als alle Neueren!

Ich war tief erschrocken über die Nachricht von Hans Poppers Tod. Die arme Mimi! Dr. Großmann kannte ich ja kaum. Wo lebt denn Liesl [sic!]? Die Mendelssohns sehe ich fast gar nicht. Sie hat mir noch nicht verziehen, daß ich eine andere geheiratet habe als sie wollte. Ich konnte aber leider auf sie keine Rücksicht nehmen und fühle mich ganz glücklich. Neulich war eine Gesellschaft bei ihnen zu Ehren einer jungen Wiener Dichterin Ilse Aichinger.

Also mein Lieber, ich will alles hier mit „Leonce" versuchen – und tue das auch!

Grüße herzlich Weib und Kind, Dir alles Gute
Dein alter Hugo

# ERIC ZEISL an ALFRED SCHLEE (Typoskript, Archiv der Universal Edition)

*Los Angeles, 14. November 1953*

Sehr geehrter Herr Direktor:
Bezgl. der Aufführungsgebühren die mir von der NBC für die Aufführungen von Associated ausbezahlt werden, kann ich Ihnen folgendes mitteilen:
    Die ersten 3 Aufführungen wurden von Erno Rapé [sic!] mit dem Radio City Symphony Orchester dirigiert. Dierser [sic!] Dirigent hatte eine all-sonntägliche NBC Radiostunde über die ganze Nation und hatte wie mir Dir. Winter szt. erklärte einen Vertrag mit Associated wonach er einen Pauschalbetrag von mehreren tausend Dollars im Jahr an Ass. bezahlte für die einzelenen [sic!] Aufführungen aber nur $ 25. Ich hatte meinerseits in meinem Vertrag mit der Associated (den ich dieses Frühjahr gelöst habe) eine Klausel, dass mir jede Radioaufführung 25.– $ ausbezahlt werden, dies als Pauschalersatz für die mir sonst durch die Ascap zustehenden Beträge. Dieser Betrag war aber nur sehr schwer von Associated zu bekommen. – Eine weitere NBC Aufführung des Scherzos der Little Symphony fand durch die Los Angeles Philharmonic über die Standardhour statt. Diese Radiostunde umfasst die gesamte Westcoast und es ist mir nicht bekannt, welchen Betrag Associated von NBC bekamen. 2 weitere Konzertaufführungen des Scherzos der Little Symphony fanden durch die San Francisco Symphony statt und die Assoc. hat mir hifür [sic!] je 10 $ Aufführungsgebühr verrechnet.
    Als ich im Mai d.J. meinen Vertrag mit Assoc. löste haben sie Scherzo und Fugue für die Ascap ausdrücklich freigegeben. Ich muss mich nun erkundigen ob das nur irrtümlich geschah. Mir wäre es persönlich viel lieber, wenn ich alle meine Aufführungsrechte durch die ASCAP bekommen könnte.
    Was das Material betrifft, so habe ich hier 2 vollständige Materiale in Händen, die in halbwegs gutem Zustand sind. Ich erwarte Ihre Verständigung was damit geschehen soll.

Bezgl. Aibl Verlag bin ich einverstanden und habe Frau Dr. [Hedda] Salzer diesbezgl. geschrieben.

Alles Gute und viele Grüsse und bitte nehmen Sie sich der Little Symphony etwas an. Sie werden sehen, Sie haben ein erfolgreiches Stück damit.

Ihr ergebener Eric Zeisl

P.S. Bitte könnten Sie mir Ihren letzten Katalog für einen Freund hier dirigent [sic!] Adolf Heller, der mich darum bat einsenden.

## ALFRED SCHLEE an ERIC ZEISL (Typoskript, Archiv der Universal Edition)

*Wien, 20. November 1953*

Sehr geehrter Herr Zeisl,

besten Dank für Ihren Brief vom 14. November mit den Mitteilungen über die Aufführungsgebühren. Schade, dass die Aufführungen noch nicht durch die ASCAP verrechnet worden sind. Man erzählt mir immer, dass die ASCAP phantastische Beträge für National Network Broadcasts zahlt, aber es ist mir bisher noch nicht gelungen, einen einzigen Menschen zu finden, der einen solchen Betrag erhalten hat. Nun hatte ich gehofft, endlich einmal einen Beweis zu erhalten.

Für Herrn Adolf Heller schicke ich Ihnen gleichzeitig die Kataloge mit gewöhnlicher Post.

Beste Grüsse

[Alfred Schlee]

# RICHARD STÖHR an ERIC ZEISL

*Winooski Park, 25. Jänner 1954*

Lieber Erich!
Vor etwa 3 Tagen träumte ich intensiv von Ihnen, nämlich, dass mein Urteil über Sie für die Guggenheim Foundation vollen Erfolg hatte und ich war nur unschlüssig, ob ich Ihnen gleich telegraphieren oder Ihre Bestätigung abwarten sollte. Ich entschied mich für das Letztere u. zwei Tage später kam Ihr Brief. Es war natürlich eine schreckliche Enttäuschung für mich, dass von der G. Foundation darin mit keinem Wort die Rede war u. ich teile Ihnen das Ganze nur mit, damit Sie sehen, dass man mit 80 Jahren schon alt und kindisch wird. – Trotzdem habe ich die Hoffnung nicht aufgegeben. –

Ich wundere mich, dass Ihre Schülerin Betty Honsell von meiner Berufung nach Wien wusste. War es denn in einer Zeitung gestanden? Fragen Sie sie einmal, woher sie das weiß.

Es handelt sich aber nicht darum, dass ich meine Werke spiele, sondern einer meiner einstigen Schüler (so viel ich höre, war Clemens Krauss oder Karajan in Aussicht genommen) sollte Orchkonzerte von mir in einem speziellen Abend bringen. Der Präsident der Akademie Dr. [Hans] Sittner bat mich extra nur um Werke, die hier in Amerika entstanden sind, daher also Manuskripte. Nach meinen Erfahrungen, die ich mit früheren meiner Orchester=Werke in Wien einerseits u. in <u>Deutschland</u> andererseits hatte, muss ich sagen, dass letztere Aufführungen mich meistens angenehm überraschten, während z.b. dieselben Werke, wie meine 3sätzige Orgelfantasie, die im Jahr 1919 (November) von Weingartner mit den Philharmonikern gebracht wurde, eine der ärgsten Enttäuschungen für mich war. Sind Sie, lieber Erik, damals in dem Konzert gewesen? Wenn ja, dann werden Sie ebenso wie ich, schrecklich enttäuscht gewesen sein. In Leipzig u. Berlin hatte ich hingegen mit demselben Werk geradezu glänzende Aufführungen u. ausgezeichnete Kritiken. –

Sie werden also begreifen, dass ich vorsichtigerweise mich entschloss, nicht nach Wien zu fahren, denn erstens würde der

Spass etwa $ 500 kosten u. die Konzerte u. sonstigen Uraufführungen, die geplant sind, wären, wenn sie auch mich befriedigen würden, ein solches finanzielles Opfer nicht wert.

Was Sie von dem Dilettantismus in Amerika schreiben u. speziell von dem Schülermaterial, das bestätige ich vollends. Eine wohltuende Ausnahme war mir meine Erfahrung am Curtis Institut, wo Schüler wie Leonard Bernstein, Walter Hendl, Eugen Istomin etc immerhin ein schönes Niveau repräsentierten. Es wird Sie aber interessieren zu hören, dass im Allgemeinen auch das Niveau in Europa gesunken ist, nicht etwa nur in Wien, sondern ebenso in Deutschland, wie mir mein Verleger neulich erst schrieb.

Ist Korngold wieder nach Hollywood zurückgekehrt oder lebt er jetzt in Wien? Ich habe nicht ein einziges mal seinen Namen in einem Wiener Blatt gelesen. Es scheint also auch da das Hitler Gift noch als das einzige Dauerhafte vom Krieg übrig geblieben zu sein.

Ich freue mich immer von Ihnen zu hören u. grüße Sie u. Ihre liebe Frau herzlich als
Ihr
alter
Stoehr

## LISEL SALZER an ERIC und GERTRUD ZEISL

*Wien, 5. März 1954*

Liebe Trude und Erich,
Danke Euch sehr für Euren Christoforus, der mich brav während der Reise beschützt hat trotz etwas stürmischer Überfahrt. In Paris habe ich die Hirschenhausers besucht, die sehr lieb waren und sich ihren Humor bewahrt haben, trotzdem sie es nicht leicht haben – Jetzt bin ich in Wien.

Es ist sehr schön wieder mit der Hedda beisammen zu sein. Sie hat sich wenig verändert, ich glaube weniger wie wir alle und vieles ist wie in alten Zeiten, besonders wenn wir am Blüthner sitzen. Es wird Bach Beethoven und Mozart aufgeführt, aber auch Mahler

Hugo Wolf und Zeisl. Fast jede freie Minute. Heddas Mann duldet es, trotz gutmütigem Protest Er paßt gut zu ihr – ist sportlich und hat während der Hitler Jahre vielen Menschen das Leben gerettet. – Jetzt haben sie auch ein kleines Auto Die ersten Wochen war eine Rekordkälte und ich habe mir dabei die Füße erfroren. Jetzt fangt es an frühlingshaft zu werden und wir haben einige schöne Ausflüge gemacht – Semmering, Wachau, Heiligen Kreuz – Die Umgebung hier ist unverändert schön und man vergißt, wie viele verschiedene bezaubernde Kirchtürme es in den kleinen Orten gibt –

Die Straßen Wiens sind auch schön, immer noch wohlvertraut, aber doch irgend wie fremd geworden und ein bischen traurig. Es gibt wenig Kunstleben. Die Oper und das Museum, die beide zerbombt waren, sind noch nicht ganz hergerichtet – Musik allerdings in Wien ist eine Tradition. Ich habe eine herrliche Aufführung von der Zauberflöte gehört, aufgeführt im alten Theater an der Wien, in dem noch die Uraufführung von Fidelio war. Ihr würdet Euch vielleicht hier sehr wohl fühlen. Trotzdem möchte ich nicht am Centralfriedhof begraben sein. Ich hoffe bei Euch geht alles gut. Alles Liebe auch an Barbara
Eure Lisel

Mit dem von Hilde Spiel ironisch kommentierten „österreichischen Schicksal"[259] verschwindet Lisel Salzer aus Erics und Gertruds Blickfeld. Mit der Versöhnung tut sich ab 1954 Korrespondenz auf – wie der Tonfall beider Seiten verrät, ist die Freundschaft ungebrochen. Lisel Salzer, der bei Hermann Grom-Rottmayer und Ferdinand Kitt ausgebildeten Malerin, ist in Wien die Portraitmalerei wesentliche Ausdrucksform, Physiognomie und Charakterzüge des Modells sucht sie vereinfacht darzustellen – den jungen Zeisl und die junge Spiel portraitiert sie. Salzer hält sich mit Friedrich Grossmann von 1939 bis 1948 in New York auf. Dort versucht sie sich anfangs als Modezeichnerin, ist in einer Dekorationsabteilung von Macy's tätig und arbeitet als Portraitistin. Sie stellt im New Yorker Hotel Champlain aus, in der Hudson Gallery in Detroit, in der New Yorker Read's Peacock Alley und in der New Yorker Emmerik Gallery. 1948

---

[259] Hilde Spiel an Gertrud Zeisl, 2. September 1986.

*Abb. 23: Die junge Lisel Salzer vor einem ihrer Portraits, Wien 1932 (ZN)*

geht Lisel Salzer mit Grossmann nach Arizona, 1949 nach Kalifornien, 1950 übersiedeln beide nach Seattle. Künstlerisch beginnt sie 1945 ihre Arbeiten in Limoges-Emailtechnik und wird dafür mit Auszeichnungen der National Ceramic Exhibition im Syracuse Museum of Fine Arts, Syracuse, New York, bedacht. Im Syracuse hat sie großen Erfolg – dort werden ihre „Emails nicht nur verkauft, sondern auch gestohlen".[260]

---

[260] Lisel Salzer an Eric und Gertrud Zeisl, 23. Februar 1957.

*Abb. 24: Eric Zeisl portraitiert von Lisel Salzer, Portrait verschollen (ZN)*

Im Jahr 1954 stirbt Fritz Grossmann, die Verbindung zu den Zeisls lebt wieder auf, Lisel Salzer reist erstmals nach dem Krieg nach Wien, von dort wird auch sie den Kaliforniern zur Österreich-Botschafterin. 1963 ist Lisel Salzer im Rahmen der Künstlerklasse Oskar Kokoschkas an der Sommerakademie Salzburg tätig, ihre letzte Europareise tritt sie 1984 an, sie besucht dabei auch Hilde Spiel in St. Wolfgang. Salzers Briefe werden zum „Comeback" für deren „kleine Wiener Bohème": Erlebnisse mit Hilde Spiel, den Zeisls, Josef Dobrowsky, Georg und Bettina Ehrlich, den Geschwistern Steffi, Hilde und Fritzi Hirschenhauser oder der Cousine Hedda Salzer (Bauersax-Salzer), die sich nun als Anwältin in Restitutionsfragen und Verlagsangelegenheiten für Zeisl einsetzt, sind wieder nahe. Als die letzte Überlebende und Erinnerungsträgerin an die „Zinkenbacher Malerkolonie" um den Wolfgangsee verstirbt Lisel Salzer 2005 in Seattle.

## RICHARD STÖHR an ERIC ZEISL

*Winooski Park, 15. Oktober 1954*

Lieber alter Freund!
Ihr interessanter Brief hätte mich mehr gefreut, wenn er schönere Details über Ihr Leben enthalten hätte. Es war aber trotzdem sehr interessant für mich, solche Details über Ihren Lebenskampf zu hören, wie Sie ihn schildern. Es ist ganz merkwürdig, dass ich hier in dem absolut katholischen Milieu, in dem ich lebe, genau das Gegenteil erfahre, obwohl man genau weiß, dass ich kein Arier bin.
Ich glaube, Sie wissen, dass der jetzige Präsident der Akademie in Wien [Hans Sittner] an meinem Geburtstag eine Feier mit meinen Werken veranstaltete, von der ich über 60 Briefe ehemaliger Schülerinnen erhielt, alle übereinstimmend „begeistert". Es soll voll gewesen sein (etwa 500 Personen) und ich habe aus dem Tonband, das der Präsident mir sandte, gesehen, dass die Feier wirklich ein Niveau hatte. Er hat die ganze Kritik wohlweislich nicht eingeladen, weil er ihre ablehnende Einstellung gegenüber meiner Musik kannte. Beiliegende Zeitungsnotizen mögen Sie über noch geplante

Aufführungen in Vermont am Laufenden halten. Der gelbe Jubiläums Kalender zeigt Ihnen an, dass unser College ihr 50jähriges Jubiläum feierte u. dass eine Orchesteraufführung meiner Werke am letzten Oktobertag geplant ist. Das Orchester ist ernst zu nehmen, da der Conductor Alan Carter ein hervorragender Musiker ist. Zur Aufführung kommt eine Symphonie von mir, eine Orchester-Suite „Spring in Vermont" und dazwischen eine Lieder Serie gesungen von einem ausgezeichneten New Yorker Tenor (Will. Hain). Das Konzert dürfte trotz des großen Saals ausverkauft sein, und wenn es vorüber ist, erwarte ich einen absolut großen Katzenjammer. Was mir hier wohltut, ist die Menschenliebe aller der Priester hier, ebenso der Studenten und der vielen amerikanischen Freunde, die wir hier haben. Also ganz das Gegenteil von den unangenehmen Verhältnissen, die Sie beschreiben. Ist der junge Korngold nach Hollywood zurückgekehrt? In Wien, hörte ich, kam er überhaupt nicht zu Wort als Komponist.

Mit vielen Grüssen an Ihre liebe Frau und in der Hoffnung, bald etwas frohere Nachrichten von Ihnen zu haben,

bin ich Ihr alter treuer Stoehr

P.S.

Weder meine Formenlehre noch Harmonielehre ist Englisch erschienen, obwohl das Curtis Institut einen großen Absatz garantiert hatte. Dagegen ist die Harmonielehre in japanischer Sprache in Tokio gedruckt worden u. könnte ich auf ein Jahr hinübergehen, Vorlesungen halten, wie mir angetragen wurde. Dazu fühle ich mich aber zu alt

## ERNST TOCH an ERIC ZEISL

*New York, 27. November 1954*

Lieber Zeisl!

Natürlich habe ich gleich nach Erhalt Ihres Briefes nach Louisville geschrieben. Wie sehr ich hoffe, und Ihnen wünsche, dass Sie kommissioniert werden, brauch ich Ihnen wohl nicht zu sagen. Bitte lassen Sie mich es gleich wissen, so bald Sie etwas erfahren. Die obige Adresse gilt bis Mitte Februar. Dass ich Ihnen selbst nicht früher geantwortet habe, war nur weil ich Ihnen schon seit langer Zeit die „Erinnerungen an das Meidlinger Gymnasium" schicken wollte, die Sie vor meiner Abreise aus L.A. (to be exact am 21. März in Franzi's Haus) so unterhalten haben. Ich kam früher nicht dazu, and here they are. Sollten Sie das Eine oder Andere nicht verstehen, so lasse ich Barbi bitten, es Ihnen zu erklären. (Sie wird es sicher gerne tun) Haben Sie eigentlich auch selbst an Mr. Whitney nach Louisville geschrieben? Ich glaube man kann sich doch jetzt auch selbst bewerben? Wenn Sie etwa eine abschlägige Antwort bekommen sollten (was ich mir wirklich schwer vorstellen könnte) so schreibe ich sofort noch einmal hin.

Inzwischen Alles Liebe und Gute Ihnen Allen von uns beiden, zum Karpfen werde ich mich schon in due time einladen!
Herzlichst wie immer
Ihr Ernst Toch

Das Trauma der vergangenen Jahre im Nacken, entwirft Franz Mittler 1947 in New York in ironisch-kecker Wortwahl und im Spielen mit dem Jiddischen den Text *Die Juedische Entartung*. Im Witz sich virtuos reimender Zeilenenden und im Wissen um dahinter stehende Fakten evozieren die als möglich skizzierten Antworten auf Fragen zur jüdischen Identität und zum jüdischen Selbstverständnis widersprüchliche Gefühle. Den Begriff der „Entartung" derart pointiert in die Hand zu nehmen, entmachtet ihn zugleich – schreibt Eric Zeisl aus Paris an „Hildesarah" und unterschreibt sich selbst als „Erichisrael", so tut er, in Galgenhumor das Nazigesetz adaptierend, Ähnliches. Unter Ausgrenzung bis hin zu Lebensbedrohung und Lebensvernichtung entfesselt die Erfahrung von Antisemitismus, Judenverfolgung und Judenmord so gegensätzliche Reaktionen wie etwa Konversion, Beharren im Judentum oder, wie dies bei Zeisl zutrifft, ein Neu- und Wiederakzentuieren bis dahin nicht bewusst wahrgenommener jüdischer Wurzeln. Mittlers Text, den er anlässlich eines Besuchs bei den Zeisls 1954 in Hollywood hinterlässt, spielt in diese Thematik hinein.

## FRANZ MITTLER an ERIC und GERTRUD ZEISL (Typoskript)

*Los Angeles, 1954*

Die Juedische Entartung					New York 1947

Wenn sich kein rechter Stil ihm fand,
Ist so ein Jud' gar viel imstand:
Verbot auch Adaunoj ihm gach es,
Er treibt die aergsten Goyim Naches.
Er, der des Gaensebratens Toches
Sonst frasz nur mit des Taten's Broches,
Statt Broche nur mehr Brosch' er kennt,
Vor Scham ihn das Wort KOSCHER brennt,
Vergessend ganz, was TREFE heiszt,
Nimmt er zu Pessach Hefe dreist,
Nascht wie die unpartei'sche Fliege
Zugleich das Milch- und Fleischgefüge,
Denkt, wenn er sieht die Orthodoxen:
Was half das Frommsein dort, o Ochsen?
Hier heiszt's, das Land, die Rassen misch es,
Das Resultat ist: Massen-Rischesz!
Man waegt auch hier die Jueden-Frage,
Wie man sie ohne Frieden jage.
Willst du die ueble Chose meiden,
So heiszt es: sich von Mose scheiden,
Denn wer sich los von Moische reiszt,
Entgeht dem Haszgeraeusche meist.
Weist dich nun ab der Islam barsch,
So denk' dir: Leckts mich biszl am Arsch!
Und werd' zum Beispiel Methodist,
(Die Religion ist detto Mist)
Und waechst auch dem Baptisten krumm
Die Nos', ihn schuetzt das Christentum.
Wem nichts die paar Symbole taeten,
Der kann formell zum TOLE beten,

(Der Goj nennt ihn Jehovah's Sohn,
Ein Jud' hat nur fuer so was Hohn!)
Doch kuenft'ge Schiffsnot schmecken Ratten,
Lass' dich, nicht zu verrecken, schmatten,
Kurz: WENN DICH DRUECKT DER JUDENSCHUH,
SO ZIEH IHN AUS – WHY SHOULDN' YOU?
Epilog
Gar mancher so vergiszt den Schabbes,
Selbst juedische Faschisten gab es,
Und haetten nur die Nose grad sie,
Waer'n sogar viele grosze Nazi.
Manch Fischlein wird in Baechen rar,
Der Jud bleibt unberechenbar.
Wenn jegliches Erwarten irrt,
Nicht das – dasz er entarten wird,
Verzweifelnd an der Rass' – was dicht' ich??
Der Jud tut niemals das, was richtig!

Für Erich und Trude Zeisl,
die lieben und treuen Freunde,
von Herzen
Hollywood, 1954 Der Verfasser

Gojim naches: unjüdisches Vergnügen; Toches: Unteres, Hinteres; Tate: Vater; Broche, Broches (Pl.): Segen; treife, trefe: rituell verboten, unrein; Risches: Antisemitismus; Moische: Jude; Tole: Jesus, ans Kreuz Geschlagener; Goj, Goi: Nichtjude, Christ; schmatten, schmadden: taufen.[261]

Franz Mittler, in der Zwischenkriegszeit zum gesuchten Wiener Liedbegleiter avanciert, neben Otto Janowitz und Georg Knepler einer der für Karl Kraus wichtigen Begleiter bei dessen Offenbach-Lesungen, repräsentiert als Komponist so wie auch Eric Zeisl Wiens moderate Moderne. Bedeutung erlangen Kraus' Offenbach-Abende: Dem Blick des Publikums verborgen, agiert Mittler hinter einem Paravent, sodass sich Kraus'

---

[261] Althaus, Hans Peter: *Kleines Lexikon deutscher Wörter jiddischer Herkunft.* München 2006.

„unvergleichliche Darstellungskraft im Dienste eines Kunstwerks entfalten" kann, und „ihm die Musik den richtigen Hintergrund"[262] dazu gibt. Wie „glänzend sich auch hier wieder die Eigenart dieses größten lebenden Meisters der deutschen Sprache bewährt, am überlieferten Text und an der gegebenen Situation sich zu entzünden und aus ihnen eine im Original selten geahnte Größe und Wucht der Gestalt zu formen [...].",[263] hebt Ernst Krenek in einem *Anbruch*-Aufsatz zu Karl Kraus und Jacques Offenbach hervor. In Wien vertont Mittler auch Kraus' Gedichte, derer sich vor allem die Sopranistin Marianne Mislap-Kapper annimmt. Sie tritt in den dreißiger Jahren ebenso als Interpretin Zeislscher Lieder in Erscheinung und gestaltet Programme mit Werken Mittlers und Zeisls.

Am 22. Februar 1938 ist im Rahmen eines „Zeitgenössischen Liederabends" Zeisls *Komm süsser Tod* in der Erstaufführung zu hören.[264] Am 2. März 1938 rezensiert die *Reichspost*: „Marianne Mislap-Kapper sang im dicht besetzten Ehrbar-Saal, [...]. Von Franz Mittler hörte man meisterhafte Lieder [...], die Kompositionen von Erich Zeisl mußten – stürmisch akklamiert – wiederholt werden."[265] Noch am 13. März 1938 kann die *Volkszeitung* berichten: „Marianne Mislap-Kapper, die lebhaft gestaltende Interpretin zeitgenössischer Liedlyrik, sang vor einer zahlreichen, beifallsfreudigen Zuhörerschaft [...]. Franz Mittlers und Erich Zeisls Lieder übten starke Wirkung."[266] Zu diesem Zeitpunkt hält Mittler sich in Holland auf, wegen seiner jüdischen Vorfahren und der Nähe zu Karl Kraus kann er nach den März-Ereignissen 1938 nicht mehr nach Wien zurückkehren.[267] Mit dem Affidavit eines Förderers aus Philadelphia gelangt er nach New York, unter der Zeugenschaft eines „Viennese refugee who later became a successful Hollywood composer"[268] heiratet er im Dezember 1939 in Manhattan seine ehemalige Schülerin Regina

---

[262] Mittler, Franz: *Es war nicht leicht, aber schön ....* In: *Forum.* Juni 1956, S. 226.
[263] Křenek, Ernst: *Karl Kraus und Offenbach.* In: *Musikblätter des Anbruch.* 1929/3, S. 135.
[264] Programmzettel: *Zeitgenössischer Liederabend Marianne Mislap-Kapper*, Ehrbarsaal, 22. Februar 1938 (ZN).
[265] *Reichspost.* 2. März 1938 (ZN).
[266] *Volkszeitung.* 13. März 1938 (ZN).
[267] Mittler-Battipaglia, Diana: *Franz Mittler. Austro-American Composer, Musician, and Humorous Poet.* New York 1993.
[268] Ebd., S. 29.

Schilling. Sein Trauzeuge ist Eric Zeisl. Anfang der vierziger Jahre kann Mittler sich als Arrangeur für Columbia Records profilieren, anschließend führt er mit David Hirschberg in New York den Verlag Musicord, für den er komponiert und arrangiert. Auch Zeisl kann er als Verlags-Arrangeur gewinnen. 1949 etwa erscheint für Klavier die zweibändige Sammlung *Duets are Fun*: Konzertliteratur leicht spielbar eingerichtet für vier Hände. Co-Autoren dieser Sammlung sind neben Zeisl und Mittler auch Adam Garner (Adam Gelbtrunk) und Vladimir Padwa, ihnen ist Mittler mit Edward Edson als viertem Mitglied von 1943 bis 1963 im First Piano Quartet verbunden.

Dem Dichten von Schüttelreimen als seinem spaßigen Faible geht Franz Mittler bereits lange Zeit nach, noch in Wien publiziert er 1938 den Band *Macht man denn aus Kalk die Terzen?*, die Sammlung *Bis auf's Schiffsdeck* erscheint 1955 in New York, 1969 ediert Friedrich Torberg Mittlers *Gesammelte Schüttelreime*. Mit dem Text zur *Juedischen Entartung*, welcher in minimaler Abweichung in Wortlaut und Interpunktion auch als Typoskript im Teilnachlass Mittlers im Literaturhaus Wien, Dokumentationsstelle für neuere österreichische Literatur, aufliegt, trifft der dichtende Komponist und Pianist den Kern des Themenkomplexes, zu welchem Zeisl, Tansman, Milhaud oder Toch zeitgleich über ihr Schaffen Stellung nehmen. Franz Mittler remigriert 1964 nach Europa.

*Abb. 25: Menuhim's Song, Cover der Notenedition Mills Music, Inc., New York 1949 (ZN)*

## *Also etwa den Hiob!*

### ERICH WOLFGANG KORNGOLD an ERIC und GERTRUD ZEISL

München, 4. Dezember 1954

Liebste Zeisls!
Gar nichts gehört von Euch – und Ihr nichts von uns! Pfui! Wagner-Film (prachtvolle Theater – und Schhönes [sic!] aufnehmen, Opernplaybacks grossartig, Regie und Schauspieler excellent) ist im „Schnitt"; bald fängt meine „Scoring"-Tätigkeit an. – Symphonie in Wien – trotz miserabler Orchesterleistung! – ganz starken Eindruck mit einstimmig begeisterter Presse; eine „Stumme Serenade" in Dortmund auch schöner Erfolg. Überhaupt: ein atonaler Klimawetterumschwung liegt zumindest in Deutschland! – in der Luft! – Wir fahren wahrscheinlich am 7. April (mit der Liberté) nach Amerika zurück, wollen den Februar in einem Wiesbadner Sanatorium (zwecks Erholung & Gewichtsabnahme), den März zu Intendanten = Kapellmeister–Besprechungen („tote Stadt", Symphonie etc) in diversen deutschen Städten benützen!
   [Frohe Weihnachten! Glückliches Neues Jahr!] und alles, alles Liebe Euch allen Drei von Luzi, Schurli und Eurem alten Erich Wolfgang Korngold.
   Schreibt, Package!!!


„Erich Zeisl – dem alten Freund der ‚toten Stadt' mit allen guten Wünschen: Erich Wolfgang Korngold (der neue Freund in der ganz ‚toten Stadt'!) Hollywood, Weihnachten 1956." Diese Widmung trägt Zeisls Klavierauszug zur Korngold-Oper *Die tote Stadt*. Erich Wolfgang Korngold schreibt das als Sensationserfolg reüssierende Werk im Jahr 1920, im Stadttheater Hamburg unter Egon Pollack und im Stadttheater Köln unter Otto Klemperer (1885–1973) laufen parallel euphorisch gefeierte

Uraufführungen, die Wiener Erstaufführung findet mit Maria Jeritza (1887–1982) als Marie/Marietta im Jänner 1921 nicht minder erfolgreich statt. Die Wiederaufnahme von Korngolds Jugenderfolg mit Marianne Schech (1914–1999) als „Marietta von ungewöhnlicher Stimmqualität und Bühnentemperament", mit Hans Hopf (1916–1993) als Paul, unter der Regie Otto Erhardts und dem Dirigat Robert Hegers (1886–1978), Korngolds „guter alter Bekannter aus Wien", im Münchner Prinzregententheater im Mai 1955 bietet dem vertriebenen Europa Gesprächsstoff:

Erich Wolfgang Korngold, „der neue Freund in der ganz ‚toten Stadt'", richtet seine Zeilen von München aus an den „alten Freund der ‚toten Stadt'", Hugo Strelitzer, zuerst „doppelt gespannt auf" die ihm unbekannte Oper, aber bereits „zur zweiten Aufführung als Gast in Korngold's Loge", beschreibt, in eine Bestandsaufnahme zur künstlerischen und „atmosphärischen" Stimmung in Deutschland eingebettet, seine Eindrücke zum versuchten Korngold-Comeback. Strelitzer erlebt etwa „Straussens ‚Die Liebe der Danae' [...] und Werner Egk's ‚Die Zaubergeige'", kommentiert daran aufgeworfene stilistische Fragen und berichtet zu Milhauds *David* in Hamburg. Seine später folgenden Briefe aus Zeisls „geliebtem Wien", dem „Pflaster" Zeislscher „Heimatstadt", emotionalisieren den in Los Angeles an „homesickness" Leidenden. Dazwischen meldet Ernst Toch sich aus New York mit der Frage: „Hören Sie was von den Korngöldern?"

Was Zeisl von den „Korngöldern" und Strelitzer zur *Toten Stadt* in München hört, resümiert Luzi Korngold: „Dann kam die erste große Überraschung: nach dem Marietta-Duett brach spontaner und ungeheurer Beifall los. Durch drei Minuten wurde applaudiert, gerufen, getrampelt. [...] das Werk, das unter allen Anzeichen eines überwältigenden Erfolges auferstanden war, wurde am nächsten Tag von den Münchner Zeitungen vernichtet. Ein Blatt schrieb sogar: ‚Die tote Stadt bleibt tot.'"[269]

Wie Erich Wolfgang Korngold selbst an Zeisl schreibt, feiert die 1950/51 komponierte *Symphonie in Fis* für großes Orchester op. 40 „trotz miserabler Orchesterleistung" – der Komponist versucht gar, das Konzert noch abzusagen – in Wien großen Erfolg: „So blieb nichts anderes übrig. Es kam zu der sehr mangelhaften Aufführung und einer noch mangelhafteren Radioübertragung: [...]. Die Kritik hingegen lobte trotz der unzu-

---

[269] Korngold, Luzi: *Erich Wolfgang Korngold – Ein Lebensbild*. Wien 1967, S. 99.

reichenden Aufführung das Werk, das als neu, interessant und bedeutend bezeichnet wurde."[270] – Dies Luzi Korngolds Resümee. *Die stumme Serenade* op. 36, eine Komödie mit Musik in zwei Akten und einer szenischen Ouvertüre, entsteht 1946. Zur Aufführung in Dortmund berichtet abermals Korngolds Frau: „Im November nahm Erich einen kurzen Urlaub vom Film, um in Dortmund bei der Premiere seiner musikalischen Komödie ‚Die stumme Serenade' anwesend zu sein. Die Aufführung des Werkchens war nicht übel und fand – nun schon eine alte Geschichte! – lebhafte Zustimmung beim Publikum und Ablehnung bei der Presse. Erich zuckte die Achseln."[271]

Die Besetzung des Films, von dem Korngold für die *Serenade* kurz „Urlaub nimmt", ist groß angelegt, Sets und Kostüme nehmen sich opulent aus. In Großbritannien erscheint der in Trucolor-Technik hergestellte Streifen 1955, in den Vereinigten Staaten 1956, Produktionsfirma ist Republic Pictures – Korngold arbeitet an Wilhelm Dieterles Wagner-Film *Magic Fire* (*Die Frauen um Richard Wagner*). Ein Projekt, das die Europa-Reise ermöglicht und daher Korngold gerechtfertigt erscheint. Zwar will Korngold „vom Film überhaupt nichts mehr hören und noch viel weniger von einem Musikerfilm", er willigt jedoch ein – und stimmt so einem heftigen Fehltritt in der ausklingenden, so glänzenden Film-Karriere zu. Korngolds Absicht, „nicht nur keine Note Wagners zu verändern, sondern auch keinen einzigen Takt eigener Musik beizusteuern",[272] wird von den zuständigen Bearbeitern ignoriert, die Eingriffe in das Material sind enorm. Immerhin kann der Komponist ein Transformieren des „Siegfried-Idylls" zum Popsong für den Abspann noch abwenden.

---

[270] Ebd., S. 97.
[271] Ebd., S. 98.
[272] Ebd., S. 96.

# ERNST TOCH an ERIC und GERTRUD ZEISL

*New York, 12. Dezember 1954*

Liebe Zeiserln!
Ich hätte Ihnen ja längst mitgeteilt, dass ein längerer Brief von Robert Whitney (Louisville Orch.), datiert vom 29. Nov., den Passus enthielt „…as to your recent reccommandation, we are marking time now, as we have a large number of commissions on hand. However, Mr. Zeisl will most certainly be brought to the attention of our Committee.." – wenn ich nicht hätte verhindern wollen, dass sich Briefe von uns kreuzen, denn ich hatte erwartet, dass die so ernsthaften Bestrebungen der Vertreter von Holland, Spanien, Schweiz, Japan etc etc in se Meidlinger Gymnasium wenigstens einen Piepser aus Ihnen herauslocken würden, und bin beinahe aufrichtig besorgt um Sie, dass er so völlig ausblieb, aber hoffentlich ist Alles in Ordnung, trotzdem. Ich kann mir nicht vorstellen, dass Sie die Commission nicht bekommen sollten und wenn ich Ihnen einen Rat geben soll, so wäre es, dass Sie mit der Komposition nicht erst warten, bis Sie sie wirklich bekommen, sondern sie auf alle Fälle schreiben, dann ist der schlimmste Fall, dass Sie wenigstens ein neues Stück geschrieben haben, und der beste, dass Sie Ihr Geld früher bekommen. Right or wrong?

Inzwischen herzliche Grüsse von Haus zu Haus und Alles Gute und Schöne zu Weihnachten und Neujahr!
Ihre Toch's
Hören Sie was von den Korngöldern? Grüsse von uns, wenn Sie Ihnen schreiben

# ERIC ZEISL an ERICH WOLFGANG und LUZI KORNGOLD

*Los Angeles, undatiert*

Meine lieben Korngolds!
Vielen Dank für eure lieben Weihnachtswünsche die ich leider verspätet erwidere. Ich sehe daraus dass es euch gut geht. Es muss doch fabelhaft interessant sein in Europa. Ich bin schon sehr neugierig auf Deinen Sinfonytape. Ich glaube in einigen Jahren wird man so eine Aufführung hier hören können. – Wir haben hier die „Goimass" wohlbehalten und financiell ruiniert überstanden. Sehr herzig der Weihnachtsabend mit Fina. – Das Leben hat nichts an Langeweile eingebüsst. Barbara bekam ein Television – und wir sitzen jeden abend fasciniert dabei um diese Mördergeschichten über uns ergehen zu lassen. Es ist Cretinissmuss [sic!] zur Potenz erhoben. – Freue mich, dass der Wagner-film so gut wird. Hast Du einige Aufführungen von der Silent Serenade? Und die „Tote Stadt"? nach dem Tonalen Umbruch <u>muss</u> doch dieses grosse Werk überall gespielt werden. Wir haben hier Carmina burana von Or.. [Carl Orff] gehört! So was von Dreck war noch nicht da. Nazimusik schlimmster Sorte mit Horstwessliedern und feuchtfrechen Mädchenaufmärschen. Die reinste Bedienerinnenmusik. – Die Daily-News – ist eingestellt – die Chandlers haben die Zeitung einfach gekauft – aus Rache für die Wallensteincampagne. – Barbara wird dümmer jede Minute und bringt schon ihre „Boyfriends" mit nach Hause! Shurly wo bist Du?! – Alles Liebe und Gute für 55 und ein „baldiges" Wiedersehen! Eure treuen Zeisls

# HUGO STRELITZER an ERIC ZEISL
(Typoskript)

*München, 18. März 1955*

Mein lieber Alter!
Vielen Dank für Deinen lieben Brief! Ja, man kann also auch in Los Angeles bleiben, um krank zu werden – nun ich hoffe, dass mit der milderen Witterung auch Deine Schmerzen aufhören werden. Ich kann Dir kaum sagen, wie ich mich nach dem Frühling sehne. Ich werde um die Osterzeit auf etwa zwei Wochen nach einem der oberitalienischen Seen gehen und hoffe, dass ich dort wieder ganz gesund werde. Ich fühle mich noch immer etwas schwach und bin sehr vorsichtig und ruhe und lese viel.

Ich war in der Zwischenzeit bei meinen alten Freunden in Marburg, eine alte herrliche Stadt, die ganz vom Krieg verschont worden ist. Diese kleinen alten deutschen Städte mit einer jahrhundertealten Vergangenheit und Kultur, eingebettet in Berge und Wälder, sind etwas so Köstliches – man vergisst dort alle Miesigkeiten der Gegenwart. Ich war auf einige Stunden dann in Frankfurt das einfach entsetzlich zerstört worden ist. Man baut und baut, aber das herrliche Frankfurt von einst ist kaput [sic!] – es erheben sich neue Häuser, moderne Hochhäuser, aber das alles kann nicht ersetzen, was damals zerstört worden ist. Ich verstehe heute die Haltung des überwältigenden Teils der Deutschen, wenn sie sich gegen eine Wiederaufrüstung wehren. Deutschland hat so genug vom Kriege und vom Nationalsozialismus – es will heute in Frieden leben, allein gelassen werden und es will nicht in irgendeine militärische Allianz verstrickt werden – ob es nun mit dem Westen oder mit dem Osten ist. Auch fürchten sie, dass mit einer Neuen Armee wieder etwas von dem alten militaristischen Geist erwachen wird, das Erstarken einer neuen militärischen Clique und Kaste – obwohl in den Pariser Verträgen starke Sicherheiten gegen ein Wiederaufleben solcher Tendenzen eingebaut sind.

Überhaupt spürt und lernt man erst hier in Deutschland den ganzen Irrsinn des Krieges. Nichts Besseres konnten die Alliierten [sic!] den Deutschen tun, als ihre Industrien durch Bombenangriffe zu zerstören. Viele dieser Industrien waren technisch veraltet und sind dann von amerikanischem Geld völlig wieder neu aufgebaut worden, mit all den technischen Errungenschaften der Neuzeit – und sie arbeiten heute mit den modernsten Maschinen, wie man die in Europa noch wenig kennt. Dadurch ist es den Deutschen gelungen, diesen fabelhaften Wiederaufstieg zu ermöglichen, indem ihre Industrien heute in Europa einfach konkurrenzlos sind und die technisch besten Produkte auf den Markt bringen. Und so will es die Ironie der Weltgeschichte, dass diejenigen Industrien, die von den Bombenangriffen verschont geblieben sind, heute die Leidtragenden sind!

Immer mehr verstärken sich hier die Stimmen, dass man mit Russland zu einer Verständigung kommen muss – die Furcht vor einem neuen Kriege, der durch Deutschlands Wiederaufrüstung nur wahrscheinlicher werden kann, ist so tief im deutschen Denken verankert, dass es heute sogar schon Leute hier gibt, die in einem Zusammengehen mit Russland – obwohl sie das System hassen – eine stärkere Gewehr für Frieden in Europa sehen, als in einer Orientierung mit den Westmächten. Realpolitisch gesehen, wird es zu einer völligen Westorientierung kommen – der Druck der Westmächte auf Deutschland ist zu stark – aber die Menschen hier haben böse Ahnungen und sehen der Zukunft mit grosser Besorgnis entgegen.

Und nun zurück zu den künstlerischen Dingen: Ebert [nicht Carl Anton Ebert, sondern Otto Erhardt] wird als Gastregisseur die Tote Stadt hier inscenieren – er ist ja jetzt in L.A. wie ich höre. Ich habe die Tote Stadt nie gehört, so bin ich doppelt gespannt auf meinen Eindruck. Nächste Woche werde ich zum ersten Mal Straussens „Die Liebe der Danae" hören, und Werner Egk's „Die Zaubergeige". Ende des Monats bringt Hamburg Milhaud's „David" heraus – sonst sind aber nur wenige Uraufführungen hier. Ich war auf dem Rückweg von Marburg auf einige Stunden in Heidelberg, das vielleicht zu den schönsten deutschen Städten gehört. Ich sprach dort mit dem Intendanten über Marilynn's [sic!] Rollen für nächste Saison – es wird bestimmt Senta und Elsa, Santuzza und Fiordiligi sein, Siomone Boccanegra und Egk's Die Zaubergeige. Für die erste Saison ein schönes und interessantes Repertoire!

Marilynn hat sich so über Deinen Brief gefreut – Du sollst ihr nur auf Deutsch schreiben! Auf Anraten hat sie ihren Namen hier zu „Maria Hall" geändert.

Ich freue mich schon unbändig auf die Wiener Musikfestwochen – übrigens werden sie von Stokowski eröffnet. Auch werde ich Ormandy dort sehen. In Bayreuth werde ich auf dem Rückweg mir den neuinscenierten Holländer und Parsifal anhören. Ich fahre am 16. August von Le Havre mit dem neuesten Schiff der French Line: die „FLANDRE" und werde mir vorher Paris ansehen und auch meine holländischen Freunde in Amsterdam nochmals sehen. Ich werde diesmal mit dem Flugzeug nach Los Angeles fahren (von New York) – es ist zu langweilig im Zug. Du kannst Dir gar nicht vorstellen, wie mies mir ist, nach Los Angeles zurückzukommen – mein Scheidungsprozess mit all seinen Unannehmlichkeiten, das City College, wo es einem immer schwerer gemacht wird: kurzum, ich wünschte, ich brauchte nicht zurückgehen. Ich liebe München, es ist heute wohl die Hauptstadt Deutschlands. Die Menschen sind hier so nett, man kann sich heute überhaupt nicht vorstellen, wie dieses Hitlererlebnis möglich war. Es liegt wie ein böser Fiebertraum hinter den deutschen Menschen, sie sprechen nicht mehr davon, auch nicht das leiseste Zeichen erinnert sie an jene grauenhafte [sic!] Jahre, ausser den grausigen Ruinen, und diese stumme Sprache ist eine ewige Mahnung an jene dunkelste Zeit deutscher Geschichte. Es wird so viel Dummes in ausländischen Zeiten [sic!] über Deutschland geschrieben – kleine Dinge werden zu grossen Dingen aufgebauscht und individuelle Fälle werden zu Generalisierungen benutzt. Natürlich gibt es heute hier noch Nazis und eine Menge Menschen, die sich nach den Fleischtöpfen Hitlers zurücksehnen – ein Volk ist wie ein Mensch aus Gutem und Schlechtem gemischt und in ewigem Kampf, das Beste an die Oberfläche zu bringen. Es gibt in Amerika genug Fascisten, die nur allzu gern die atomische Bombe über Russland abwerfen möchten, und es gibt McCarthyanhänger, die nichts lieber als eine gemässigte Diktatur in Washington sehen möchten, und es gibt in Amerika genug Menschen, die der Neger- und Judenfrage mit gemischten Gefühlen ins Auge sehen. Und es ist das Merkwürdige, dass man hier in Deutschland überhaupt nicht über die Hitlerzeit spricht –

es ist wie eine überstandene Krankheit, an die man nicht erinnert werden will. Und wenn man darüber spricht, so ist es mit Scham und Widerwillen und einem Gefühl der Peinlichkeit, besonders bei denen, die unter Druck Nazis werden mussten. Ich habe es mir abgewöhnt, mich in irgendwelche Debatten über Hitler hier einzulassen – man spricht im Haus des Gehängten nicht vom Galgen! – es ist viel besser und positiver, mit ihnen über die Zukunft zu sprechen.

Das Essen ist nach wie vor fabelhaft. Diese unbeschreiblichen Suppen, die Torten, die einfach fantastisch sind, der Aufschnitt, man weiss nicht, wo man anfangen soll – ach, mein Alter, ich sehe Dich im Geist hier so oft mit mir, wenn ich die Speisekarte aufmache. Und das dunkle Löwenbräu Bier! Genug davon, ich will Dich nicht traurig machen. – Übrigens hast Du mir überhaupt nichts über die Aufführung des neuen Ballets [sic!] geschrieben, das [Fritz] Zweig dirigieren soll. Ja, wie schade, wir müssen Dein Konzert am 22. Mai versäumen – [Curtis] Stearns ist ein gediegener Musiker und wird es schon anständig machen. Was für ein Jammer, dass Trude sich so abplacken [sic!] muss, aber von Musik und Liebe allein kann man nicht leben. Schreib bald wieder, es ist immer ein Freudentag für mich, von Dir zu hören.

Alles Liebe für Euch Alle,
Dein Hugo.

Den in seiner Heimat Deutschland vor dem Krieg an der Opernschule der Berliner Musikakademie unterrichtenden Hugo Strelitzer lernt Eric Zeisl als Kollegen am Los Angeles City College kennen. In der Leitung des dortigen Opera Workshop setzt Strelitzer seine Lehrtätigkeit im amerikanischen Exil fort, er gründet 1937 am College das erste „state and city supported opera studio" und leistet Pionierarbeit auf dem Gebiet der Opernschule und Sängerausbildung. 1952 steht er an der Spitze der *Leonce and Lena*-Produktion am City College Opera Workshop. Ab 1936 ist Hugo Strelitzer auch für die Opernproduktionen in der Hollywood-Bowl verantwortlich, für lange Zeit ist seine Arbeitsweise dem amerikanischen Chorwesen richtungsweisend: „[…] habe ich meinen Vertrag als Assistant – conductor für die Opernsaison der Bowl in der Tasche!! Noch am selben Nachmittag leite ich die Proben zur Verkauften Braut, […]. 3 Tage später übergibt mir [Gaetano] Merola die Leitung des Opernchors der Bowl, […]. In einer Woche studiere ich mit dem Chor ein so schweres Werk wie Carmen (alles natürlich in der Originalsprache!), und von nun an habe ich die Chorleitung und die gesamte Einstudierung in der Hand."[273]

Marilyn Hall (*1927), als junge Sängerin durch den mit der Schriftstellerin Vicki Baum verheirateten Dirigenten Richard Lert (1886–1980) gefördert, tritt in Los Angeles mit dessen Orchester solistisch auf. Über diese Arbeit lernt sie Eric Zeisl kennen, interpretiert oftmals dessen Lieder, mit ihm gestaltet sie Duo-Abende, beide konzertieren etwa im Rahmen eines der ersten Los Angeles Fernseh-Projekte. Hugo Strelitzer, der Fachwelt damals von „city-wide recognition as a vocal coach and voice teacher for countless young singers",[274] unterrichtet Marilyn Hall am Los Angeles City College. Heute lebt die langjährig als Gesangssolistin und Gesangsmentorin erfolgreiche Maria Zahlten-Hall in Lenzkirchen in Deutschland. Denkt sie zurück an die Los Angeles-Refugee-Familie Zeisl, so leben Erinnerungen an die kleine Tochter Barbara auf, an die offenherzige Mutter Gertrud und den „unique genius of the father." Gleich einer „golden period"[275] sieht sie die Zeit ihrer künstlerischen Zusammenarbeit mit Zeisl und Strelitzer.

Einen Kollegen im Los Angeles-Musikleben nennt Strelitzer mit dem in Olmütz geborenen Fritz Zweig (1893–1984), der 1940 in die Vereinigten Staaten gelangt, in Hollywood als Pianist und Lehrer tätig ist und dessen Frau Tilly Zweig sich in Los Angeles in der Sängerausbildung profiliert. Zweig, Schüler Schönbergs in Berlin, Dirigent an der Kroll-Oper und an der Staatsoper Unter den Linden, kommt 1934 an die Deutsche Oper nach Prag, 1938 an die Grand Opéra nach Paris. Die Verbindung Zeisls zu Zweig ist freundschaftlich, über Zweig steht Eric Zeisl in Los Angeles auch Otto Klemperer nahe. Erwähnenswert ist eine Konzertbeteiligung Zeisls, welche allein durch die Vermittlung Fritz Zweigs zustande kommt: Die

---

[273] Zitiert nach Weber, Horst/Schwartz, Manuela (Hg.): *Quellen zur Geschichte emigrierter Musiker 1933-1950. I Kalifornien.* München 2003, S. 244f.
[274] Programmheft: *That we may live*, Shrine Auditorium, 17.-18. Dezember 1946 (ZN).
[275] Information Maria Zahlten-Hall an Barbara Zeisl-Schoenberg, e-mail 27.02.2008.

Reihe der Los Angeles „Evenings on the Roof"-Konzerte, von Peter Yates und dessen Frau Frances Mullen im Jahr 1939 initiiert, gilt den Interpreten Neuer Musik und dem an Neuer Musik interessierten Publikum als außergewöhnliches Forum. Über Solo- und Kammermusikkonzerte werden Komponisten wie Arnold Schönberg, Igor Strawinsky, Béla Bartók, Paul Hindemith, Ferrucio Busoni oder Charles Ives portraitiert, auch jüngeren Avantgardisten bietet die Serie Möglichkeit zur Etablierung. „Music by Southern California Composers"[276] bringt nun ein „Roof"-Konzert im Dezember 1948: Das Programm nennt Willy Stahl, Baruch Klein, Gerald Strang, Eric Zeisl, George Tremblay, Lucile Crews Marsh, Julius Toldi oder Edward Rebner. Fritz Zweigs Studentin Brunetta Mazzolini singt Zeisls in diesem Rahmen unerwartet erfolgreiche *Kinderlieder*: „Evenings on the Roof, which has consistently held that there are enough good performers living here to keep an active chamber music series going the year round, expanded their faith in local talent to include the music of several Southern California composers at Monday night's program in the Wilshire Ebell Theater. […] Especially ingratiating was Eric Zeisl's group of six children's songs, vivaciously sung in German by Brunetta Mazzolini, […]."[277] Unter „Abbreviated Roof Program Enjoyable" schreibt Albert Goldberg in der *Los Angeles Times* zu Zeisls Liedern: „In any case they are varied and attractive songs which should win a place in the repertoire."[278]

Über Fritz Zweigs Dirigat eines Zeislschen Werks liegen keine Unterlagen vor. Dirigenten, welche Zeisl in den Vereinigten Staaten aufführen, sind vielmehr Leopold Stokowski, Ernö Rapée, Wilfried Pelletier, Siegfried Landau, Kurt Herbert Adler, Karl Krueger, Jacques Rachmilovich, Izler Solomon, Kurt Berens, Harold Byrns, William Steinberg, John Barnett, Franz Allers oder der von Hugo Strelitzer erwähnte Curtis Stearns, welcher am 22. Mai 1955 im Rahmen des „Festival Concert of Works by Eric Zeisl"[279] im West Hollywood County Auditorium Teile der *Suite Antique* (*The Return of Ulysses*) mit The Beach Cities Symphony leitet.

---

[276] Programmheft: *Evenings on the Roof,* Wilshire-Ebell Theatre, Eleventh Season 1948/49 (ZN).
[277] *Daily News*. 8. Dezember 1948 (ZN).
[278] *Los Angeles Times*. 7. Dezember 1948 (ZN).
[279] Programmzettel: *Festival Concert of Works by Eric Zeisl*, West Hollywood County Auditorium, 22. Mai 1955 (ZN).

# HUGO STRELITZER an ERIC ZEISL (Typoskript)

*München, 15. Mai 1955*

Mein lieber Eric

Nun ist also die Tote Stadt über die Bühne der Münchener Oper gegangen. Um es gleich vorwegzusagen: es war ein Publikumserfolg von einem Ausmass, wie ich es nur selten in meinem Leben erlebt habe. Nach Marietta's Lied im ersten Akt setzte ein Beifallssturm ein, der sich überhaupt nicht legen wollte, dasselbe ereignete sich im zweiten Akt beim Lied des Pierrot. Korngold wurde nach Schluss des Werkes unzählige Male vor den Vorhang gerufen.

Es war aber auch eine grossartige Aufführung, und die Intendanz hatte keine Mühe gescheut, dem Werk einen würdigen Rahmen zu geben. Das Orchester unter Heger klang berauschend, die Inscenierung unter Otto Erhard [sic!] hatte Momente von atemraubender Schönheit und Eindringlichkeit, die Sänger – allen voran Marianne Schech und Hans Hopf – waren erstrangig – kurzum es war eine Aufführung, wie sie an einer Opernbühne nur selten vorkommt.

Mich hat das Werk sehr beeindruckt. Ich hörte es in der Generalprobe, war in der Premiere und zur zweiten Aufführung als Gast in Korngold's Loge – und ich muss sagen, dass ich es von Mal zu Mal lieber gewonnen habe. Es hat Momente von erlesener Schönheit – ganz abgesehen von seinen grossartigen melodischen Einfällen – so das Ende des ersten Aktes das wirklich ans Herz greift. Wann kann man das schon von den Werken unserer sogenannten „Modernen" sagen? Ich liebe das gewaltige Vorspiel zum zweiten Akt und das befreiende, zarte und so stille Ende des Werkes, das etwas Rührendes hat. Nein, das ist schon von einem geschrieben, der Herz hat und den Mut, es verströmen zu lassen.

Die Orchestration ist ja wie alles bei Korngold, das Werk eines Meisters. Als Werk eines Neunzehnjährigen [der 1897 geborene Korngold komponiert die Oper 1920, ist also bereits älter] ist es eine Talentprobe von schon beinah beängstigenden [sic!] Ausmass.

Und wie es zu erwarten war, hat die Presse das Werk in Stücke gerissen. Dies ist die Stadt Orff's und Egk's – hier muss man schon „interessant" und „anders" schreiben, um als zeitgenössischer Komponist anerkannt zu werden. Nun lässt sich an allem Kritik üben und vieles ist eine Angelegenheit des persönlichen Geschmacks. Ich kann mir jemanden vorstellen, der Grecco [sic!] und van Gogh liebt und dem die überströmende und üppige Sinnlichkeit eines Rubens nicht liegt. Und doch war Rubens ein grosser Meister und man kann ihn nicht einfach abtun indem man sagt: ich mag die Fleischlichkeit und Üppigkeit seiner Bilder nicht. Korngold's Orchestersprache ist der Ausdruck einer Zeit, in der sich die Phantasie der Komponisten in überfeinert-differenzierten Klangbildern entzündet hat – man kann diese Sprache ablehnen und muss doch zugeben, dass Korngold hier Meisterhaftes geleistet hat.

Ja, was wollen die Kritiker eigentlich? Sie geben zu, dass die Tote Stadt eine grosse Talentprobe ist – und doch wollen sie dem Werk das Recht zum Leben absprechen. Ist denn Talent nicht schon allein genug, um seine Daseinsberechtigung zu rechtfertigen? Erwartet man alle 20 Jahre einen neuen Figaro oder Don Giovanni, einen neuen Fidelio und einen neuen Tristan? Soll man nicht froh sein, dass zwischen solchen Gipfelleistungen der grossen Genies solche Talente wie Korngold leben und zu uns sprechen? Talentprobe: die Kritiker sagen es so verächtlich und sie ahnen nicht, wie selten solche Talente wie Korngold sind. Und sie haben es nicht gern, dass einer da den Mut zur Tonalität hat, den Mut zur Melodie, und der eine Musik schreibt, die an Herz und Sinne appelliert.

Aber das nützt ja alles nichts: mögen die Kritiker etwas verdammen oder in den Himmel heben, gerechterweise oder ungerechterweise: das Publikum wird immer der letzte Gerichtshof sein, der über Tod oder Leben eines Werkes entscheidet. Und das Münchener Publikum hat sich für Korngold entschieden, in unzweideutiger Weise, mit einem echten Gefühlsausbruch, der weder gemacht noch der Ausdruck einer kalten Höflichkeit war. Und wieder ist mir klar geworden, dass die Oper von den grossen Gefühlsausbrüchen der menschlichen Stimme lebt, von den grossen melodischen Einfällen, und überhaupt erst durch sie lebensfähig wird. Nur durch sie kann man ein Publikum erreichen, nicht mit musikalischer Gehirnakrobatik und kaltem Kunstverstande. Und deswegen sind alle diese „Kreneks" zum Tode verurteilt, weil sie keine Melodie haben, weil es in ihnen nicht singt.

Ich habe mich über Korngold's Erfolg aufrichtig gefreut – und habe doch auch wieder mit ihm gelitten, als ich diese Kritiken las. Was für ein trauriges Los ist es doch, ein Komponist zu sein! Wie recht hast Du doch, mein Lieber. Man muss ein „toter" Komponist sein, um das Komponistenlos zu würdigen, wie mir Korngold vor einigen Tagen mit bitterer Ironie gesagt hat. Aber ich glaube doch, dass diese Tote Stadt-Aufführungen für ihn ein schöner Abschluss seiner erfolgreichen Deutschlandreise waren. Nun, er wird Euch ja darüber noch vieles mündlich erzählen. Er ist jetzt auf dem Weg nach Hollywood und sollte Anfang Juni wieder in Hollywood sein.

Marilynn war übrigens mit mir zur Toten Stadt Premiere und war von dem Werk sehr beeindruckt. So viel jünger als wir und mit grossem Verständnis für die „Moderne", hat sie Korngold's Musik als absolut modern empfunden, zeitgemäss. Sie hofft, dereinst mal die Marietta singen zu können.

Leb wohl, mein Guter. Hoffentlich hast Du Dir bei Deinem Geburtstagsmahl nicht den Magen verdorben.

Innigst, Dein Hugo

## ERIC ZEISL an ERICH WOLFGANG und LUZI KORNGOLD

*Los Angeles, undatiert*

Meine lieben Korngolds!
Vielen Dank für die 1. Karte. Ich habe mich umso mehr gefreut, als ich daraus die Aufführung meiner geliebten toten Stadt ersehe. Warum bin ich nie dabei! Muss hier einsam verdorren in dieser geistigen Wüste! Jedenfalls freue ich mich mit euch und bin im Herzen am 12ten May bei euch! – Es muss ja doch einzigar-

tig in Europa sein. Ich werde es bestimmt nie wiedersehen. – Am 22ten May ist hier ein Konzert ausschliesslich aus meinen Werken. (Orchestra – chamber & Lieder) anlässlich meines 50ten Geburtstages. Wie schade, dass ihr nicht hier seid. – Ich habe mir erlaubt Deinen Namen unter den „Honorary Persons" anzugeben, wo Du mit Strawinsky an erster Stelle prangst. – Jedenfalls vielen Dank! – Sonst ist das Leben hier monoton und wenn ich Dir geliebtem Erich jetzt noch mitteile dass Mr Vincent, Ingolf Dahl, Peter Korn etc. je 2000 $ von dem Louisville Orch. comissioned [sic!] bekamen – dafür dass keiner von „untengenannten" Personen auch nur einen Takt komponieren kann – wirst Du wissen wie ich „about Holywood" [sic!] fühle. – Wir freuen uns sehr auf das Wiedersehen – da werden die Kapauner nur so schmoren! – Unsere Familie war in den letzten 2 Wochen ein kleines Hospital – alle an der Grippe erkrankt – kann mich noch immer nicht rühren. Hoffe, dass ihr alle gesund seid – und bitte denke bei der Scene am Minnewasser an mich – gehört zu den <u>grössten</u> Eindrücken meiner Jugend! – Trudl unterrichtet täglich – ich bin faul und tue statt komponieren <u>Markenpicken</u>! – Wozu und für wen komponieren??! Also meine geliebten Korngolds – bleibt gesund – geniesst dieses Europa – das nicht mehr lange bestehen wird – und seid vielmals umarmt von eurem alten treuen Erich.

Am 18. Mai 1955 feiert Eric Zeisl seinen fünfzigsten Geburtstag, am 22. Mai 1955 findet ein „Festival Concert of Works by Eric Zeisl, In Honor of his 50th Birthday" im West Hollywood County Auditorium statt. Der Abend bringt *Prelude and Fugue* (from *Sonata Barocca*, 1949) – Eda Jamesson, piano; *Four Songs for Soprano* (*Forget-me-not*, *Before my Window*, *The Fiddler*, *The Fly*) – Barbara Muhl; *Children Songs for Soprano* (*Maybells*, *Triumph*, *Cradle-Song*, *Sun Song*, *On the Tombstone of a Child*, *Song of the Hussars*) – Adrienne Aye; *Sonata for Violin and Piano* (*Brandeis Sonata*) – Israel Baker, Yaltah Menuhin; *Return of Ulysses*, Suite for Chamber Orchestra (*Prelude*, *Dinner Music* and *March*, *Antique Love Scene*, *Ballet Music*) – The Beach Cities Symphony Conducted by Curtis Stearns; Excerpts from the opera „*Leonce and Lena*" (*Evening Song* from Act II, *Quartet* from Act II, *Love Duet* from Act II, *March*, *Quartet* and

*Duet-finale*) – Tony Stambough, Adrienne Aye, Lucille Delano, Sam van Ducen.[280]

An „Honorary Persons" reihen sich zu Erich Wolfgang Korngold „Igor Stravinsky, Darius Milhaud, Leslie Clausen, Dr. Ernst Toch, Fritz Zweig, Mr. Gregor Piatigorsky, Dr. Norman Soreng Wright, Dr. Hugo Strelitzer, Mr. and Mrs. Edward Muhl, President Dr. Hans Sittner, Dr. John Vincent, Kurt Herbert Adler, Mr. Clifford A. Webster, Mrs. Arnold Schoenberg, Mrs. Dorothy Huttenbach, Consul General Dr. Friedrich Waller, Vice Consul Dr. Markus Lion, Alexander Tansman, Dr. Anneliese Landau, John Barnett, Mrs. Alma Maria Werfel-Mahler, Dr. Eugene Zador und Consul General Dr. Richard Hertz."[281]

Auch Ernst Toch stellt sich als Gratulant ein, den „Composer Zeisl Greeted From Afar on Reaching 50"-Artikel der *Mirror-News* vom 23. Mai 1955 schickt ihm seine Schwiegermutter extra nach New York: „Birthday wishes from all over the world greeted Composer Eric Zeisl yesterday as he faced up to the halfcentury mark. […] The Vienna-born composer has been living in Hollywood with his wife Trudy and their daughter Barbara, now 15, since 1941. His career in Europe was at the peak when ‚Hitler came along and killed it'. Now professor of composition at LACC, Zeisl devotes himself to teaching and composing what he calls ‚classical music in a romantic religious vein'."[282] Die Betriebsamkeit um Zeisls Geburtstags-Jubiläum bedeutet Aufschwung und entmachtet zumindest kurzzeitig des Komponisten bange Frage „Wozu und für wen komponieren??!": Unzählige Journale und Blätter, von der populären Boulevard-Zeitung bis zur angesehenen *Los Angeles Times*, bringen Betrachtungen zu Leben und Werk des Refugee-Komponisten – Würdigungen eines interessanten, umfangreichen Schaffens. Gratulanten aus aller Herren Länder stellen sich ein, jene aus der „Alten" und diese aus der „Neuen Welt", Instrumentalisten sehen sich im Rahmen der Jubiläumskonzerte positiv mit Zeislscher Musik konfrontiert, das Werk des Exilösterreichers findet anregende Aufführungen, interessiertes Publikum und positive Rezensionsstimmen. Wie ein dunkler Schleier bricht nach

---

[280] Programmzettel: *Festival Concert of Works by Eric Zeisl*, West Hollywood County Auditorium, 22. Mai 1955 (ZN).
[281] Ebd.
[282] *Mirror-News*. 23. Mai 1955 (ZN).

der innervierenden Episode die verhasste „geistige Öde" des „grausamen Hollywood" über den Jubilar herein: „Jetzt ist wieder das amerikanische ‚nichts', grauer Alltag ohne Hoffnung und Zukunft!" – So der Hilferuf im Folgemonat Juni an Richard Stöhr.

## ERNST TOCH an ERIC ZEISL

*New York, 27. Mai 1955*

Lieber Zeisl!
Wenn ich auch selbst nicht dabei sein konnte, so hab ich mich mit dem "Mirror", den mir meine Schwiegermama einschickte, gefreut und hoffe, Sie nehmen meine Gratulation und und [sic!] meine wärmsten Wünsche, wenn auch verspätet, immer noch an. Ich kann mir auch den „Rummel" im Hause Zeisl lebhaft vorstellen, wenngleich ich selbst nicht der richtige „Geburtstags- (oder sonstige Kalendertag-)Typ" bin. Ich kann mir auch vorstellen, dass Ihre liebe Frau und Mama Jellinek „pretty busy" gewesen sein werden. Und Barbara 15 – erschütternd!
Nochmals alles Liebe und auf baldiges Wiedersehen
Herzlichst wie immer, Ihr
Ernst Toch

## ERIC ZEISL an RICHARD STÖHR

*Los Angeles, 13. Juni 1955 (Poststempel)*

Lieber Herr Professor!
Anbei ein Programm eines Konzertes das anlässlich meines 50ten Geburtstages hier veranstaltet wurde. Dies erklärt auch den Grund meines so langen Stillschweigens. –
Wir hatten sehr viele Proben und es war eine ausgezeichnete Aufführung. Ein ausverkauftes Haus und ein grosser Erfolg bei Publikum und Presse. Es hatte nur einen (Geburts)Fehler! Das

Konzert war in <u>Hollywood</u> und Sie kennen ja meine Einstellung zu dieser grausamen Stadt!!. –

Am selben Abend wurde ich in der „Standard hour" (little Sinf) und in Wien „Radio" über alle Sender gespielt (Cello Sonate). Es war wirklich erfreulich und auch kaum glaublich, dass ich schon den 50ger habe! Wie schade, dass Sie nicht dabei waren! Sie hätten an Ihrem einstigen Schüler eine helle Freude gehabt! – Jetzt ist wieder das amerikanische „nichts", grauer Alltag ohne Hoffnung und Zukunft! – Ich habe ein ganzes Jahr wieder keine Zeile geschrieben. Hoffe im Sommer wieder etwas zu „verbrechen". – Wie geht es Ihnen gesundheitlich? Wie haben Sie den ganz seltenen 80ger überstanden? Es muss doch ein herrliches Gefühl sein „so weit" zu sein! Bitte lieber guter Professor, schreiben Sie doch wieder einmal Ihrem alternden Erich! –

Inzwischen alles Gute und Liebe Ihrer Familie von Ihrem Erich

## ERIC ZEISL an HUGO STRELITZER und MARILYN HALL

*Los Angeles,* **undatiert**

Mein lieber Hugo, meine liebe Marylin [sic!]!
Da seid ihr nun beide in meinem geliebten Wien, meiner Heimatstadt! Wie jammerschade, dass ich nicht mit euch sein kann!! Ich könnte euch alle Gassen, Denkmäler, Restaurants etc – zeigen und mit euch sein. – So muss ich im Geiste mit euch sein! – Vielen Dank für Deinen Aufsatz, den ich ausgezeichnet finde und den ich meinen Schülern vorlesen werde. Ich werde aufpassen, wann [Albert] Goldberg [Musikjournalist der LA Times] diesen grossartigen Artikel druckt und Dir aufheben. – Heute kam Marylins Markenpacket [sic!] – wie lieb von Dir meine gute Marylin! Ich habe mich schrecklich damit gefreut und fand mir den ganzen Tag nichts anderes als sortieren und in Kouverts geben. Vielen Dank! – Das Konzert war ein grosser Erfolg – Herrliche Aufführung ich hatte dies dem Staerns [sic!] gar nicht zugetraut! – Barbara Muhl „decided" To

make a big carrier [Barbara Muhl ist die Frau von Edward (Eddie) Muhl, einem der „großen Studiobosse" von Universal Pictures] – sie wird euch glaube ich in Florenz treffen. Sie ist ja so nett und auch künstlerisch aber … Wir renten jetzt wieder ein Häuschen am Lake Arrowhead und fahren Sonntag hinauf. – Gestern bekam ich einen Brief und eine Messe des Herrn „Roscher" – Scheint ein sehr lieber Mensch zu sein, aber leider, leider .. <u>gänzlich talentlos</u>! Die Musik trotz Nachahmung Strawinsky's trocken wie Holz! Bitte meine liebe Marylin schreibe mir was ich machen soll, ob ich diese „Messe" an den Strawinsky weiterleiten soll – ich schäme mich ehrlichgestanden – bin aber gerne bereit es zu tun, wenn Du es willst. „Counterpoint und Harmonielehre" machen leider noch keinen „Composer" meine geliebte Marylin! – Also meine liebsten Freunde auf dieser Welt – schaut das Pflaster dieser meiner Heimatstadt an – ihr werdet viele meiner Wesenszüge verstehen, wenn ihr Wien betreten werdet – vergesst nicht <u>Mölkerbastei 3</u> – Wohnort, Heinestrasse 42 – Geburtsort – und berichtet mir darüber – wie ihr alles vorgefunden habt. – Und Du lieber Hugo über das Essen – bitte genauen Bericht – Gulasch mit Knödeln – die Wiener Schnitzln und die Torten – und Du wirst ja sehen! – Habe aus der ganzen Welt Briefe und Telegramme bekommen – schade, dass ich noch 10 Jahre für ein solches Ereignis warten muss. – Also meine lieben, lieben Freunde seid umarmt – und schreibt bald über Wien

eurem stets treuen Erich

P.S. Ein Schüler von mir gewann die N.S.C. und „Louisville" Studentkontest! (500 $). Und ich wurde abgewiesen! Wie lächerlich!

Hugo Strelitzers nächster Halt in Europa wird zum „Stelldichein" mit Wien: Er zeigt sich auch nach einiger Zeit „nach wie vor entzückt" davon und kann dem Freund Zeisl den unsäglichen Schmerz über den Verlust nachempfinden – „Die österreichische Landschaft ist so zart und lieblich – ich kann verstehen, wie sehr Dir das alles fehlt!"[283] – ebenso die Abwehrhaltung gegen das verhasste Hollywood – „Ich weiss ja selbst nicht,

---

[283] Hugo Strelitzer an Eric Zeisl, 19. Juni 1955.

wie ich es in Hollywood aushalten werde, nach so vielen Monaten in Europa. Nur angestrengteste Arbeit kann einen vergessen machen, in welch einer entsetzlichen künstlichen Atmospähre man in Hollywood lebt."[284] Berührend sind Strelitzers Berichte über das Wiener Essen – auch die vertraute „kulinarische Landschaft" Österreichs bedeutet dem nach Amerika verpflanzten Zeisl eine „Heimat". Und nicht nur das Essen, sondern auch das Konzertleben Wiens kostet Strelitzer aus, hört „reinste[n], vollkommenste[n] Mozart, in Spiel, Gesang, Atmosphäre und Orchesterklang", findet gleichzeitig den Opernspielplan „uninteressant, beinahe provinziell" und schätzt Wien als „doch eben eine sehr konservative Stadt" ein. – „Am Schluss spielte Ormandy als Zugabe Die Geschichten aus dem Wiener Wald und die Pizzicato Polka – und das Wiener Publikum ‚really went wild!'". Joahnn Strauß' Walzer-*Geschichten* mit dem Philadelphia Orchestra unter Eugene Ormandy (1899–1985), die Wiener Philharmoniker unter Ormandy, „Klemperer, obwohl gelähmt und nur am Stock gehend" dirigiert „eine herrliche 4. Mahler" – diese Berichte müssen den Zeisls schwer ans Herz gehen, vor allem im Imaginieren jenes Augenblicks, der Hugo Strelitzer im Wiener Konzerthaus – eine der „vormals"-Spielstätten Zeislscher Musik – eine Ankündigung zu Zeisls im Exil geschaffener und dessen „neuen" Stil repräsentierender *Brandeis Sonata* entdecken lässt. Ein Situationsbild, welches die Problematik fast ins Irreale, Filmisch-Szenische verzerrt. „Nun wo ich Wien kennen gelernt habe, verstehe ich, wie sehr Du unter Hollywood leidest." – So Strelitzers Resümee seines Besuchs jener Stadt, die „viele Wesenszüge" Zeisls erklärt, wenn man sie „betritt".

Gleich Hilde Spiels Schilderungen evozieren auch Strelitzers emphatische Wien-Berichte emotionale Ambivalenz: „[…] ich halte nichts von Österreich – es war immer schrecklich conservativ und hat seine Söhne fürchterlich behandelt. Dieser Spirit ist bestimmt noch dort. Solange ich in L.A. sitze bin ich ein guter Komponist – aber <u>wehe</u> wenn ich nach ‚Hause' komme!"[285] – Dies die Reaktion auf Strelitzers Brief vom 26. Juni 1955. Zeisl setzt beim Gedanken an die Heimkehr im Schreiben bewusst Unterstreichung, hebt das bedeutungsschwere Wort durch Anführungszeichen hervor und erklärt dessen Semantik dadurch als für ihn nicht

---

[284] Hugo Strelitzer an Eric Zeisl, 26. Juni 1955.
[285] Eric Zeisl an Hugo Strelitzer, undatiert.

gegeben. Spricht Zeisl von den „fürchterlich behandelten Söhnen", so ergreift er das Wort auch für seine Refugee-Kollegen. In einem früheren Brief an Alfred Schlee spricht er in ähnlichen Gedanken über Arnold Schönberg: „Es ist halt immer das alte Lied. Den Namen muss sich der Österreicher im Ausland machen, dann kommt schon die alte Heimatstadt Wien nachgetümpelt! Siehe Schönberg!"[286]

Interessant sind die Wien-Begegnungen des Deutsch-Kaliforniers: Den aus einer russisch-jüdischen Familie entstammenden, seit 1935 in Los Angeles lebenden George London (1920–1985), der dort Schüler Richard Lerts, Hugo Strelitzers und Nathan Stewarts ist und von Karl Böhm (1894–1981) an die Wiener Staatsoper geholt wird, trifft Strelitzer ebenso wie Boris Michailowitsch Morros – im Scherz „lautmalerisch" zum „Borris Morros" verzerrt –, den US-amerikanischen Filmproduzenten, Filmkomponisten und musikalischen Leiter zahlreicher Hollywood-Produktionen wie etwa des Western-Klassikers *Ringo* unter der Regie John Fords. Nach einer *Othello*-Aufführung mit „Mitgliedern der Staatsoper zusammen", treffen Hugo Strelitzer und Marilyn Hall auf „den Bruder von Fritz Altmann, Max Altmann mit seiner Frau. Du kannst Dir denken", – so Strelitzer an Zeisl – „wie wir an Dich gedacht haben". Die Altmanns – und dabei vor allem Fritz und Maria – sind den Zeisls wohl vertraut: Eine Partitur-Kopie des 1953 komponierten *Second String Quartet* trägt Zeisls Widmung: „Meinem lieben alten Freund Baron Fritz Altmann, dem jüngsten 50ziger von seinem Hof und Kammerkomponisten Erich. Schein-Heiligenstadt (Hollywood) Sept. 25/1958."

Fritz Altmann, der Bruder des Textilfabrikanten Bernhard Altmann, ist der Gatte von Maria Altmann, der in Los Angeles lebenden Erbin Ferdinand Bloch-Bauers (1864–1945). Ihr werden im Jahr 2006 nach jahrelangem Rechtsstreit mit der Republik Österreich fünf Gemälde Gustav Klimts aus dem Besitz ihres Onkels restituiert, darunter die berühmte „Adele Bloch-Bauer I" („Goldene Adele").[287] Maria Altmann (*1916) ist die Tochter Gustav Bloch-Bauers und Therese Bauers, der Großvater väterlicherseits ist der Zuckerindustrielle David Bloch, der Großvater mütterlicherseits der Direktor des Wiener Bankvereins Moritz Bauer.

---

[286] Eric Zeisl an Alfred Schlee, undatiert.
[287] Vgl. dazu Czernin, Hubertus: *Die Fälschung*. Bd. 1 (*Der Fall Bloch-Bauer*), Bd. 2 (*Der Fall Bloch-Bauer und das Werk Gustav Klimts*), Wien 1999.

Marias Vater ist der Bruder von Ferdinand Bloch-Bauer, ihre Mutter die Schwester von Adele Bloch-Bauer (die Brüder Ferdinand und Gustav ändern ihre Familiennamen 1917 von Bloch in Bloch-Bauer). Maria und Fritz Altmann heiraten 1937 in Wien. Nach dem „Anschluss" wird Fritz Altmann in Dachau interniert, über die Niederlande und Großbritannien flüchten beide schließlich in die Vereinigten Staaten und gelangen 1942 nach Los Angeles, wo sie in engem Kontakt zu den Zeisls stehen. Die Verbindung Altmann-Zeisl ist auch heute noch von Bedeutung: In der „Causa Klimt-Bilder" wird Maria Altmann von E. Randol Schoenberg vertreten, dem Enkelsohn Arnold Schönbergs und Eric Zeisls, dem Sohn Ronald Schoenbergs und Barbara Zeisl-Schoenbergs.

Mit der illustren Runde von Staatsopern-Sängern trifft Strelitzer in Wien auch auf „den grossartigen Bassisten [Cesare] Siepi", der im Jahr 1941 als Gegner des italienischen Faschismus in die Schweiz flüchtet, an der New Yorker Metropolitan Opera erfolgreich singt und 1953 bei den Salzburger Festspielen debütiert. Regelmäßig gastiert Siepi (*1923) als gefragter Bassist an der Wiener Staatsoper. Ebenso im Gespräch ist Arthur Leon Judson (1881–1975), Manager des New York Philharmonic Orchestra und des Philadelphia Orchestra. Er wird 1930 zum Präsidenten der Columbia Concerts Corporation, des späteren Columbia Artists Management, und kommuniziert in dieser Funktion mit dem Strelitzer nahe stehenden George London.

Mit John Barnett schließlich blickt Strelitzer nach Übersee und erwähnt einen der Dirigenten Zeislscher Werke. Barnett bringt etwa im Juli 1941 erfolgreich die Ballettsuite *Pierrot in der Flasche* (1929) mit dem W.P.A. New York City Symphony Orchestra. *The Daily Times, Mamaroneck* berichtet damals: „Composer Erich Zeisl […], whose ‚Pierrot in the Flask' will be performed tomorrow […] by the City Symphony Orchestra, John Barnett conduction [sic!] in the Brooklyn Museum. It will be broadcast. The same score was also played last evening at Prospekt Park Music Grove, Brooklyn, and it will be heard again tomorrow at Forest Park, Jamaica."[288] Als Nachfolger John Barnetts und künftiger künstlerischer Leiter der Hollywood Bowl tritt in Strelitzers Ausführungen der Filmagent Wynn Rocamora in Erscheinung.

---

[288] *The Daily Times, Mamaroneck.* 26. Juli 1941 (ZN).

Zeisls Bericht zu Lion Feuchtwanger bedarf Erklärung: Feuchtwangers Text *Wahn oder Der Teufel in Boston* befindet sich zwar in Zeisls Besitz, nähere Hinweise auf eine Auseinandersetzung mit dem Stoff liegen jedoch nicht vor. Feuchtwanger, von einer Vortragsreise in die Vereinigten Staaten 1933 nicht mehr in die deutsche Heimat zurückgekehrt, lebt unter deutschsprachigen Exilanten im südfranzösischen Sanary-sur-Mer, von wo aus er in das Internierungslager Les Milles kommt, später in einem Zeltlager nahe Nimes festgehalten wird. Nach der Flucht von dort gelangt er nach Marseilles, mit seiner Frau Marta flüchtet er über Spanien und Portugal in die Vereinigten Staaten. Bis zu seinem Tod lebt Feuchtwanger in der „Villa Aurora", Pacific Palisades, Los Angeles. Über die Exilantenkreise sind die Feuchtwangers mit den Zeisls befreundet. Im Zuge des McCarthy-Ausschusses des Kommunismus verdächtigt, verlässt Lion Feuchtwanger das Land nicht mehr – seine politischen Schwierigkeiten bilden den Anstoß zu *Wahn oder Der Teufel in Boston*, einem 1948 entstehenden Theaterstück über die Hexenverfolgung in Massachusetts.

## HUGO STRELITZER an ERIC ZEISL

*Wien, 19. Juni 1955*

Mein guter Alter!
Ich bin nach wie vor von Wien entzückt! Gestern haben uns Freunde im Auto in die Umgebung Wiens gefahren – in den Wiener Wald, nach Heiligen Kreuz, wo wir einen herrlichen Weisswein getrunken haben und Eurer gedachten. Ich sah Schönbrunn, den herrlichen Park und den Kahlenberg. Die österreichische Landschaft ist so zart und lieblich – ich kann verstehen, wie sehr Dir das alles fehlt! Ich war in der umgebauten, aber noch nicht fertigen Staatsoper am Ring und hörte dort eine Orchesterprobe zur „Frau ohne Schatten". Was für eine herrliche Oper das ist! Du kannst Dir kaum vorstellen, wie großartig der Umbau gelungen ist – es ist heute das schönste Opernhaus der Welt – die Eröffnung im November wird ein kulturelles Weltereignis sein. Preise der Plätze von 550 – 5000! (200 Dollar). Aber auf dem schwarzen Markt zahlt man das Doppelte und Dreifache! Die ersten Opern im neuen Haus

sind: Fidelio, Aida, Don Giovanni, Meistersinger, Rosenkavalier, Frau ohne Schatten und Wozzek! – Das Philadelphia Orchester unter Ormandy war hier eine Sensation. Ich hatte das Orchester nie in der Wirklichkeit gehört – es war einfach unwahrscheinlich – Matthies der Mahler [sic!], Les Fetes et Nuages [der zweite und dritte Teil Debussys symphonischen Triptychons Les Nocturnes: I. Nuages, II. Fêtes.], Ravel's La Valse und die Brahms Haydn Variationen. Am Schluss spielte Ormandy als Zugabe Die Geschichten aus dem Wiener Wald und die Pizzicato Polka – und das Wiener Publikum „really went wild!" Morgen höre ich unter Klemperer die IV. Mahler. Ich hörte einen unvergleichlichen Hugo Wolf Abend – das gesamte Italienische Liederbuch, gesungen von Irmgard Seefried und Fischer-Dieskau. Das grösste künstlerische Erlebnis aber war der „Figaro" im Redoutensaal – ich glaube, ich schrieb Dir darüber schon – es war reinster, vollkommenster Mozart, in Spiel, Gesang, Atmosphäre und Orchesterklang. So etwas hört man nur einmal im Leben! —— Der Spielplan der Oper ist uninteressant, beinahe provinziell, Wien ist doch eben eine sehr konservative Stadt. Wir waren vorige Woche bei G. London zum Essen eingeladen, und hatten als Nachtisch die berühmte „Anatorte" von Demels. Marilynn und ich sagten impulsiv: „Und da ist der Erich nicht hier!!!" Das Essen in Wien ist eine grosse Enttäuschung. Man isst hier nur in grossen, teuren Restaurants gut, die kleinen Gaststätten sind schlecht und schmutzig. Wir sind zu sehr von München verwöhnt worden, wo man selbst im kleinsten Bierrestaurant gut isst. „Pastry" hier ist grossartig, aber teuer – im Café Sacher kann man ein kleines Vermögen ausgeben! – Es fehlt in Wien heute die Eleganz, die Stadt ist arm geworden. Ich lasse mir hier 2 Anzüge machen, jeder kostet nur [unleserlich] 65.00 (teuerster englischer Stoff). Na, Du wirst sie ja sehen. Schreib mir von jetzt ab immer an die American Express Co. in München. Ende Juni geht es wieder nach München zurück, dann im Juli in die Dolomiten, Anfang August nach Bayreuth (Parsifal), dann über Marburg, Karlsruhe, Heidelberg, Amsterdam, Paris nach Le Havre wo ich am 18. August mit der „Flandie" (French Line) nach New York fahre. Am 27. August geht's dann per plane nach L.A. (How I dread it!!!!!!) Am

8. Sept. ist dann schon mein Scheidungstermin (Mir wird schlecht, sobald ich daran denke!) Ich schreibe nochmals aus Wien,
Seid beide innigst umarmt von Eurem Hugo

## HUGO STRELITZER an ERIC ZEISL

*Wien, 26. Juni 1955*

Mein guter Alter!
Nun sind die Wiener Musikfestwochen zu Ende, und übermorgen geht's wieder zurück nach München. Wien ist mir in diesen Wochen sehr ans Herz gewachsen – es ist wirklich eine herrliche Stadt. Ich wandere hier viel durch die Gassen und Strassen – es ist ja ein zauberhaftes Erlebnis, die Spuren einer grossen Vergangenheit hier überall aufzufinden! Das Wetter ist jetzt warm, ich sitze oft in den schönen Parks und geniesse die Wärme nach diesem schrecklichen, nasskalten Winter. —— Viel Zeit zum Müssigsein ist mir nicht geblieben, ich höre Proben, Konzerte, Opern und dann arbeite ich vormittags und nachmittags mit Marilynn, die von Wien hingerissen ist. Klemperer, obwohl gelähmt und nur am Stock gehend, hat eine herrliche 4. Mahler dirigiert (übrigens meine Lieblingssymphonie!), ich sprach Ormandy, der gestern ein grossartiges Konzert der Wiener Philharmoniker dirigiert hat und der mit dem Philadelphia Orchester Wien erobert hat. (Selbst die Wiener Philharmoniker verblassen neben diesem phantastischen Philadelphia Orchester!) Ormandy dirigiert nächsten Sommer drei Konzerte in der Bowl. (Ich hörte, dass [John] Barnett nicht mehr Musical Director der Bowl ist, dass der Filmagent Wynn Rocomora [sic!] Direktor geworden ist. Stimmt das ???). Ich hörte heute Abend die Beethoven Neunte unter von Karajan, ein schon ausserordentlicher Dirigent, den die Wiener einfach vergöttern. – Gestern abend nach einer Otelloaufführung [sic!] waren wir mit Mitgliedern der Staatsoper zusammen und trafen den Bruder von Fritz Altmann, Max Altmann mit seiner Frau. Du kannst Dir denken, wie wir an Dich gedacht haben. Er hat uns für morgen zum Lunch eingeladen und holt uns mit seinem Auto und Chauffeur ab. Wir werden dort

den grossartigen Bassisten Siepi treffen. – Und nun rate mal, wen ich hier auf dem Opernring getroffen habe: „BORRIS MORROS" [Boris Michailowitsch Morros]. Er lebt hier seit vielen Jahren, hat eine junge ehemalige Berlinerin geheiratet!! Er scheint sehr reich zu sein, ist an grossen Minenunternehmungen beteiligt, produziert Filme und möchte mich für den Sommer über für eine musikalische Regiearbeit haben. (Auch er hat Chauffeur und Wagen hier und hatte uns zu einem grossartigen Dinner eingeladen.). – Heute auf dem Nachhauseweg ging ich am Rathaus vorbei, dass [sic!] illuminiert war und wo die Philharmoniker zum Abschied der Festwochen populäre Operettenmusik spielten. Es war ein warmer, schöner Sommerabend, Tausende von Menschen auf den Strassen – ein einzigartiges Erlebnis. Wir waren oft bei George London eingeladen, der am Schubertring ein schönes Apartment hat und uns königlich bewirtete. Überhaupt habe ich hier in den letzten Tagen viele Menschen kennen gelernt, und ich scheide nur ungern von dieser herrlichen Stadt. Nun wo ich Wien kennen gelernt habe, verstehe ich, wie sehr Du unter Hollywood leidest. Ich weiss ja selbst nicht, wie ich es in Hollywood aushalten werde, nach so vielen Monaten in Europa. Nur angestrengteste Arbeit kann einen vergessen machen, in welch einer entsetzlichen künstlichen Atmospähre man in Hollywood lebt. – Übrigens sah ich in der Pause im Foyer des Konzertvereins Deine Brandeis Sonate mit anderen modernen Kompositionen ausgestellt. Marilynn und ich waren so glücklich, als wir Deinen Namen lasen. Ja, immerzu müssen wir an Euch denken, und manchmal sind wir sogar ein bißchen traurig, dass Ihr nicht mit uns seid. Nur <u>eine</u> Illusion muss ich heute in Dir zerstören: das Essen in Wien ist <u>sehr mässig</u>, wenn nicht sogar <u>miserabel</u>! Man isst nur in teuren Restaurants anständig. Die kleinen Gaststätten sind <u>schmutzig</u>, haben <u>überhaupt keine Auswahl</u>, selbst die besseren Restaurants haben keine so grosse Auswahl in Speisen wie in Deutschland, wo man heute in Fischen, Geflügeln und Wild die herrlichsten Sachen bekommt. Diese Beobachtung ist mir von vielen Freunden hier bestätigt worden, auch von <u>Wienern</u> selbst, und man hat mir hier gesagt, dass es vor dem Krieg nicht anders war. München ist ein <u>kulinarisches Paradies</u>, verglichen mit Wien, und ich sehne mich schon nach den wunderbaren Gaststätten Münchens! —— Nun etwas über Marilynn. Sie hat sich in den letzten Monaten stimmlich sehr entwickelt – Ihr würdet sie stimmlich nicht wiedererkennen, da sie jetzt mit so viel technischer Finesse und Zartheit singt. Sie hat hier vorige Woche ein sehr wichtiges Vorsingen gehabt, bei denen auch George London dabei war. Sie hat mit der grossen Beethovenarie „Ah, perfido" bei den Wiener Agenten einen sensationellen Erfolg gehabt. George London, der sehr kritisch ist, kam nach dem Vorsingen zu Marilynn, umarmte und küsste sie und sagte zu ihr: „Girl, you have one of the greatest voices I have heard for a long time. You have everything in you to become one day one of the greatest singers of this generation!" George schrieb sofort an Arthur Judson in New York über Marilynn, und er zeigte mir die Antwort, in der Judson schrieb, dass man Marilynns Entwicklung in den nächsten Jahren mit grösstem Interesse von New York aus verfolgen würde. (So, keep your fingers crossed!)

Für heute alles Liebe und Gute von Eurem Hugo.

## ERIC ZEISL an HUGO STRELITZER

*Los Angeles, undatiert*

Mein lieber Hugo!

Vielen Dank für Deinen interessanten Brief. Speziell was Du über Wien schreibst ist richtig. Ein Wasserkopf ohne Körper. Aber doch als Stadt einzigartig. – Das [sic!] das Essen schlecht ist habe ich auch schon gehört. Ich habe mir Deine Speisekarte vom „Kleinen Rauchfangkehrer" beim Esstisch aufgehängt und „benachitze" mich jeden Abend. – Die Altmanns sind sehr nett – Max ist überhaupt der netteste. – Ich weiss genau dass ich eines Tages nach Europa muss speciell Deutschland – ich halte nichts von Österreich – es war immer schrecklich conservativ und hat seine Söhne fürchterlich behandelt. Dieser Spirit ist bestimmt noch dort. Solange ich in L.A. sitze bin ich ein guter Komponist – aber wehe wenn ich nach „Hause" komme! – Solange Doblinger und U.E. meine Sachen drucken ist alles „all right". Nur Deutschland – das mir wichtig –

ich habe bereits 4 Ballette, Leonce und Lena – und möchte jetzt noch 1 oder 2 Opern schreiben. Leon Feuchtwanger will mir einen Text den ich sehr interessant finde machen. Der Teufel in Boston (Wahn) nach einem Theaterstück von ihm dass [sic!] hier 2oo male aufgeführt wurde. – Ich habe mein Klavier hier und sortiere Einfälle – kann mich zu nichts bestimmtem entschliessen. Wenn man 1 Jahr lang nichts für sich geschrieben hat – braucht es eine Weile bis man wieder <u>sich</u> findet! – Lake Arrowhead ist nach wie vor bezaubernd schön – wir lieben unser Häuschen, das mitten im Walde steht. Leider fängt im August die Hölle an. 2 Hütten – genau gegenüber! – Ich kann mir vorstellen, <u>wie</u> Du Dich nach dem L.A. City College <u>sehnst</u>! Gestern war die Miss Dorothy Pollak [Dorothea Pollak, Gesangspädagogin in Los Angeles] da – sie ist immer sehr nett – sie sagte, dass sie 8 Monate bräuchte um sich an das amerikanische Leben zurückzugewöhnen: Nun – ich bin doch da und werde Dir schon helfen. – Was Du über Marilynn [sic!] schreibst ist, was ich immer gesagt habe: Eine der schönsten Carrierestimmen die es giebt [sic!]! Und ein reizender künstlerisch begabter Mensch – gieb [sic!] ihr an meinerstatt ein Pusserl!! – Ich glaube, dass Du in 1–2 Jahren nach Europa gehen wirst. Ich muss warten bis ich 1–2 gute Opern geschrieben habe um dann meine „Carriere" in <u>Deutschland</u> zu <u>beginnen</u>! Amerika hat aber keine „Theater". – Ich muss noch 3–5 Jahre durchhalten – inzwischen wird die Barbara heiraten – dann gehe ich auch hinüber mein Glück versuchen wie alle hier lebenden Komponisten. – Der Mensch denkt, Gott lenkt! – Trudl versuchte ununterbrochen den Clausen (dieses Vieh!) [Leslie P. Clausen, Professor am Los Angeles City College] anzurufen. Er muss auf Urlaub sein. Jedenfalls wird sie wieder wenn sie hineinfährt ihn versuchen anzurufen und werden Dir dann berichten. – Mach Dir keine Sorgen und geniesse diese herrlichen Schweizer Alpen. Wie gerne ich mit euch wäre, brauche ich Dir nicht zu sagen. Wir sprechen Täglich [sic!] von Dir und Marilyn. – Wenn ich mit Dir in Wien gewesen wäre, hätte ich Dir gezeigt <u>wo</u> gute Essensplätze sind! Also mein guter Alter, bleib gesund und schreib bald Deinem <u>guten</u> alten treuen Zeisl

P.S. Gestern machte die l. Trude Rindfleisch mit Schwammerlsauce und gebratenen Kartoffeln – Herz was begehrst Du mehr!! Es hätte Dir geschmeckt!!

## LISEL SALZER an ERIC und GERTRUD ZEISL

*Seattle, 3. Juli 1955*

Lieber Erich und Trude,
Hier sind verspätete Gratulationen zu Deinem 50ten Geburtstag –

Ich habe von Deinem Festival Konzert gehört und das Programm gesehen und mich gefreut, daß es ein so großer Erfolg war – Gerne wäre ich dabei gewesen und hätte alte Lieblinge wieder gehört, wie „Sonne scheine" [Sonnenlied: „Sonne scheine, fahr über Rheine …" (Kinderlieder)] und die Hussaren [Kriegslied: „Husaren kommen und reiten, den Säbel an der Seiten …" (Kinderlieder)] und auch die neuen Werke –

Ich habe inzwischen auch Artikel – Aufbau und Neues Österreich gelesen und dabei erfahren, daß Du nicht nur ein großer Komponist bist, sondern auch einen Avocado Baum in Deinem Garten hast – Das hat mich auch impressed. Ich habe nur Äpfel und Weichsel –

Bei mir gibt es nicht viel Sensationelles – Ich male und schneide Gras und Hecken. Manchmal spiele ich auch Trio und wenn Du ein Trio komponierst, wird es in Seattle aufgeführt werden.

Ich hoffe der Erfolg inspiriert Dich zu vielen neuen Taten und bringt noch viel weiteren Erfolg.
Alles Gute und auch Good Luck!
auch für Barbara
Lisel

# ALFRED FARAU an ERIC ZEISL (Typoskript)

*New York, 11. Juli 1955*

Mein lieber, alter Erich:
Dank Dir schoen fuer Deine lieben drei Zeilen und einmal, mitten im Sommer kannst und darfst Du Dich sogar hinsetzen und mir ausfuehrlicher ueber Dein Leben und das Deiner Lieben berichten. Obwohl ich nur zur Genuege weiss, dass man einfach diese Briefwechsel ueber Jahrtausende und Kontinente hinweg nicht durchfuehren kann, so gerne man Briefe empfaengt und so sehr man einander trotz allem innerlich verbunden geblieben ist. Wovon allerdings der andere nichts hat.

Wie sehr das stimmt, was ich eben sagte, – dass man naemlich einander verbunden geblieben ist – sieht man immer wieder an Geschehnissen. So z.B. wie sehr ich mich freute, dass eine Schallplatte Deiner „Kinderlieder" existiert, die ich jetzt besitze und mir gerne vorspiele, in Erinnerung junger Kunst versunken …. Oder mein Onkel in Wien, der juengere Bruder meines Vaters, der es durch eine christliche Frau ueberdauert hat, schickte mir einen Ausschnitt aus der „Neuen Oesterreichischen Zeitung" vom Mai 55, den Du ja sicher kennst. Trotzdem habe ich ihn photokopieren lassen und schick ihn Dir ein, damit Du siehst, dass ich wirklich und nicht nur „abstrakt" an Dich denke. Hie und da trifft man gemeinsame alte Bekannte. Z.B. Fritz Kramer (schon lang nicht uebrigens) oder Fritz Spielmann (vor kurzem). – Am staerksten hab ich Dich „innerlich erlebt" als ich vor mehr als einem Jahr nach fuenfzehnjaehriger Abwesenheit in Wien war und in den Naechten allein um Praterstern, Heinestrasse und ehemaliges Cafe Zeisl herumgeschlichen bin …. Beschreiben laesst sich das schwer, am wenigsten in ein paar Zeilen.

Es ist auch nicht einfach, ueber mein Leben in wenigen Worten zu sprechen, das zugleich „a failure" ist und ziemlich erfolgreich, je nachdem wie mans sieht. Wenn man die wichtigsten Werke und Arbeiten im Kasten liegen hat und die, die draussen sind, eigentlich auch nicht verstanden, ist man sicher a failure. Aber wenn man in seinem Kreis durchaus anerkannt ist und sich sogar eine Reihe von

Dingen leisten kann, – hier in diesem Lande der einzige Gradmesser von Erfolg – dann ist man es wieder nicht.

Um Dir ein paar Fakten mitzuteilen. Ich arbeite als ein ziemlich erfolgreicher Psychoanalytiker. Es war eigentlich idiotisch, dass ich, der ich bei Adler studierte zu einem Zeitpunkt als es noch nicht Mode war (und auch noch gar nicht eintraeglich), mir Jahre lang hier Zeit liess, bevor ich zu meiner „ersten Liebe" zurueckkehrte. Ich habe also eine Privatpraxis, bin an der Adler-Klinik taetig und Co-Direktor des New York Institute for Individual Psychology. Ich habe eine Unmasse studiert, theoretisch und praktisch, unter anderem war ich auch zu diesem Zweck in Wien. Ich hab naemlich meine ganzen ehemaligen Studien in Wien umgewandelt und mich entschlossen, das Doktorat der Psychologie zu machen. Hab mich dort hingesetzt und in 8 Wochen, meschugge wie ich bin, 2500 Seiten studiert, fuenf Rigorosen abgelegt und das Doktorat gemacht. So nebenbei noch Vortraege gehalten, u.a. an der Universitaet und wahrscheinlich haetten sie mir eine Dozentur angeboten, wenn ich geblieben waere, aber ich sag Dir, ich haette mich dazu nicht entschliessen koennen, wiesehr [sic!] ich andererseits zugebe, dass es unzaehlige Dinge dort gab, die mich nach wie vor bezauberten. Z.B. die Auffuehrungen der Staatsoper, die Kaffehaeuser [sic!], u.s.w.

Ich bin also wieder zurueckgekehrt. Bin Mitglied aller moeglichen Vereinigungen, bis hinauf zur Akademie der Wissenschaften, und wenn man das alles so liest, vor allem, da ich auch noch Vortraege literarischer Natur halte, und allgemein kulturpsychologischer Art, z.B. mein altes Lieblingsgebiet, Astronomie (Weltraumfahrt), muss man den Eindruck haben eines immens beruehmten tief zufriedenstellenden Lebens. Nichts davon stimmt. Ich bin aber auch weit entfernt von unzufrieden, denn ich arbeite immerhin auf mir liegenden Gebieten, habe einen lieben Freundeskreis, habe Sylva um mich, mit der die Beziehung, wenn das noch moeglich ist, immer besser wurde, – aber wie kann man zufrieden sein in einer Welt wie unserer und nach allem was geschehen ist und nach allem, was nachher denen nicht geschehen ist, die es auf dem Gewissen haben. Auch fehlt ja persoenlich die tiefste Befriedigung, die Zeit zu haben, die wesentlichsten Dinge zu tun, zu sagen oder

*Abb. 26: Alfred Farau, 1968 (Foto: Trude Fleischmann, Dokumentationsstelle für neuere österreichische Literatur, Literaturhaus Wien, Bildarchiv; Copyright: Courtesy Galerie Johannes Faber)*

zu schreiben und sich dort zu erfuellen, wozu man eigentlich das Zeug in sich hatte. Das ist heutzutage keinem mehr gestattet, ich meine keinem unserer Generation. Vielleicht bin ich da aber doch zu eng in meiner Beurteilung und es handelt sich um ein spezielles Problem der um die Jahrhundertwende in Wien geborenen kuenstlerisch taetigen Juden. Das Problem geht zu weit und wenn ich's wirklich aufrollen wollte, muesste ich viele Seiten schreiben ... ...

Das war ja nicht der Zweck meines Schreibens. Ich wollte nur einmal wieder, nach langer Zeit, ein bissel mit Dir plaudern und wie es immer bei solchen Briefen geht (auch darum schreib ich sie so ungern) sie bleiebn [sic!] voellig halb. Nimms also als ein Lebenszeichen und nicht mehr. – Weißt Du uebrigens, dass fast eine Moeglichkeit bestand, im Sommer nach Californien zu kommen? Die American Psychological Association hat eine Konferenz in Frisco und wir dachten, hinzukommen. Ich musste davon abkommen und zwar aus folgendem triftigen Grund. Es besteht zum ersten Mal seit 18 (!) Jahren eine Chance, dass Sylvas Mutter, die Krieg und Nachkriegszeit bei Sylvas juengerer Schwester in Rumaenien ueberlebt hat, hinauskann und nach Israel zu ihrem Sohn geht. Vielleicht später nach Amerika kann. Das wird ziemlich viel kosten und nur ich kann natuerlich dafuer aufkommen, nicht weil ich es hab, aber weil die in Rumänien und die in Israel sicher es gar nicht koennen. Und eine solche Chance (noch einmal seine Mutter sehn zu koennen, vielleicht, nach fast 20 Jahren un [sic!] solchen 20 Jahren) muss man natuerlich ergreifen und fuer den Augenblick [sic!] alles andere zuruckstellen.

Du findest anbei den Zeitungsartikel. Mag sein, ich schick Euch demnaechst ein Buch von mir, das in Wien erschienen ist, eine Geschichte der Tiefenpsychologie, ein Lehrbuch fuer die Universitaetsstudenten. Ich frage Dich nicht nach Weib, Kind und Schwiegermutter, denn ich moechte, dass Du mir darueber berichtest. Bis dahin und ueberhaupt begruesse ich Dich und die Deinen, auch von Sylva aus, auf das Liebste und Herzlichste als Dein alter,
Fred


Zu Ehren des Freundes Zeisl schreibt Hilde Spiel im Mai 1955 für *Neues Österreich*: „Erich Zeisl, fünfzig Jahre: Heute feiert der Wiener Musiker Erich Zeisl, fern der Heimat, seinen fünfzigsten Geburtstag. In Hollywood, diesem stillen Villenvorort von Los Angeles, der dem über ihn hinweggebrausten Filmbetrieb nur noch seinen Namen leiht, begeht er das Fest. Ein ‚Komitee der Freunde Erich Zeisls', dem unter anderen Strawinskij, Milhaud, Arnold Schönbergs Witwe, E. W. Korngold und Alma Mahler-Werfel angehören, hat einen großen Konzertabend für ihn arrangiert, an dem Lieder und Sonaten, Auszüge aus seiner Oper ‚Leonce und Lena' und seine Suite für Kammermusik ‚Die Rückkehr des Odysseus' zur Aufführung gelangen. So wird Wiens verlorener Sohn in der Fremde geehrt. Zeisl hatte sich, nach Absolvierung der Wiener Musikakademie [Zeisl hat keinen Abschluss an der Akademie], als Komponist bereits einen Namen gemacht, ehe er Österreich verließ. Sein Requiem hatte 1934 zuvor den Österreichischen Staatspreis erhalten [Zeisl ist 1934 nicht Staatspreis-Träger]. Eine große Messe war beendet. Seine Lieder wie sein übriges Werk, überaus melodisch und dennoch unleugbar modern, tonal und zugleich vom Geist unserer Zeit getragen, wurden in vielen Konzertsälen gesungen. Besonderes Aufsehen hatte er auch mit seiner ‚Kleinen Symphonie' erregt. In seiner Alt-Wiener Wohnung gegenüber dem Beethoven-Haus auf der Mölkerbastei schien dieser kleine, gedrungene Mann mit den blauen Augen und dem runden Musikergesicht die beste österreichische Tradition fortzusetzen. Diesen Urwiener, diesen Vollmusiker in kalifornische Erde zu verpflanzen, mochte ein Ding der Unmöglichkeit sein. Immerhin, was gelingen mußte, gelang schließlich auch. Nach jahrelangen Versuchen, sein tiefernstes und ungestümes Talent in den Dienst der Filmindustrie zu stellen, fand Erich Zeisl in Hollywood jenes ruhige, besinnliche Leben, das der nach innen gerichteten Tonkunst förderlich ist. Jetzt unterrichtet er Harmonielehre am City College of Music, an dem auch die amerikanische Uraufführung der Oper ‚Leonce und Lena' stattfand, findet Verständnis und Widerhall vor allem in einem Kreis kunstsinniger Europäer – obwohl zu einem von Stokowsky dirigierten Konzert seiner Werke in der berühmten ‚Salad Bowl' Zehntausende von Amerikanern pilgerten – und komponiert nach Herzenslust. Ballettsuiten, Bibelchöre, eine Violin- und eine Klaviersonate, Lieder und Kammermusik und zwei Akte einer Oper ‚Hiob' nach Joseph Roths Roman hat er in den letzten zehn Jahren geschrieben. Als wir ihn in seinem weißen Blockhaus am West Knoll Drive besuchten, führte er uns voll Stolz in den Garten, um uns seine tropischen Sträucher und Gewächse zu zeigen. Im Biedermeiersalon mit der gestreiften Tapete stand sein Wiener Flügel. Im Garten blühte der Avokado-Birnbaum. So hat ein Österreicher, der es bis zum letzten Atemzug bleiben wird, in einem Ausgleich zweier Zivilisationen seine neue Lebensgrundlage gefunden."[289]

---

[289] Spiel, Hilde: *Erich Zeisl, fünfzig Jahre*. In: *Neues Österreich*. 22. Mai 1955, S. 8.

Mit Peter de Mendelssohn reist Hilde Spiel in den frühen fünfziger Jahren quer durch die Vereinigten Staaten – eine Tour, welche die vielen Gesichter und bedeutenden Stätten des Landes näher und vor allem Freunde wieder zurück bringt: „Im Sprung denn nach Los Angeles, weil dort, nach New York und Taos, die denkwürdigsten Begegnungen unserer Monate in den Staaten sich ereignen. In der Filmstadt am Rand des Pazifik hausen zur Zeit nicht nur Peters jüngster Bruder Felix und Frau von Cube, […], sondern auch der Komponist Erich Zeisl und seine Frau Trude, von mir Susi genannt, die nach vierzehn Jahren, vermehrt um eine hübsche kleine Tochter, wiederzusehen eine unaussprechliche Freude ist."[290] Später nähren die in Los Angeles wirkenden Eindrücke den für Zeisl verfassten Würdigungstext.

Auch die in Seattle „Hecken schneidende" Lisel Salzer, eine „verspätete Gratulantin" zum Zeisl-Geburtstag, kennt diesen Beitrag in *Neues Österreich:* Dass Lisel Salzer in einem österreichischen Blatt in Seattle den Artikel Hilde Spiels liest, einen Text der ehemals engst Vertrauten und Gefährtin während der Zeit gemeinsamer jugendlicher Sommeraffären im Salzkammergut – Episoden, welche in Hilde Spiels Roman *Verwirrung am Wolfgangsee* (später *Sommer am Wolfgangsee*) wieder auftauchen –, dass Lisel Salzer dabei über den in Hollywood seine tropischen Avocado-Bäume pflegenden und im amerikanisierten Wiener Biedermeiersalon Klavier spielenden österreichischen Freund Zeisl erfährt, welcher das Sommerrefugium St. Wolfgang in der Jugend ebenso liebt wie die beiden „flirrenden und flirtenden" Damen Lisel und Hilde, ergibt ein fast ins Irreale driftendes Bild, welches sich erst über die Kommunikation der Protagonisten zum Mosaik aus Teilen verschiedener Welten zusammenfügt.

Auch berührt der Gedanke, dass Alfred Farau den Spiel-Artikel an Zeisl von New York nach Los Angeles sendet, welchen zuvor sein Onkel in Wien entdeckt und an Farau von Wien nach New York schickt. Farau selbst ist eben erst aus Wien zurückgekehrt, seine Studien an der Universität lassen ihn wieder mit dieser Stadt verbunden sein – bezeichnenderweise fasst er den Gedanken, im Falle des Angebots einer Dozentur an der Wiener Universität dieses abzuschlagen. Im Herzen bei Wiens „Junger Kunst" der dreißiger Jahre – im Gedanken an Eric Zeisl, Wilhelm Zeisl, Julius Chajes und an viele andere Künstlerpersönlichkeiten –, verfasst Alfred

---

[290] Spiel, *Welche Welt*, S. 161.

Farau – zu Blütezeiten des „musikalisch-literarischen" Wiener Zirkels noch Fred Hernfeld gerufen – seine Zeilen „in Erinnerung junger Kunst versunken". Das eigene und das Trauma vieler anderer seiner Generation wirft er als „spezielles Problem der um die Jahrhundertwende in Wien geborenen kuenstlerisch taetigen Juden" an die Wand.

Die folgenden, „lose hingeschmissenen" und kurzen Notizen von Erich Wolfgang Korngold und Ernst Toch – Korngolds Postkarte aus Burbank, einem Stadtteil Los Angeles', wo Warner Brothers Studioniederlassungen führt und Korngold unweit dazu in Toluca Lake ein Haus hat, seine Nachricht, welche er vermutlich in Desert Hot Springs, einem Urlaubsort der Zeisls, im „Vorbeifahrn" über San Diego und Palm Springs und im „Schmeissen von Küsschen" aufsetzt, und Tochs Zeilen „hinauf" nach Lake Arrowhead – sind allesamt Ausdruck des alltäglichen Austauschs und der Verbundenheit der Los Angeles-Refugees. Auch Korngold schreibt „hinauf" nach Arrowhead, in die San Bernardino-Berge, die klimatisch und landschaftlich an Europa erinnern und daher den stadtflüchtigen Zeisls in den Sommermonaten der späten fünfziger Jahre zum Gebiet des Rückzugs werden. Regelmäßig sind in Lake Arrowhead auch die „Korngölder" und „Tochs" zu Gast.

Zeisl unterrichtet im Rahmen des Arrowhead Music Camp. Die in dieser Umgebung gelebte Zeit in stimulierender Atmosphäre inspiriert zur Komposition: Im Sommer 1956 entsteht ein der berühmten Debussy-Trio-Besetzung nachempfundenes Trio für Flöte, Viola und Harfe, welches unter dem Titel *„Arrowhead" Trio* als Zeisls letztes vollendetes Werk seines umfangreichen Œuvres im Jänner 1957 in einem Konzert der National Association of Composers and Conductors in Los Angeles uraufgeführt wird.[291]

---

[291] Programmzettel: *National Association of Composers and Conductors,* First Public Concert, Marymount College, 25. Jänner 1957 (ZN).

## ERICH WOLFGANG KORNGOLD an ERIC und GERTRUD ZEISL (Postkarte)

*Burbank, 27. Juli 1955*

Liebe, gute Zeisls –
Nur eine Zeile des Danks für die höchst angenehmen Stunden am vergangenen Sonntag wie für das prächtige und opulente Zimmer und alle guten Wünsche für den weiteren Sommerverlauf nebst guter Komponierlaune!
Habt Ihr das Klavier umgestellt? Bestimmt nicht!! –
Wir kommen sicherlich noch einmal hinauf zu Euch. Bis dahin: lasst es Euch gut gehen und seid herzlich gegrüsst und umarmt!
Die ganze Korngoldfamilie.

## ERNST TOCH an ERIC und GERTRUD ZEISL

*Los Angeles, 8. August [ohne Jahresangabe]*

Liebe Zeiserln!
Schönen Dank für die liebe Karte. Wir freuen uns, dass Sie's oben so schön haben, so dass Sie sogar komponieren können (hier meine ich hauptsächlich das Familienoberhaupt). Ich besorge das hier im Apt auch fleißig, während Lilly umhersaust, ein neues Quartier für ihre Mutter zu finden. (und nachher sie zu übersiedeln!) Ich kann Ihnen leider nicht viel Hoffnung machen, dass wir hinauf kommen können, aber vielleicht geht's doch, dann wollen wirs gern tun. Einstweilen alles Liebe von uns beiden und weiter schöne Tage!
Wie immer
Ihr Ernst Toch

## ERICH WOLFGANG KORNGOLD an ERIC ZEISL

*Desert Hot Springs, 30. Dezember 1955*

Lieber alter Zeisl!
Wir kommen über <u>San Diego</u> u. <u>Palm Springs</u> eigens, um Euch für ein paar Küsschen zu besuchen!
Nachdem wir über eine halbe Stunde angenehm die „Siesta" gemacht haben – niemand konnte uns eine definitive Adresse bekannt geben – habe ich sie endlich in der „Fiesta" (5. Street) ausfindig gemacht, um gerade 2 Minuten nach Eurer Abfahrt einzutreffen!!! Das nenne ich Pech! Auf baldigst in L.A. Prosit Neujahr! Herzlich: Dein EWK.

## ERIC ZEISL an PAUL AMADEUS PISK (Typoskript)

*Los Angeles, 17. August 1956*

Dear friend:
The pressure of work during the season is so great that only at vacationtime do I get to write.
  In the fold I am sending you some chambermusicworks that have come out in Vienna recently and if you feel them suitable I would appreciate it very much if you can give them a hearing on the Contemporary Symposium of American Music that is held by your University every year. – These works have all been composed in America and 2 of them, the Violin and the Viola Sonata were recorded by SPA Records. There [sic!] effect on the listeners is very strong indeed.
  I am sorry that we have lost contact here in America You have always been a friend to me and I still cherish your fine and encouraging reviews about me as a young composer. Now I had my 50th birthday last year. –

I hope that at least musically we can still exchange our ideas over distance. All my best wishes for a good new season
Yours very sincerely
[Eric Zeisl]

Die „Stunde österreichischer Komponisten", eine Ravag-Sendung am 31. Jänner 1934, portraitiert den jungen Zeisl. Sein *Erstes Streichquartett* (ca. 1930–33) wird in Österreich ausgestrahlt. Paul Amadeus Pisk (1893–1990) rezensiert für *Radio Wien*: „Eine der stärksten Persönlichkeiten der noch nicht dreißigjährigen Wiener Komponisten ist Erich Zeisel [sic!]. [...] Schon als Sechzehnjähriger konnte er darauf hinweisen, daß Lieder von ihm gedruckt und in Konzerten des In- und Auslandes gesungen wurden. In der Lyrik liegt auch jetzt der Schwerpunkt von Zeisels Schaffen. [...] Das Streichquartett, das in der Komponistenstunde aufgeführt wird, ist ein großes fünfsätziges Werk, das im vorigen Jahr entstand. [...] Außer diesem Quartett hat der heute erst achtundzwanzig Jahre alte Komponist eine Violinsuite, ein Klaviertrio und mehrere Chöre geschrieben, darunter Jazzchöre nach Negergedichten und Volksliedbearbeitungen. Eine ganze Messe für Chor, Orgel und Streicher liegt in seiner Lade, ein Ballett ‚Pierrot in der Flasche' und neuerdings ein ‚Requiem', das der Fertigstellung entgegensieht. Einige dieser Werke sind schon zur Aufführung gekommen, da jeder Musiker, der sie hört, von dem eigenwüchsigen Temperament Zeisles gefangen ist. Die Sänger, darunter etwa Hans Duhan, haben sich seiner Lyrik schon lange angenommen. Zeisels Musik ist wohl immer leicht verständlich, doch nie banal. Der noch sehr junge Komponist verdient es, daß man nachdrücklich auf ihn hinweist und sein Schaffen der Öffentlichkeit näher bringt."[292]

Paul Amadeus Pisks Kritik aus 1934 ist interessant, denn er selbst entstammt nicht Zeisls kompositorischem Umfeld, ist vielmehr Schüler Franz Schrekers (1878–1934) und Arnold Schönbergs und steht dem Schönberg-Kreis nahe. Von 1918 bis 1921 ist Pisk Sekretär in Schönbergs Verein für musikalische Privataufführungen, wie viele Personen dieser Gruppe ist auch er der Arbeitermusikbewegung verbunden, etwa als Mitarbeiter der Österreichischen Arbeiter-Sänger-Zeitung oder

---

[292] Pisk, Paul A.: *Erich Zeisel* [sic!]. In: *Radio Wien*. 31. Jänner 1934.

Dirigent der Arbeitersinfoniekonzerte. Er tritt dabei auch als Pianist und Klavierbegleiter in Erscheinung. Der Redakteur und Kritiker der *Wiener Arbeiterzeitung* Pisk ediert mit Paul Stefan die *Musikblätter des Anbruch* – umso mehr erstaunt es, dass Pisk später für die konservative, bis ins Reaktionäre driftende Zeitschrift *Musica* schreibt.

1936 emigriert Pisk in die Vereinigten Staaten. Die zuvor am Neuen Wiener Konservatorium wahrgenommene Unterrichtstätigkeit verfolgt er im Exil weiter, 1937 als Musikdirektor von Camp Oquago, New York, von 1937 bis 1951 als Lehrer an der University of Redlands Kalifornien, von 1951 bis 1963 an der University of Texas in Austin und von 1963 bis 1972 an der Washington University, St. Louis. Eric Zeisl kontaktiert Pisk in dessen Funktion in Austin mit der Frage um Aufführungsmöglichkeit seiner Kammermusikwerke im Rahmen eines von Pisk mitorganisierten Symposiums zu zeitgenössischer Musik – vor allem das jüngst in Arrowhead komponierte Harfentrio legt Zeisl ihm ans Herz: Pisks Antwortbriefe von August 1956, Februar 1957 und März 1957 werden im Endeffekt zur Ablehnung.

## PAUL AMADEUS PISK an ERIC ZEISL (Typoskript)

*Austin, 20. August 1956*

Dear friend:
It was nice to receive your letter of August 17. I appreciate that you are interested in our Symposium. When your music arrives I will keep it and try also to distribute it for possible performance.

The Symposium program itself is not determined by me but by a committee. Next year's Symposium rules are not yet published, but we shall send you later in the season a blank so that you can officially submit some work for this purpose.

I too hope that your new season will be successful.
With all good wishes.
Cordially yours,
Paul Pisk
Professor of Music

# MARGUERITE KOZENN-CHAJES an ERIC ZEISL (Typoskript)

*Detroit, 13. Oktober 1956*

Dear Mr. Zeisl:
I meant to write you already for a long time, but I am so busy „with my fingers in so many pies" as one says, that I cannot even answer my incoming mail, and dare not start new correspondances [sic!].

I don't know whether you know that I sang your prayer [Prayer, Sopran/Klavier oder Orgel oder Orchester, 1945] in Israel, in Detroit last year with Julius' orchestra, and a few months ago in Rome over Radio Roma (RAI) and with orchestras again over Radio Wien.

I like it very much and will continue to have it on my programs.

However the reason for my writing you today is to ask you to graciously donate a copy of all your printed music to the Hebrew University's Music Department, of which I am the co-chairman.

So far I secured all the Bloch music, also Mr. Castelnuovo Tedesco gave us all his music, and many others, world reknown composers.

The Music Department of the University in Jerusalem has an unusually large enrollment of students, who are most eager to hear and learn works by American Jewish composers. Unfortunately there are no funds available for the purchase of that music. Therefore I decided to make a personal appeal to composers as well as to their publishers to donate the music and to help in the enrichment of the library.

I sincerely hope that you will see your way clear and will send reference copies to:

Dr. Curt Wormann
Hebrew University
Jerusalem, Israel.

I will appreciate your kind answer.
Best wishes to you and your dear family also from Julius.
Cordially,
Marguerite K. Chajes

Im Namen des University Library Committee, American Friends of the Hebrew University, Music Section, schreibt Julius Chajes' Frau Marguerite Kozenn-Chajes an Eric Zeisl. Für die genannte Music Section ist sie neben dem Chairman Mr. Max Targ (Chicago) als Co-Chairman zuständig. Marguerite Kozenn-Chajes ist Sängerin, Musikpädagogin, Musikkritikerin und in der Organisation von Veranstaltungen tätig, die sich „jüdischen" Themen widmen. Mit ihrem Mann Julius teilt Zeisl die Empathie für Werke, welche dem eigenen Judentum zum identitätsstiftenden Moment werden. *Hiob*, das die letzten Lebensjahre des Komponisten dominierende Opernprojekt, fällt in dieses Terrain.

Dem *Hiob*-Stoff wird das „urjüdische" Motiv des Menschen in der Diaspora zur Kernidee. Essenz ist dabei, dass die zu erleidenden Schicksalsschläge einzig im aufrichtig gelebten Gottesvertrauen ge- und ertragen werden können. Zeisl ist von dieser Komponente des Texts fasziniert, *Hiob* bleibt dem Komponisten seit 1939 präsent: Nach der Pariser Pigalle-Premiere findet unter Paul Gordons Leitung 1940 auch im New Yorker Heckscher Theatre „under the Patronage of Prof. Albert Einstein and Mr. Eddie Cantor" eine mit Zeisls Musik versehene „stage version of Joseph Roth's famous novel Job"[293] statt. Ernö Rapée dirigiert im selben Jahr bereits die orchestrierten Teile des Bühnen-Stücks, derer sich auch Leopold Stokowski 1946 in der Hollywood-Bowl annimmt. Viele Konzerte mit Programmen „jüdischen" Profils – etwa „All Jewish-Palestinian Program" im Jahr 1943, „presented by Los Angeles Chapters League for Labor Palestine"[294], das 1946 abgehaltene Spektakulum und Star-Aufgebot „That we may live"[295] im Los Angeles Shrine Auditorium oder die

---

[293] Programmheft: *Special Performance of Job, in memoriam Joseph Roth*, The Heckscher Theatre, 5. April 1940 (ZN).
[294] Programmzettel: *All Jewish-Palestinian Program*, Wilshire Ebell Theatre Los Angeles, 2. Oktober 1943 (ZN).
[295] Programmzettel: *That we may live,* Shrine Auditorium, 17.-18. Dezember 1946 (ZN).

jüdisch-nationalpolitisch ausgerichtete „Palestine Night" in der Carnegie Hall im Mai 1948 – bringen Zeisls *Hiob*-Musik. Seit Paris ist der Plan zur Erweiterung zum Opernstoff „Ideé fixe", in den späten fünfziger Jahren arbeitet Zeisl intensiv an der Fertigstellung des Projekts. Die allgemeinen Beschreibungen oder Annoncen zum Komponisten Zeisl dieser Zeit apostrophieren gerade sein *Hiob*-Vorhaben besonders, die Musik-Instanzen – zumindest jene der amerikanischen Westküste – identifizieren den österreich-jüdischen Exilkomponisten mit der Rothschen Welt.

Schreibt Zeisl noch aus Wien im April 1938 an die Spiel-Mendelssohns „Ich warte auf einen Text von euch",[296] so findet sich diese Aufforderung in der Diskussion um das *Hiob*-Buch nach einer Zeitspanne von zwanzig Jahren wieder. Die Zusammenarbeit mit Hans Kafka, mittlerweile auch Librettist zu *Leonce and Lena*, stagniert. Eric Zeisl ruft nach Hilde Spiel und Peter de Mendelssohn. In dem Wunsch, Zeisls Musik zu fördern, sieht Hilde Spiel gerade in der großen „jüdischen" Oper das richtige Werk: Im Gedanken – „Also etwa den Hiob!" – entwirft sie über den auch für Boris Blacher (1903–1975), Hans Werner Henze (*1926) oder Gottfried von Einem (1918–1996) schreibenden und selbst als Musiker ausgebildeten Verwandten Peter de Mendelssohns Heinz von Cramer (*1924) als möglichen Librettisten, über Egon Hugo Seefehlner (1912–1997), den Generalsekretär der Wiener Konzerthaus Gesellschaft (1946–61) und wirtschaftlichen Direktor der Wiener Staatsoper (1954–61), über den durch Hans Heinz Stuckenschmidt herstellbaren Kontakt zu Carl Ebert (1887–1980), welcher von 1948 bis 1954 am Operninstitut an der University of Southern California tätig ist und nun von 1954 bis 1961 die Intendanz an der Deutschen Oper Berlin inne hat, und letztlich über die ihr vertraute Künstleragentin Lies Askonas (1913–1996) ein Beziehungsgeflecht, welches einer Realisierung des Projekts Unterstützung bieten könne.

Letztlich vollendet Hans Kafka das Libretto. Verglichen mit Roths Vorlage entsteht der Text mit dramaturgischen Änderungen – beiden am Stoff Arbeitenden ist die Kommunikation der die Geschichte tragenden Topoi von Leid, Erlösung und Gottesgegenwärtigkeit, die Idee eines jüdisch-religiösen Gedankens, von Bedeutung. Bei Vorhandensein desselben haben die Abweichungen für Kafka und Zeisl ihre Rechtfertigung.

---

[296] Eric Zeisl an Hilde Spiel, 18. April 1938.

Nach zermürbender „Filmdreck"-Arbeit und in der Feststellung, er sei „through mit Hollywood", schreibt Zeisl im Februar 1946 an Hilde Spiel über das ihm am Herzen liegende Opern-Vorhaben: „Meinen Hiob dessen erster Akt fertig ist […] – will ich ebenfalls beenden. Der Text wird jetzt in N.Y. fertig gemacht. Hoffe bei der Art wie ich jetzt komponiere im Jahre 1954 fertig zu sein falls ich noch lebe."[297] Im Sommer 1957 durch die Huntington Hartford Stiftung unterstützt, komponiert Zeisl intensiv an seinem Exil-Werk weiter. Es bleibt Torso: Die Oper ist in vier Akten konzipiert, der I. Akt wird vollendet, der II. Akt liegt in zwei Szenen vor. Nach Eric Zeisls Tod intendiert Hans Kafka, das Werk entsprechend „abgerundet" zu beenden. Zum vorhandenen Material meint er: „Was den bis heute vertonten Text betrifft, so geben diese zwei Akte, die eigentlich nicht mehr als die Hälfte und immer noch die Basis für die unvertonte Climax-Kette des dritten Aktes sind, keine aufführbare Oper her."[298] In großer Sicherheit jedoch setzt Kafka die Aussage: „Das Werk, das Erich mit dem Hiob geschaffen hat, wird d o c h in Bühnenform die Welt erreichen."[299]

Kafka irrt. *Hiob* ist bis dato (Juni 2008) unaufgeführt. Einzig von Relevanz für die Rezeptionsgeschichte der Oper ist das Jewish Music Festival in Los Angeles im Jänner 1957, welches unter der Organisation des Jewish Music Council of Los Angeles im Westside Jewish Community Center abgehalten wird. Zeisl kommt dabei eine Schlüsselposition zu: Als die zweite Veranstaltung der vom Westside Jewish Community Center unter Anneliese Landau initiierten Reihe „Composer's Workshop" findet ein Konzert zu seinen Ehren statt – zugleich eröffnet die Veranstaltung das Jewish Music Month. In diesem Rahmen werden am 9. Jänner 1957 zwei Szenen aus *Hiob* – die „Wunderrabbi-Szene" und Mendel Singers Monolog an Menuchims Wiege – mit Zeisl am Klavier aufgeführt.[300] Im Anschluss daran diskutieren Anneliese Landau und Eric Zeisl zum Thema „The Message from the Conscientious Jewish Composer".

---

[297] Eric Zeisl an Hilde Spiel, 7. Februar 1946.
[298] Hans Kafka an Gertrud Zeisl, 28. Februar 1959.
[299] Ebd.
[300] Vgl. dazu: Cole, Malcolm S.: *Eric Zeisl's Hiob. The Story of an Unsong Opera.* In: *Opera Quarterly.* 1992/2, S. 52-75.
Programmzettel: *The second Composer's Workshop as an observance of Jewish Music Month, Honoring Eric Zeisl,* Henry Weinberger Auditorium, 9. Jänner 1957 (ZN).

Patterson Greene rezensiert: „Zeisl, a composer who has been able to turn traditional musical idiom into individual expression, has written music of sincerity and simplicity. Its use of minor and probably model [sic!] scales gives it an Oriental coloring, and in both vocal and instrumental lines it vaguely recalls Moussorgsky."[301]

Eric Zeisl stirbt am 18. Februar 1959. Hans Kafkas unmittelbar folgende Briefe an Gertrud Zeisl bringen „Wesen" und „Kern" der *Hiob*-Musik rund um die Geschichte Mendel Singers und dessen „ungeheure[n] Aufschwung vom Jüdchen zum Propheten"[302] zum Ausdruck. Kafkas Zeilen berichten von der „Grösse und Schönheit dessen, was da ist", sprechen von den „grossen Lichtern" jenes Werks, in welchem Kafka wohl im Sinne Zeisls „urjüdische und tief religiöse Musik"[303] erkennt.

## HILDE SPIEL an ERIC ZEISL (Typoskript)

*London, 15. November 1956*

Liebes Zeiserl,
Erstens einmal: kommt Ihr 1958 oder 1957? Das ist immerhin wichtig. Im ersteren Fall hat alles etwas Zeit, im letzten muss man sich beeilen. Du schreibst zwar 58, aber ich kann mir kaum denken, dass Du auf so lange Sicht hin planst.
Zweitens: der ‚Hiob'. Sicherlich ist das Thema grossartig, die Ausfuehrung hervorragend, und ein zweiter und dritter Akt unbedingt erforderlich. Die Frage ist: kann der Peter oder ich ueberhaupt ein Opernbuch schreiben? Wir haben es noch nie getan. Ausserdem muessten wir den ersten Akt kennen, um beurteilen zu koennen, ob einer von uns in dieser Art fortfahren kann. Es gibt drei Moeglichkeiten. Erstens, Du bewegst Kafka dazu, es doch fertig zu schreiben. Beweggruende: die Aussicht auf grosse Ehren und Erfolg. (Darueber spaeter) Ausserdem materieller Gewinn. Wenn er trotzdem nicht will: ein Versuch von uns, das Opernbuch

---

[301] *Los Angeles Examiner.* 10. Jänner 1957 (ZN).
[302] Hans Kafka an Gertrud Zeisl, 28. Februar 1959.
[303] Ebd.

fertigzustellen. Das war zweitens. Und drittens: den uns bekannten und mit Peter sogar verwandten Schriftsteller, Buehnen- und Librettodichter Heinz von Cramer dazu zu bringen, sich der Sache anzunehmen. Er schrieb die Buecher zu [Gottfried von] Einems ‚Der Prozess' und zu [Hans Werner] Henzes ‚Koenig Hitsch' [sic!] [König Hirsch], ist eminent musikalisch und kennt die Technik. Also entscheide Dich.

Andere Moeglichkeiten, Dich in Europa zu unterstuetzen: wie ich Dir oft schrieb, kenne ich mehrere Theater- und Opernleute sehr gut. Oscar Fritz Schuh, in Salzburg immer noch hochgeehrt, trotz neuer Karajan-Aera, ist mein guter Freund. Ich kenne ausserdem Dr. Seefehlner von der Wiener Staatsoper. Auch zu Carl Ebert, wieder in Berlin, kann ich durch den Berliner Musikkritiker Stuckenschmidt Empfehlungen fuer Dich erlangen. Kurz, es kann alles moegliche getan werden. Aber was ist anzubieten? Das sind alles Leute, denen man grosse Projekte vorlegen muss. Also etwa den Hiob!

Ausserdem kennen wir Leute bei allen moeglichen deutschen Radiostationen – es gibt uebrigens nur ungefaehr 8, nicht 200, wie Du schreibst. Was die Saenger und Saengerin und die zu gebenden Konzerte angeht, so kann ich, wenn Du mir genaueres ueber Deine Plaene schreibst, mit Konzertagenturen reden. Am besten kenne ich hier die Lies Askonas, eine reizende Wienerin, die sehr tuechtig ist und in staendigem Kontakt mit dem Kontinent steht. Willst Du, dass ich Dich mit ihr in Verbindung bringe? (Sie hat sich schon einmal bei der BBC usw. fuer Dich bemueht, aber bisher kein Glueck gehabt. Ein persoenlicher Kontakt wuerde die Sache sicher in Schwung bringen.)

Du siehst, Du musst das alles schon etwas genauer schildern, vielleicht soll auch die Susi mit ihrem juristischen Verstand einmal alle diese Plaene konkretisieren. Natuerlich freuen wir uns unendlich darauf, dass Ihr kommt. Nur wissen wir nicht, ob wir die Freude noch eineinhalb Jahre auf Eis legen muessen.

Bussi an Euch beide. Immer Deine Hilde

## PAUL AMADEUS PISK an ERIC ZEISL

*Austin, 5. Februar 1957*

Dear Mr. Zeisl,
Just a short note to tell you that the package with your music arrived safely. I forwarded it unopened to the office of the Symposium committee. Having read your letter I might remark that in general works for vocal soloists are very rarely selected for the Symposium as the choice of a singer is very difficult. I think the trio will be more likely to be chosen as we happen to have an excellent harp professor here. You will be notified what happens.

Thank you so much for your kind invitation. I shall let you know when I shall be out on the coast. The very best wishes to you and your wife. As always cordially yours,
Paul Pisk

## LISEL SALZER an ERIC und GERTRUD ZEISL

*Seattle, 23. Februar 1957*

Lieber Erich und Trude,
Es war schön wieder von Euch zu hören und vor allem freue ich mich über die sensationelle Nachricht, daß Ihr daran denkt, im August nach Seattle zu kommen. Es wird maßlos aufregend sein, Euch nach so vielen Jahren wieder zu sehen – Kommt Barbara auch mit? Seattle ist im Sommer wunderschön – Der See hat eine Badetemperatur wie der Wolfgangsee und ist voll mit Segelbooten. Und ich habe eine Porch mit Aussicht auf See und Berge, wo gegessen wird –

Ich habe ein extra Gastzimmer, das augenblicklich noch mit junk und Äpfeln angefüllt ist, aber bald in Ordnung gebracht werden wird – Gaby Ehrlich hat sich auch für Anfang August angesagt, will 2 Wochen hier bleiben. Vielleicht werdet Ihr Sie auch noch treffen.

Die Oper Hiob klingt sehr interessant. Ich bin natürlich schon ungeheuer gespannt, auf Deine neuen Kompositionen.

Meine Emails sind noch immer in der Lane Gallery in Los Angeles – Es ist im Ganzen eine Gruppe von 7 Emails – Ich weiß nicht, wie gut das ganze aufgemacht ist. Wenn Ihr Leute hinschicken würdet, würde es mich sicher freuen – Verkauft haben Sie bis jetzt nichts – Im Syracuse N.Y. hatte ich mehr Erfolg. Dort werden meine Emails nicht nur verkauft, sondern auch gestohlen.

Hier hatte ich jetzt einige Ölportraits gemalt, augenblicklich ist [sic!] wieder still – Ich unterrichte auch malen – YWCA – und die Zeit ist immer zu kurz, aber das ist ja überall so –

Mein Steinway Flügel freut sich schon besonders, daß bald ein Musiker auf ihm spielen wird –

Also auf bald
die alte
Lisel

## PAUL AMADEUS PISK an ERIC ZEISL

*Austin, 11. März 1957*

Lieber Herr Zeisl,

Ich will Ihnen diese Zeilen schreiben, damit Sie nicht glauben, daß die Tatsache, daß Ihr Stück nicht bei unserem Symposium aufgeführt werden kann, irgendetwas mit der Qualität der Musik zu tun hat. Das Kommittee [sic!] war <u>sehr positiv</u> in bezug auf Ihr Harfentrio (die anderen Sachen sind verlegt, daher laut Statuten nicht zulässig) aber wir konnten niemand finden, der die Harfenstimme in so kurzer Zeit lernen konnte. So, nichts für ungut! Ich hoffe, Sie reichen nächstens wieder ein. Die gedruckten Sonaten, die Sie mir sandten, sind an Solisten weitergegeben. Ich hoffe Ihnen bald über Aufführungen berichten zu können.

Mit den herzlichsten Grüssen
Ihr stets ergebener
Paul A. Pisk

## DARIUS MILHAUD an ERIC ZEISL

*Oakland, 21. April 1957*

Dear Eric,
Thanks for your letter. I have been with poor health since 2 months. I am better now but had to cancel a trip to LA this month.

No chance to come now. No Santa Barbara this year but Aspen from June 24 to August 24. and Paris.

I am very pleased that Adler will do the Poulenc. I love the score –

He has been rather „funny" with me – never heard of him. never saw him for the whole year ….

Very happy you will go to H. H. Foundation.

I worked a lot and am still working a lot. The brains seem better than the feet. and so much the better –

The Daniels still in Switzerland around Kokoschka. I am delighted.

Best of best to Trudy Barbara and you –
D

Did you have a nice Seder? [Hebräisch für „Ordnung"; die Hauptabteilungen von Talmud und Mischna etwa werden „Seder" genannt. Umgangssprachlich: Ritual des „Seder"-Abends als Auftakt zum Pessach-Fest]

Bonne Paques

## ERNST TOCH an ERIC und GERTRUD ZEISL

*New York, 11. Jänner 1958*

Liebes Gezeisl!
Das ist leider kein Brief, sondern nur eine große Bitte. Ich bin vollkommen zerpört, dass dieser – an sich schon schandbar überfällige – Kondolenzbrief vom gestrengen Herrn Oberlehrer U.S. Post Office nicht akzeptiert wurde, und flehe Sie an, ihn so wie er ist,

Ihrerseits in ein Kuvert zu tun und – ich hoffe Sie haben die korrekte Adresse – weiter zu befördern. Auf alle Fälle vergessen Sie nicht, auf Ihr Kuvert Ihre Rückadresse zu schreiben! Am Ende wäre es am besten, vorher telefonisch anzufragen – in meinem, aber schon alten Adressbuch ist die Adr. mit ST 75192 angegeben – und, falls Lucie Korngold vielleicht momentan gar nicht in LA ist, ihr den Brief an ihre momentane Adresse – aber nicht ohne zu make sure, dass er sie dann dort erreicht! – zu schicken. Dabei kann ich ihn jetzt, Samstag 7.15 PM, gar nicht rekommandiert an Sie schicken. Und dabei ist Lilly momentan in L.A. fliegt aber heut nacht wieder zurück, sie war am 6. hingeflogen um ihre Mutter noch lebend anzutreffen, was auch geschehen ist, inzwischen ist die Mutter aber schon begraben. (im 89. Jahr). Wir schiffen uns am Samstag also heute in einer Woche 18.d.M. nach Europa ein, wohnen bis dahin auf der Hinterseite [Kuvert-Rückseite mit Absender], nachher American Express Co Zürich, Switzerland (wenn wir beide noch mit allem fertig werden, bei mir handelt sichs hauptsächlich um proofreaden [proofreading: Korrekturlesen] – die Abreise wurde bereits 3 mal verschoben). Hoffentlich sind Sie gesund, alle 3, – alle vier bitte, (trag' ich doch sogar die Telefon. Nr. noch mit mir herum – Jodler oder Schuhplattler, nach Belieben, jedenfalls Stufen der ersten Takte in C dur – Amt hab ich mir nicht gemerkt) und lassen sich Ihren Humor durch nichts und niemand verklausen. Im Übrigen wollt ich, ich wär um ein paar Monate jünger, so dass es noch einen Sinn hätte, sich in Barbie zu verlieben.

Nochmals tausend Dank und alles Liebe Ernst


Ernst Tochs „an sich schon schandbar überfällige[r] – Kondolenzbrief" ist an Luzi Korngold gerichtet: Erich Wolfgang Korngold verstirbt am 29. November 1957 in Los Angeles. Seine Frau soll nun durch Eric Zeisl als Boten die tröstenden Worte erhalten, welche Toch zuvor selbst von New York aus im allerdings gescheiterten Versuch über den „gestrengen Herrn Oberlehrer U.S. Post Office" verschickt. Dass Toch über die Unzulänglichkeiten im amerikanischen Postverkehr „zerstört" und „empört" ist, vermittelt er ebenso spaßig wie die Tatsache, dass die Zeisls als dreiköpfige Familie – „alle vier bitte" – mit Erics Schwiegermutter Ilona Jellinek meist im „Quartett" auftauchen. Zum Scherz notiert Toch auf dem Briefpapier eine eingängige, doch platte Tonfolge in C-Dur – vielleicht denkt er bei „Amt hab ich mir nicht gemerkt" an den Telefon-Jingle einer ihm lästigen Behördenstelle. Die Bemerkung „lassen [Sie] sich Ihren Humor durch nichts und niemand verklausen," wird wohl eine Anspielung auf Leslie P. Clausen sein, ein Kollege am Los Angeles City College, mit dem Zeisl seine beruflichen Querelen hat und den er selbst in einem Brief an Hugo Strelitzer nicht eben fein nennt: „Trudl versuchte ununterbrochen den Clausen (dieses Vieh!) anzurufen."[304]

*Abb. 27: "alle vier bitte": Eric und Gertrud Zeisl, Ilona Jellinek, Barbara Zeisl (ZN)*

---

[304] Eric Zeisl an Hugo Strelitzer, undatiert.

# JULIUS CHAJES an ERIC ZEISL

*Detroit, undatiert*

Dear Eric,
your string quartet arrived a few hours ago – on oct. 8th, we are having a concert of contemporary Swiss and Austrian composers – although the program is set and at the printers, we will change it and include your quartet!!

As always – we spent the summer in Europe: radio appearances in France, Switzerland, Vienna and Madrid. For me the most important: 3 weeks in Velden am Wörthersee, where I could finish my piano sonata, which I started 5 years ago! – By the way under separate cover I will send you the score of my „Melody and Dance" for Engl. Horn Strings, in case you know a good Engl. Horn player...

A week ago, Marguerite's daughter (Mrs. Irving Stollman) Vivian moved with her husband to L.A. – she is extremely musical – was in Detroit Sunday school teacher for singing dancing and assisted me in teaching the piano for beginners – her husband is a commercial designer – both are: „Musik-Narren" and you will have a good time, if you meet them – Vivian is rather shy, ... (not like her mother!)

Their tel. No. is: Webster 6-3463
A happy New Year to you and your dear family,
Yours cordially,
Julius

Am 8. Oktober 1958 findet in Detroit ein „Concert of Austrian and Swiss Music"[305] statt. Das Programm, „prepared under the artistic direction of Marguerite Kozenn Chajes", bringt neben den Werken der Schweizer Komponisten Henrico Albicastro (ca. 1660 – ca. 1730), Otmar Nussio (1902–1990), Roger Vuataz (1898–1988) und Julien-Francois Zbinden

---

[305] Programmzettel: *A Concert of Austrian and Swiss Music*, Lecture Hall of the Detroit Institute of Arts, 8. Oktober 1958 (ZN).

(*1917) Lieder von Joseph Marx, Julius Chajes und Hugo Kauder, ein Klavierwerk Franz Schmidts und Eric Zeisls *Second String Quartet*. Mit den genannten Komponisten ist die Auswahl an Österreichern interessant – Chajes, Kauder und Zeisl stehen seit Wien in Freundschaft zueinander. In Reaktion auf eine dem Kompositionsprozess als „konstruktiv" gedachte Anmerkung der Kollegen Mario Castelnuovo-Tedesco und Eric Zeisl zu einem 1950 entstehenden Werk von Julius Chajes entgegnet dieser: „The same constructive criticism I have heard before from Kauder and from, if I may say so, Brahms… "[306] – Julius Chajes ist einer der Wiener Schüler Hugo Kauders – ebenso Eric Zeisl. Ist Richard Stöhr dem jugendlichen Zeisl Mentor und Stilstifter, so vermittelt der in vielerlei Hinsicht nach „Neuem" suchende Hugo Kauder die Idee von Innovation.

Der in Tobitschau geborene Komponist, Instrumentalist und Musikschriftsteller Kauder gelangt 1905 nach Wien, ist dort Egon Lustgarten und Karl Weigl verbunden, als Geiger im Wiener Tonkünstler Orchester und als Bratschist im Gottesmann Quartett aktiv. Der Moderne zugewandt und mit Repräsentanten der Wiener Avantgarde im Austausch, musiziert Kauder 1919 als Bratschist etwa auch unter Arnold Schönbergs Dirigat im Rahmen eines Konzerts dessen Vereins für musikalische Privataufführungen,[307] als Komponist findet er im Gottesmann Quartett, im Rosé Quartett, in Egon Lustgarten oder in George Széll (1987–1970) profilierte Interpreten. Dem Wiener Musikleben ist Kauder als Verfasser musikphilosophischer, musikpolitischer und werkbetrachtender Aufsätze im *Anbruch* präsent, mit seinem *Entwurf einer neuen Melodie- und Harmonielehre* erscheint 1932 eine neu angedachte Skalenlehre,[308] die noch im Sinne tradierten Kadenzdenkens operiert, sich gleichzeitig philosophisch auf Rudolf Pannwitz' (1881–1969) Gedankengebäude zur *Renaissance der Vokalmusik aus dem Geiste und als Schöpfung des Kosmos Atheos* (1926) beruft. Dies ist das erste Kapitel der Abhandlung *Kosmos Atheos I. II.*,

---

[306] Julius Chajes an Eric Zeisl, 18. September 1950.
[307] Konzert des Vereins für musikalische Privataufführungen, 6. Juni 1919. Neben anderen: Hugo Gottesmann, Violine; Hugo Kauder, Viola; Eduard Steuermann, Klavier; Olga Novakovits, Klavier; Ernst Bachrich, Klavier; Arnold Schönberg, Dirigent.
Programmarchiv Wiener Konzerthaus: http://konzerthaus.at/archiv/datenbanksuche/.
[308] Kauder, Hugo: *Entwurf einer neuen Melodie- und Harmonielehre*. Wien 1932.

welche in den weiteren Teilen *Transcendentale Naturphilosophie*, *Transcendentale Psychologie* und *Das Wort als Kosmos im Kunstwerke der Vokalmusik* vorliegt.

Seit 1919 steht Hugo Kauder mit Rudolf Pannwitz und Otto zur Linde (1873–1938), den Begründern der Charon-Bewegung, in Kontakt, gleich diesen ist er Anhänger einer ins Esoterisch-Theosophische, Kosmologische reichenden, wohl auch populär-philosophischen Anschauung. Friedrich Nietzsche (1844–1900) und Stefan George (1868–1933) sind diesem Kreis von großer Bedeutung. Spricht Pannwitz in seiner Abhandlung von der Beziehung zwischen Wort und Ton, so weist er wiederholt auf Kauder: „Die musik hat mit hugo kauder den weg zur verlorenen dichtung wiedergefunden. ehrfurcht und innigkeit eines einzelnen der aus der geistigen schule von mahler stammt und nietzsche george zur linde pannwitz gefasst hat haben mit einem welthorchenden ohre auch noch das letzte geheimnis eines gedichtes erlauscht. diesem untergeordnet aber darüber hinausgehend und bis in dessen unsagbares vordringend hat kauder die melodie und aus dieser die begleitung des gedichtes entwickelt damit das gedicht in seinen schöpfungsursprung rückgetaucht und aus ihm volltönig wiedergeboren. das ist schon eine neue vokalmusik aber noch nicht eine neue musik. zu einer neuen musik führt der prozess von kauders instrumentalmusik."[309]

Hugo Kauder ist 1928 Musikpreisträger Wiens, bis 1938 gilt er der Stadt als freischaffender Komponist und gesuchter Lehrer. Eric Zeisls Schülerschaft bei Hugo Kauder fällt in die beginnenden dreißiger Jahre. Dass Zeisl gerade in dieser Zeit nach Friedrich Nietzsche komponiert, ist kein Zufall: 1931 entstehen die Bariton-Lieder *Ja, ich weiss woher ich stamme*, *Die Sonne sinkt* (*Dionysos-Dithyramben*) und *Das trunkene Lied* (*Also sprach Zarathustra*). Zeisls Nietzsche-Lieder weisen zum einen auf Gustav Mahler, mit welchem Kauders Frühwerk von der Zeitgenossenschaft immer wieder in Bezug gesetzt wird, zum anderen auf eine Art der Materialbehandlung, die mit Kauders Idee einer paradigmatischen Reduktion im Sinne allzeit gültiger Sprache korrespondiert und nach Kauders Ansicht nicht als regressiv, sondern als Ausdruck von Modernität zu werten ist. Unter Kauder komponiert Zeisl das *Erste Streichquartett*

---

[309] Pannwitz, Rudolf: *Kosmos Atheos I.II.*. Verlag Hans Carl Muenchen-Feldafing 1926, S. 166.

(ca. 1930–33), seines Lehrers Ansätze in der Instrumentalkomposition mögen darauf Einwirkung haben. Eine nähere Beeinflussung Zeisls durch Kauders Populärphilosophie ist jedoch auszuschließen. 1938 flüchtet Hugo Kauder in die Niederlande, 1940 nach England, schließlich in die Vereinigten Staaten. In New York (der Brief führt die Adresse 251 W102, New York) unterrichtet er an der privaten Institution „The Music House". 1960 erscheint Kauders Schrift *Counterpoint. An Introduction to Polyphonic Composition.*[310]

## HUGO KAUDER an ERIC ZEISL

*New York, 23. Juni 1958*

Lieber Herr Zeisl,
Haben Sie sehr herzlichen dank für Ihren brief, der mir eine erfreuliche überraschung war, nachdem ich durch so viele jahre Sie aus den augen verloren hatte. Ich freue mich zu wissen daß Sie hier einen wirkungskreis haben der Sie befriedigt und in dem Ihr werk fortschreitet.
Ich lege ein paar programme bei – man hat in diesen wochen manches von meinen sachen gespielt, älteres und jüngeres. Sogar das Wiener radio hat ein programm gesendet.
Ich werde mich freuen Sie zu sehen wenn Sie im herbst oder winter nach NY kommen. Im Juli gehe ich nach Europa: London, später nach Holland, zwischendurch einen kurzen besuch in der Schweiz. Spätestens Mitte oct. bin ich zurück.
Nochmals dank und die besten wünsche und grüße!
Ihr
Hugo Kauder

---

[310] Kauder, Otto S.: *Hugo Kauder – Werkverzeichnis.* o.O. 1996.

# ERNST TOCH an ERIC und GERTRUD ZEISL
(Postkarte)

*Wien, 22. September 1958 (Poststempel)*

Dear folks,
did it ever occur to you what strange attitudes and habits Viennese districts have? At times, some of them are grinzing (like this), others midling, others doebling or simmering (especially in hot wheather) or even – just imagine – ottakring! Nevertheless, it would be hard to be here without thinking of our dear friends, the Zeisls, among poor Barbara has not even an incling [inkling] of all these districts – die beiden letzteren sind noch nicht vertreten, und vielleicht kommt auch noch bloedling dazu? (Dieser fehlt unbedingt.) Alles Liebe, mit Aussicht auf ein baldiges Wiedersehen, Ernst Toch

Aus Wien schreibt Ernst Toch. Eine Fotografie des Wiener Vorstadtbezirks Grinzing ziert die Ansichtskarte. Das Motiv lässt den Schreiber in Aussicht auf ein „baldiges Wiedersehen" mit den Zeisls in Los Angeles über Wortspielereien zu den übrigen Wiener Bezirken – vom amerikanisierten „Midling" bis zum inexistenten „Bloedling" – scherzen. Tochs Post erreicht die Zeisls im Herbst 1958. Im Februar 1959 verstirbt Eric Zeisl unerwartet nach einer Vorlesung am City College: Er bricht zusammen, erliegt den Folgen eines Herzinfarkts – ein Schock für Familie und Freunde. Ernst Toch kann wenigstens seine Stimme noch hören – Zeisl ist der erste der „amerikanischen" Freunde, welchen Toch, vom Europa-Aufenthalt eben erst zurückgekehrt, anruft. Dies gibt zumindest „ein wenig Trost".

Das „Nicht-dort-und-dabei-gewesen-sein" empfindet Hans Kafka als besonders quälend. Er zieht in der Intensität seiner und Trude Kafkas Freundschaft zu Eric Zeisl eine Parallele zur engen Bindung zwischen den Dieterles und dem 1958 in Los Angeles verstorbenen Lion Feuchtwanger. Trost und ein „Kanalisieren" der Zuneigung zu Eric findet Kafka im leidenschaftlichen Versuch, sich gemeinsam mit Gertrud Zeisl der Oper *Hiob* anzunehmen. Vor allem über dieses Werk steht er dem Verstorbenen nahe, erlebt während der vergangenen Jahre wie kaum jemand anderer dessen Hingabe und Empathie für den Stoff, dessen Drang, Unvollendetes vollenden zu wollen. Im Wunsch, *Hiob* aufführbar einzurichten, trägt Hans Kafka Eric Zeisls Exil-Lebensidee weiter: Angedacht ist, „entweder zusätzliches Material" „aus andern Werken, aus Fragmenten und Entwürfen" zu finden, oder „das Vorhandene zu ‚strecken'", indem „Sprechszenen dazwischen" geschoben werden. Hans Kafka will „zunächst versuchen, ob sich die Rothsche Hiob-Story mit der vorhandenen Musik erzählen lässt".

*Abb. 28: Eric Zeisl, 1950er Jahre (ZN)*

## ERNST TOCH an GERTRUD ZEISL

*Huntington Hartford Foundation, 24. Februar 1959*

Liebe, liebe Frau Trude,
Ich denke in innigster Anteilnahme an Sie, an Barbara und Ihre Mutter, und auch an ihn, den Gefällten, umsomehr als ich ja in demselben Raum – Studio 16 – lebe und arbeite, in dem ich ihn zum letzten Mal im Leben gesehen habe. Seine Stimme habe ich wenigstens noch gehört, denn er war der erste von den Freunden, den ich nach unserer Rückkehr hierher angerufen habe, das gibt mir ein wenig Trost.

Und ich denke auch daran, wie mein Vater genau so plötzlich ausgelöscht wurde – ich war damals 16jährig, und er war um ein Jahr jünger als der gute Erich. Und ich denke daran, wie meine Mutter tapfer und gefasst blieb, und ich wünsche Ihnen dieselbe Tapferkeit und Gefasstheit. For life must go on, and *does* go on, denn wir stehen ja alle immer in der Mitte zwischen Kommen und Gehen, den Kommenden und den Gehenden, und niemandem von uns ist die herbe Zeugenschaft erspart.

Wir werden Sie bald sehen.
Ihr aufrichtiger
Ernst Toch

## HANS KAFKA an GERTRUD ZEISL (Typoskript)

*Berlin-Wilmersdorf, 28. Februar 1959*

Truderl –
nach verstörten Tagen und schlaflosen Nächten versuche ich mich so weit zu sammeln, um dir etwas wegen des Hiob zu schreiben. Erst wollte ich damit warten, bis du aufnahmsfähig bist. Aber möglicherweise ist es desto besser für dich, je früher du dich in diese Sache „hineinkniest".

Ich schätze, dass der Zeit nach gemessen, genug Musik da ist, um für eine full length Oper zu reichen. Über die Grösse und Schönheit dessen, was da ist, brauche ich nichts weiter zu sagen. Was den bis heute vertonten Text betrifft, so geben diese zwei Akte, die eigentlich nicht mehr als die Hälfte und immer noch die Basis für die unvertonte Climax-Kette des dritten Aktes sind, keine aufführbare Oper her.

Ich möchte zu der vorhandenen Musik ein neues Buch schreiben, drei Akte, mit einer geschlossenen Handlung. Die „grossen Lichter", Wiegenlied, Liebesduett, die vielen andern, müssen natürlich unverändert bleiben. Das Milieu bleibt, es ist urjüdische und tief religiöse Musik. Alles übrige muss der neuen Handlung angepasst werden. Sollte die Musik doch nicht ausreichen, musst du entweder zusätzliches Material finden, aus andern Werken, aus Fragmenten und Entwürfen, oder haben wir das Vorhandene zu „strecken", indem wir Sprechszenen dazwischen verwenden.

Bezüglich der Story will ich zunächst versuchen, ob sich die Rothsche Hiob-Story mit der vorhandenen Musik erzählen lässt. Die Schwierigkeiten sind klar: die „scenes a faire" dieser Handlung, Bibelverbrennung, Mirjams Wahnsinn, Menuhims Auferstehung, existieren musikalisch nicht. Wie denn auch überhaupt ein Handicap darin erscheint, dass Mendels ungeheurer Aufschwung vom Jüdchen zum Propheten erst in dem unkomponierten zweiten Teil sich zu ereignen hatte.

Aber man muss es dennoch versuchen. Geht es nicht, so muss man dem Material wenigstens eine ähnliche, urverwandte Handlung unterlegen.

Bitte, schreibe mir sachlich, wie du zu diesem Vorschlag stehst. Ich brauchte jedes Stück Text, das vertont ist, um die Worte mit Worten von gleichem Rhythmus, gleicher Stimmung, Gefühlstendenz, aber wenn nötig verschiedenen Sinnes zu ersetzen. Ich brauchte Angaben über die vorhandene textlose Musik des Hiob und eventuell andere, die verwendet werden könnte, um entweder neue Worte zu unterlegen, oder sie in die neue Handlung hineinzuredigieren.

Es wäre einfacher, wenn ich dort, bei dem Material wäre, oder du hier mit ihm. Aber es muss auch so gehen. Es ist eine Aufgabe für mich, der zuliebe ich einiges hintansetzen und keine Zeit und Mühe scheuen will. Es wird für dich noch viel mehr Arbeit sein, aber vielleicht ein Weg, der Verzweiflung zu parieren und dieser Schicksalsniedertracht, die es so bösartig auf den Hiob abgesehen hatte, am Ende doch einen Streich zu spielen.

Das Werk, das Erich mit dem Hiob geschaffen hat, wird d o c h in Bühnenform die Welt erreichen.

Dein Hans

## HANS KAFKA an GERTRUD ZEISL (Typoskript)

*Berlin-Wilmersdorf, 3. April 1959*

Truderl –
Vor einer Woche kam dein guter, tapferer Brief.

Einerseits möchte ich Dir ununterbrochen schreiben, wie wenig bei uns Schock und Schmerz noch nachgelassen haben. Anderseits müsste alles, was ich dir darüber berichte, im Vergleich zu dem, was bei dir vorgeht, unbedeutend sein; und sollte doch ein oder das andere dich berühren, so hätte ich wieder Angst, dass es dich zu schmerzlich berühren und irgendwo etwas, das eine schwache Tendenz zum Verheilen zeigt, wieder aufreissen könnte. Das alles macht das Schreiben sehr schwer, aber ich weiss nicht, ob das Reden viel leichter wäre.

Dass wir nicht in der Nähe waren, hat auch seine zwei Stellen. Es quält uns, dass wir dir, und Barbara, und deiner Mutter nicht irgendwie persönlich beizustehen imstande waren, obwohl wir natürlich wissen, wie viele und wie gute Freunde ihr dort habt, und dass daher, was Menschen in einem solchen unbehelfbaren Notstand nur tun können, auch getan worden sein musste. Immerhin, es waren nicht wir.

Infolge unseres (physischen) Fernseins wissen wir auch bis heute so gut, wie nichts über den Hergang und alles was folgte. Der alte Schwarz schrieb mir einen Brief mit keinen Tatsachen und sandte dann nur noch den Nachruf im Aufbau nach. Das und die zehntausend Meilen, die zwischen uns und dem Tatort liegen, ermöglicht zeitweise eine flüchtige Illusion, nämlich dass der Erich eben nur eine Zeitlang nicht schreibt .. Das Erwachen ist jedes Mal arg. Jede Musik, die ich höre, erinnert mich mit Schock. Es gibt kaum irgend ein Stück Musik, über das er in den letzten zwanzig Jahren mir nicht irgendwo etwas aufschlussreiches gesagt und zum Verständnis verholfen hätte. Auch Passagen seines eigenen Werks, natürlich Leonce und was ich vom Hiob kenne, und sonst noch, merkwürdigerweise, die Klaviersonate, „höre" ich plötzlich und immer wieder .. Und seine Aussprüche. Mein Erinnerungsvermögen ist in diesem Falle ein schmerzhafter Fluch.

Hier können wir nur mit wenigen Menschen darüber sprechen. Dieterles „tragen" ähnlich an Feuchtwanger, die Parallele geht so weit, dass sie mit ihm seit 1940 jeden Sonnabend zusammen gewesen waren und dass sie das Nicht-dort-und-dabei-gewesen-sein ähnlich ambivalent empfinden, wie wir in Erichs Fall. Ich erwähne sie nur, weil Charlotte Dieterle etwas sagte, was uns und so vielen aus der Seele gesprochen ist: "Man hat nie das Gefühl gehabt, dass es einen Herrn und eine Frau Zeisl gibt, es waren nur ‚die Zeisls'."

Die Sache mit Bloch Erben [Verlag Felix Bloch Erben] wollte ich dir nie mitteilen, um dir nicht das Herz speziell darüber schwer zu machen. Leider hat der Schwarz geredet. Einen Tag bevor ich den Brief mit der Nachricht bekam, hatte ich eine Unterredung mit dem Verlagsleiter Dr. Hensel über das Hiob-Projekt. Die wollten das Buch sehen, das ich ihnen aber nicht gleich geben konnte, weil ich das erste Bild nicht habe, und alles, was von der Musik zu diesem Zeitpunkt fertig war. Sie „handeln" Opern als Bühnenvertrieb, das heisst, dass sie sich um die Annahme bei Opernhäusern bemühen und die ganze geschäftliche Seite durchführen, während sie die Betreuung der Musik einem der mit ihnen arbeitenden Musikverlage, wie Fürstners Nachfolger, überlassen. Wenn das Material ihren Erwartungen entsprach und ein reasonable time limit für die Fertigstellung garantiert werden konnte, wollten sie Vertrag machen.

Am Tag danach sprach ich mit ihnen über die geänderte Situation, und auch noch einmal vor ein paar Tagen, nachdem ich deinen Brief hatte. Leider ist ihr Standpunkt, dass für sie, als Bühnenvertrieb, die Aufgabe, eine Aufführung einer halben Oper durchzusetzen, zu schwer ist. Sie raten an, als einzige Möglichkeit, die Sache von einem Musikverlag „aufzäunen" zu lassen, und zwar so, dass durch Konzert- und Radio-Aufführungen (die nicht Blochs Angelegenheit sind) das Interesse des grossen Publikums auf das Werk gelenkt wird, und damit das der Opernleiter. Erst <u>dann</u> könnten sie, als Bühnenvertrieb in die Sache hineingehen. Es ist herzzerbrechend, aber wenn man den Fall mit ihren Augen, das heisst von der praktisch-geschäftlichen Seite auch betrachtet, kann man ihnen schwer widersprechen. Man darf nicht daran denken, dass vielleicht nur einen Monat später ein Vertrag existiert hätte, der Blochs nach der Katastrophe zu Aktionen auch bezüglich des Fragments veranlasst hätte. <u>So</u> kann man mit ihnen erst wieder reden, nachdem sie Reaktionen auf Konzert-Aufführungen registriert haben.

Ich verstehe nicht nur deinen Standpunkt bezüglich meines Textänderungs-Vorschlags, im Grunde ist er auch meiner. Nur dass ich verzweifelt nach einem praktischen Weg suchte, den Hiob gleich und mit relativer Sicherheit für die Opernbühne zu retten. Bühnenaufführung mit anschliessendem Requiem ist ein wunderbarer Gedanke, der sich bestimmt bald als grosse Gedächtnisfeier realisieren wird. Vielleicht auch folgt das Gros der Opernbühnen nach, die im gegenwärtigen Zeitpunkt, a priori, so eine Aufführung nicht erwägen können.

Uns geht es noch gut, gesundheitlich und sonst, aber wie unwichtig ist das!

Innigst Dein Hans


1952 beginnt Hans Kafkas Filmlaufbahn zu stagnieren, er wechselt zu Fernsehen und Radio. Seit Anfang der fünfziger Jahre erwägt auch er immer wieder, nach Europa zurückzugehen – entscheidender Impuls dafür ist letztlich das Angebot eines New Yorker Wochenmagazins: Hans Kafka berichtet ab 1958 als Kulturkorrespondent für *Variety* aus Deutschland und Österreich. Noch im Oktober des selben Jahres verlässt er mit seiner Frau Trude das Exilland, beide lassen sich in München nieder. Bringt

Kafka zuvor über seine *Aufbau*-Berichte die Betriebsamkeiten in und um Hollywood einer New Yorker Leserschaft näher, so ist nun seine Sicht auf die deutsche Film-, Fernseh-, Theater- und Musikszene für das Publikum in Übersee relevant. Hans Kafka berichtet ebenso über Bayreuth, Salzburg und Wien.[311]

Die beiden im Jahr 1959 aus Deutschland geschickten Kafka-Briefe führen die Adresse Ballenstedterstrasse 4, Berlin-Wilmersdorf. Zum Wohnsitz in Deutschland wird den Kafkas schließlich München, Altheimer Eck. In sehr schlechtem Gesundheitszustand, nahe der Blindheit und gelähmt, begeht Hans Kafka 1978 in München Selbstmord. Er stürzt sich aus seiner Wohnung. Kafkas Schwester Mimi, die Wiener Schulfreundin Gertruds, hält sich mit Hans und Trude Kafka sowie den Zeisls Ende der dreißiger Jahre im Pariser Exil auf: Mimi, damals verheiratete Mandel, verlässt die Stadt an der Seine, die auch für sie nur zum Zwischenexil wird, mit ihrem Mann Fritz Mandel, dem Sohn Stephan Mandel und der gerade acht Jahre alten Tochter Susanne Eva Mandel Richtung Australien. Mimi Kafka, in zweiter Ehe verheiratet mit Hans Schnabl, kehrt 1950 nach Wien zurück, wo sie 1975 verstirbt. Immer wieder trifft sie dort mit Gertrud Zeisl zusammen – dies berichtet Susan Hanley, geborene Susanne Eva Mandel, Hans Kafkas Nichte und Mimi Kafkas heute in Australien lebende Tochter.[312]

## HILDE SPIEL an GERTRUD ZEISL (Typoskript)

*London, 24. Juni 1960*

Mein geliebtes Suserl,
Dein Brief kam am 5. Februar und wurde mir nach Wien nachgeschickt, wo ich damals gerade war. Dort fing der Wirbel an. Du wirst es nicht für möglich halten, aber heute vormittag ist der erste Moment, wo ich mich zur Schreibmaschine setzen und Dir schreiben kann. Ich habe wie ein Wiesel arbeiten müssen und muss

---

[311] Kafka, *Hollywood Calling*, S. 7-41.
[312] Information Susan Hanley, e-mail 20.07.2008.

es immer noch, aber gerade habe ich ein grosses Arbeitspensum hinter mir und kann ein paar Augenblicke Pause machen.

Du schreibst aber auch, dass Du nicht zum Atmen kommst vor Arbeit, und so geht es uns allen. Ich erzähle Dir erst von mir. Ich schreibe an einer grossen historischen Biographie, die Dich interessieren wird – „Fanny oder die Emanzipation", die Lebensgeschichte einer Berliner Jüdin, die jung um 1776 nach Wien kam und dort den ersten künstlerischen Salon hatte, vor allem während des Wiener Kongresses 1815. Es ist eine herrliche Arbeit, vor allem weil ich die ganze Judenemanzipation beschreibe. S. Fischer hat das Buch bevorschusst und wird es hoffentlich drucken.

Ausserdem habe ich, auch im S. Fischer Verlag, eine kleine Taschenbuch-Anthologie von englischen Kurzgeschichten herausgegeben und eingeleitet, die eben erschienen ist. Und in einem anderen Verlag erscheint demnächst ein Essayband von mir „Welt im Widerschein", literarische Essays. Das schönste aber ist, dass ein englisch geschriebener Roman, den ich nach meiner Reise nach Amerika zu schreiben begann und der um die Figur der Hansi kreist – Du wirst es ohnehin merken, wenn Du ihn einmal liest – jetzt endlich auch angenommen wurde, und zwar von einem guten englischen Verlag. Auch ein amerikanischer interessiert sich dafür, ich hoffe, er nimmt ihn bald. Nebenbei arbeite ich sehr viel Journalistisches, regelmässige Berichte aus London für Blätter und Radiostationen auf dem Kontinent. Es ist wirklich ein volles und neuerdings auch befriedigendes Leben. Aber wenn bei so viel Mühe nichts herauskäme, wäre es zu arg.

Peter arbeitet in einem Verlag und schreibt vor allem an einer grossen dreibändigen Biographie von Churchill, deren erster Band im Herbst herauskommen soll. Ausserdem sollen wir zusammen für nächstes Jahr eine Geschichte des Fischer-Verlags schreiben.

Christine ist im 2. Jahr in Oxford. Sie hat sich natürlich einen ganz ungeeigneten boyfriend ausgesucht, den sie unbedingt heiraten will wenn sie mit dem Studium fertig ist. Er ist klein, arm, nicht sehr intelligent und geht mir und Peter furchtbar auf die Nerven. Anthony ist in einer guten public school und, was das schönste ist, sehr musikalisch. Er lernt Klarinette und Gitarre, komponiert alles mögliche und hat mehr Musikverständnis, auch für ganz Moderne, als ich je habe aufbringen können. Dabei bin ich viel musikalischer geworden als früher. Anthony will aber die Musik nicht professionell lernen.

Suserle, bitte schreibe mir, wenn ich irgendetwas für Erichs Musik tun kann, etwas spezielles. Ich bin ab Anfang Juli in St. Wolfgang (Haus am Bach) und kann sowohl bei Einem wie bei Schuh wieder einmal einen Vorstoss machen. Und schreibe mir, was Du eigentlich arbeitest. Aus Deinem Brief habe ich nicht genug entnommen. Und schick ein Bild von Dir und Barbara.

Immer Deine treue Hilde

Für Hilde Spiel wird ab Mitte der fünfziger Jahre die Bindung an Österreich stärker, sie erwirbt am Wolfgangsee das oft zitierte „Haus am Bach". Dort etabliert sich rund um die nun teils in England, teils in Österreich Beheimatete ein „Literarischer Salon", der von Persönlichkeiten besucht ist wie Heimito von Doderer (1896–1966), dem am Nachbargrundstück lebenden Alexander Lernet-Holenia (1897–1976), mit dessen „bübischem Trotz" Hilde Spiel sich abfindet, welcher ihn „das Emblem eines ihm noch verhaßten Regimes, unzulänglich getilgt, an einer Kriegsplakette weiterhin am ländlichen Hut"[313] tragen lässt, wie Thomas Bernhard (1931–1989) oder den „Freundfeind" Friedrich Torberg. Das Haus „drüben" vermittelt „ein Gefühl beglückender Gemeinschaft" und steht in den „Sommerwochen in St. Wolfgang" nicht nur dem Literatenmilieu offen, es wird auch den „sogenannten Schicksalsgenossen" Domizil, die „für kurz oder lang zurückfinden" wollen „in die frühere Welt".[314]

An eben entstehender Schrift nennt die Autorin das 1962 erscheinende Werk *Fanny von Arnstein oder Die Emanzipation*. Bereits der historische Roman *Die Früchte des Wohlstandes* rollt die Geschichte des europäischen Judentums auf, dieser Text erscheint erst 1981, Auszüge daraus werden jedoch bereits zwischen 1941 und 1943 im deutschsprachigen Emigrantenblatt *Die Zeitung* publiziert.[315] Tiefgründiger in der Auseinandersetzung mit dem Judentum, vielschichtig in der Recherche zu politischen,

---

[313] Spiel, *Welche Welt*, S. 222.
[314] Ebd., S. 188.
[315] Wiesinger-Stock, *Hilde Spiel*, S. 114.

wirtschaftlichen und gesellschaftlichen Aspekten zeigt sich das Werk zu der dem assimilierten deutschen Judentum über deren Salon bedeutenden Fanny von Arnstein (1758–1818). Spiel bespricht über Arnstein als Leitbild für die Gleichberechtigung der Juden auch die Position der Frau in der Gesellschaft. Gegenüber Hermann Kesten berichtet sie 1959: „Meinerseits bin ich seit Monaten verzaubert von meinen Quellenstudien zu der Biographie Fanny Arnsteins, die mir S. Fischer in Auftrag gegeben hat, und die meine letzte Chance bedeutet, mir außerhalb der Journalistik und Essayistik einen kleinen Namen zu machen. Dazu aber meine übrigen Pflichten – es ist nicht leicht! Ich habe bisher noch keine Zeile geschrieben, nur studiert, unter anderem sechs Wochen in Wien, Anfang des Jahres."[316]

Spiels Darstellung ihrer schriftstellerischen Tätigkeit hebt die nach Hansi Mahler „komponierte" Figur der „Lisa" hervor – Protagonistin des 1961 in London als *The Darkened Room* und 1965 in München als *Lisas Zimmer* erscheinenden Romans. Die Edition *Der Park und die Wildnis* thematisiert die Situation neuerer englischer Literatur, in den fünfziger und sechziger Jahren entstehende journalistische und essayistische Arbeiten sind zum Teil in den Bänden *Welt im Widerschein* (1960) und *In meinem Garten schlendernd* (1981) zusammengefasst. Peter de Mendelssohns Text *Churchill. Sein Weg und seine Welt*, welcher 1957 in Berlin und 1961 in London erscheint, ist vor allem in England erfolgreich. Von einem mit Peter de Mendelssohn gemeinsam geplanten Vorhaben zur „Geschichte des Fischer-Verlags" ist die Rede: Das Projekt wird zwar als *S. Fischer und sein Verlag* realisiert, erscheint allerdings später unter der Autorenschaft Peter de Mendelssohns.

Kommt das „Haus am Bach" einem sicheren Standbein in Österreich gleich, so besiegelt die Zusage der *Frankfurter Allgemeinen Zeitung* Hilde Spiels Tätigkeit als Kulturberichterstatterin in Wien und somit ihre endgültige Rückkehr dorthin im Jahr 1963. Von Peter de Mendelssohn trennt sie sich, er bleibt in England und geht 1970 nach Deutschland. Hilde Spiel heiratet 1972 in St. Wolfgang den Autor Hans Flesch-Brunningen (1895–1981), welcher, nach Kindheit und Jugend in Abbazia und Wien seit 1928 in Berlin lebend, 1933 in die Niederlande flüchtet und sich ab

---

[316] Zitiert nach Neunzig (Hg.), *Briefwechsel*, S. 157. Hilde Spiel an Hermann Kesten, 11. April 1959.

1934 im Londoner Exil aufhält. Flesch-Brunningen ist Sprecher der österreichischen, später der deutschen Abteilung der BBC, Mitglied und Vorsitzender des P.E.N.-Zentrums deutschsprachiger Autoren im Ausland. 1958 kehrt er zurück nach Wien, wo er ab 1963 ständig lebt.

In Österreich publiziert die Korrespondentin Spiel weiterhin rege, nun allerdings in „die andere Richtung": Von Wien aus schreibt sie für deutsche, englische und Schweizer Blätter. Neben der *Frankfurter Allgemeinen Zeitung* betreut sie etwa den *Guardian*, der ihre Kulturberichte aus Österreich zwischen 1963 und 1970 druckt, die Züricher *Weltwoche* publiziert ihre Texte zwischen 1963 und 1972. In Österreichs Literatenlandschaft fällt der Remigrantin eine tragende Rolle zu: Von 1966 bis 1972 ist sie Generalsekretärin, später Vizepräsidentin des österreichischen P.E.N.-Clubs, aus dessen Vorstand sie 1972 nach ihrer Niederlage in der Präsidentenwahl gegen den von Torberg gestützten Ernst Schönwiese (1905–1991) scheidet: Alexander Lernet-Holenia, seit 1969 in der Nachfolge von Franz Theodor Csokor (1885–1969) Club-Präsident, legt 1972 in Protest gegen die Literaturnobelpreisvergabe an Heinrich Böll (1917–1985) sein Amt zurück. Böll, die *Bild-Zeitung* wegen als falsch befundener Berichterstattung in der Causa Baader-Meinhof scharf angreifend, gilt damals vielen – so auch Lernet-Holenia und Torberg – als „Terroristen-Sympathisant". Hilde Spiel steht auf Bölls Seite. Nach dem Rücktritt Lernet-Holenias strebt sie das Präsidentenamt im P.E.N. an, was Torberg heftig abzuwehren weiß. Von „Denunziation" und „Rufmord" spricht der im Exil der McCarthy-Politik nahe stehende Torberg, nachdem Spiel dessen angebliche Beziehungen zum CIA an die Öffentlichkeit bringt, von „Kampagne" und „Inszenierung" spricht Spiel nach Torbergs Agieren in der Nachbesetzung Lernet-Holenias.[317]

Hilde Spiels Niederlage bei der Präsidiumswahl hat Unabhängigkeitserklärungen junger österreichischer Autoren zur Folge: 1973 formiert sich aus Protest gegen die konservative Haltung des österreichischen P.E.N.-Clubs die Grazer Autorenversammlung, die Gruppe will als zweites P.E.N.-Zentrum Österreichs offiziell anerkannt werden. Der Club spricht sich gegen einen kollektiven Beitritt der von Hilde Spiel unterstützten Avantgardisten aus, Spiel verlässt 1974 den österreichischen P.E.N. und schließt sich noch im selben Jahr wieder der englischen Vereinigung an, deren

---

[317] Axmann, *Friedrich Torberg,* 273ff.

Mitglied sie bis an ihr Lebensende bleibt. Mit Milo Dor (1923–2005) ist Hilde Spiel Gründerin und erste Präsidentin der Interessensgemeinschaft österreichischer Autoren, 1980 wird sie zum Mitglied der Grazer Autorenversammlung gewählt.[318]

Im Jahr 1960 ist Eric Zeisls Tochter Barbara zwanzig Jahre alt, hat für sich die Liebe zur deutschen Literatur entdeckt und studiert Germanistik. Meint Eric Zeisl im Pariser Exil anklagend und im bitteren Schmerz über die Geschehnisse in Europa – „Hoffentlich verlerne ich bald die deutsche Sprache!"[319] – so trägt Barbara Zeisl in ihrer späteren Profession als Germanistin die Muttersprache der Eltern weiter und vermag in der Promotion über Peter Altenberg (1859–1919) ihrer Passion für die Wiener Kultur um die Jahrhundertwende Ausdruck zu verleihen. Die Affinität zum deutschsprachigen Text verbindet die nun auch in den Briefen angesprochene Zeisl-Tochter mit Hilde Spiel. Über Angus Wilson (1913–1991) kommt das Gespräch auf einen jener Dichter, welchen Hilde Spiel, vermittelnd zwischen englischer und deutscher Literatur, als Übersetzerin gegenüber steht. Sie überträgt etwa dessen *Was für reizende Vögel* (1958) und *Mehr Freund als Untermieter* (1961). Liberal-humanistische Position charakterisiert das Werk des in Bexhill geborenen Autors.

Schreibt „der Fritz Kohner an den Flesch" und berichtet über Kaliforniens Naturkatastrophen, so meldet sich einer der „Kohner-Brothers", welche die österreichische Refugee-Szene im Filmbetrieb markant und profiliert repräsentieren. Zum „Trio" zusammengefasst decken Fritz (1905–1986), Paul (1902–1988) und Walter Kohner (1914–1996) die Tätigkeiten des Regisseurs, Produzenten, Literatur-, Theater- und Filmagenten, des Kritikers und Schauspielers ab. Fritz Kohner, an der Wiener Universität zur Frage *Ist Film Kunst?* promoviert, 1933 in Paris, ab 1934 in London, später in Hollywood, urlaubt oft mit seiner Frau im Salzkammergut am Wolfgangsee.

Die endenden sechziger und beginnenden siebziger Jahre sind die Zeit der Besuche Hilde Spiels bei Gertrud Zeisl, welche seit 1971 ein kleines Häuschen in 11110 Montana Avenue, Westwood, Los Angeles, bewohnt. Die Literaten Spiel und Flesch sind dort zu Gast: „Nachdem ich Anfang 1976 eine große Lesetour zu zehn amerikanischen Universitäten

---

[318] Wiesinger-Stock, *Hilde Spiel*, S. 146-174.
[319] Eric Zeisl an Hilde Spiel, 7. Dezember 1938.

gemacht habe – […], bringe ich Flesch im Jahr darauf zu seinem ersten und einzigen Besuch in die Vereinigten Staaten. New York erschreckt ihn. Los Angeles, wo er einen Monat bei meiner Freundin Susi, der Witwe des Komponisten Zeisl, zu Gast ist, wird ihm rasch vertraut."[320] Während Hilde Spiel in Taos mit Peter Pabisch (*1938) an der Deutschen Sommerschule der Universität von New Mexico im Rahmen der German Studies Seminare und Vorträge zur Literaturszene Österreichs hält, bleibt Hans Flesch-Brunningen bei Gertrud in der Montana Avenue. Mit dem Verlassen von Los Angeles, jener „dream city of Californian exiles", Richtung „cold-hearted Europe" lässt Hilde ein paar Zeilen zurück – auch später noch wohnt sie bei „Susi Zeisl, in dem schon geliebten Kämmerchen ihres hübschen Hauses in der Montana Avenue, Westwood."[321]

## HILDE SPIEL an GERTRUD und BARBARA ZEISL (Typoskript)

*London, 3. Jänner 1962*

Liebstes Suserl-Truderl und reizende Barbara
Natürlich schreibt der oder die, die am meisten zu tun hat, denn die anderen sind faul und vergesslich und schlampig, obwohl man ihnen süsse Ringerln schenkt und hübsche Schmeicheleien sagt. Also ich. Wir haben uns alle „wahnsinnig" über Euren Brief gefreut, und Christine über ihr Geschenk, und Peter und Anthony über alles Liebe, was Ihr über sie gesagt habt. Auch über die sehr lieben Fotos, ich wusste garnicht, dass die Barbie Farbfotos gemacht hat, werde sie den Lernets zeigen, wenn ich Anfang Feber nach Wien komme.
Wir waren hier sehr besorgt um Euch, als es in Hollywood brannte, und dann schrieb auch noch der Fritz Kohner an den Flesch, dass seine Freunde alles verloren hätten, kurz wir schwebten in Angst um Euch und Eure Habe, aber es scheint ja nichts passiert zu sein.

---
[320] Spiel, *Welche Welt*, S. 265.
[321] Ebd., S. 274.

In Griechenland war es herrlich, unbeschreiblich schön, auch kein Zwischenfall mit der Dauphine, nur dass sie einmal auf der Fahrt von Sparta nach Tripolis zu heiss wurde und nicht weiterwollte, worauf ein braver Grieche einen Paradeiser auf die Benzinpumpe drückte, den wir dann immer erneuerten, bis wir in Athen zur Renault-Vertretung gehen konnten. Ist auch für Euch interessant. Der Wagen hatte zuviel Vorzündung und die Hitze war mörderisch. Ich habe jetzt in Wien eine neue Dauphine in Aussicht, denn es ist ein zu süsser Wagen – der vom Sommer war nur zu rasch eingefahren worden und der Motor nicht ganz auf der Höhe.

Am herrlichsten in Griechenland war Epidaurus, wo neben dem Theater und Äskulap Tempel eine wunderbare kleine Bungalow-Kolonie steht, in der man sich ausruhen kann, was wir über ein Wochenende taten, ein Ort des himmlischen Friedens. Das Eindrucksvollste ohne Zweifel Delphi, am Fuss des Parnass. Man ahnt nicht, wie gebirgig Griechenland ist, wie kahl und urweltlich in vielen Teilen, und wie fern von der Zeit. Wir sind auf Maultieren geritten, und alles ist primitiv wie im 19. Jahrhundert, sowie man von den Haupt-Touristen-Zentren wegkommt. Das Schönste von allem aber, ein überirdischer Zustand, ist das Seefahren von einer Insel zur anderen – auf dem tintenblauen Meer, alles glitzert, und die vielen Inseln sind Paradiese der Einfachheit und Schönheit, von denen man sich in unseren aufgeregten Gegenden keinen Begriff macht.

Hier ist es eiskalt, zugeschneit, mit Verkehrschaos. Christine arbeitet in Oxford möchte aber im Frühjahr wechseln. Anthony versucht eben, in die Universität zu kommen, was er keinesfalls vor Herbst kann, aber jetzt vorbereiten muss. Ich fahre am 20. nach Berlin, um dort mit Angus Wilson einen Vortrag zu halten, dann auf 2 Monate nach Wien. Der Schriftsteller, den Barbie in Hollywood traf, muss William Golding gewesen sein – sein Buch „Lord of the Flies" ist wunderbar. – Ich habe vor einer Woche dem deutschen Bundespräsidenten das Verdienstkreuz 1. Klasse bekommen – für Verdienste um die deutsche Literatur. Eine Art „dekorativer Wiedergutmachung". Seid Ihr stolz auf mich? – Suserl bitte schicke <u>sofort</u> die Partitur. Du hast es versprochen. Es <u>muss</u> geschehen. Bitte schreibt wieder. Tausend Grüsse von uns allen. Es umarmt Euch innig, Eure Hilde

# HILDE SPIEL an GERTRUD ZEISL (Typoskript)

*Los Angeles, undatiert*

Farewell to Montana Avenue

Waking up in the afternoon
hot and sticky under my cover
outside the hiss rumble rustle
of stove and watertap
that heat and fill
the delicious pool
lush trees shrubs palm leaves
shadowing the bedroom windows
cared for moreover
by a bustling good lady
serenity herself
as though fate hadn't touched her
I feel infinite sorrow
at leaving this flawed paradise
unsurpassed in adequate comfort
absence of strife and rancour
an illusory refuge
surrounded by cinematic dwellings
unconscious of earth's pains and
convulsions.

Now, flying to cold-hearted Europe
I'll have the face reality again
danger, worse than rattlesnakes,
from warring statesmen and nations
and lovely Vienna's
spiteful friends vicious neighbours
that dream city of Californian exiles
with its ugly soul

*Abb. 29: Hilde Spiel während eines Vortrags (ZN)*

## HILDE SPIEL an GERTRUD ZEISL (Typoskript)

*Wien, 2. September 1986*

Mein geliebtes Suserl,
Bitte denk nicht, daß ich Deinen Geburtstag vergessen habe. Im Gegenteil: aus Wolfgang habe ich Dir, zusammen mit dem Thorn, der ein paar Tage zu Besuch war, eine riesengroße schöne Ansichtskarte mit Glückwünschen geschickt, aber wie es scheint, hat eben diese Größe die Post überfordert und sie had [sic!] Dich nicht erreicht. Da man die Karten in der Wolfganger Trafik kaufen kann, haben wir gemeint, daß sie auch befördert werden.
Erstens also hol ich nach, was Du versäumt hast, und umarm Dich ganz herzlich und innig und geb Dir viele Busserln zu Deinem Geburtstag, und wünsch Dir natürlich nur das, was wir alle uns wünschen: daß Du noch lang lang lang mit Deiner süßen Familie diese beneidenswert schöne und angenehme Existenz in der Montana Avenue führen kannst und Dich Dein Herz so wenig wie möglich ärgert. Meine Mutter hat immer geschildert, wie die alten

Damen (damals waren sie um die 55) zusammensitzen und einander fragen: „Wo haben Sie's?" Also, nach 70 hat man's halt irgendwo, und muß gescheit sein und das tun, was die Deutschen so zackig „zurückstecken" nennen. Also bitte, Suserl, übertreib's nicht mit den Aktivitäten, kümmere Dich nicht unbedingt in allem und jedem um die Ärzte, aber nimm doch ernst, was sie sagen, und horch in Dich hinein, wenn Du Dich nicht wohl fühlst: Dein Körper wird Dir schon sagen, daß Du Dich schonen mußt, wirklich schonen, und das Recht dazu hast nach einem so arbeitsreichen Leben.

Ich „hab's" im Bäuchlein, und wurde wieder mal operiert, ein Crohn ist es nicht, und ich erhol mich auch schon wieder. Nur wird es mit dem im Herbst zu-Euch-Fliegen wieder nicht gehen, weil ich ja doch (auch kein spring chicken mehr) von der Operation geschwächt bin und schon froh sein werde, wenn ich anfang [sic!] Oktober ein paar Tage nach Deutschland kann, wo einige Ehrungen auf mich warten, und vielleicht irgendeinmal Ende dieses Oktober [sic!] ein paar Tage nach Venedig. Aber telefonieren müssen wir bald.

Zur Zeit ist die Hilde Hirschenhauser bei der Hedda, und vielleicht sehe ich die beiden in ein paar Tagen. Die Hedda war bei der Lisel, die ja auch 80 wurde: ihr hab ich überhaupt noch nicht geschrieben, und Du ihr oder sie Dir vielleicht auch nicht. Alles wegen des Dirndl-bluserls. Ein österreichisches Schicksal.

Ganz rasch will ich Dir noch sagen, daß ich im Schlußkapitel meines Buches, so gedrängt es auch ist (die ganze 1. Republik betreffend), auf Erichs Werk und Exil eingegangen bin, ihn sozusagen als Modellfall beschrieben habe. Und wenn jetzt bald meine ersten 3 frühen Romane erscheinen, wird er in der Kati und am Wolfgangsee wieder aufleben.

Viele Bussi! Und viel Glück. Deine Hilde


„Der Musiker saß am Klavier, er hatte einen Zettel mit flüchtig hingeworfenen Noten vor sich und schlug in die Tasten, nach neuen Akkorden suchend und jeden, den er fand, mit wütendem Brummen wild wiederholend, als mache er sich selbst über den Mißklang lustig. [...] Zuerst gewahrte sie seine Augen, die blaugrau waren und klar wie tiefes Wasser, mit braunen Kieseln am Grund, unstet und traurig. Der Kopf war mächtig. Weit wuchs das Haar aus der Stirn, der Mund saß wild und breit wie die Brauen, zwei heftige quere Striche, im Gesicht. Trotz allem sah er kindlich drein, als sei vorerst nur die Stirn von der Schwere seiner Berufung ergriffen und die Seele noch unverzagt, immer von neuem harmlos und staunend. Der Körper war klein, breit, ein wenig rundlich. Von den Seiten leuchteten die Hände auf, da hingen sie wie zwei große untätige Tiere, kurz und kräftig, mit breiten Kuppen. [...] Sie setzte sich in den Lehnstuhl. Er drehte sich auf seinem Schemel, blickte sie an und sagte ungeschickt wie ein Volksschüler den Text eines Nachtliedes her, mechanisch und eingelernt, als hätte er nichts davon begriffen. Dann begann er und spielte so leise, daß sie ihn zuerst kaum hörte. Sein Gesicht war in die Höhe gewandt, es schien plötzlich von innen erhellt. Die Brauen, ein wenig hinaufgezogen, hatten nun schwärmerischen Schwung, der Mund war halb geöffnet. Auf den Tasten tanzten die beiden großen Tiere, lässig und geschmeidig, ganz sacht auf gepolsterten Pfoten."[322]

Diese Hommage an Eric Zeisl bringt Hilde Spiel in dem 1933 publizierten Roman *Kati auf der Brücke*. Über die Erscheinung des eigenwillig musikbesessenen, schwärmerischen, ja „kindlichen" Klavierspielers setzt die junge Autorin in ihrem vielbeachteten Erstlingswerk dem aufstrebenden Komponisten-Freund ein Denkmal, webt ihre Empfindungen für und Beobachtungen an ihm in den Text ein. Sie kennt den Tonsetzer wohl genau, skizziert Physiognomie gleichwie Charakter treffend und nimmt in Erwähnung „eines Nachtliedes" auch auf dessen Liedschaffen Bezug – die Sphäre der Nacht ist Eric Zeisl immer wieder Kompositions-Motto: Im „Liederjahr 1931" schreibt er *Nachts* (Bariton, Joseph Eichendorff), *Wanderers Nachtlied* (Bariton, Johann Wolfgang Goethe), *Die Nacht* (Bariton, Hermann von Gilm), *Die Nacht bricht an* (Bariton, Hermann Lingg), *In der Nacht* (Sopran, Joseph Eichendorff) oder *Stille Nacht* (Bariton, Richard Dehmel).

Der 1935 veröffentlichte Text *Verwirrung am Wolfgangsee* schildert, gegossen in „leichten" Romanstoff, die in das oberösterreichische Salzkammergut gesetzte und auch von dort „ausgeliehene" – denn tatsächlich stattfindende – Begegnung zwischen Lisel Salzer, Hilde Spiel und zwei jungen Belgiern. Unter dem neuen Titel als *Sommer am Wolfgangsee* im

---

[322] Spiel, *Kati*, S. 158ff.

Jahr 1961 „relativiert", erlaubt auch diese Geschichte einen Blick auf Zeisl: „Jemand spielte Klavier, aber es war, als ob ein Orchester, als ob Streicher und Bläser musizierten in unfasslichem Zusammenklang."[323] Die Romansammlung *Frühe Tage*, bestehend aus *Kati auf der Brücke*, *Verwirrung am Wolfgangsee* und *Flöte und Trommeln*, erscheint 1986 in München.

Die letzten Briefe an Gertrud und Barbara Zeisl schreibt Hilde Spiel im Absender Cottagegasse 65/II/3, 1190 Wien. Ihr „innig geliebtes Suserl" kommt 1961, zwei Jahre nach Erics Tod und erstmals seit der Flucht im November 1938 wieder nach Österreich – in Begleitung von Tochter Barbara. St. Wolfgang wird in Zukunft zum gern gewählten, mit Jugend-Erinnerungen besetzten Ort des Zusammentreffens.

Wie hingegen die österreichischen Exilantenkreise in Los Angeles interagieren, zeigt sich an der Verbindung Eric Zeisls Tochter Barbara zu Arnold Schönbergs Sohn Ronald: Beide lernen einander nach dem Tod der Väter kennen. Am 23. November 1965 heiratet die Exilkomponisten-Tochter Barbara Zeisl den Exilkomponisten-Sohn Ronald Schoenberg. Durch die Verbindung wird das Schönbergsche Haus in Brentwood-Park der Familie Zeisl-Schoenberg zur Heimat: Die Kinder Eric Randol, Marlena Lorand, Frederic Roland und Melanie Raldon wachsen dort auf.

Im Sommer 1987 ist die Familie Zeisl-Schoenberg mit Ronald Schoenbergs Bruder Lawrence Schoenberg und dessen Familie in Salzburg: Die Festspiele bringen Arnold Schönbergs *Moses und Aron* in der Inszenierung Jean-Pierre Ponelles. Gertrud Zeisl ist ebenso aus Los Angeles angereist. Auch Hilde Spiel kommt am Tag der Aufführung von Wien zum gemeinsamen Mittagessen nach Salzburg. Die Abendvorstellung von *Moses und Aron* besucht Gertrud Zeisl mit den Schoenbergs nicht, sie fühlt sich schlecht, bleibt mit der Tochter im Hotelzimmer. Am 13. August 1987 stirbt die am 15. August 1906 in Wien geborene Gertrud Zeisl im Beisein von Barbara Zeisl-Schoenberg in Salzburg an Herzversagen.

---

[323] Spiel, Hilde: *Sommer am Wolfgangsee*, Leck 1961, S. 27.

# HILDE SPIEL an BARBARA ZEISL-SCHOEN-BERG (Typoskript)

*Wien, 12. Juni 1990*

Dearest Barbie,
you rang several times around Easter and left messages on my answering machine, but when Anthony tried to ring he never found anyone at home, and I was in hospital for weeks at that time. I must tell you that I had a foot in the grave, more or less, this spring, as my illness got active again. I had to undergo a lot of torture like having a metal „port" implanted in my body so that chemotherapy could be injected directly into my abdomen, and this was a real operation with full anaesthetics and had awful after-effects. However, it has emerged quite recently that the treatment seems to work, and after showing all the signs of the terminal stage like complete loss of appetite and weakness I have now recovered somewhat, and even dared flying to Frankfurt for an important event.

When I tried to ring you in LA one evening I could not get through, as at dialling 213 the out-of-order signal came on all the time. So perhaps the code for LA has changed – I don't know. The best time for ringing me would be about six or seven in the evening my time, but what time this makes in California you may have to find out. I usually go to bed early after watching the news and perhaps a short feature on television, so later than 7.30 pm my time is not so advisable.

The other day a lady, having attended the meeting on Austrian writers at Riverside, brought me a photograph of the display of my memoirs and of ANNA AND ANNA at the exhibition Daviau arranged for that occasion. I was pleasantly surprised as I had thought that I would not have been deemed worthy to represent Austrian literature next to suchlikes as Doris Mühringer or Gerald Sszyszkowitz [sic!], but apparently I was not forgotten. I am reaping a lot of kudos at the moment as the second volume of my memoirs, finished in January, thank God, before my illness got really unpleasant, is being serialized in Frankfurter Allgemeine. There will be a lot of fuss when the book comes out in August. My silent war with the official Austrian guardians of literature looks like being won by me.

Darling Barbie, you left some wonderful news on my machnine about your successes as teacher of German-speaking literature, and I am very proud of you. It's miraculous how you can combine this with running a house and leading a busy life apart from your academic duties. – Please write or ring. I should have written before falling ill again, as I have such vivid recollections of your grandfather Jellinek and was so moved by your words about him. Much love
Your Hilde

Mit Doris Mühringer (*1920) und Gerald Szyszkowitz (*1938) erwähnt Hilde Spiel im Brief an Barbara Zeisl-Schoenberg zwei aus Graz stammende Autoren: Szyszkowitz leitet von 1973 bis 1994 die Hauptabteilung Fernsehspiel und Unterhaltung im ORF, auf seine Anregung hin entsteht 1979 das Drehbuch zu der in ein Triest-Portrait gefassten Liebesgeschichte *Mirko & Franka*. Unter dem Titel *Die hellen und die finsteren Zeiten. Erinnerungen 1911–1946* veröffentlicht Hilde Spiel, bereits schwer krank, 1989 den ersten Teil ihrer Memoiren. Im selben Jahr erscheint der Text *Anna & Anna: Flüchten oder Hinnehmen?*. Ursprünglich als Roman konzipiert, später als Filmdrehbuch geschrieben, letztlich auf die Bühne gebracht, ist dies neben *Lisas Zimmer* ein weiterer Versuch von literarischer Verarbeitung der Exilerfahrung: Die Hauptfigur Anna fühlt sich zweigeteilt in eine unter der Naziherrschaft daheim gebliebene und in eine exilierte Person – die „Geschichte einer Schizophrenie, eines doppelten Lebens, einer zerrissenen Zeit."[324] *Anna & Anna* wird im Vestibül des Wiener Burgtheaters im April 1989 unter Claus Peymann uraufgeführt.

Am 30. November 1990 verstirbt Hilde Spiel in Wien. In Bad Ischl wird sie beigesetzt. Nur wenige Wochen vor ihrem Tod erscheint ihr zweiter Memoiren-Band *Welche Welt ist meine Welt?*.

Noch im Jahr 1987 veröffentlicht sie *Glanz und Untergang. Wien 1866-1938* – Politik und Künstlertum der Stadt werden in dieser Überschau umrissen, historische Schlüssel-Ereignisse aufgerollt, Persönlichkeiten der

---

[324] Zitiert nach Wiesinger-Stock, *Hilde Spiel*, S. 135.

Kulturwelt vorgestellt. Werden die auffallend lebendigen Portraits des jungen Zeisl in *Kati auf der Brücke* und *Sommer am Wolfgangsee* (bzw. *Verwirrung am Wolfgangsee*) zur Hommage, so kommt dessen prominenter Positionierung in *Glanz und Untergang* einem in Worte gefassten „In Memoriam" gleich. Vater Julius und Sohn Erich Wolfgang Korngold, der „einzige zeitgenössische Musikdramatiker, der in einem Fall an Strauss' Erfolge heranreichte", Joseph Marx als einer, der „höchst ehrenhaft im spätromantischen, impressionistischen Stil" komponierte, Wilhelm Kienzl, von dem „die erste Nationalhymne der Republik" stammte, welche „bis 1929 gesungen und dann von der alten Haydn-Hymne abgelöst wurde", und Franz Schmidt, der „Verfasser des Oratoriums *Das Buch mit sieben Siegeln*", begegnen dem Leser als Wiens Traditionalisten. Unter den noch jüngeren Talenten, „deren Herkunft den späteren Machthabern weniger genehm war" und welche durch ihre Vertreibung „die Verbindung zu dem uralten Erbe der Wiener Musik" verloren hätten, dabei aber „selbst zu deren unersetzlichem Verlust" wurden, weist die Autorin auf den „aus einer vielversprechenden Laufbahn"[325] gestoßenen Eric Zeisl, „ein Österreicher" – um wiederum Hilde Spiel zu zitieren –, „der es bis zum letzten Atemzug"[326] blieb.

---

[325] Spiel, Hilde: *Glanz und Untergang. Wien 1866-1938.* Wien 1987, S. 200.
[326] Spiel, *Erich Zeisl*, 22. Mai 1955, S. 8.

# Kurzbiographien

**ADLER, Kurt Herbert** (*1905 Wien, +1988 Ross, California), Dirigent und Operndirektor, studierte von 1923 bis 1927 an der Universität Wien und an der Akademie für Musik und darstellende Kunst Wien, zwischen 1925 und 1928 war er Chordirigent und Dirigent am Theater in der Josefstadt, anschließend brachten ihn Gastdirigate nach Deutschland und Italien. Von 1934 bis 1936 Chordirigent an der Wiener Volksoper, 1936/37 Assistent Arturo Toscaninis in Salzburg, übernahm Kurt Herbert Adler von 1936 bis 1938 Produktionen in der ehemaligen Tschechoslowakei, wo er auch für den Prager Rundfunk tätig war. 1938 flüchtete er in die Vereinigten Staaten. Dort dirigierte er bis 1943 an der Chicago Civic Opera, leitete die Grand Concerts in Chicago, war 1942 Gastdirigent des Illinois Symphony Orchestra und startete 1943 seine Bindung an San Francisco: Vorerst in der Funktion des Chorleiters, später als künstlerischer Leiter und ab 1957 als Generaldirektor der San Francisco Opera. In Österreich und in den USA dirigierte Adler Zeisls Orchesterwerke.

**ALTMANN, Maria** (*1916), Tochter Gustav Bloch-Bauers und Therese Bauers, Erbin Ferdinand Bloch-Bauers (1864–1945) und Gattin des Zeisl-Freundes Fritz Altmann, den sie 1937 in Wien heiratete, mit dem sie über die Niederlande und Großbritannien in die Vereinigten Staaten flüchtete und 1942 nach Los Angeles gelangte. Nach jahrelangem Rechtsstreit mit der Republik Österreich wurden Maria Altmann im Jahr 2006 fünf Gemälde Gustav Klimts aus dem Besitz ihres Onkels Ferdinand Bloch-Bauer restituiert. Sie wurde dabei von E. Randol Schoenberg vertreten, dem Enkelsohn Arnold Schönbergs und Eric Zeisls.

**ALWIN, Karl Oskar (Oskar Pinkus Alwin)** (*1891 Königsberg, +1945 Mexico City), Dirigent, wurde bei Engelbert Humperdinck und Hugo Kaun in Berlin ausgebildet und war nach einem Engagement an der Berliner Hofoper, Dirigaten in Halle an der Saale, Posen, Düsseldorf oder Hamburg und einer Assistentenstelle bei Carl Muck in Bayreuth von 1920 bis 1938 Staatsoperndirigent in Wien. Ab 1925 hatte er eine Professur an der Wiener Akademie für Musik und darstellende Kunst inne. Alwin flüchtete 1938 in die Vereinigten Staaten, war von 1939 bis 1940 an der Chicago Civic Opera tätig, bevor er 1941 nach Mexico übersiedelte und bis zu seinem Tod an der Opera Nacional in Mexico City wirkte. In Wien dirigierte Karl Alwin Zeisls Orchesterwerke.

**AMFITHEATROF, Daniele** (*1901 St. Petersburg, +1983 Rom), Komponist und Dirigent, war Schüler Ottorino Respighis, künstlerischer Leiter des italienischen Rundfunks in Genua und Triest und für RAI in Turin tätig. Seine erste Filmpartitur komponierte Amfitheatrof für Max Ophüls' *La Signora di tutti* (1934). Eine Einladung des Minneapolis Symphony Orchestra brachte ihn 1937 in die Vereinigten Staaten, später arbeitete er auch mit dem Boston Symphony Orchestra. Auf die Empfehlung von Boris Morros, dem damaligen Director of Music bei Paramount Pictures, übersiedelte Amfitheatrof nach Hollywood, MGM nahm ihn unter Vertrag, unzählige Filmpartituren entstanden. Mit Eric Zeisl arbeitete er etwa an *Bataan* (1943), *Slightly Dangerous* (1943) oder *Above Suspicion* (1943). 1959 kehrte er nach Italien zurück.

**ASKONAS, Lies** (*1913 Wien, +1996), Managerin, kam 1945 nach England und gründete dort im Jahr 1955 ihre eigene Künstleragentur.

**BAKER, Israel** (*1921 Chicago), Geiger, studierte am Chicago Conservatory und feierte sein Debüt in der Orchestra Hall in Chicago im Alter von sechs Jahren. Weitere Studien brachten ihn zu Louis Persinger an die Juilliard School und zu Jacques Gorden und Bronislaw Huberman. Sein Wirken konzentrierte sich auf Kalifornien, dort war er Zweiter Violinist in den berühmten Heifetz-Piatigorsky Kammerkonzerten und widmete sich unter Bruno Walter dem Schaffen Igor Strawinskys. Erfolgreich setzte er sich mit dem Werk Arnold Schönbergs und Alban Bergs auseinander. Israel Baker unterrichtete am Scripps College in Claremont, California. Im Duo mit Yaltah Menuhin spielte Baker die Uraufführung von Zeisls *Brandeis Sonata*.

**BAMBERGER, Carl** (*1902 Wien, +1987 New York), Dirigent, studierte Musikgeschichte und Philosophie an der Universität Wien und von 1920 bis 1924 Theorie und Klavier bei Heinrich Schenker. Von 1924 bis 1927 war Bamberger am Stadttheater Danzig, von 1927 bis 1931 am Landestheater Darmstadt engagiert, Gastdirigate brachten ihn nach Asien, Russland oder Ägypten. 1937 flüchtete er in die Vereinigten Staaten, leitete dort verschiedene Orchester, war von 1940 bis 1945 Dirigent der New York Choral Group of Manhattan und von 1943 bis 1950 Generalmusikdirektor des Frühlingsfests in Columbia. Carl Bamberger unterrichtete von 1938 bis 1975 am Mannes College of Music in New York, 1975/76 war er Lektor an der Louisiana State University, von 1957 bis 1974 Gastdirigent des Radio Sinfonie Orchesters Stuttgart.

**BERGHOF, Herbert** (*1909 Wien, +1990 New York), Schauspieler, Autor und Regisseur, studierte an der Universität Wien und an der Akademie für Musik und darstellende Kunst Wien, war Schüler Max Reinhardts und ehemaliger Darsteller der „Literatur am Naschmarkt" und des „Lieben Augustin". Seit 1939 bewegte Berghof sich in der New Yorker Exil-Kabarettszene, sein Broadway-Debüt feierte er mit der „Viennese Theatre Group" (oder „Refugee Artists Group") und deren Revue *From Vienna*. Weitere Broadway-Produktionen folgten. Erwin Piscator holte Herbert Berghof an die New Yorker New School for Social Research.

**BLOCH, Ernest** (*1880 Genf, +1959 Portland, Oregon), Komponist, studierte am Brüsseler Konservatorium unter anderem bei Eugène Ysaÿe, später am Hochschen Konservatorium in Frankfurt. 1916 ließ Bloch sich in den Vereinigten Staaten nieder, wurde amerikanischer Staatsbürger und unterrichtete unter anderem George Antheil und Roger Sessions. In den dreißiger Jahren größtenteils in der Schweiz, kehrte Bloch Ende der fünfziger Jahre wieder in die Staaten zurück. Sein Frühwerk ist bestimmt von spätromantischen, impressionistischen Einflüssen, sein späteres Schaffen vermittelt vor allem Rückbezug auf jüdische Liturgie und jüdische Folklore.

**BRESSART, Felix** (*1892 Eydtkuhnen, +1949 Los Angeles), Schauspieler, erhielt seinen ersten Unterricht bei Maria Moissi in Berlin, sein erstes Engagement am Stadttheater Würzburg. Das Deutsche Theater Hannover und das Albert-Theater Dresden folgten, 1925 schließlich spielte er im Theater in der Josefstadt unter Max Reinhardt. 1927 ging Bressart nach Berlin, spielte Rollen als Charakter-Komödiant und wechselte Anfang der dreißiger Jahre zum Film, wo er im Musikfilm *Die Drei von der Tankstelle* (1930), in der Militärkomödie *Drei Tage Mittelarrest* (1930) oder in *Der Herr Bürovorsteher* (1931) glänzte. 1933 flüchtete Felix Bressart in die Schweiz, hielt sich in Wien, Budapest, Amsterdam und Paris auf und emigrierte 1938 in die Vereinigten Staaten. Zu seinen erfolgreichen Hollywood-Filmen zählten *Ninotschka* (1939), *The Shop around the Corner* (1940) und *To Be or Not to Be* (1942) von Ernst Lubitsch oder *The Seventh Cross* (1944) von Fred Zinnemann.

**CASTELNUOVO-TEDESCO, Mario** (*1895 Florenz, +1968 Los Angeles), Komponist, studierte am Konservatorium in Florenz und flüchtete 1939 vor dem Faschismus in die Vereinigten Staaten. Bei MGM stand Castelnuovo-Tedesco unter Vertrag und schuf eine große Anzahl an Filmpartituren. Mit Zeisl arbeitete er etwa an *Journey for Margaret* (1942), *Bataan* (1943), *Above Suspicion* (1943), *Hitler's Madman* (1943), *The Cross of Lorraine* (1943) oder *Without Love* (1945).

**CHAJES, Julius** (*1910 Lemberg, +1985 Detroit), Pianist, Komponist und Dirigent, gelangte 1920 nach Wien, war „Wunderkind"-Klavierschüler von Julius Isserlis und Moritz Rosenthal und Kompositionsschüler von Hugo Kauder. Julius war der Neffe des bis 1927 in Wien tätigen Oberrabbiners Zwi Perez Chajes. Für den 11. März 1934 war im Wiener Konzerthaus Julius Chajes' „Abschiedskonzert" angekündigt: Als Pianist – 1933 wurde ihm beim Internationalen Pianistenwettbewerb der Ehrenpreis der Stadt Wien zugedacht – und als Komponist gestaltete er einen Abend mit dem Bariton Max Klein und dem Rosé Quartett, noch im selben Jahr verließ er Wien und flüchtete nach Palästina. Dort leitete er am Tel-Aviv Conservatory eine Klavierklasse. Seit 1937 hielt Julius Chajes sich in den Vereinigten Staaten auf und war ab 1940 in Detroit als Director of Music des Jewish Community Center tätig. Seine Frau **Marguerite KOZENN-CHAJES**, Sängerin, Musikpädagogin und Musikkritikerin, arbeitete musikwissenschaftlich und in der Konzertorganisation im jüdischamerikanischen Kulturbetrieb.

**CRAMER, Heinz von** (*1924 Stettin), Autor und Hörspielregisseur, war von 1938 bis 1943 Musikstudent in Berlin, unter anderem bei Boris Blacher. 1944 desertierte er, tauchte in Berlin unter und war nach 1945 als Dramaturg und Regisseur tätig, später als Hörspielautor bei RIAS („Rundfunk im amerikanischen Sektor"). Er verfasste Opernlibretti für Boris Blacher, Hans Werner Henze oder Gottfried von Einem. Seit 1953 lebt Heinz von Cramer als freier Schriftsteller in Italien.

**DEKOBRA, Maurice** (*1885 Paris, +1973 Paris), Journalist, Übersetzer und Romancier. Unter dem Pseudonym „Dekobra" war der als Ernest Maurice Tessier geborene Autor tätig, bereits in den zwanziger Jahren lieferte er sowohl dem französischen als auch dem deutschen Film erfolgreiche Drehbücher. Seine Romantexte erschienen damals auch auf Deutsch in Berlin. In prominenter Umgebung agierte Dekobra etwa als Autor zu *La Sirène des tropiques* (1927) unter der Regie von Mario Nalpas und Henri Étiévant, einer der Mitarbeiter an diesem Projekt war Luis Buñuel. Weitere Filmarbeiten folgten. Für Eric Zeisl verfasste Maurice Dekobra in Los Angeles die Textvorlage zum Ballett *Uranium 235* (1945/46).

**DIETERLE, Wilhelm (William)** (*1893 Ludwigshafen, +1972 Ottobrunn), Schauspieler und Regisseur, war ab 1911 als Solist, Sänger und Tänzer am Westfälischen Städtebundtheater in Arnsberg tätig, es folgten Engagements an verschiedene Bühnen Deutschlands und nach Zürich, später an die Neue Freie Volksbühne Berlin und an das Schauspielhaus München. Seinen Durchbruch erlebte Dieterle von 1920 bis 1923 am Deutschen Theater in Berlin unter Max Reinhardt. Ab 1920 begann er mit der Filmschauspielerei und Regietätigkeit, er spielte etwa 1921 in Ewald André Duponts *Die Geier-Wally*. 1927 gründete Dieterle mit seiner Frau, der Drehbuchautorin Charlotte Hagenbruch, die eigene Produktionsfirma Charha-Film, 1929 unterschrieb er einen Vertrag mit der Deutschen Universal. Dieterle emigrierte 1930 als Regisseur deutschsprachiger Versionen für die Warner-Tochter First National Pictures nach Kalifornien, 1933 nahm ihn Warner Brothers unter Vertrag. 1941/42, nach dem Bruch mit Warner, führte er die William Dieterle Production Co. bei RKO, von 1945 bis 1956 stand er bei MGM, David O. Selznick, Paramount und Columbia unter Vertrag. 1958 kehrte Wilhelm Dieterle nach Deutschland zurück.

**DOBROWSKY, Josef** (*1889 Karlsbad, +1964 Tullnerbach), Maler, besuchte die Wiener Kunstgewerbeschule und war später neben Ferdinand Kitt oder Egon Schiele Schüler von Christian Griepenkerl an der Wiener Akademie der bildenden Künste. Er war Teilnehmer der Spezialschule der Akademie bei Rudolf Bacher. Von 1919 bis 1939 war der Portrait-, Genre- und Landschaftsmaler Dobrowsky bedeutendes Secessions-Mitglied und stilprägend für den gemäßigten österreichischen Expressionismus der Zwischenkriegszeit. 1934 wurde er Mitglied der Prager Secession. Ab 1932 war Dobrowsky regelmäßig einer der Künstler im Umfeld des „Malschiffs" und der „Zinkenbacher Malerkolonie" am Wolfgangsee. Noch einer der Repräsentanten Österreichs im Rahmen der Österreich-Abteilung der Pariser Weltausstellung im Jahr 1937, wurde Josef Dobrowsky ab 1938 in seiner Ausstellungstätigkeit teilweise boykottiert. Nach Kriegsende unterrichtete er ab 1946 an der Wiener Kunstakademie und leitete ab 1947 eine Spezialschule für Malerei im Rahmen außerordentlicher, ab

1954 im Rahmen ordentlicher Professur. Bis 1963 war Dobrowsky, 1962 mit dem Großen österreichischen Staatspreis ausgezeichnet, an der Akademie tätig und dort Lehrer von Künstlern wie Alfred Hrdlička, Josef Mikl oder Arnulf Rainer.

**EBERT, Carl Anton** (*1887 Berlin, +1980 Santa Monica, Los Angeles), Schauspieler, Regisseur und Intendant, absolvierte seine Schauspielausbildung bei Max Reinhardt und folgte anschließend verschiedenen Schauspiel- und Filmengagements. 1927 wurde Ebert zum Operndirektor und Opernintendanten am Staatstheater Darmstadt, 1931 an der Deutschen Oper Berlin. Ab 1933 hielt er sich im Exil in der Schweiz, in England und in der Türkei auf, 1948 gelangte er in die Vereinigten Staaten. In Los Angeles war Ebert von 1948 bis 1954 am Operninstitut an der University of Southern California tätig, zurück in Deutschland, führte er von 1954 bis 1961 die Intendanz an der Deutschen Oper Berlin.

**EHRLICH, Georg** (*1897 Wien, +1966 Luzern), Maler und Bildhauer, war Student an der Wiener Kunstgewerbeschule bei Franz Cizek und Oskar Strnad. In den frühen zwanziger Jahren lebte Ehrlich in München und Berlin, nach Wien zurückgekehrt, zählte er zu den wichtigen Mitgliedern der Künstlervereinigung Hagenbund. Seine Frau **Bettina BAUER-EHRLICH** (*1903 Wien, +1985 London), eine Nichte der Industriellengattin Adele Bloch-Bauer, besuchte die Wiener Kunstgewerbeschule von 1920 bis 1923, sie hielt sich anschließend in Berlin und Paris auf. Die als Malerin, Grafikerin, Textildesignerin, Illustratorin und Autorin vielseitig tätige Bettina Bauer-Ehrlich war von 1935 bis 1938 außerordentliches Mitglied im Hagenbund. In den dreißiger Jahren verbrachten die Ehrlichs den Sommer immer wieder in St. Wolfgang im Salzkammergut und standen den Künstlern der „Zinkenbacher Malerkolonie" und dem Kreis um das „Malschiff" nahe. 1937 übersiedelte Georg Ehrlich nach London, seine Frau folgte ihm 1938 ins englische Exil.

**EISLER, Hanns** (*1898 Leipzig, +1962 Berlin), Komponist, war für kurze Zeit Schüler Karl Weigls, bevor er ab 1919 von Arnold Schönberg und Anton Webern unterrichtet wurde. In Wien stand er der Arbeitermusikbewegung nahe, früh leitete er verschiedene Arbeitersängerchöre. 1925 übersiedelte Hanns Eisler nach Berlin und lehrte am Klindworth-Scharwenka-Konservatorium. Er trat der Deutschen Kommunistischen Partei bei, engagierte sich ab 1927 für die Agitprop-Gruppe Das rote Sprachrohr und begann 1930 die Zusammenarbeit mit Bert Brecht. 1933 von den Nationalsozialisten verboten, flüchtete Eisler über Österreich, Dänemark und Spanien in die Vereinigten Staaten, in New York unterrichtete er an der New School for Social Research. Mit Theodor W. Adorno arbeitete Eisler an einem von der Rockefeller Foundation gestützten Filmmusik-Forschungsprojekt, dessen Ergebnisse beide Autoren in *Composing for the Films* (1947) festhielten. 1942 übersiedelte Eisler nach Hollywood, schrieb Filmpartituren, unterrichtete an der University of Southern California in Los Angeles und arbeitete weiterhin mit Bert Brecht. 1947 vor dem „Ausschuss zur Untersuchung unamerikanischer Tätigkeit" verhört, wurde Hanns Eisler des Landes verwiesen und kehrte 1948 vorübergehend nach Österreich zurück. Seit 1949 hielt er sich in der DDR auf und leitete ab 1950 eine Kompositionsklasse an der Deutschen Akademie der Künste.

**FARAU, Alfred (vorher HERNFELD, Fred)** (*1904 Wien, +1972 New York), Psychotherapeut, Literaturwissenschaftler und Dichter, studierte an der Wiener Universität Literaturwissenschaft, Philosophie und Pädagogik, war zwischen 1925 und 1937 Schüler Alfred Adlers und führte in Wien eine Privatpraxis als Psychotherapeut. Er unterrichtete in den frühen dreißiger Jahren an der Wiener Volkshochschule und am Schubert-Konservatorium. Mit Eric Zeisl, Wilhelm Zeisl und Julius Chajes stand Farau in Wien über die interdisziplinäre Gruppe „Junge Kunst" in Verbindung. Neben der Lyrik pflegte er, damals noch als Fred Hernfeld, die neue Gattung Hörspiel, ein bereits abgeschlossener Vertrag mit dem Programmdienst des Deutschen Rundfunks verfiel 1933. Nach der Verhaftung im November 1938 wurde Farau nach Dachau deportiert, nach der Feilassung zu Jahresbeginn 1939 flüchtete er über Triest in die Vereinigten Staaten. Im Mai 1940 dort angekommen, änderte er in New York seinen Namen in Alfred Farau. Ab 1943 konnte er seiner Tätigkeit als Individualpsychologe wieder nachgehen und etablierte sich in leitender Position am New Yorker Alfred Adler Consultation Center, trat 1951 dem Lehrkörper des Alfred Adler Training Institute bei und wurde 1954 dessen Co-Direktor. 1950 wurde Farau Associate Dean und Director of Psychology am Alfred Adler Institute in New York. Im Jahr 1953 promovierte er an der Wiener Universität, als sein wissenschaftliches Hauptwerk gilt die Abhandlung *Der Einfluß der österreichischen Tiefenpsychologie auf die amerikanische Psychotherapie der Gegenwart* (1953).

**FEUCHTWANGER, Lion** (*1884 München, +1958 Los Angeles), Schriftsteller, promovierte über Heinrich Heines *Der Rabbi von Bacharach* und veröffentlichte 1925 den Roman *Jud Süß*. 1927 übersiedelte Feuchtwanger nach Berlin, in den frühen dreißiger Jahren reiste er durch die Sowjetunion. 1933 von einer Vortragsreise in die Vereinigten Staaten nicht mehr nach Deutschland zurückgekehrt, flüchtete Feuchtwanger sich in das Zentrum deutschsprachigen Literaten-Exils nach Sanary-sur-Mer in Südfrankreich. Im Lager Les Milles war er 1940 interniert, nach Verlegung in ein Zeltlager bei Nîmes konnte er von dort flüchten und mit seiner Frau Marta über Spanien und Portugal in die Vereinigten Staaten gelangen. Zwischen 1937 und 1939 entstand sein Text *Exil*: Die Alltags-Schilderung eines deutschen Komponisten im französischen Exil.

**FLESCH-BRUNNINGEN, Hans** (*1895 Brünn, +1981 Bad Ischl), Schriftsteller und Übersetzer, wuchs in Abbazia und Wien auf und übersiedelte 1928 nach Berlin. 1933 flüchtete Flesch-Brunningen in die Niederlande, ab 1934 hielt er sich im Londoner Exil auf, übernahm dort Gelegenheitsarbeiten und war später als Schriftsteller und Journalist tätig. In Zeitschriften wie *The London Mercury, Life and Letters Today, Freie deutsche Kultur* oder *Freie Tribüne* publizierte er. Mit Peter de Mendelssohn oder

Hermann Kesten stand er in Verbindung. Zu Kriegsbeginn war Hans Flesch-Brunningen für kurze Zeit interniert, später erhielt er eine Anstellung in der österreichischen, ab 1940 in der deutschen BBC-Sektion, für die er bis 1958 tätig war, ebenso war er Mitglied und auch Vorsitzender des P.E.N.-Zentrums deutschsprachiger Autoren im Ausland. 1958 kehrte Hans Flesch-Brunningen zurück nach Wien, wo er ab 1963 ständig lebte. 1972 heiratete er Hilde Spiel.

**FRIML, Rudolf** (*1879 Prag, +1972 Los Angeles), Pianist und Komponist, studierte am Prager Konservatorium unter Antonin Dvořák und gelangte bereits früh über Konzertreisen in die Vereinigten Staaten. Dort blieb er, war am Broadway als Musical-Komponist erfolgreich und lebte ab den späten zwanziger Jahren in Hollywood. Zu seinen berühmten Filmkompositionen zählten *Indian Love Call* (1924) und *The Donkey Serenade* (1937). Eric Zeisl orchestrierte in Hollywood für Rudolf Friml.

**GEORGI, Yvonne** (*1903 Leipzig, +1975 Hannover), Tänzerin und Choreographin, war Schülerin Mary Wigmans und Victor Gsovskys. Kurt Jooss holte sie als Solotänzerin an das Stadttheater Münster, weitere Stationen in Deutschland folgten. Als Ausdruckstänzerin war sie wichtige Partnerin von Harald Kreutzberg. Yvonne Georgi emigrierte in die Niederlande, später in die Vereinigten Staaten, 1951 kehrte sie nach Deutschland zurück. Alfred Schlee war Pianist der Tanz-Truppen von Mary Wigman und Yvonne Georgi.

**HAAS, Hugo** (*1901 Brünn, +1968 Wien), Schauspieler, Regisseur und Autor, flüchtete über Paris in die Vereinigten Staaten. In Paris verkörperte Hugo Haas, der Bruder des im KZ Auschwitz-Birkenau ermordeten Komponisten Pavel Haas (1899–1944), die Figur des Mendel Singer in der von Eric Zeisl vertonten Bühnenfassung Joseph Roths *Hiob*. In den Vereinigten Staaten spielte er neben vielen anderen Rollen etwa den Monsieur Walter in *The Private Affairs of Bel Ami* (1947) – einer der wenigen von Darius Milhaud vertonten Filme.

**HALL, Marilyn Ann (Maria Zahlten-Hall)** (*1927 Youngs Town, Ohio), Sängerin und Gesangsmentorin, studierte bei Hugo Strelitzer am Los Angeles City College und konzertierte mit Eric Zeisl als Begleiter. Ihre Karriere war sowohl als Gesangssolistin als auch als Pädagogin erfolgreich. Heute lebt Maria Zahlten-Hall in Lenzkirchen in Deutschland.

**HARAND, Irene** (*1900 Wien, +1975 New York), Autorin und Widerstandskämpferin, gründete 1933 mit Moriz Zalman die „Weltbewegung gegen Rassenhass und Menschennot", welche als gegen die „Hitler-Bewegung" gerichtete „Harand-Bewegung" bekannt wurde. Sprachrohr der Vereinigung war die von Harand herausgegebene antinazistische Wochenzeitschrift *Gerechtigkeit*. 1935 publizierte die Autorin *Sein Kampf – Antwort an Hitler*. Harand war überzeugte Katholikin und Sympathisantin der Regierungen Dollfuß und Schuschnigg, gegen antisemitische Tendenzen der Austrofaschisten und der katholischen Kirche bezog sie vehement Position. Über England flüchtete Irene Harand in die Vereinigten Staaten, als Mitbegründerin des Austrian Institute (später Austrian Forum) stand sie in New York mit Alfred Farau in Verbindung.

**HEINSHEIMER, Hans Walter** (*1900 Karlsruhe, +1993 New York), Musikverleger, Autor und Journalist, wurde 1923 Volontär bei der Wiener Universal Edition, ab 1924 leitete er dort die Opernabteilung und widmete sich intensiv dem Schaffen der Moderne. Heinsheimer war einer der *Anbruch*-Redakteure. Im März 1938 hielt er sich in den Vereinigten Staaten auf und kehrte nicht nach Österreich zurück. Anfänglich im Exil für den Verlag Boosey & Hawkes tätig, wurde Hans Walter Heinsheimer später zum Leiter der Opernabteilung von G. Schirmer in New York.

**HELFMAN, Max** (*1901 Radzyn, Polen, +1963), Komponist, Organist, Dirigent, Pädagoge und Musikkritiker, kam achtjährig in die Vereinigten Staaten, erhielt seine frühe musikalische Ausbildung am Mannes College of Music in New York und studierte später am Curtis Institute of Music in Philadelphia bei Ralph Leopold (Klavier), Rosario Scalero (Komposition) und Fritz Reiner (Dirigieren). Musizierpraxis eignete er sich als Organist und Chorleiter am Temple Israel Manhattan an, sein kompositorisches Schaffen kommuniziert sowohl religiös-jüdische als auch nicht-liturgisch-jüdische Aspekte. Die Chor-Pantomime *Benjamin the Third* nach Mendele Moykher Sforim wurde 1938, sein Sabbath Service *Shabat Kodesh* 1942 erstaufgeführt. Max Helfman, 1938 zum Vorstand der Jewish Music Alliance gewählt, wurde 1944 an die School of Sacred Music des Hebrew Union College in New York bestellt, 1961 gründete er die School of Fine Arts an der University of Judaism in Los Angeles. Er zeichnete für die Organisation der Musikkurse im Brandeis Camp verantwortlich, in dieser Funktion stand er Eric Zeisl nahe.

**HELLER, Adolph,** Dirigent der Uraufführung von Eric Zeisls *Leonce and Lena* am Los Angeles City College im Mai 1952. Im November 1949 leitete er im Rahmen der „City College Chamber Concerts" das Los Angeles City College Chamber Orchestra zu Zeisls *Suite Antique*, der für Kammerorchester eingerichteten Suite aus *The Return of Ulysses* (1943). Gemeinsam mit Eric Zeisl und Hugo Strelitzer war Adolph Heller in den fünfziger Jahren einer der Lehrenden im Arrowhead Music Camp. Er wurde in Los Angeles von einem Auto überfahren und verstarb nach dem Unfall.

**HENRIED, Paul** (*1908 Triest, +1992 Santa Monica, Los Angeles), Schauspieler und Regisseur, debütierte auf der Theaterbühne unter Max Reinhardt und wirkte in den dreißiger Jahren für den deutschen Film. 1935 verließ er Österreich Richtung England, später gelangte er nach Hollywood, wo er unter anderem als Victor Laszlo in *Casablanca* (1942) neben Humphrey Bogart und Ingrid Bergman erfolgreich war, ebenso in *The Spanish Main* (1945) als Laurent Van Horn. In Hollywood war Paul Henried mit den Zeisls befreundet.

**HOLLÄNDER, Alfred** (*1906 Wien, +1993 Caracas), Sänger und Opernregisseur, wirkte an der Leipziger Oper, in Brünn und 1935 an der Volksoper Wien. Eine Tournee brachte Holländer zwischen 1936 und 1938 in die Vereinigten Staaten. 1938 nach Wien zurückgekehrt, wurde er 1939 mit Berufsverbot belegt, im selben Jahr emigrierte er nach Venezuela. Dort war er für Radio Caracas tätig, konzertierte, unterrichtete an der Musikakademie Caracas und inszenierte Opern. Im Dezember 1934 produzierte Alfred Holländer an der Wiener Volksoper unter Kurt Herbert Adlers Dirigat Eric Zeisls Märchenspiel *Die Fahrt ins Wunderland*.

**JELLINEK, Ilona** (geborene Schwarz, *1884 Wien, +1971 Los Angeles), die Mutter Gertrud Susanne Jellineks und Schwiegermutter Eric Zeisls, hatte in Wien ein Juweliergeschäft. Sie flüchtete über Paris in die Vereinigten Staaten.

**JOOSS, Kurt** (*1901 Wasseralfingen, +1979 Heilbronn), Tänzer, Tanzpädagoge und Choreograph, zählte zu den Pionieren der deutschen Experimental-Tanztheaterszene. 1925 initiierte Kurt Jooss mit Sigurd Leeder und einer Gruppe von Künstlern die Westfälische Akademie für Bewegung, Sprache und Musik, aus welcher später mit dem Folkwang-Tanztheater-Experimentalstudio die Vorläuferinstitution des Folkwang Tanzstudios hervorging. 1930 wurde Jooss zum Ballettdirektor am Essener Opernhaus, die dort aufgelöste Kompanie führte er ab 1932 als „Ballets Jooss" weiter. Mit der 1932 beim internationalen Wettbewerb von „Les Archives de la Danse" in Paris ausgezeichneten Avantgarde-Choreographie *Der grüne Tisch* setzte er ein Antikriegs-Statement. In der Weigerung, sein Ensemble ohne jüdische Mitarbeiter zu führen, flüchtete Kurt Jooss 1933 in die Niederlande, später nach Großbritannien. 1949 kehrte er nach Deutschland zurück.

**JUDSON, Arthur Leon** (*1881 Dyton, +1975 Rye), Manager, arbeitete für das New York Philharmonic Orchestra und das Philadelphia Orchestra. 1930 wurde er Präsident der Columbia Concerts Corporation, des späteren Columbia Artists Management.

**JUNGK, Robert** (*1913 Berlin, +1994 Salzburg), Publizist, Journalist und Zukunftsforscher, immatrikulierte 1932 an der Universität Berlin im Hauptfach Philosophie, wurde 1933 nach dem Reichstagsbrand verhaftet und konnte sich nach der Freilassung nach Paris retten, wo er an der Sorbonne (Psychologie und Soziologie) studierte und an Filmen von Max Ophüls oder Erik Charell mitarbeitete. 1936 reiste er illegal nach Deutschland, hielt Kontakte zum Widerstand aufrecht, flüchtete 1937 nach Prag und kehrte im Sommer 1938 nach Paris zurück. Ab dem Frühjahr 1939 hielt sich Jungk in Zürich auf, 1943 wurde er ausgewiesen und mehrmonatig interniert. Ab 1944 war er Korrespondent des Londoner *Observer* in Bern, anschließend für die *Weltwoche*, 1945 zählte er zu den Berichterstattern der Nürnberger Prozesse. 1952 veröffentlichte Robert Jungk die Schrift *Die Zukunft hat schon begonnen. Amerikas Allmacht und Ohnmacht*.

**JUNGK, Ruth** (*1913 Wien, +1995 Salzburg), Tänzerin und Operettensängerin, Tochter des Wiener Buchhändlers und Verlegers Philipp Suschitzky, war in erster Ehe mit dem Schauspieler Emil Feldmar verheiratet, 1948 heiratete sie Robert Jungk. Ab 1949 lebten die Jungks in Los Angeles, Sohn Peter Stephan Jungk, Autor, wurde 1952 geboren. 1957 übersiedelte die Familie nach Wien, 1970 nach Salzburg.

**KAFKA, Hans (John)** (*1902 Wien, +1974 München), Journalist und Autor, studierte Medizin in Wien, später Philosophie und Rechtswissenschaft. Erste Gedichte und Prosaskizzen veröffentlichte er in *Die Wage* und *Der Tag*. 1925 ging er nach Berlin, wo er als Rezensent, Film- und Theaterkritiker für die Ullstein-Verlagszeitschriften *Berliner Zeitung am Mittag* und *Tempo* arbeitete, ab 1930 reiste er im Auftrag Ullsteins zur Berichterstattung durch Italien, Frankreich und Skandinavien. 1933 verlor Hans Kafka die Anstellung bei Ullstein und flüchtete in die ehemalige Tschechoslowakei, bevor er 1934 in die Heimatstadt Wien zurückkehrte und 1936 zu Filmarbeiten nach London übersiedelte. 1937 gelangte er nach Paris, wurde nach Kriegsausbruch interniert und konnte nach der Freilassung mit seiner Frau, der Schauspielerin Trude Kafka (Gertrude Burr, Trude Burg), nach New York flüchten. 1940 übersiedelte er nach Hollywood, stand als Treatment- und Drehbuchautor bei MGM, Columbia, King Brothers und Warner Brothers unter Vertrag und führte ab 1941 im *Aufbau* die Kolumne „Hollywood Calling – Hans Kafka Speaking". Von 1948 bis 1950 lebte Kafka in New York, anschließend kehrte er nach Los Angeles zurück. Später zu Fernsehen und Radio gewechselt, berichtete er ab 1958 für das New Yorker Magazin *Variety* aus Deutschland und Österreich, noch im selben Jahr verließ er die Vereinigten Staaten und remigrierte nach Deutschland. Hans Kafka schrieb das Libretto zu Zeisls Oper *Hiob* und übertrug Hugo F. Königsgartens Version von *Leonce und Lena* ins Englische.

**KANTOR, Friedrich (Bedrich, Ephraim)** (*1908 Wien, +1979 Wien), Schriftsteller und Journalist, übersiedelte 1922 mit der Familie nach Prag, dort veröffentlichte er im *Prager Tagblatt*, journalistisch arbeitete er in dieser Zeit auch für die Wiener Zeitung *Der Tag* und den *Prager Mittag*. 1930 erschien bei Zsolnay unter seinem Schriftstellernamen „Torberg" *Der Schüler Gerber hat absolviert*. Friedrich Torberg verkehrte im Kreis des Wiener Literaten-Café Herrenhof, eng verbunden war er dem „Hausdichter" des „Lieben Augustin" Peter Hammerschlag, für das Wiener „Jüdisch-Politische Kabarett", die „Literatur am Naschmarkt" oder das „ABC" schrieb er. 1938 nach Zürich geflüchtet, 1939 nach Paris, gelangte Friedrich Torberg 1940 von Paris nach Bordeaux, von dort über Spanien nach Portugal. Im Oktober 1940 kam er mit Hilfe des Emergency Rescue Committee nach New York, ein vom European Film Fund erwirkter Vertrag ermöglichte die Arbeit für Hollywood. Torberg schrieb für den *Aufbau* oder *Jewish Frontier*, an der University of California Los Angeles unterrichtete er. 1944 ging er nach New York, 1945 wurde er US-amerikanischer Staatsbürger. Friedrich Torberg stand der McCarthy-Politik nahe. 1951 kehrte er nach Wien zurück, arbeitete etwa für den *Kurier* oder die *Süddeutsche Zeitung* und edierte die Wiener Kulturzeitschrift *Forum*.

**KAUDER, Hugo** (*1888 Tobitschau, +1972 Bussum, Niederlande), Komponist, Instrumentalist und Musikschriftsteller, ging 1905 nach Wien, stand dort mit Egon Lustgarten und Karl Weigl in Verbindung, war von 1911 bis 1917 Geiger im Wiener Tonkünstler Orchester und von 1917 bis 1922 Bratschist im Gottesmann Quartett und war dem Wiener Musikleben als Autor der *Musikblätter des Anbruch* präsent. 1932 erschien Kauders *Entwurf einer neuen Melodie- und Harmonielehre*. 1928 Musikpreisträger der Stadt Wien, dort als freischaffender Komponist, Schriftsteller und Lehrer tätig, flüchtete Hugo Kauder 1938 in die Niederlande, 1940 nach England, schließlich in die Vereinigten Staaten. In New York unterrichtete er an der privaten Institution „The Music House", 1960 erschien *Counterpoint. An Introduction to Polyphonic Composition*. In Wien war Hugo Kauder Lehrer von Eric Zeisl und Julius Chajes.

**KÖNIGSGARTEN, Hugo Friedrich** (*1904 Brünn, +1975 London), Schriftsteller, wuchs in Berlin auf, studierte ab 1923 Literaturgeschichte in Jena, Wien, Berlin und Heidelberg, veröffentlichte 1928 eine Monographie über Georg Kaiser und lebte ab 1928 als freischaffender Schriftsteller in Berlin. Er verfasste Opernlibretti für Mark Lothar (*Tyll* 1928, *Lord Spleen* 1930) und Kinderopern. 1933 emigrierte Königsgarten nach Wien, wo er in der Kleinkunstszene tätig war und seit 1934 für den „Lieben Augustin" schrieb, dort auch mit Gerhart Herrmann Mostar zusammenarbeitete. Er flüchtete 1938 nach Großbritannien, unterrichtete vorerst an einer Knabenschule in Hampshire, von 1940 bis 1945 an der New College School in Oxford. Königsgarten selbst studierte am New College Oxford Literaturgeschichte und dissertierte im Jahr 1944. Von 1946 bis 1965 lehrte er Deutsch an der Westminster School und von 1965 bis 1973 deutsche Theatergeschichte an der University of Surrey, daneben hielt er Gastvorlesungen am King's College, Bedford College und Queen Mary College der Universität London. Hugo F. Königsgarten schrieb für die Londoner Exilbühne „Das Laterndl", in Wien verfasste er für Eric Zeisl das Buch zu *Leonce und Lena*.

**KOHNER, Friedrich (Frederick)** (*1905 Teplitz-Schönau, +1986 Los Angeles), Schriftsteller und Drehbuchautor, studierte an der Pariser Sorbonne und promovierte 1929 an der Universität Wien zur Frage *Ist Film Kunst?*. Unter dem Titel *Der deutsche Film* erschien die Abhandlung später in Buchform. Sein erster Roman *Fünf Zimmer in Hollywood* erschien 1930 in Berlin. Ab 1934 hielt Fritz Kohner sich in London auf, später in Hollywood, er schrieb für die *Los Angeles Times* und hielt Gastvorlesungen an den Filmabteilungen der University of California Los Angeles und an der University of Southern California. Seine Brüder Paul Kohner (1902–1988), Filmregisseur, Produzent, Literatur-, Theater- und Filmagent, und Walter Kohner (1914–1996), Filmkritiker, Schauspieler und Filmagent, waren ebenfalls für Hollywood tätig.

**KORNGOLD, Erich Wolfgang** (*1887 Brünn, +1957 Los Angeles), Komponist, wuchs in Wien auf, wo er von Robert Fuchs und Alexander Zemlinsky unterrichtet wurde. 1910 erregte seine von Zemlinsky orchestrierte Pantomime *Der Schneemann* Aufsehen, Triumph feierte er 1920 mit der Oper *Die tote Stadt*. 1921 gelangte Korngold als Dirigent an das Hamburger Stadttheater, 1927 erhielt er eine Professur an der Wiener Akademie für Musik und darstellende Kunst, 1930/31 leitete er dort eine Opernklasse. 1934 zur Bearbeitung von Felix Mendelssohn-Bartholdys *Ein Sommernachtstraum* für eine Verfilmung bei Warner Brothers unter Max Reinhardt und Wilhelm Dieterle in die Vereinigten Staaten gerufen, ließ Erich Wolfgang Korngold sich ein halbes Jahr in Hollywood nieder, reiste zurück nach Wien und folgte 1935/36 sowie 1936/37 weiteren Filmaufträgen. 1938 kehrte er von einer USA-Reise zur Vertonung von *The Adventures of Robin Hood* bis in das Jahr 1949 nicht mehr nach Europa zurück. Für Filme wie *Captain Blood* (1935), *Give Us This Night* (1936), *The Private Lives of Elizabeth and Essex* (1939), *Juarez* (1939), *The Sea Hawk* (1940), *King's Row* (1942) und *Of Human Bondage* (1946) schrieb er, für *Anthony Adverse* (1936) und *The Adventures of Robin Hood* (1938) erhielt er den Oscar. Neben Warner Brothers arbeitete Erich Wolfgang Korngold für Paramount, von 1939 bis 1941 war er am Max Reinhardt Workshop tätig. Der Kunstpreisträger der Stadt Wien kehrte zwischen 1949 und 1951 vorübergehend nach Europa zurück.

**KORNGOLD, Georg (George) Wolfgang** (*1928 Wien, +1987 Los Angeles), Music Editor, war der jüngere Sohn Erich Wolfgang Korngolds. Er verbrachte die Kriegsjahre in den Vereinigten Staaten, kehrte im Sommer 1949 nach Wien zurück und studierte an der Akademie für Musik und darstellende Kunst Musiktheorie und Harmonielehre. Ab 1951 hielt Georg Korngold sich wieder in Kalifornien auf. Als Music Editor arbeitete er bei Disney, später bei Warner Brothers und 20th Century Fox. In Partnerschaft mit dem Dirigenten Charles Gerhardt brachte er bei Radio Corporation of America ein Plattensortiment mit klassischen Filmkompositionen heraus. In Los Angeles war Georg Korngold Privatschüler von Eric Zeisl.

**KORNGOLD, Luise** („Luzi", geborene von Sonnenthal, *1900 Wien, +1962 Los Angeles), Pianistin, Filmschauspielerin und Schriftstellerin, Enkelin des Adolf Ritter von Sonnenthal, heiratete 1924 in Wien Erich Wolfgang Korngold. 1925 wurde den Korngolds Sohn Ernst (Ernest) Werner, 1928 Sohn Georg (George) Wolfgang geboren.

**KORNGOLD, Josefine** („Fina", geborene Witrofsky, 1874–1958), war die Mutter Erich Wolfgang Korngolds und die Frau des Feuilletons-Redakteurs und Musikreferenten der *Neuen Freien Presse* Leopold Julius Korngold (*1860 Brünn, +1945 Los Angeles).

**KRALIK, Heinrich** (*1887 Wien, +1965 Wien), Musikkritiker und Musikschriftsteller, übernahm 1912 das Musikreferat der *Wiener Zeitung*, in der Zwischenkriegszeit war er beim *Neuen Wiener Tagblatt* tätig. Ab 1945 leitete Kralik die Musikabteilung von Radio Wien und übte eine wichtige Funktion in der Etablierung Neuer Musik während der Nachkriegsjahre aus. Ab 1946 war Heinrich Kralik Musikkritiker für *Die Presse*.

**KRAMER, Fritz,** Pianist, war neben Hans Rexeis, Erich Abraham Collin, Harry Frommermann, Roman Cykowski und Rudolf Mayreder ein Mitglied der Comedy Harmonists, welche als Absplitterung der von den Nazis boykottierten Comedian Harmonists konzertierten. Kramer löste 1936 den Comedy Harmonists-Pianisten Erich Engel ab. Nach März 1938 flüchtete die Gruppe aus Österreich nach Zürich, gastierte in Südafrika, Südamerika, 1940 in den Vereinigten Staaten und anschließend in Australien. Das Ensemble löste sich 1941 auf. Fritz Kramer war Kinder- und Jugendfreund Gertrud Zeisls, er fädelte ein erstes Zusammentreffen zwischen ihr und Hilde Spiel ein.

**KRENEK, Ernst** (*1900 Wien, +1991 Palm Springs, California), Komponist und Schriftsteller, war Student Franz Schrekers in Wien und einer dessen Schüler in Berlin. Mit der „Jazzoper" *Jonny spielt auf* (1925/26) feierte er einen Welterfolg. 1928 kehrte Ernst Krenek nach Wien zurück, stand in Kontakt mit Karl Kraus und gründete mit Alban Berg, Rudolph Ploderer und Willi Reich die Musikzeitschrift *Dreiundzwanzig*. Die dodekaphonische Oper *Karl V.*, ein Auftragswerk der Wiener Staatsoper, war vom Komponisten als eine Art Festspiel zur Erneuerung Österreichs gedacht, er stellte das Werk als im Einklang mit der Idee eines „christlichen Universalreichs" heraus – ein Gedanke, den er in den Anfängen des Ständestaates durch diesen vertreten sah. Die Uraufführung von *Karl V.* wurde 1934 von der Heimwehr hintertrieben, in Deutschland stand Krenek mittlerweile auf der schwarzen Liste der Nazis. Nach dem „Anschluss" flüchtete er in die Vereinigten Staaten. Von 1939 bis 1942 unterrichtete Krenek am Vassar College in Poughkeepsie, New York, und hielt Gastvorlesungen an den Universitäten von Michigan und Wisconsin, von 1942 bis 1947 war er Professor of Music, Head of the Department of Music und Dean of the School of Fine Arts an der Hamline University in St. Paul, Minnesota. 1947 übersiedelte Ernst Krenek nach Los Angeles. Der europäischen Avantgarde stand er als Dozent der Darmstädter Ferienkurse nahe. Seit 1966 lebte er in Palm Springs.

**LERT, Richard** (*1886 Wien, +1980 Mountain View, California), Dirigent, war seit 1916 mit der Schriftstellerin Vicki Baum verheiratet. Er wirkte im Film *Serenade* (1956) auch als dirigierender Darsteller für Hollywood.

**LIEBERMANN, Rolf** (*1910 Zürich, +1999 Paris), Komponist und Intendant, war von 1937 bis 1938 in Budapest und Wien Hermann Scherchens Assistent. Durch die Arbeit mit dem 1937 von Scherchen initiierten Wiener Musica Viva–Orchester engagierte er sich bis zur Auflösung des Orchesters im März 1938 für stellungslose jüdische Musiker aus Deutschland. Kompositionsstudien brachten Liebermann ab

1940 zu Wladimir Vogel. Von 1945 bis 1950 war er Tonmeister bei Radio Zürich, von 1950 bis 1957 Leiter der Orchesterabteilung der Schweizerischen Rundfunkgesellschaft, von 1957 bis 1959 Leiter der Hauptabteilung Musik im Norddeutschen Rundfunk. Die Intendanz der Hamburgischen Staatsoper hatte Rolf Liebermann von 1959 bis 1973 inne.

**LOIBNER, Wilhelm** (*1909 Wien, +1971 Bad Hall), Dirigent, studierte bei Clemens Krauss und Franz Schmidt, war ab 1931 Korrepetitor und ab 1937 Kapellmeister an der Wiener Staatsoper. Nach dem Krieg unterrichtete Loibner an der Akademie für Musik und darstellende Kunst Wien. Er wollte *Leonce und Lena* noch vor März 1938 im Schönbrunner Schlosstheater bringen.

**LONDON (Burnstein), George** (*1920 Montréal, +1985 New York), Opernsänger, entstammte einer russisch-jüdischen Familie und lebte seit 1935 in Los Angeles. Dort war er Schüler Richard Lerts, Hugo Strelitzers und Nathan Stewarts. 1942 debütierte George London in Hollywood, ging zum Studium nach New York und kam 1949 nach Europa. Karl Böhm holte ihn an die Wiener Staatsoper.

**LOTHAR, Mark** (*1902 Berlin, +1985 München), Komponist, studierte bei Franz Schreker und Ermanno Wolf-Ferrari. 1933 rief ihn Max Reinhardt an das Deutsche Theater, 1934 kam er an das Preußische Staatstheater Berlin, dessen musikalischer Leiter er bis 1944 war. Seit 1945 war Mark Lothar am Bayrischen Staatstheater tätig, ab 1955 als freischaffender Komponist in München. Hugo F. Königsgarten verfasste für ihn das Libretto zu den Opern *Tyll* (1928) und *Lord Spleen* (1930).

**MAHLER-WERFEL, Alma Maria** (*1879 Wien, +1964 New York), Komponistin und Schriftstellerin, erhielt Unterricht bei Josef Labor und Alexander Zemlinsky. Sie heiratete 1902 Gustav Mahler, 1915 Walter Gropius und 1929 Franz Werfel, mit dem sie 1938 über Italien nach Frankreich, von dort 1940 in die Vereinigten Staaten emigrierte. 1947 kehrte Alma Mahler-Werfel für kurze Zeit nach Wien zurück, seit 1952 lebte sie in New York.

**MARX, Joseph Rupert Rudolf** (*1882 Graz, +1964 Graz), Komponist, Musikpädagoge und Publizist, konnte sich, wesentlich geprägt von Max Reger, Claude Debussy und Alexander Skrjabin, um 1910 hauptsächlich als Liedkomponist etablieren und schuf in weiterer Folge ein gattungsreiches Œuvre, welches von traditionalistischen Stilmerkmalen gekennzeichnet ist. 1914 wurde Joseph Marx an die Akademie für Musik und darstellende Kunst in Wien als Professor für Komposition, Harmonielehre und Kontrapunkt berufen, mit einer Unterbrechung zwischen 1932 und 1934 war er der Wiener Akademie bis 1952 auch als Leiter und Rektor verbunden. Von 1946 bis 1957 war Marx Honorarprofessor am musikwissenschaftlichen Institut der Universität Graz. Er veröffentlichte musiktheoretische Lehrwerke. In seinen Schriften und Rezensionen positionierte Joseph Marx sich in polemisierender Abwehrhaltung gegenüber der Moderne. Von 1931 bis 1938 schrieb er im *Neuen Wiener Journal*, von 1945 bis 1954 in der *Wiener Zeitung*. Marx bekleidete von 1930 bis 1938 und von 1947 bis 1964 das Amt des Präsidenten des Österreichischen Komponistenbunds, in den vierziger und fünfziger Jahren galt er als der meistaufgeführte lebende Komponist Österreichs. Für kurze Zeit war Eric Zeisl sein Schüler.

**MENDELSSOHN, Peter de** (*1908 München, +1982 München), Schriftsteller und Journalist, war nach dem Abitur Redakteur beim *Berliner Tagblatt*, verließ Deutschland im Jahr 1933 und flüchtete über Paris und Wien nach London, wo er von 1938 bis 1945 und zwischen 1948 und 1970 lebte. Peter de Mendelssohn war mit Hilde Spiel verheiratet, die Kinder Christine und Anthony Felix gingen aus dieser Verbindung hervor. De Mendelssohn war ab 1945 Mitglied der britischen Kontrollkommission in Düsseldorf, an der amerikanischen Nachrichtenkontrolle und an der Gründung mehrerer Zeitungsorgane war er beteiligt. Zwischen 1950 und 1970 arbeitete er als Hörfunk-Korrespondent für den Bayrischen Rundfunk, 1970 übersiedelte er nach München.

**MENUHIN, Yaltah** (1921–2001), Pianistin, Schwester Jehudi Menuhins, lebte während der fünfziger Jahre in Los Angeles, wo sie als Interpretin zeitgenössischer Werke eine wichtige Rolle spielte. 1951 feierte sie in New York ihr Duo-Debüt mit dem Geiger Israel Baker. Gemeinsam mit Baker spielte Menuhin 1950 die Uraufführung von Zeisls *Brandeis Sonata*.

**MILHAUD, Darius** (*1892 Aix-en-Provence, +1974 Genf), Komponist, entstammte einer traditionsbewussten, jüdisch-provenzalischen Familie und nahm 1909 am Pariser Conservatoire seine Studien bei André Gédalge, Paul Dukas, Charles-Marie Widor und Vincent d'Indy auf. Mit dem Dichter Paul Claudel war er befreundet und hielt sich von 1916 bis 1918 mit ihm während dessen Zeit als Attaché in Rio de Janeiro auf. Nach Paris zurückgekehrt, stand Milhaud dem Kreis um Jean Cocteau nahe und trat der Groupe des Six bei. In seinem Schaffen reflektierte er unter anderem neoklassizistische Tendenzen, Einflüsse des Jazz oder auch seine jüdische Herkunft. Mit seiner Frau Madeleine verließ er 1940 Frankreich und emigrierte in die Vereinigten Staaten, am Mills College in Oakland unterrichtete er Komposition. Darius Milhaud kehrte 1945 nach Europa zurück und lebte abwechselnd in den Vereinigten Staaten und in Frankreich. Er unterrichtete auch am Pariser Conservatoire.

**MILHAUD, Madeleine** (*1902 Paris, +2008 Paris), Librettistin, Autorin und Schauspielerin, heiratete Darius Milhaud im Jahr 1925. 1938 verfasste sie das Libretto für Milhauds Oper *Médée*, 1943 schrieb sie nach Jules Supervielles Vorlage das Opernlibretto zu *Bolivar*. 1930 wurde den Milhauds Sohn Daniel geboren.

**MITTLER, Fran**z (*1893 Wien, +1970 München), Pianist, Komponist und Dichter, war Schüler des Pianisten Theodor Leschetizky und der Komponisten Richard

Heuberger und Karl Prohaska. Er avancierte in der Zwischenkriegszeit zum gesuchten Liedbegleiter in Wien und war zwischen 1930 und 1936 neben Otto Janowitz und Georg Knepler einer der Begleiter Karl Kraus' bei dessen Offenbach-Lesungen. 1938 flüchtete Franz Mittler über die Niederlande in die Vereinigten Staaten, führte mit David Hirschberg den Verlag Musicord und gehörte von 1943 bis 1963 dem First Piano Quartet an. 1964 übersiedelte er nach Siegsdorf in Bayern, 1965 bis 1967 war er Begleiter im Rahmen der Salzburger Sommerakademie. Bekannt war Franz Mittler auch als Dichter von Schüttelreimen.

**MOENIUS, Georg** (*1890 Adelsdorf, +1953 München), Priester und Publizist, 1915 zum Priester geweiht, kam auf Grund von Sympathiebekundungen für den Pazifisten Friedrich Wilhelm Foerster in Zwist mit der katholischen Kirche. 1924 wurde er „beurlaubt". Von 1926 bis 1927 arbeitete Moenius für die 1925 erstmals erschienene Wiener katholische Zeitschrift *Die Schönere Zukunft*, 1928 kaufte er die katholisch-konservative Münchner Wochenschrift *Allgemeine Rundschau*. Nach nationalsozialistischer Machtergreifung flüchtete Georg Moenius im März 1933 in die Schweiz, hielt sich in Rom und 1935 hauptsächlich in Wien auf, wo er Kontakte zu Karl Kraus, Ernst Karl Winter, Ernst Krenek und den Kreis um die Zeitschrift *Der Christliche Ständestaat* pflegte. Nach dem „Anschluss" gelangte Moenius nach Frankreich, von Portugal aus erreichte er 1940 das amerikanische Exil, wo er bis 1943 als Seelsorger an der Saint James' Cathedral in Seattle, Washington, tätig war. Ab Dezember 1944 wohnte Georg Moenius in Los Angeles. Eng befreundet war er mit Alma Mahler-Werfel und Franz Werfel, auf Eric Zeisl stieß er in Paris.

**MORINI, Erica** (*1904 Wien, +1995), Geigerin, wurde zunächst von ihrem Vater Oscar Morini, später von Otakar Ševčík an der Wiener Akademie für Musik und darstellende Kunst unterrichtet. Morini debütierte 1917 unter Arthur Nikisch in Berlin, 1921 in New York.

**MORROS, Boris Michailowitsch** (*1891 St. Petersburg, +1963 New York), Produzent und Komponist, war musikalischer Leiter zahlreicher Hollywood-Produktionen wie etwa des Western-Klassikers *Ringo* (1939) unter der Regie John Fords. Bei Paramount Pictures war Boris Morros Musikdirektor.

**PISK, Paul Amadeus** (*1893 Wien, +1990 Los Angeles), Komponist, Musikwissenschaftler und Pianist, studierte bei Franz Schreker und Arnold Schönberg und promovierte bei Guido Adler an der Universität Wien. Nach Engagements als Theaterkapellmeister wirkte er von 1918 bis 1921 als Sekretär von Schönbergs Verein für musikalische Privataufführungen, mit Alban Berg und Anton Webern stand er in engem Kontakt. Mit Paul Stefan edierte Pisk die *Musikblätter des Anbruch*, von 1921 bis 1934 war er Musikkritiker der *Wiener Arbeiterzeitung*, 1922 Gründungsmitglied der Internationalen Gesellschaft für Neue Musik. Zusätzlich wirkte er in Wien als Pädagoge an der Volkshochschule Wien, am Neuen Wiener Konservatorium und am

Austro-Amerikanischen Konservatorium in Mondsee. 1936 in die Vereinigten Staaten übersiedelt, führte Paul Amadeus Pisk die Lehrtätigkeit dort fort: 1937 in Camp Oquago, New York, von 1937 bis 1951 an der University of Redlands California, von 1951 bis 1963 an der University of Texas in Austin und von 1963 bis 1972 an der Washington University St. Louis.

**POLGAR (Polak), Alfred** (*1873 Wien, +1955 Zürich), Schriftsteller, 1895 Redakteur der *Wiener Allgemeinen Zeitung*, seit 1905 Mitarbeiter der Berliner *Schaubühne*, profilierte sich auch als Kabarett-Schreiber, war von 1925 bis 1933 Theaterkritiker der *Weltbühne* in Berlin und Mitarbeiter beim *Berliner Tagblatt*. Im März 1933 flüchtete Polgar über Prag nach Wien, 1938 nach Zürich, dann nach Paris, 1940 nach Marseille. Von dort 1940 mit Hilfe des Emergency Rescue Committee über Spanien in die Vereinigten Staaten gelangt, hielt er sich über einen MGM-Halbjahresvertrag in Hollywood auf, später in New York. Polgar schrieb für den *Aufbau*. 1949 kehrte er nach Europa zurück und lebte meist in Zürich.

**PORGES, Friedrich (Frederick)** (*1890 Wien, +1978 Los Angeles), Schriftsteller und Journalist, war unter anderem Redakteur für *Die Zeit* und *Die Bühne*, seit 1926 edierte er die Wochenzeitschrift *Mein Film. Illustrierte Film- und Kinorundschau*. Als Dramaturg und Drehbuchautor stand Porges bei Sascha-Meßter-Film in Wien unter Vertrag. Seit 1931 verfasste er Hörspiele, ebenso war er Autor von Lustspielen und Romanen. 1938 über Zürich nach London geflüchtet, erreichte Friedrich Porges 1943 Hollywood, dort arbeitete er für den *Aufbau*. 1944 verfasste er die deutschsprachigen Versionen für die Disney-Trickfilme *Fantasia*, *Saludos Amigos* und *Bambi*. Nach 1945 war Porges Hollywood-Korrespondent für Österreich, die Schweiz und Deutschland.

**PREMINGER, Ingo (Ingwald)** (*1911 Czernowitz, +2006 Los Angeles), Rechtsanwalt, Agent und Produzent, war der jüngere Bruder des Filmregisseurs, Schauspielers und Produzenten Otto Preminger (*1905 Wien, +1986 New York). In Wien war Ingo Preminger als Rechtsanwalt tätig, nach dem „Anschluss" flüchtete er in die ehemalige Tschechoslowakei und gelangte in die Vereinigten Staaten. In New York war er als Agent für Bühne, Film und Fernsehen gefragt, ab 1947 hielt er sich in Hollywood auf. Preminger unterstützte während der McCarthy-Ära auf der „black list" stehende Filmleute, als Produzent war er vor allem in den siebziger Jahren erfolgreich (*M\*A\*S\*H*, *Top Secret* oder *The Last of the Cowboys*).

**RAPÉE, Ernö** (*1891 Budapest, +1945 New York), Komponist, Pianist und Dirigent, studierte in Budapest und war Assistent Ernst von Schuchs in Dresden. In den Vereinigten Staaten war Rapée Direktor des New Yorker Capitol Theatre Orchestra, in Philadelphia dirigierte er das Orchester des Fox Theatre. Zurück in Europa arbeitete er in Berlin am UFA-Theater, 1926 kehrte er wieder in die Vereinigten Staaten und war ab 1932 Musikdirektor und Chefdirigent des Radio City Music Hall Symphony Orchestra in New York. Er förderte Zeisls Orchesterwerk.

**REINER, Fritz (Frederick Martin)** (*1888 Budapest, +1963 New York), Dirigent, war an der Budapester Volksoper und an der Dresdner Staatsoper tätig und lebte ab 1922 in den Vereinigten Staaten. Von 1922 bis 1931 stand er dem Cincinnati Symphony Orchestra, von 1938 bis 1948 dem Pittsburgh Symphony Orchestra vor. Später dirigierte er an der Metropolitan Opera in New York. Fritz Reiner unterrichtete am Curtis Institute of Music in Philadelphia, zu seinen Studierenden zählten etwa Leonard Bernstein und Lukas Foss. Von 1953 bis 1963 war Reiner Chefdirigent des Chicago Symphony Orchestra.

**ROEMHELD, Heinz Eric** (*1901 Milwaukee, Wisconsin, +1985 Huntington Beach, California), Komponist, war Sohn deutscher Immigranten und ging 1920 zum Studium nach Berlin. Zurück in den Vereinigten Staaten arbeitete Roemheld vorerst als Pianist und Dirigent in der Stummfilmszene, nach neuerlichem Europa-Aufenthalt startete er in Hollywood seine Komponistenlaufbahn. Er schrieb etwa an *Gone With The Wind* (1939). Universal Studios, Paramount, Warner Brothers beschäftigen ihn ebenso wie später MGM oder 20th Century Fox.

**RONA, Lilly Alice** (*1893 Wien), Dichterin und Bildhauerin, war Mitglied des Segantinibunds und in Wien nach der Studienzeit bei Gustinus Ambrosi vielgesuchte Portraitistin. Die letzte einer lebenden Künstlerin gewidmete Ausstellung der Wiener Galerie Neumann & Salzer galt im Februar 1937 ihrem Schaffen. Lilly Rona verließ Österreich 1938, 1942 heiratete sie in New York den exilierten österreichischen Physiker Felix Ehrenhaft (*1879 Wien, +1952 Wien).

**ROTHSCHILD, Fritz** (*1891 Köln, +1975 Lugano), Geiger, war Schüler Otakar Ševčíks an der Wiener Akademie für Musik und darstellende Kunst und als Zweiter Konzertmeister im Orchester des Wiener Konzertvereins, als Mitglied des 1913 gegründeten Quartetts um Adolf Busch und ab 1914 als Erster Konzertmeister des Wiener Tonkünstler Orchesters dem Wiener Musikleben präsent. Interesse erweckte Rothschild in den dreißiger Jahren durch eine Grammophonplattenserie mit Einspielungen, zu welchen durch einzeln ausblendbare Stimmen aktives Mitspielen möglich war. Rothschild flüchtete in die Vereinigten Staaten, 1965 kehrte er nach Europa zurück.

**SALMHOFER, Franz** (*1900 Wien, +1975 Wien), Komponist und Operndirektor, studierte bei Franz Schreker, Franz Schmidt und Guido Adler. Salmhofer war von 1945 bis 1954 Direktor der Wiener Staatsoper, von 1956 bis 1963 Direktor der Wiener Volksoper. Er prägte in der Nachkriegszeit wesentlich die Qualität der Staatsopernaufführungen.

**SALZER, Lisel (Alice)** (*1906 Wien, +2005 Seattle), Malerin, studierte bei Hermann Grom-Rottmayer und Ferdinand Kitt, hielt sich 1928 in Paris auf und war Mitglied der Malklasse von André Lhote. In Wien stellte sie im Hagenbund, in der Secession und in der Galerie Würthle aus, vor allem das Umfeld der Wiener Secession prägte ihre künstlerische Ausrichtung. Stilistisch vertrat sie zurückhaltenden, moderaten Expressionismus. In ihrer Tätigkeit war Salzer neben Florian Kitt von Josef Dobrowsky und Sergius Pauser beeinflusst, mit beiden stand sie auch während ihrer Sommeraufenthalte in St. Wolfgang zwischen 1932 und 1936 in Verbindung. Die Malerin flüchtete 1939 über Paris nach New York, 1942 heiratete sie den Arzt Friedrich Grossmann. In New York wandte die Portraitistin sich der künstlerischen Auseinandersetzung mit Limoges-Emailtechnik zu. Nach Aufenthalten in Arizona 1948 und in San Francisco 1949 übersiedelte Lisel Salzer 1950 nach Seattle, Washington. Sie kehrte 1954 erstmals wieder nach Europa zurück.

**SCHLEE, Alfred** (*1901 Dresden, +1999 Wien), Musikverleger, studierte Musikwissenschaft, Klavier, Violoncello und Musiktheorie in München, war nach dem Studium Klavierbegleiter von Mary Wigman und Yvonne Georgi und schrieb Rezensionen zur Avantgarde-Tanzszene. Nach der Tätigkeit als Dramaturg wurde Alfred Schlee Mitarbeiter der Universal Edition als deren Berlin-Repräsentant. Von 1938 bis 1945 arbeitete er in der Wiener Verlagsniederlassung, von 1945 bis 1985 war er deren Leiter. Schlee war in der Nachkriegszeit maßgeblich am Ausbau der Universal Edition als weiterhin bedeutende Vertretung der Moderne beteiligt, gemeinsam mit Ernst Hartmann leitete er die Geschicke des Verlagshauses.

**SCHNITZLER, Heinrich** (*1902 Hinterbrühl, +1982 Wien), Schauspieler und Regisseur, Sohn Arthur Schnitzlers, flüchtete 1938 in die Vereinigten Staaten, lehrte dort von 1942 bis 1956 Schauspielkunst, Regie und Theatergeschichte und führte selbst Regie. 1957 kehrte Heinrich Schnitzler nach Österreich zurück. Olga Schnitzler (geborene Gussmann, *1882 Wien, +1970), war von 1903 bis 1921 mit Arthur Schnitzler verheiratet. Mit ihm hatte sie die Kinder Heinrich und Lili.

**SCHÖNBERG, Arnold** (*1874 Wien, +1951 Los Angeles), Komponist, entwickelte nach der Phase a-tonikalen Komponierens bzw. Komponierens in freier Atonalität seine „Methode der Komposition mit zwölf nur aufeinander bezogenen Tönen", die er zu Beginn der zwanziger Jahre erstmals auch im Werk festsetzte. Seit 1904 zählten Alban Berg und Anton Webern zu seinen Schülern, später kamen etwa Hanns Eisler, Rudolf Kolisch oder Karl Rankl hinzu. 1918 gründete Arnold Schönberg in Wien den Verein für musikalische Privataufführungen, mit dem er neue Standards in der Proben- und Aufführungstätigkeit setzte. Nach dem Tod seiner Frau Mathilde (Zemlinsky) heiratete er 1924 Gertrud Kolisch, 1925 wurde er in Ferruccio Busonis Nachfolge zum Leiter einer Kompositionsklasse an die Preußische Akademie der Künste in Berlin berufen, 1926 zog er nach Berlin. In Paris zum Judentum zurückgekehrt, verließ Arnold Schönberg mit seiner Frau und der 1932 in Barcelona geborenen Tochter Nuria Europa, unterrichtete vorerst am Malkin Conservatory in Boston und übersiedelte 1934 nach Los Angeles, wo er nach Vorträgen an der University of Southern California ab 1936 an der University of California Los Angeles unterrichtete.

In Brentwood Park, West Los Angeles, ließ er sich nieder. 1941 erhielten Arnold, Gertrud und Nuria Schönberg (Schoenberg) die amerikanische Staatsbürgerschaft, 1937 wurde Sohn Ronald, 1941 Sohn Lawrence geboren.

**SCHUH, Oscar Fritz** (*1904 München, +1984 Großgmain), Regisseur und Theaterdirektor, studierte in München Philosophie und Kunstgeschichte, war in Deutschland und am Deutschen Theater in Prag, in Wien an der Staatsoper und am Burgtheater als Regisseur tätig und übernahm von 1953 bis 1958 die Leitung des Berliner Theaters am Kurfürstendamm. 1959 wechselte er nach Köln, von 1963 bis 1968 war er Intendant am Deutschen Schauspielhaus in Hamburg und anschließend freier Regisseur an verschiedenen Spielstätten. Regelmäßig wirkte Schuh im Rahmen der Salzburger Festspiele. Als Opernregisseur widmete er sich vor allem dem Werk Mozarts, mit Caspar Neher, Josef Krips und Karl Böhm etablierte er den „Wiener Mozart-Stil".

**SCHWARZ, Melanie (Mela)** (*1888 Wien, +1976 Los Angeles), Schauspielerin, Schwester Ilona Jellineks und Tante Gertrud Zeisls, war am Münchner Theater tätig und dort 1917 in der Premiere von Lion Feuchtwangers *Jud Süß* (Theaterfassung) erfolgreich. Als Film-Darstellerin spielte sie etwa in den österreichischen Produktionen *Zweierlei Blut* (1912) oder *Der Glücksschneider* (1916) nach dem Drehbuch Felix Saltens. Deutsche Produktionen waren Franz Ostens Klischeefilme *Am Weibe zerschellt* (1919) oder *Aus Liebe gesündigt* (1919). Melanie Schwarz emigrierte nach England, später in die Vereinigten Saaten.

**SEEFEHLNER, Hugo Egon** (*1912 Wien, +1997 Wien), Jurist, Musikmanager und Intendant, studierte Jus, wurde 1945 zum Kulturreferenten der Österreichischen Volkspartei und zum Chefredakteur der Zeitschrift *Der Turm*. Er bekleidete die Funktionen des Generalsekretärs der Wiener Konzerthaus Gesellschaft (1946–1961), des stellvertretenden Direktors der Wiener Staatsoper (1954–1961) und des Direktors der Wiener Staatsoper (1976–1982) und (1984–1986). Er war stellvertretender Intendant (1961–1972) bzw. Generalintendant (1972–1976) der Deutschen Oper Berlin.

**SHILKRET, Nathaniel** (*1895 New York, +1982 New York), Komponist und Dirigent, Sohn einer österreich-jüdischen Immigrantenfamilie, war Director of Light Music für Victor Talking Machine Company (später RCA Victor) und dirigierte 1928 die erste Einspielung von George Gershwins *An American in Paris*. Seine bekannteste Komposition ist *The Lonesome Road* aus dem Film *Show Boat* (1929). 1935 übersiedelte Shilkret nach Los Angeles, arbeitete für MGM und RKO und schrieb auch für *Shall We dance?* (1937; mit Fred Astaire). Nach der Tätigkeit in der Filmbranche wechselte Nathaniel Shilkret zu CBS network. Über sein *Genesis*-Projekt bat er 1945 Arnold Schönberg, Alexandre Tansman, Darius Milhaud, Mario Castelnuovo-Tedesco, Ernst Toch und Igor Strawinsky um Kompositionsbeiträge. Mit Eric Zeisl arbeitete Shilkret in Hollywood etwa an den Filmen *Above Suspicion* (1943) und *Hitler's Madman* (1943).

**SIEPI, Cesare** (*1923 Mailand), Sänger, flüchtete nach seinem Debüt im Jahr 1941 als Gegner des italienischen Faschismus in die Schweiz, seine internationale Karriere startete er mit den 1950 beginnenden Engagements an der Metropolitan Opera in New York. 1953 debütierte Siepi bei den Salzburger Festspielen, vor allem die Titelrolle des *Don Giovanni* bestimmte sein Künstlerprofil. Regelmäßig gastierte er an der Wiener Staatsoper. Wilhelm Furtwängler, Josef Krips und Erich Kleiber waren ihm wichtige Dirigenten.

**SITTNER, Hans** (*1903 Linz, +1990 Wien), Musikerzieher, Musikschriftsteller und Pianist, war nach Kriegsende als Leiter der Abteilung für allgemeine Hochschulangelegenheiten im Unterrichtsministerium am Wiederaufbau des österreichischen Hochschulwesens beteiligt. Er leitete von 1946 bis 1971 (ab 1949 als Präsident) die Wiener Akademie für Musik und darstellende Kunst. Unter der Widmung „Meinem verehrten Lehrer zum neunzigsten Geburtstag" publizierte Hans Sittner 1965 die biographische Schrift *Richard Stöhr. Mensch/Musiker/Lehrer*.

**SMOLLETT, Peter** (Journalist), war in Wien vormals bekannt als Hans Peter Smolka und arbeitete im englischen Exil unter dem Namen „Smollett" für den *Daily Express* und die Londoner *Times*. In London stand er in engem Kontakt zu Hilde Spiel und Peter de Mendelssohn. Zurück in Europa änderte Peter Smollett den neuen Namen wieder zum alten, er verstarb in Wien.

**SPIELMANN, Fritz (Fred Spielman)** (*1906 Wien, +1997 New York), Komponist, Pianist und Sänger, studierte bei Joseph Marx und war 1931/32 „Hauskomponist" und Pianist der ersten fünf Programme des „Lieben Augustin", anschließend Pianist und Sänger im Nachtclub „Fiaker", wo er auch eigene Schlager brachte. 1938 flüchtete Spielmann nach Paris, 1939 über Kuba in die Vereinigten Staaten. In New York agierte er mit Exilanten wie Hermann Leopoldi, Karl Farkas oder Jimmy Berg. In der Unterhaltungsbranche konnte Fritz Spielmann sich etablieren, in Hollywood wurde er zum gefragten Film- und TV-Komponisten. Ab 1970 war er auch wieder in Wien tätig.

**STEARNS, Curtis**, Dirigent, leitete am 22. Mai 1955 im Rahmen des „Festival Concert of Works by Eric Zeisl" im West Hollywood County Auditorium in Los Angeles Teile der *Suite Antique* (*The Return of Ulysses*) mit The Beach Cities Symphony.

**STEFAN (Grünfeld), Paul** (*1879 Brünn, +1943 New York), Musikschriftsteller und Komponist, studierte Philosophie, Kunst- und Musikgeschichte an der Universität Wien, bei Hermann Grädener und Arnold Schönberg studierte er Komposition. Stefan publizierte eine Vielzahl musikhistorischer Abhandlungen (etwa *Gustav Mahler* 1910, *Geschichte der Wiener Oper* 1919, *Arnold Schönberg* 1924), war 1922 Mitbegründer der Internationalen Gesellschaft für Neue Musik und hatte vor allem als Herausgeber der *Musikblätter des Anbruch* eine wichtige Funktion für die Wiener

Musik-Avantgarde, zusätzlich war er Musikkritiker für *Die Stunde, Die Bühne* und die *Neue Zürcher Zeitung*. Am Reinhardt-Seminar unterrichtete er. 1938 flüchtete Stefan in die Schweiz (in der *Stunde* publizierte er anti-nationalsozialistische Artikel), gelangte nach Paris, Marseille, Lissabon und kam 1941 in die Vereinigten Staaten.

**STEIN, Erwin** (*1885 Wien, +1958 London), Musikschriftsteller und Dirigent, studierte Musikwissenschaft an der Universität Wien und Musiktheorie bei Arnold Schönberg, nach Auslandstätigkeit als Korrepetitor und Kapellmeister wirkte er von 1920 bis 1922 in der Organisation Schönbergs Verein für musikalische Privataufführungen, als Dirigent nahm er sich der Moderne an und leitete von 1930 bis 1934 den Arbeitergesangverein Freie Typographia. Erwin Stein war bei der Wiener Universal Edition beschäftigt, mit der Gründung und Herausgabe der über diesen Verlag vertriebenen Fachzeitschrift *Pult und Taktstock* setzte er Impulse. Seine Abhandlung „Neue Formprinzipien", 1924 im *Anbruch*-Sonderheft zu Schönbergs fünfzigstem Geburtstag erschienen, gilt als die erstveröffentlichte Darstellung der „Methode der Komposition mit zwölf nur aufeinander bezogenen Tönen". 1938 flüchtete Erwin Stein nach London, wo er sich im Verlagshaus Boosey & Hawkes für das Werk Mahlers, Schönbergs, Brittens, Bergs und Weberns einsetzte.

**STEINER, Maximilian Raoul** (*1888 Wien, +1971 Los Angeles), Dirigent und Komponist, war als Jugendlicher bereits erfolgreicher Operettenkomponist, zwischen 1904 und 1914 reiste er als Dirigent von Opern, Operetten und Shows durch Europa, 1914 gelangte er in die Vereinigten Staaten. Vorerst Arrangeur und Dirigent am Broadway, wurde Steiner 1929 in Hollywood Leiter der Gesellschaft Radio Keith Orpheum (RKO) Radio Pictures, von 1936 bis 1953 arbeitete er für Warner Brothers. Max Steiner komponierte zu Filmen wie *King Kong* (1933), *Gone With The Wind* (1939) oder *Casablanca* (1942) und galt mit Korngold als der arriviertste Hollywood-Komponist.

**STEININGER, Franz** (+1974 Wien), Dirigent, emigrierte 1935 in die Vereinigten Staaten und arbeitete von 1935 bis 1960 als Show- und Light-Opera-Kapellmeister. Er kehrte nach Wien zurück. In Hollywood dirigierte er 1945 die von Zeisl arrangierte Tschaikowsky-Operette *Song Without Words*.

**STIEDRY, Fritz** (*1883 Wien, +1968 Zürich), Dirigent, war auf Gustav Mahlers Empfehlung Assistent von Ernst von Schuch in Dresden und nach verschiedenen Stationen von 1914 bis 1923 Erster Kapellmeister an der Berliner Hofoper und 1924/25 in der Nachfolge Felix Weingartners Direktor der Wiener Volksoper. Er stand dem Schönberg-Kreis nahe und leitete Arbeitersinfoniekonzerte. 1929 wurde Stiedry nach Bruno Walter Leiter der Städtischen Oper Berlin-Charlottenburg, im Jahr 1933 dort entlassen, war er bis 1937 in der Sowjetunion (u.a. mit der Leningrader Philharmonie) tätig und flüchtete 1938 in die Vereinigten Staaten, wo er von 1946 bis 1960 an der Metropolitan Opera in New York dirigierte.

**STOKOWSKI, Leopold** (*1882 London, +1977 Nether Wallop, Hampshire), Dirigent und Arrangeur, arbeitete mit dem Cincinnati Symphony Orchestra, dem Philadelphia Orchestra, dem NBC Symphony Orchestra, dem Hollywood Bowl Symphony Orchestra, der Symphony of the Air und gründete das New York City Symphony Orchestra und das American Symphony Orchestra. Zu Walt Disneys *Fantasia* dirigierte Stokowski das Philadelphia Orchestra.

**STÖHR (Stern), Richard Franz** (*1874 Wien, +1967 Montpellier), Komponist, Musikpädagoge und Musikschriftsteller, studierte Medizin, später Komposition bei Robert Fuchs und belegte ebenso die Fächer Orgel und Klavier. 1900 bis 1904 war Stöhr Korrepetitor und von 1904 bis 1908 Lehrer für praktische Musiklehre am Wiener Konservatorium. Von 1908 bis 1938 unterrichtete er an der Akademie für Musik und darstellende Kunst in Wien, 1924 dort zum Dozenten für Theorie ernannt, 1929 dem Hauptfach Didaktik des musikalisch-theoretischen Unterrichts zugeteilt, wurde er im März 1938 seiner Position an der Akademie enthoben. Richard Stöhr flüchtete in die Vereinigten Staaten, wo er von 1939 bis 1941 Lehrer am Curtis Institute of Music in Philadelphia und von 1941 bis 1950 Lehrer für Musik und Deutsch am St. Michael's College in Winooski Park, Vermont, war. Anfang der vierziger Jahre hielt er Sommerkurse am Cincinnati Conservatory of Music. Neben gattungsreicher Kompositionstätigkeit publizierte Richard Stöhr Lehrbücher zur Musiktheorie. In Wien war er Eric Zeisls Lehrer.

**STRAWINSKY, Igor** (*1882 Oranienbaum/St. Petersburg, +1971 New York), Komponist, übersiedelte 1920 nach Frankreich und wurde 1934 französischer Staatsbürger. 1939 hielt er Vorlesungen über *Poétique musicale* an der Harvard University und blieb in den Vereinigten Staaten, 1940 heiratete er in zweiter Ehe Vera de Bosset, beide ließen sich in Kalifornien nieder. Mit Franz Werfel und Alma Mahler-Werfel, Mario Castelnuovo-Tedesco, Nadja Boulanger, Alexandre Tansman, Nicolas Nabokov oder Ernst Krenek stand Strawinsky unter anderem in Los Angeles in Kontakt, befreundet war er auch mit Eric Zeisl. 1945 erhielt er die amerikanische Staatsbürgerschaft, 1948 begann die wichtige Freundschaft mit Robert Craft. Erstmals wieder in Europa war Igor Strawinsky im Jahr 1951, 1969 übersiedelte er nach New York.

**STRELITZER, Hugo** (*1896), Dirigent und Gesangspädagoge, unterrichtete vor dem Krieg in seiner Heimat Deutschland an der Opernschule der Berliner Musikakademie. Als Leiter des Opera Workshop am Los Angeles City College setzte er diese Tätigkeit im Exil fort, 1937 gründete er am City College das erste „state and city supported opera studio" und leistete Pionierarbeit auf dem Gebiet der Opernschule und Sängerausbildung. Hugo Strelitzer war ab 1936 auch für die Opernproduktionen in der Hollywood-Bowl verantwortlich, am Los Angeles City College produzierte er 1952 die Uraufführung von Eric Zeisls *Leonce and Lena*.

**STUCKENSCHMIDT, Hans Heinz** (*1901 Straßburg, +1988 Berlin), Musikwissenschaftler, Musikkritiker und Komponist, agierte als Fürsprecher der Avantgarde, leitete 1923/24 mit Josef Rufer den Zyklus „Neue Musik" in Hamburg, 1927/28 die Konzerte der Berliner Novembergruppe. 1929 wurde Hans Heinz Stuckenschmidt Kritiker der *Berliner Zeitung am Mittag*. 1934 auf Grund seines Engagements für zeitgenössische Musik und für jüdische Musiker in Deutschland mit Schreibverbot belegt, 1942 eingezogen, geriet er nach Kriegsende in amerikanische Kriegsgefangenschaft. Nach seiner Rückkehr wurde Stuckenschmidt zum Leiter der Abteilung „Neue Musik" beim Berliner „Rundfunk im amerikanischen Sektor" (RIAS), er war als Musikkritiker für *Die Neue Zeitung* tätig, edierte mit Josef Rufer die Zeitschrift *Stimmen* und unterrichtete Musikgeschichte an der Technischen Universität Berlin. Ab 1957 war er für die *Frankfurter Allgemeine Zeitung* tätig. Stuckenschmidt veröffentlichte 1951 eine Biographie zu Arnold Schönberg.

**TANSMAN, Alexandre** (*1897 Łódź, +1986 Paris), Komponist und Pianist, studierte am Konservatorium in Łódź und promovierte in Rechtswissenschaft an der Warschauer Universität. Als Kompositions-Preisträger Polens ging er 1919 nach Paris, dort unterstützten ihn Maurice Ravel und Albert Roussel. Pianistisch konzertierte er unter anderem 1927/28 in den Vereinigten Staaten mit seinem Charlie Chaplin gewidmeten *Zweiten Klavierkonzert* unter Serge Koussevitzky und dem Boston Symphony Orchestra. Mit Ausbruch des Zweiten Weltkriegs flüchtete Alexandre Tansman, mittlerweile französischer Staatsbürger, über Lissabon in die Vereinigten Staaten. In Hollywood schrieb er Filmpartituren etwa für *Flesh and Fantasy* (1943), *Since You Went Away* (1944) oder *Destiny* (1944). Der 1945 erschienene Film *Paris Underground* brachte ihm 1946 die Nominierung für den Academy Award zur besten Musik. 1946 verließ Tansman die Vereinigten Staaten und kehrte nach Paris zurück. Eric Zeisl widmete ihm seine *Brandeis Sonata* für Violine und Klavier.

**THORN, Friedrich Adrien** (*1908 Wien, +2002 London), Chemiker und Journalist, entstammte einer sozialdemokratischen Familie, studierte Chemie und arbeitete als Industrietechniker. Er war – in Wien Vertrauter Friedrich Torbergs und Hilde Spiels und einer der Stammgäste im Literaten-Café Herrenhof – als Journalist tätig, flüchtete 1938 von Österreich nach Nizza, diente freiwillig der französischen Armee, geriet in Kriegsgefangenschaft der Deutschen, kam frei und bewegte sich mit selbstgefälschten Papieren im besetzten Südfrankreich. Nach dem Krieg erreichte Thorn London, dort war er Reiseleiter, Übersetzer und schließlich Kultur- bzw. Theaterkorrespondent für die *Süddeutsche Zeitung* bzw. für die *Neue Zürcher Zeitung*. Friedrich Torberg widmete dem Freund und Schwimmkameraden Fritz Thorn den 1935 erschienenen Text *Die Mannschaft*.

**TOCH, Ernst** (*1887 Wien, + 1964 Santa Monica, Los Angeles), Komponist, Pädagoge und Pianist, studierte vorerst Medizin und Philosophie, 1909 mit dem Mozart-Preis der Stadt Frankfurt am Main bedacht, bot sich ihm die Möglichkeit zum

Musikstudium am Hochschen Konservatorium in Frankfurt: Dort belegte er Komposition bei Iwan Knorr und Klavier bei Willy Rehberg. Seit 1913 unterrichtete Ernst Toch Theorie und Komposition am Mannheimer Konservatorium. Unter Anrechnung seines Wiener Medizinstudiums promovierte er 1921 an der Universität Heidelberg im Fach Musikwissenschaft, als Komponist war er nach dem Ersten Weltkrieg in Deutschlands Szene Neuer Musik eine gefragte Persönlichkeit. 1929 nach Berlin übersiedelt, nach Hitlers Machtergreifung von einem Florenz-Aufenthalt nicht wieder nach Deutschland zurückgekehrt, hielt Toch sich 1933 in Paris auf, von wo er nach Großbritannien flüchtete. Bereits dort komponierte er für den Film. Eine Einladung zur Lehrtätigkeit an der „University in Exile" der New School for Social Research in New York ermöglichte die „Nonquota"-Immigration in die Vereinigten Staaten. 1937 übersiedelte Toch an die Westküste, bei Paramount, 20th Century Fox und Columbia Pictures stand er unter Vertrag. Ernst Toch unterrichtete an der University of Southern California, ebenso hielt er Gastvorlesungen an der Harvard University. Ab 1949 lebte er wieder in Europa, 1952 kehrte er in die Vereinigten Staaten zurück.

**WAXMAN (Wachsmann), Franz** (*1906 Königshütte/Oberschlesien, +1967 Los Angeles), Komponist, Arrangeur und Dirigent, orchestrierte für *Der Blaue Engel* (1930) und schrieb in den frühen dreißiger Jahren Partituren für den deutschen Film. Er hielt sich in Frankreich auf und komponierte dort zu Fritz Langs in Paris gedrehtem *Liliom* (1934). In Hollywood folgten Produktionen wie *Fury* (1936) und *Rear Window* (*Das Fenster zum Hof*) (1954). *Sunset Boulevard* (1950) und *A Place in the Sun* (1951) brachten ihm den Oscar. Heterogene Stilelemente wie Jazz, freie Tonalität und Opernsymphonik zeichnen Franz Waxmans Filmmusik aus, mit Zeisl arbeitete er etwa an *Reunion in France* (1942), *Journey for Margaret* (1942) oder *Bataan* (1943).

**WEINBERGER, Jaromír** (*1896 Prag-Vinohrady, +1967 St. Petersburg, Florida), Komponist, studierte am Prager Konservatorium und bei Max Reger in Leipzig. 1922/23 war er Kompositionslehrer in den Vereinigten Staaten, später Dramaturg in Pressburg. Er lebte bis 1937 in Prag, vorher auch in Baden bei Wien. Über Frankreich gelangte Weinberger 1939 in die Vereinigten Staaten. Er ist Komponist der Volksoper *Schwanda, der Dudelsackpfeifer* (1927), für Wien schrieb er 1937 die Oper *Wallenstein*.

**WELLESZ, Egon Joseph** (*1885 Wien, + 1974 Oxford), Komponist, Musikwissenschaftler und Byzantinist, war Schüler Arnold Schönbergs und promovierte bei Guido Adler, unterrichtete in Wien an der Universität, hielt musikhistorische Vorlesungen am Neuen Wiener Konservatorium und war Musikkritiker der Zeitschrift *Der Neue Tag*. In Folge seiner Auseinandersetzung mit byzantinischer Musik gelang ihm um 1916 die Entzifferung mittelbyzantinischer Neumen. Egon Wellesz war der erste Biograph Arnold Schönbergs (1921) und 1922 an der Gründung der Internationalen Gesellschaft für Neue Musik beteiligt. 1938 flüchtete er nach Großbritannien, von

1939 bis 1974 unterrichtete er am Lincoln College in Oxford. Egon Wellesz erhielt 1946 die britische Staatsbürgerschaft.

**ZÁDOR, Eugene** (*1894 Bátászek, +1977 Los Angeles), Komponist, war in Wien Schüler Richard Heubergers, in Leipzig Schüler Max Regers, unterrichtete ab 1921 am Neuen Wiener Konservatorium und ab 1934 an der Budapester Musikakademie. Eugene Zádor verließ Ungarn 1939, gelangte in die Vereinigten Staaten und arbeitete ab 1940 für Hollywood.

**ZWEIG, Fritz** (*1893 Olmütz, +1984 Los Angeles), Dirigent, war ab 1912 Schüler Arnold Schönbergs in Berlin, er dirigierte an der Kroll-Oper und an der Staatsoper Unter den Linden. 1934 kam Zweig an die Deutsche Oper nach Prag, 1938 an die Grand Opéra nach Paris. 1940 in die Vereinigten Staaten gelangt, war Fritz Zweig in Hollywood als Pianist und Lehrer tätig. Seine Frau Tilly Zweig arbeitete in Los Angeles als Gesangspädagogin.

**ZEISL, Egon** (*1901 Wien, +1964), Sänger und Verkäufer, Eric Zeisls Bruder, stand in vielen Rollen als Opernsänger auf der Bühne. Er flüchtete über Paris in die Vereinigten Staaten.

**ZEISL, Gertrud Susanne** (geborene Jellinek, *1906 Wien, +1987 Salzburg), Juristin, heiratete 1935 Eric Zeisl. Sie flüchtete über Paris in die Vereinigten Staaten.

**ZEISL, Kamilla** (geborene Feitler, *1878 Budweis, +1940 Wien), Kaffeehausbetreiberin, Eric Zeisls Mutter, sie verstarb nach schwerer Krankheit im April 1940 in Wien.

**ZEISL, Malvine** (geborene Feitler, *1879 Kaplitz, +1942 Treblinka), war die Schwester Kamilla Feitlers und Tante Eric Zeisls. Durch die Heirat mit Sigmund Zeisl wurde sie auch Erics Stiefmutter. Malvine Zeisl wurde 1942 nach Theresienstadt deportiert und im Vernichtungslager Treblinka ermordet.

**ZEISL, Sigmund** (*1871 Wien, +1942 Treblinka), Kaffeehausbetreiber, Eric Zeisls Vater, wurde 1942 nach Theresienstadt deportiert und im Vernichtungslager Treblinka ermordet.

**ZEISL, Walter** (*1902 Wien, +1949), Verkäufer, Eric Zeisls Bruder, flüchtete über Paris in die Vereinigten Staaten.

**ZEISL, Wilhelm** (*1907 Wien, +1972 Los Angeles), Kantor, Eric Zeisls Bruder, flüchtete über Paris in die Vereinigten Staaten. In Wien interpretierte er Eric Zeisls Lieder – unter anderem für die Gruppe „Junge Kunst" –, in Los Angeles sang er die Uraufführung (Kantor) des *92nd Psalm* (*Requiem Ebraico*) in der Orgelfassung im April 1945.

**ZEISL-SCHOENBERG, Barbara** (*1940 New York), Literaturwissenschaftlerin, ist die Tochter Eric und Gertrud Zeisls. Sie promovierte über Peter Altenberg und war als Professorin für Germanistik tätig. Barbara Zeisl heiratete 1965 Arnold Schönbergs Sohn Ronald Schoenberg.

# Verzeichnis der Briefe

**Karl Oskar Alwin an Eric Zeis**
    New York, 28. Jänner 1939      44

**Carl Bamberger an Eric Zeisl**
    Columbia, 29. Jänner 1945      160
    Columbia, 23. Mai 1949      250

**Felix Bressart an Eric Zeisl**
    Los Angeles, 8. Juli 1942      143
    Los Angeles, undatiert      146
    Los Angeles, undatiert      148
    Los Angeles, 14. Juli 1943      156

**Julius Chajes an Eric Zeisl**
    Detroit, 18. September 1950      267
    Detroit, undatiert      354

**Marguerite Kozenn-Chajes an Eric Zeisl**
    Detroit, 13. Oktober 1956      343

**Josef Dobrowsky an Eric und Gertrud Zeisl**
    Wien, 18. Mai 1947      242

**Hanns Eisler an Eric Zeisl**
    Los Angeles, undatiert      113

**Alfred Farau an Eric Zeisl**
    New York, 4. Jänner 1942      133
    New York, 13. Oktober 1942      153
    New York, 11. Juli 1955      332

**Malvine Feitler (Malvine Zeisl) an Eric und Gertrud Zeisl**
    Wien, 7. April 1940      92
    Wien, 24. Oktober 1940      103

**Josef Freudenthal an Eric Zeisl**
    New York, 9. Juni 1945                                   174

**Ernst Hartmann an Eric Zeisl**
    Wien, 25. Juli 1950                                       265

**Max Helfman an Eric Zeisl**
    New York, 27. Mai 1948                                 245

**Hans Kafka an Eric und Gertrud Zeisl**
    Los Angeles, 9. Juli 1941                              119
    Los Angeles, undatiert                                 122
    Los Angeles, undatiert                                 126
    Los Angeles, undatiert                                 127

**Hans Kafka an Gertrud Zeisl**
    Berlin-Wilmersdorf, 28. Februar 1959        360
    Berlin-Wilmersdorf, 3. April 1959           362

**Hugo Kauder an Eric Zeisl**
    New York, 23. Juni 1958                              357

**Erich Wolfgang Korngold an Eric Zeisl**
    Gardone, 25. September 1949                  251
    Desert Hot Springs, 30. Dezember 1955     340

**Erich Wolfgang Korngold an Eric und Gertrud Zeisl**
    München, 4. Dezember 1954                    303
    Burbank, 27. Juli 1955                                 339

**Georg Wolfgang Korngold an Eric Zeisl**
    Gardone, 25. September 1949                  252

**Hugo Friedrich Königsgarten an Eric Zeisl**
    Hants, 8. Dezember 1939                              68
    Hants, 15. März 1940                                     90
    London, 2. November 1953                          286

**Alma Mahler-Werfel an Eric Zeisl**
    Los Angeles, 19. September 1946             226

**Joseph Marx an Eric Zeisl**
    Grambach b. Graz, 24. Juli 1946 — 221
    Wien, 24. Oktober 1946 — 229
    Wien, 7. Februar 1947 — 235
    Grambach b. Graz, 27. Juli 1947 — 244

**Darius Milhaud an Eric Zeisl**
    Oakland, 14. September 1942 — 150
    Oakland, 7. September 1943 — 154
    Oakland, 22. Februar 1945 — 172
    Oakland, 7. April 1947 — 242
    Oakland, 15. November 1952 — 279
    Oakland, 21. April 1957 — 351

**Franz Mittler an Eric und Gertrud Zeisl**
    Los Angeles, 1954 — 298

**Paul Mocsányi an Eric und Gertrud Zeisl**
    Paris, 9. Februar 1940 — 74

**Georg Moenius an Eric Zeisl**
    Seattle, 2. November 1940 — 107

**Georg Moenius an Eric und Gertrud Zeisl**
    Seattle, 8. Oktober 1940 — 101

**Paul Amadeus Pisk an Eric Zeisl**
    Austin, 20. August 1956 — 342
    Austin, 5. Februar 1957 — 349
    Austin, 11. März 1957 — 350

**Lisel Salzer an Eric und Gertrud Zeisl**
    Wien, 5. März 1954 — 291
    Seattle, 3. Juli 1955 — 331
    Seattle, 23. Februar 1957 — 349

**Alfred Schlee an Eric Zeisl**
    Wien, 10. Juli 1946 — 216
    Wien, 17. Oktober 1946 — 228
    Wien, 26. Oktober 1946 — 231

| | |
|---|---:|
| Wien, 5. Mai 1949 | 249 |
| Wien, 19. Oktober 1953 | 283 |
| Wien, 2. November 1953 | 285 |
| Wien, 20. November 1953 | 289 |

**Hilde Spiel an Eric Zeisl**
| | |
|---|---:|
| London, 15. November 1956 | 347 |

**Hilde Spiel an Gertrud Zeisl**
| | |
|---|---:|
| London, 16. Jänner 1944 | 157 |
| London, 23. März 1959 | 20 |
| London, 24. Juni 1960 | 365 |
| Gedicht „Farewell to Montana Avenue", undatiert | 373 |
| Wien, 2. September 1986 | 374 |

**Hilde Spiel an Eric und Gertrud Zeisl**
| | |
|---|---:|
| London, 17. Jänner 1939 | 42 |
| London, 28. Februar 1940 | 81 |
| London, 3. November 1945 | 183 |
| London, 14. Jänner 1946 | 190 |
| London, 18. April 1946 | 197 |
| London, 27. Mai 1946 | 211 |
| London, 28. Oktober 1946 | 232 |
| Mallnitz, 17. Juli 1950 | 260 |

**Hilde Spiel an Gertrud Zeisl und Barbara Zeisl-Schoenberg**
| | |
|---|---:|
| London, 3. Jänner 1962 | 371 |

**Hilde Spiel an Barbara Zeisl-Schoenberg**
| | |
|---|---:|
| Wien, 12. Juni 1990 | 378 |

**Richard Stöhr an Eric Zeisl**
| | |
|---|---:|
| Philadelphia, 15. Jänner 1940 | 73 |
| Winooski Park, 20. März 1945 | 173 |
| Winooski Park, undatiert | 164 |
| Winooski Park, 20. Juni 1952 | 278 |
| Winooski Park, undatiert | 281 |
| Winooski Park, 25. Jänner 1954 | 290 |
| Winooski Park, 15. Oktober 1954 | 295 |

**Hugo Strelitzer an Eric Zeisl**
    München, 18. März 1955      308
    München, 15. Mai 1955      314
    Wien, 19. Juni 1955      325
    Wien, 26. Juni 1955      327

**Alexandre Tansman an Eric Zeisl**
    Paris, 15. November 1946      233

**Alexandre Tansman an Eric und Gertrud Zeisl**
    New York, 10. Mai 1946      204
    Paris, 1. Juni 1946      211
    Paris, 18. September 1946      223

**Ernst Toch an Eric Zeisl**
    New York, 27. November 1954      296
    New York, 27. Mai 1955      319

**Ernst Toch an Gertrud Zeisl**
    Huntington Hartford Foundation, 24. Februar 1959      360

**Ernst Toch an Eric und Gertrud Zeisl**
    Bad Aussee, 5. Mai 1950      255
    Zürich, 9. Dezember 1951      270
    Illinois, 23. Mai 1953      281
    New York, 12. Dezember 1954      306
    Los Angeles, 8. August [ohne Jahresangabe]      339
    New York, 11. Jänner 1958      351
    Wien, 22. September 1958      358

**Edith Wachtel (Dita Mocsányi) an Eric und Gertrud Zeisl**
    Paris, 13. Februar 1940      77

**Eric Zeisl an Felix Bressart**
    Los Angeles, undatiert      145

**Eric Zeisl an Ernst Hartmann**
    Los Angeles, 31. Juli 1950      266

**Eric Zeisl an Erich Wolfgang und Luzi Korngold**
    Los Angeles, undatiert — 307
    Los Angeles, undatiert — 316

**Eric Zeisl an Alma Mahler-Werfel**
    Los Angeles, 31. August 1949 — 251

**Eric Zeisl an Peter de Mendelssohn**
    New York, 29. Mai 1940 — 99

**Eric Zeisl an Paul Amadeus Pisk**
    Los Angeles, 17. August 1956 — 340

**Eric Zeisl an Alfred Schlee**
    Los Angeles, 22. Mai 1946 — 209
    Los Angeles, undatiert — 217
    Los Angeles, 24. September 1946 — 227
    Los Angeles, 5. Dezember 1946 — 235
    Los Angeles, 25. April 1949 — 248
    Los Angeles, 1. Juni 1949 — 250
    Los Angeles, undatiert — 254
    Los Angeles, 16. Juli 1950 — 258
    Los Angeles, 27. November 1950 — 269
    Los Angeles, 16. Juli 1953 — 282
    Los Angeles, undatiert — 284
    Los Angeles, 14. November 1953 — 288

**Eric Zeisl an Hilde Spiel**
    Wien, 18. April 1938 — 27
    Wien, 3. Mai 1938 — 27
    Baden b. Wien, 25. Juli 1938 — 31
    Baden b. Wien, 12. September 1938 — 32
    Wien, 19. Oktober 1938 — 33
    Paris, November 1938 — 37
    Paris, 30. November 1938 — 40
    Paris, 7. Dezember 1938 — 40
    Paris, 10. Dezember 1938 — 41
    Paris, Jänner 1939 — 42
    Paris, 13. Februar 1939 — 46
    Paris, 7. April 1939 — 47

| | |
|---|---:|
| Paris, 16. Juni 1939 | 49 |
| Le Vésinet b. Paris, 6. Juli 1939 | 58 |
| Le Vésinet b. Paris, Juli 1939 | 62 |
| New York, 12. Oktober 1939 | 65 |
| New York, 13. Februar 1940 | 80 |
| New York, undatiert | 90 |
| Mamaroneck b. New York, undatiert | 99 |
| Los Angeles, undatiert | 130 |
| Los Angeles, undatiert | 131 |
| Los Angeles, 1. Dezember 1945 | 185 |
| Los Angeles, 7. Februar 1946 | 194 |
| Los Angeles, 17. Mai 1946 | 205 |
| Los Angeles, 17. Juni 1946 | 215 |
| Los Angeles, 18. September 1946 | 226 |
| Los Angeles, undatiert | 232 |
| Los Angeles, undatiert | 241 |
| Los Angeles, undatiert | 265 |

**Eric Zeisl an Hilde Spiel und Peter de Mendelssohn**

| | |
|---|---:|
| Mamaroneck b. New York, 11. Februar 1941 | 110 |

**Eric Zeisl an Hugo Strelitzer**

| | |
|---|---:|
| Los Angeles, undatiert | 329 |

**Eric Zeisl an Hugo Strelitzer und Marilyn Hall**

| | |
|---|---:|
| Los Angeles, undatiert | 320 |

**Eric Zeisl an Richard Stöhr**

| | |
|---|---:|
| Los Angeles, 12. Dezember 1951 | 271 |
| Los Angeles, 18. Jänner 1952 | 277 |
| Los Angeles, 12. Dezember 1952 | 280 |
| Los Angeles, 13. Juni 1955 | 319 |

**Gertrud Zeisl an Hilde Spiel**

| | |
|---|---:|
| Paris, 13. Februar 1939 | 45 |
| Paris, 16. Juni 1939 | 48 |
| New York, undatiert | 88 |
| Mamaroneck b. New York, 11. Februar 1941 | 108 |
| Los Angeles, 9. April 1942 | 138 |
| Los Angeles, 1. Dezember 1945 | 187 |

| | |
|---|---|
| Los Angeles, 17. Juni 1946 | 213 |
| Los Angeles, 18. September 1946 | 224 |
| Los Angeles, undatiert | 263 |

**Gertrud Zeisl an Hilde Spiel und Peter de Mendelssohn**
| | |
|---|---|
| New York, 29. Mai 1940 | 97 |

**Morris Zeisel an Eric, Gertrud und Wilhelm Zeisl**
| | |
|---|---|
| New York, 14. September 1938 | 32 |

**Sigmund Zeisl an Eric und Gertrud Zeisl**
| | |
|---|---|
| Wien, 1. Mai 1940 | 93 |
| Wien, 25. Oktober 1940 | 106 |
| Wien, 28. April 1941 | 111 |
| Wien, 15. Juli 1941 | 124 |

**Sigmund Zeisl an Eric, Gertrud und Wilhelm Zeisl**
| | |
|---|---|
| Wien, 28. Mai 1940 | 96 |

# Bibliographie

## Quellen

### Unveröffentlichte Quellen

Archiv der Universal Edition, derzeit in Arbeit im „Wissenschaftszentrum Arnold Schönberg" der Universität für Musik und darstellende Kunst Wien: Briefwechsel Eric Zeisl – Alfred Schlee (Auswahl: Zeitraum zwischen 1946 und 1953)

Archiv der Wiener Konzerthausgesellschaft: Datenbanksuche, Programmübersicht http://konzerthaus.at/archiv/datenbanksuche/.

Dokumentationsarchiv des österreichischen Widerstandes (DÖW) (Stand: 10.10.2001): Nachlass Hugo F. Königsgarten (16 637/4); Material zu Alfred Farau und Irene Harand (11 059/1); Deportationskartei Sigmund Zeisl; Deportationskartei Malvine Zeisl

Dokumentationsstelle für neuere österreichische Literatur, Literaturhaus Wien: Teilnachlass Alfred Farau (N1.12); Teilnachlass Franz Mittler (N1.26); Bildarchiv

Eric Zeisl Archive University of California Los Angeles: Nachlass Eric Zeisl: Autographen; im Bestand des Eric Zeisl Archive, jedoch bis dato (Juni 2008) im Hause Zeisl-Schoenberg: Dokumente, Briefe, Programmzettel, Kritiken, Fotos

Österreichische Nationalbibliothek – Musiksammlung: Musikerbriefe an Joseph Marx, 829/17-1
http://www.musikerbriefe.at

Österreichisches Staatsarchiv – Archiv der Republik: Vermögensverkehrsstelle: Arisierungsakt zum Café Tegetthoff; Bestand Finanzlandesdirektion Wien: Transportlisten Sigmund und Malvine Zeisl

Kansas City Public Library, Special Collections

## Veröffentlichte Quellen

Konta, Robert: *Neues von österreichischen Komponisten.* In: *Radio Wien.* 1932/12, 9. Jg., S. 8f.
Křenek, Ernst: *Karl Kraus und Offenbach.* In: *Musikblätter des Anbruch.* 1929/3, S. 135f.
Marx, Joseph: *Musik der Heimat.* In: *Österreichische Rundschau.* 1934/8, 1. Jg., S. 378–380.
Mittler, Franz: *Es war nicht leicht, aber schön ….* In: *Forum.* Juni 1956, S. 225f.
Pisk, Paul A.: *Erich Zeisel* [sic!]. In: *Radio Wien.* 31. Jänner 1934.
Spiel, Hilde: *Erich Zeisl, fünfzig Jahre.* In: *Neues Österreich.* 22. Mai 1955, S. 8.

# Literatur

Adorno, Theodor W./Eisler, Hanns: *Komposition für den Film*. Frankfurt am Main 2006.
Akademia Muzyczna Łódź (Hg.): *Aleksander Tansman 1897–1986*. Łódź 1997.
Althaus, Hans Peter: *Kleines Lexikon deutscher Wörter jiddischer Herkunft*. München 2006.
Amann, Klaus: *P.E.N.: Politik, Emigration, Nationalsozialismus. Ein österreichischer Schriftstellerclub*. Wien–Köln–Graz 1984.
Antokoletz, Elliott: *A Survivor of the Vienna Schoenberg Circle. An Interview with Paul A. Pisk*. In: *Tempo*. No. 154, 1985, S. 15–21.
Asper, Helmut G.: *Hollywood – Hölle oder Paradies?* In: Krohn/Rotermund/Winckler/Koepke (Hg.): *Künste im Exil*. Bd. 10, München 1992, S. 187–200.
Avenary, Hannoch/Cohen, Judith/Gerson-Kiwi, Edith/Braun, Joachim: *Jüdische Musik*. In: Finscher, Ludwig (Hg.): *Die Musik in Geschichte und Gegenwart*. Sachteil 4, 2., neu bearb. Aufl., Kassel–Basel–London–New York–Prag–Stuttgart–Weimar 1996, Sp. 1511–1569.
Axmann, David/Torberg, Marietta (Hg.): *Liebste Freundin und Alma*. München–Wien 1987.
Axmann, David/Torberg, Marietta/Weigel, Hans (Hg.): *In diesem Sinne … Briefe an Freunde und Zeitgenossen*. Frankfurt am Main–Berlin 1988.
Axmann, David: *Friedrich Torberg. Die Biographie*. München 2008.
Barnes, Peter: *To Be or Not to Be*. London 2002.
Bauer, Markus: *Exil und Galut. Zum Jüdischen Selbstverständnis nach 1933*. In: *Exile im 20. Jahrhundert*. München 2000, S. 37–50.
Beck, Georges: *Darius Milhaud*. Paris 1949.
Beller, Steven: *Wien und die Juden 1867–1938*. Wien–Köln–Weimar 1993.
Ben-Chorin, Schalom: *Betendes Judentum. Die Liturgie der Synagoge*. Münchner Vorlesung. Thübingen 1980.
Benz, Wolfgang/Graml, Hermann/Weiß, Hermann (Hg.): *Enzyklopädie des Nationalsozialismus*. München 2007.
Binder, Abraham W.: *Biblical Chant*. New York 1957.
Bolbecher, Siglinde/Kaiser, Konstantin: *Lexikon der österreichischen Exilliteratur*. Wien– München 2000.
Brenner, Michael: *The Renaissance of Jewish Culture in Weimar Germany*. New Haven–London 1996.
Brill, Andrea: *Jüdische Identität im 20. Jahrhundert. Die Komponisten Darius Milhaud und Alexandre Tansman in biographischen Zeugnissen und ausgewählten Werken*. München 2003.

Brzoska, Matthias: *Exilstation Paris.* In: Weber, Horst (Hg.): *Musik in der Emigration 1933–1945. Verfolgung – Vertreibung – Rückwirkung.* Stuttgart–Weimar 1994, S. 183–191.
Buber, Martin: *Drei Reden über das Judentum.* Frankfurt 1920.
Carroll, Brendan G.: *The Last Prodigy – A Biography of Erich Wolfgang Korngold.* Portland-Oregon 1997.
Cohen, Hermann: *Religion der Vernunft aus den Quellen des Judentums.* Wiesbaden 1978.
Cole, Malcolm S./Barclay, Barbara: *Armseelchen. The Life and Music of Eric Zeisl.* Westport–London 1984.
Cole, Malcolm S./Barclay, Barbara: *The Toch and Zeisl Archives at UCLA. Samples of Southern California Activity to Preserve The Heritage of its Emigré Composers.* In: *Notes. The Quarterly Journal of the Music Library Association.* 1979/Vol. 35, No. 3, S. 556–577.
Cole, Malcolm S.: *Eric Zeisl's Hiob. The Story of an Unsong Opera.* In: *Opera Quarterly.* 1992/2, S. 52–75.
Craft, Robert: *Strawinsky – Einblicke in sein Leben.* Zürich–Mainz 2000.
Crawford, Dorothy Lamb: *Evenings On and Off the Roof. Pioneering Concerts in Los Angeles 1939–1971.* Los Angeles 1995.
Cullin, Michael/Driessen Gruber, Primavera (Hg.): *Douce France? Musik-Exil in Frankreich.* Wien–Köln–Weimar 2008.
Czernin, Hubertus: *Die Fälschung.* Bd. 1 (*Der Fall Bloch-Bauer*), Bd. 2 (*Der Fall Bloch-Bauer und das Werk Gustav Klimts*), Wien 1999.
Cziffra, Géza von: *Der heilige Trinker. Erinnerungen an Joseph Roth.* Berlin 2006.
Deschner, Donald: *The Films of Spencer Tracy.* New York 1968.
Docherty, Jack/Hopkins, Konrad: *Der vergessenste Komponist des 20. Jahrhunderts. Ernst Toch.* In: *Filmharmonische Blätter.* Heft 6, Juni 1987, S. 25–27.
Dokumentationsarchiv des österreichischen Widerstandes (DÖW) (Hg.): *Österreicher im Exil, USA, 1938–1945.* Bd. 1, Wien 1995.
Dömling, Wolfgang: *Igor Strawinsky.* Reinbek bei Hamburg 1982.
Dümling, Albrecht: *Zwischen Außenseiterstatus und Integration. Musiker-Exil an der amerikanischen Westküste.* In: Heister/Maurer-Zenck/Petersen (Hg.): *Musik im Exil. Folgen des Nazismus für die internationale Musikkultur.* Frankfurt am Main 1993, S. 311–337.
Eder, Gabriele: *Wiener Musikfeste zwischen 1918 und 1938.* Veröffentlichungen zur Zeitgeschichte, Bd. 6, Wien–Salzburg 1991.
Farau, Alfred: *Aus dem Tagebuch eines Emigranten und anderes Österreichisches aus Amerika.* Herausgegeben von Harry Zohn. New York 1992.
Farau, Alfred: *Das Trommellied vom Irrsinn. Gedichte aus dieser Zeit.* New York 1943.
Farau, Alfred: *Wo ist die Jugend, die ich rufe?* New York 1946.
Feuchtwanger, Lion: *Exil.* Berlin–Weimar 1976.

Feurstein-Prasser, Michaela/Haas, Michael (Hg.): *die korngolds. klischee, kritik und komposition*. Buchpublikation zur gleichnamigen Ausstellung des Jüdischen Museums Wien. Wien 2007.

Fleischhauer, Inge/Klein, Hillel: *Über die jüdische Identität*. o.O. 1978.

Fry, Varian: *Auslieferung auf Verlangen. Die Rettung deutscher Emigranten in Marseille 1940/41*. München–Wien 1986.

Glanz, Christian: *Hanns Eisler. Werk und Leben*. Wien 2008.

Gradenwitz, Peter: *The Music of Israel. From the Biblical Era to Modern Times*. Portland–Oregon 1996.

Gruber, Gerold W. (Hg.): *Arnold Schönberg. Interpretation seiner Werke*. Bd. 2, Laaber 2002.

Grünzweig, Werner: *„Bargain and Charity"? Aspekte der Aufnahme exilierter Musiker an der Ostküste der Vereinigten Staaten*. In: Heister/Maurer-Zenck/Petersen (Hg.): *Musik im Exil. Folgen des Nazismus für die internationale Musikkultur*. Frankfurt am Main 1993, S. 297–310.

Günther, Bernhard (Hg.): *Lexikon zeitgenössischer Musik aus Österreich. Komponisten und Komponistinnen des 20. Jahrhunderts*. Wien 1997.

Haas, Michael/Hanak, Werner/Wagner, Karin (Hg.): *endstation schien-heiligenstadt. eric zeisls flucht nach hollywood*. Buchpublikation zur gleichnamigen Ausstellung des Jüdischen Museums Wien. Wien 2005.

Haber, Peter/Petry, Erik/Wildmann, Daniel: *Jüdische Identität und Nation. Fallbeispiele aus Mitteleuropa*. Herausgegeben von Alfred Bodenheiner und Jacques Picard. Reihe Jüdische Moderne, Bd. 3, Köln–Weimar–Wien 2006.

Heinz, Karl Hans: *E. K. Winter – Ein Katholik zwischen Österreichs Fronten 1933–1938*. Wien–Köln–Graz 1984.

Hilmes, Oliver: *Witwe im Wahn. Das Leben der Alma Mahler-Werfel*. München 2004.

Hippen, Reinhard: *Satire gegen Hitler – Kabarett im Exil*. Zürich 1986.

Holzer, Andreas: *„Nicht alles, was tönt, ist auch – Musik." Joseph Marx, Hüter der Tradition*. Phil. Diss., Graz 1999.

Internet Movie Database: http://www.imdb.com (Information zu diversen Komponisten).

Jezic, Diane Peacock: *The Musical Migration and Ernst Toch*. Iowa (USA) 1989.

Jona Korn, Peter: *Ernst Toch und seine Freunde – die österreichischen Komponisten im kalifornischen Exil*. In: Österreichische Gesellschaft für Musik (Hg.): *Österreichische Musiker im Exil – Kolloquium 1988*. Kassel 1988, S. 134–142.

*Josef Dobrowsky 1889–1964. Ölbilder, Aquarelle, Zeichnungen*. Galerie Würthle, Wien 1979.

Jungk, Peter Stephan: *Franz Werfel*. Frankfurt am Main 1987.

Kaczynski, Tadeusz: *Ein polnischer Komponist in Paris. Aleksander Tansman ist 80 Jahre alt*. In: *Polnische Musik*. 4 (1977), S. 20–23.

Kafka, Hans: *Das Grenzenlose*. Berlin 1927.

Kafka, Hans: *Hollywood Calling. Die Aufbau-Kolumne zum Film-Exil*. Ausgewählt und eingeführt von Roland Jaeger. Hamburg 2002.

Kauder, Hugo: *Entwurf einer neuen Melodie- und Harmonielehre.* Wien 1932.
Kauder, Otto S.: *Hugo Kauder – Werkverzeichnis.* o.O. 1996.
Kerling, Marc M.: *„O Wort, du Wort, das mir fehlt".* Die Gottesfrage in Arnold Schönbergs Oper „Moses und Aron". Zur Theologie eines musikalischen Kunst-Werks im 20. Jahrhundert. Mainz 2004.
Klapdor, Heike (Hg.): *Ich bin ein unheilbarer Europäer. Briefe aus dem Exil.* Berlin 2007.
Klatzkin, Jakob: *Probleme des modernen Judentums.* Berlin 1918.
Klösch, Christian: *Mimi Grossberg (1905–1997). Eine österreichische Exilautorin in New York.* Begleitbuch zur Ausstellung der Österreichischen Exilbibliothek im Literaturhaus, Wien. Wien 1999.
Klösch, Christian/Scharr, Kurt/Weinzierl, Erika: *„Gegen Rassenhass und Menschennot" Irene Harand – Leben und Werk einer Widerstandskämpferin.* Innsbruck–Wien–München–Bozen 2004.
Korngold, Erich Wolfgang: *Composing for the Pictures.* In: *Etude Music Magazine.* January 1937.
Korngold, Erich Wolfgang: *Some Experiences of Film Music.* In: *Music and Dance in California.* June 1940.
Korngold, Luzi: *Erich Wolfgang Korngold – Ein Lebensbild.* Wien 1967.
Krenek, Ernst: *Die Amerikanischen Tagebücher 1937–1942. Dokumente aus dem Exil.* Herausgegeben von Claudia Maurer Zenck. Wien–Köln–Weimar 1992.
Kröpfl, Monika: *Preise und ihre Vergabepolitik im Österreich der Nachkriegszeit am Beispiel von Hans Gál und Egon Wellesz.* In: Haas, Michael/Patka, Marcus G. (Hg.): *hans gál und egon wellesz. continental britons.* Buchpublikation zur gleichnamigen Ausstellung des Jüdischen Museums Wien. Wien 2005, S. 119–128.
Landau, Anneliese: *The Contribution of Jewish Composers to the Music of the Modern World.* National Federation of Temple Sisterhoods. o.O.u.J.
Mäckelmann, Michael: *Arnold Schönberg und das Judentum. Der Komponist und sein religiöses, nationales und politisches Selbstverständnis nach 1921.* Hamburg 1984.
Mahler-Werfel, Alma: *Mein Leben.* Frankfurt am Main 1960.
Maier, Johann: *Synagogale Poesie.* In: Henrix, Hans Hermann: *Jüdische Liturgie.* Freiburg 1979.
Mandl, Henriette: *Cabaret und Courage. Stella Kadmon – Eine Biographie.* Wien 1993.
Martin, Herbert: *Österreichische Komponisten in Hollywood.* In: Österreichische Gesellschaft für Musik (Hg.): *Österreichische Musiker im Exil – Kolloquium 1988.* Kassel 1988, S. 73–84.
Maurer Zenck, Claudia: *Ernst Krenek – ein Komponist im Exil.* Wien 1980.
McCarty, Clifford: *Film Composers in America. A Filmography, 1911 – 1970.* Oxford 2000.
Mendelssohn, Peter de: *Sein Kampf – in Dokumenten und Tatsachen. Studien zur deutschen Kriegspolitik 1937–1945.* Wien 1950.

Mendelssohn, Peter de: *Fertig mit Berlin*. Herausgegeben und mit einem Nachwort versehen von Katharina Rutschky. Berlin 2002.
Mendelssohn, Peter de: *S. Fischer und sein Verlag*. Frankfurt am Main 1986.
Mendelssohn, Peter de: *Zeitungsstadt Berlin. Menschen und Mächte in der Geschichte der deutschen Presse*. Berlin 1959.
Merrill-Mirsky, Carol: *Exiles in Paradise. Catalogue of the Hollywood Bowl Exhibition*. California (USA) 1991.
Middel, Eike/Dreifuss, Alfred/Frank, Volker/Gersch, Wolfgang/Kirfel-Lenk, Thea/Schebera, Jürgen (Hg.): *Exil in den USA*. Frankfurt am Main 1980.
Milhaud, Darius: *Noten ohne Musik. Eine Autobiographie*. München 1962.
Mittler, Franz: *Gesammelte Schüttelreime*. Wien–München 1969.
Mittler-Battipaglia, Diana: *Franz Mittler. Austro-American Composer, Musician, and Humorous Poet*. New York 1993.
Morgenstern, Soma: *Joseph Roths Flucht und Ende. Erinnerungen*. Herausgegeben und mit einem Nachwort versehen von Ingolf Schulte. Springe 2007.
Munro, Gregory: *Georg Moenius (1890–1953)*. In: J. Aretz/R. Morsey/A. Rauscher (Hg.): *Zeitgeschichte in Lebensbildern*. Bd. 10, Münster 2001, S. 131–141.
Munro, Gregory: *Hitler's Bavarian antagonist. Georg Moenius and the Allgemeine Rundschau of Munich, 1929–1933*. Lewiston 2006.
Musiksammlung der österreichischen Nationalbibliothek (Hg.): *Zum 100. Geburtstag von Joseph Marx*. Wien 1982.
Neunzig, Hans A. (Hg.): *Hilde Spiel – Briefwechsel*. München 1995.
Nono, Liugi: *Text – Musik – Gesang*. In: Stenzl, Jürg (Hg.): *Texte. Studien zu seiner Musik*. Zürich 1975.
Oralhistory Interview: Malcolm S. Cole/Gertrud Zeisl 1975, http://www.schoenberglaw.com/zeisl/oralhistory.html.
Palmer, Christopher: *The Composer in Hollywood*. London–New York 1993.
Pannwitz, Rudolf: *Kosmos Atheos I.II.*. Verlag Hans Carl Muenchen–Feldafing 1926.
Pass, Walter/Scheit, Gerhard/Svoboda, Wilhelm: *Orpheus im Exil. Die Vertreibung der österreichischen Musik 1938–1945*. Wien 1995.
Patsch, Sylvia M. (Hg.): *Österreichische Schriftsteller im Exil in Großbritannien. Ein Kapitel vergessener österreichische Literatur*. Wien 1985.
Petzold, Alfons: *Der Dornbusch. Soziale Gedichte von Alfons Petzold*. Wien–Prag–Leipzig 1919.
Plessner, Monika: *Die deutsche „University in Exile" in New York und ihr amerikanischer Gründer*. In: *Frankfurter Hefte*. 1964, 19. Jg., S. 181–186.
Pross, Steffen: *„In London treffen wir uns wieder."* Frankfurt am Main 2000.
Quirk, Lawrence J.: *The Films of Joan Crawford*. New York 1968.
Reich-Ranicki, Marcel: *Über Hilde Spiel*. München 1998.
Reich-Ranicki, Marcel: *Über Ruhestörer. Juden in der deutschen Literatur*. Frankfurt am Main–Berlin–Wien 1977.
*Richard Stöhr. Ein österreichischer Tonsetzer. Biographische Skizze nebst Verzeichnis seiner Werke*. Leipzig 1911.

Ringer, Alexander L.: *Arnold Schoenberg and the Politics of Jewish Survival*. In: *Journal of the Arnold Schoenberg Institute*. Vol. III, No. 1, March 1979.
Ringer, Alexander L.: *Arnold Schoenberg. The Composer as Jew*. New York 1990.
Ringer, Alexander L.: *Arnold Schönberg. Das Leben im Werk*. Stuttgart–Weimar 2002.
Ringer, Alexander L.: *Innere Rückkehr – Jüdische Musiker nach der Gleichschaltung*. In: Weber, Horst (Hg.): *Musik in der Emigration 1933–1945. Verfolgung – Vertreibung – Rückwirkung*. Stuttgart–Weimar 1994, S. 260–272.
Röder, Werner/Strauss, Herbert A.: *Biographisches Handbuch der deutschsprachigen Emigration nach 1933*. Bd. 1, Politik, Wirtschaft, öffentliches Leben. München–New York–London–Paris 1980.
Rösler, Walter (Hg.): *Gehn ma halt a bisserl unter. Kabarett in Wien von den Anfängen bis heute*. Berlin 1993.
Rostand, Claude: *Gespräche mit Darius Milhaud*. Hamburg 1954.
Roth, Joseph: *Die Filiale der Hölle auf Erden. Schriften aus der Emigration*. Köln 2003.
Roth, Joseph: *Hiob. Roman eines einfachen Mannes*. 40. Aufl., Köln 2000.
Roth, Joseph: *Im Bistro nach Mitternacht. Ein Frankreich-Lesebuch*. Herausgegeben von Katharina Ochse. Köln 1999.
Roth, Joseph: *Juden auf Wanderschaft*. 7. Aufl., Köln 2000.
Roth, Markus: *Der Gesang als Asyl. Analytische Studien zu Hanns Eislers Hollywood-Liederbuch*. Herausgegeben von Claus-Steffen Mahnkopf und Johannes Menke. Hofheim 2007.
Rothmüller, Aron Marko: *Die Musik der Juden. Versuch einer geschichtlichen Darstellung ihrer Entwicklung und ihres Wesens*. Zürich 1951.
Saunders, Frances Stonor: *Wer die Zeche zahlt … Der CIA und die Kultur im Kalten Krieg*. Berlin 2001.
Schebera, Jürgen: *Hanns Eisler im USA-Exil. Zu den politischen, ästhetischen und kompositorischen Positionen des Komponisten 1938 bis 1948*. Berlin 1978.
Schebera, Jürgen: *Hanns Eisler. Eine Biographie in Texten, Bildern und Dokumenten*. Mainz 1998.
Schenk, Erich: *Joseph Marx – Nachruf*. o.O.u.J.
Schnauber, Cornelius: *Hollywood Haven. Homes and Haunts of the European Émigrés and Exiles in Los Angeles*. Riverside 1997.
Schwager, Ernst: *Die österreichische Emigration in Frankreich 1938–1945*. Veröffentlichungen der Kommission für Neuere Geschichte Österreichs, Bd. 74, Wien–Köln–Graz 1984.
Schwarz, Peter/Ganglmair, Siegwald: *Emigration und Exil 1938–1945*. In: Tálos/Hanisch/Neugebauer/Sieder (Hg.): *NS-Herrschaft in Österreich*. 1. Aufl. Nachdruck, Wien 2001, S. 817–849.
Sittner, Hans: *Richard Stöhr. Mensch/Musiker/Lehrer*. Wien–München 1965.
Spiel, Hilde: *Die hellen und die finsteren Zeiten. Erinnerungen 1911–1946*. München 1989.
Spiel, Hilde: *Welche Welt ist meine Welt? Erinnerungen 1946–1989*. München 1990.

Spiel, Hilde: *Glanz und Untergang. Wien 1866–1938.* Wien 1987.
Spiel, Hilde: *Kati auf der Brücke.* Berlin–Wien–Leipzig 1933.
Spiel, Hilde: *Lisas Zimmer.* Frankfurt am Main–Berlin 1996.
Spiel, Hilde: *Rückkehr nach Wien. Tagebuch 1946.* München 1971.
Spiel, Hilde: *Sommer am Wolfgangsee.* Leck 1961.
Stadler, Friedrich (Hg.): *Vertriebene Vernunft I. Emigration und Exil österreichischer Wissenschaft 1930–1940.* Wien–München 1987.
Stefan, Paul: *Neue Musik und Wien.* Leipzig–Wien–Zürich 1921.
Steinmetzer, Georg (Hg.): *Lisel Salzer – Ein Künstlerleben zwischen Wien und Seattle.* Wien 2003.
Stern, Frank: *Dann bin ich um den Schlaf gebracht. Ein Jahrtausend jüdisch-deutsche Kulturgeschichte.* Berlin 2002.
Stompor, Stephan: *Künstler im Exil – in Oper, Konzert, Operette, Tanztheater, Schauspiel, Kabarett, Rundfunk, Film, Musik- und Theaterwissenschaft sowie Ausbildung in 62 Ländern.* Teil 1, Frankfurt am Main 1994.
Strickhausen, Waltraud: *Die Erzählerin Hilde Spiel oder „Der weite Wurf in die Finsternis".* Exilstudien Bd. 3, New York 1996.
Stuckenschmidt, H. H.: *Arnold Schönberg.* Zürich–Freiburg i. Br. 1951.
Tansman, Alexandre: *Igor Stravinsky. The Man and His Music.* Kessinger Pub Co 2007.
Taylor, John Russel: *Fremde im Paradies. Emigranten in Hollywood 1933–1950.* Berlin 1984.
Thomas, Tony: *Music for the Movies.* London–New York 1973.
Teller, Oscar (Hg.): *Davids Witz-Schleuder. Jüdisch-Politisches Cabaret. 50 Jahre Kleinkunstbühnen in Wien, Berlin, New York, Warschau und Tel Aviv.* Darmstadt 1982.
Torberg, Friedrich: *Der Schüler Gerber hat absolviert.* Berlin–Wien–Leipzig 1930.
Twomey, Alfred E./F. McClure, Arthur F.: *The Versatiles. A Study of Supporting Character Actors and Actresses in the American Motion Picture, 1930–1955.* South Brunswick and New York–London, 1969.
Ulrich, Rudolf: *Österreicher in Hollywood.* Wien 1993.
Veigl, Hans (Hg.): *Weit von wo. Kabarett im Exil.* Wien 1994.
Wagner, Karin: *Fremd bin ich ausgezogen. Eric Zeisl – Biografie.* Wien 2005.
Weber, Horst/Schwartz, Manuela (Hg.): *Quellen zur Geschichte emigrierter Musiker 1933–1950. I Kalifornien.* München 2003.
Weinzierl, Ulrich: *Alfred Polgar. Eine Biographie.* Wien 2005.
Wellesz, Egon: *Arnold Schönberg.* Wilhelmshaven–Locarno–Amsterdam 1985.
Wiesinger-Stock, Sandra/Weinzierl, Erika/Kaiser, Konstantin (Hg.): *Vom Weggehen. Zum Exil von Kunst und Wissenschaft.* Exilforschung heute, Buchreihe der Österreichischen Gesellschaft für Exilforschung (öge), Bd. 1, Wien 2006.
Wiesinger-Stock, Sandra: *Hilde Spiel. Ein Leben ohne Heimat?* Wien 1996.
Zeisl-Schoenberg, Barbara: *Die Rezeption österreichischer Musiker in Los Angeles zwischen 1933 und 1950.* In: Österreichische Gesellschaft für Musik (Hg.): *Österreichische Musiker im Exil – Kolloquium 1988.* Kassel 1988, S. 146–153.

Zemen, Herbert: *Josef Dobrowsky 1889–1964. Ein Künstlerbildnis*. Wien 2007.
Zohn, Harry: „... *ich bin ein Sohn der deutschen Sprache nur ...*" *Jüdisches Erbe in der österreichischen Literatur.* Wien–München 1986.
Zohn, Harry: *Amerikanische „Thirty-Eighters" aus Wien als doppelte Kulturträger.* Wien 1994.
Züllig, Hans: *Das Jooss-Ballett im englischen Exil.* In: Allende-Blin, Juan (Hg.): *Musiktradition im Exil. Zurück aus dem Vergessen.* Köln 1993, S. 205–219.

# Personenregister

## A

Adler, Alfred 135
Adler, Kurt Herbert 16, 30, 71, 135, 155, 190, 208, 224, 274, 275, 313, 318
Adorno, Theodor W. 113
Aichinger, Ilse 287
Albertini, Ellen 275
Albicastro, Enrico 354
Alkman 25
Allers, Franz 313
Altenberg, Peter 370
Altmann, Bernhard 323
Altmann, Fritz 323, 324, 327
Altmann, Hans 51
Altmann, Maria 323, 324
Altmann, Max 323, 327, 329
Altmann, Siegfried 137
Alwin, Karl Oskar 12, 16, 43, 44, 155
Amfitheatrof, Daniele 119, 126, 200
Antheil, George 262
Apostel, Hans Erich 220
Arma, Paul 59
Arnstein, Fanny von 367, 368
Askenasy, Leo 50, 52
Askonas, Lies 345, 348
Avanzo, Renzo 254
Aye, Adrienne 317, 318

## B

Bachenheimer, Theodore 182
Bach, Johann Sebastian 157, 219, 291
Baker, Israel 262, 264, 317
Baker, Josephine 182
Bamberger, Carl 12, 160, 161, 250
Bamberger-Hammerschlag, Maria Charlotte 160
Banner, John 73
Bardin, Ruth 247
Bardin, Shlomo 247
Barnett, John 313, 318, 324
Barrymore, Lyonel 127
Bartók, Béla 185, 207, 272, 313
Bauer, Moritz 323
Bauer, Therese 323
Baum, Vicky 312
Beethoven, Ludwig van 76, 157, 166, 219, 268, 278, 291, 327, 329, 336
Belarsky, Sidor 266
Benjamin, Arthur 55
Berens, Kurt 313
Berg, Alban 163, 164, 207, 220, 262
Bergammer, Friedrich 136
Berghof, Herbert 69, 72, 73
Berg, Jimmy 73
Berlin, Irving 72
Bernhard, Thomas 367
Bernstein, Leonard 162, 247, 291
Bibikoff, Maria 51
Bitterlich, Roswitha 66, 67, 207, 209, 258, 264
Blacher, Boris 287, 345
Blitzstein, Marc 54
Bloch-Bauer, Adele 39, 323, 324
Bloch-Bauer, Ferdinand 323, 324

Bloch-Bauer, Gustav  323
Bloch, David  323
Bloch, Ernest  54, 55, 56, 167, 170
Böhm, Karl  287, 323
Bolívar, Simón  155
Böll, Heinrich  369
Bordier, Lucien  85
Born, Wolfgang  240, 243
Brahms, Johannes  166, 219, 326
Braun, Joachim  55, 418
Brazzi, Rossano  254
Brecht, Berthold  87, 114, 176
Bressart, Felix  8, 12, 140, 141, 142, 143, 145, 146, 148, 156
Britten, Benjamin  163
Brod, Max  179
Brooks, Geraldine  254
Bruch, Max  168
Brunswick  113
Buber, Martin  49, 57
Büchner, Georg  16, 29, 70, 275, 287
Bühler, Charlotte  18
Bühler, Karl  18
Buñuel, Luis  182
Busch, Adolf  79
Busoni, Ferrucio  313
Buxbaum, Gretl  16
Byrns, Harold  313

## C

Canetti, Elias  59
Cantor, Eddie  344
Carter, Alan  296
Casella, Alfredo  207
Castelnuovo-Tedesco, Mario  116, 117, 168, 201, 202, 247, 262, 355
Chajes, Julius  12, 16, 131, 247, 267, 268, 269, 337, 344, 354, 355
Chajes, Zwi Perez  268
Christenheit, Julius  95
Churchill, Winston  366, 368
Claudel, Paul  151, 279
Clausen, Leslie P.  275, 318, 330, 353
Cocteau, Jean  151
Cohn, Ruth C.  136
Copland, Aaron  54, 173
Copping, Mia  122, 124, 128
Craft, Robert  202
Cramer, Heinz von  287, 345, 348
Cras, Jean  200
Crawford, Joan  141
Csokor, Franz Theodor  369
Czinner, Paul  257

## D

Dahl, Ingolf  317
Dancy, Eric  29
d'Andrade, Janine  76
Daviau, Donald G.  378
Dehmel, Richard  376
Dekobra, Maurice  181, 182, 185, 194, 214
Delano, Lucille  318
Delitz, Leo  84
Désormières, Roger  151, 153
Dessau, Paul  54, 59
Dieterle, Charlotte  9, 253, 363
Dieterle, Wilhelm (William)  179, 251, 252, 253, 254, 305
Döblin, Alfred  179
Dobrowsky, Josef  11, 15, 39, 84, 197, 240, 241, 242, 295
Doderer, Heimito von  367
Dollfuß, Engelbert  136

Donizetti, Gaetano  156
Doolittle, James A.  182
Dor, Milo  370
Ducen, Sam von  318
Duhan, Hans  208, 341
Dunlop, Geoffrey  70
Dupont, Ewald André  253
Dvořák, Antonin  76

# E

Ebert, Carl Anton  309, 345, 348
Edson, Edward  301
Egk, Werner  304, 309, 315
Ehrenhaft, Felix  43
Ehrlich, Bettina  15, 39, 40, 43, 84, 260, 295
Ehrlich, Gaby  188, 349
Ehrlich, Georg  15, 39, 40, 41, 43, 45, 84, 241, 260, 295
Eichendorff, Joseph  376
Einem, Gottfried von  287, 345, 348, 367
Einstein, Albert  344
Eisenhower, Dwight D.  280
Eisler, Hanns  12, 59, 113, 114, 115, 116, 117, 176, 207, 209, 257
El Greco  315
Elmar, Eric  51
Engel, Erich  79
Engel, Joel  267
Engel, Walter  73
Erhardt, Otto  304, 309, 314
Étiévant, Henri  182

# F

Farau, Alfred  11, 12, 15, 48, 89, 131, 132, 133, 135, 136, 137, 153, 268, 332, 337, 338
Farau, Sylva  154, 333, 335
Feitler, Gretl  105
Feitler, Isidor (Dorl)  105, 125
Feuchtwanger, Lion  39, 59, 103, 179, 325, 330, 358, 363
Feuchtwanger, Marta  325
Fineman, Irving  247
Fink, Joseph  93
Finston, Nathaniel (Nataniel) W.  115, 122, 123, 127, 128, 129
Fischer-Dieskau, Dietrich  326
Fischer, Max  51
Flesch-Brunningen, Hans  368, 369, 371
Foerster, Friedrich Wilhelm  102
Ford, John  323
Frank, Leonhard  179
Freudenthal, Josef  12, 166, 170, 171, 174, 267
Friml, Rudolf  194
Fry, Varian  61
Fuchs, Albert  71

# G

Gable, Clark  115
Galimir, Felix  16
Garbo, Greta  141
Garner (Gelbtrunk), Adam  301
Gartner, Emil  239
George, Stefan  356
Gershwin, George  54
G.-Goldberg, Hedi  83, 98
Gilm, Hermann von  376
Glickman, Eda  47
Goethe, Johann Wolfgang  69, 376
Gogh, Vincent van  315

Goldberg, Albert  98, 276, 313, 320
Golding, William  372
Goldmark, Rubin  55
Gordon, Paul  50, 129, 344
Goya, Francisco de  157
Gradenwitz, Peter  55
Granach, Alexander  141, 142
Greene, Patterson  347
Grieg, Edvard  200
Griepenkerl, Christian  240
Grillparzer, Franz  136
Grom-Rottmayer, Hermann  39, 292
Grossmann, Fritz  40, 88, 89, 188, 195, 240, 287, 292, 293, 295
Gruenberg, Louis  55, 247, 262
Grünbaum, Viktor  73

# H

Haas, Hugo  51, 59, 61, 152
Haas, Pavel  61
Haim, Ben  267
Hain, Will  296
Hall, Marilyn  309, 310, 312, 316, 320, 323, 326, 327, 328, 329, 330
Händel, Georg Friedrich  69, 168
Hanley, Susan  365
Harand, Irene  136, 416
Hartmann, Ernst  207, 265, 266
Haydn, Joseph  278, 326, 380
Heger, Robert  304, 314
Heifetz, Jascha  262
Heinsheimer, Hans Walter  91, 207
Helfman, Max  12, 55, 245, 247, 248
Heller, Adolph  275, 276, 289
Heller, Hans Ewald  67
Hendl, Walter  162, 291

Henried, Paul  22
Henze, Hans Werner  345, 348
Hepburn, Katherine  141
Herder, Johann Christian  25, 26
Hertzka, Emil  207
Hertz, Richard  318
Herzl, Theodor  57
Heydrich, Reinhard  114, 115, 142
Hindemith, Paul  127, 194, 281, 313
Hirschberg, David  301
Hirschenhauser, Fritzi  84, 85, 138, 190, 291, 295
Hirschenhauser, Hilde  84, 85, 138, 190, 291, 295, 375
Hirschenhauser, Steffi  84, 85, 138, 188, 215, 295
Hitler, Adolf  17, 29, 89, 134, 135, 141, 145, 147, 189, 210, 257, 276, 291, 310, 311, 318
Hofmannsthal, Hugo von  197
Hogan  124
Holländer, Alfred  69, 71
Holzer, Josef  155
Honegger, Arthur  153, 221
Hönich, Richard  132, 133
Honsell, Betty  290
Hopf, Hans  304, 314
Horenstein, Jascha  59
Horvath, Ödön von  59
Huber, Ernst  84
Hughes, Langston  16
Huttenbach, Dorothy  318

# I

Idelsohn, Abraham  55
Istomin, Eugen  162, 291
Ives, Charles  313

## J

Jabotinsky, Vladimir 57
Jahoda, Marie 87
Janácek, Leos 207
Janowitz, Otto 299
Janssen, Werner 201
Jellinek, Ilona 17, 37, 39, 60, 85, 319, 352
Jerger, Wilhelm 67
Jeritza, Maria 304
Johnson, Alvin 257
Jooss, Kurt 60, 61, 228
Josephowicz, Karl 71
Jospe, Erwin 247
Judson, Arthur Leon 324, 329
Juhn, Erich 73
Jungk, Peter Stephan 23
Jungk, Robert 22, 23
Jungk, Ruth 21, 22, 23
Jungnickel, Ludwig Heinrich 84
Jurmann, Walter 59

## K

Kadmon, Stella 29
Kafka, Franz 287
Kafka, Hans (John) 9, 12, 21, 23, 24, 59, 60, 62, 63, 115, 116, 117, 118, 119, 122, 126, 127, 142, 275, 287, 345, 346, 347, 358, 359, 360, 362, 364, 365
Kafka, Mimi 60, 365
Kafka, Trude 51, 60, 62, 358, 364, 365
Kahn, Harry 50
Kálmán, Emmerich 59
Kalmus, Alfred A. 207
Kanitz, Ernst 16
Kaper, Bronislaw 59
Karajan, Herbert von 290, 327, 348
Kauder, Hugo 11, 15, 268, 355, 356, 357
Kern, Jerome 55
Kerschbaumer, Erwin 75
Kesten, Hermann 368
Kienzl, Wilhelm 380
Kitt, Ferdinand 39, 84, 240, 292
Klein, Baruch 313
Klein-Loerk, Robert 51
Klemperer, Otto 303, 312, 322, 326, 327
Klimt, Gustav 114, 323
Kline, Herbert 114
Klueger, Jaro 71
Knepler, Georg 71, 299
Kodály, Zoltán 207
Kohner, Fritz 370, 371
Kohner, Paul 142, 370
Kohner, Walter 370
Kokoschka, Oskar 295, 351
Kolbe-Jüllig, Margarethe 220
Kolisch, Rudolf 59
Königsgarten (Koenigsgarten), Hugo F. 11, 15, 27, 29, 30, 31, 39, 40, 68, 70, 71, 72, 73, 90, 131, 158, 211, 226, 233, 275, 286
Konta, Robert 208
Korda, Alexander 257
Kornauth, Egon 220
Korngold, Erich Wolfgang 11, 12, 54, 113, 116, 119, 127, 129, 165, 168, 205, 236, 239, 250, 251, 252, 253, 254, 274, 279, 291, 296, 303, 304, 305, 307, 314, 315, 316, 318, 335, 338, 339, 340, 352, 380

Korngold, Ernst (Ernest) Werner  252
Korngold, Georg Wolfgang  11, 54, 251, 252, 253, 303, 307
Korngold, Josefine  274, 307
Korngold, Julius  305, 380
Korngold, Luise  252, 303, 304, 307, 316, 352
Korn, Peter  317
Kosma, Joseph  59
Koster, Henry  142
Kozenn-Chajes, Marguerite  269, 343, 344
Kralik, Heinrich  217, 225, 227, 235, 258, 274
Kramer, Fritz  17, 79, 89, 215, 332
Kraus, Gabriel  25
Kraus, Karl  71, 102, 299, 300
Krauss, Clemens  209, 252, 290
Krauss, Gertrude  247
Krenek, Ernst  102, 262, 264, 271, 300, 316
Krizman, Serge  275, 276
Krueger, Karl  67

## L

Lachmann, Erich  163
Lalo, Édouard  200
Landau, Anneliese  54, 247, 318, 346
Landau, Siegfried  266, 313
Lang, Fritz  59, 114
Lavri-Binder, Marc  267
Lazarsfeld, Paul  87
Léger, Fernand  155
Lengyel, Melchior  141
Lerch  243
Lernet-Holenia, Alexander  367, 369
Lert, Richard  312, 323
Lewin, Albert  151
Liebermann, Rolf  21, 23

Lindenberg, Paul  73
Linde, Otto zur  356
Lingg, Hermann  85, 376
Lion, Markus  318
Loibner, Wilhelm  209, 210
London, George  323, 324, 328, 329
Lorenz, Fred  73
Lorm, Sidonie  51
Lorre, Peter  115
Lothar, Mark  287
Löwenstein, Hubertus  29
Lubitsch, Ernst  141, 142
Ludwig, Emil  256
Lugosi, Bela  141
Lunel, Armand  167, 279
Lustgarten, Egon  16, 355
Lustig, Hans G.  100
Luther, Martin  271

## M

Magnani, Anna  251, 254
Mahler, Anna  204
Mahler, Gustav  18, 76, 163, 204, 207, 279, 291, 356
Mahler, Hansi  79, 80, 89, 368
Mahler-Werfel, Alma  12, 38, 61, 102, 103, 203, 226, 251, 318, 335
Malipiero, Gian Francesco  207
Mandel, Fritz  365
Mandel, Stephan  365
Mann, Heinrich  179
Mann, Thomas  61, 103
Manuel, Jean  76
Marschalek, F.  94
Marsh, Lucile Crews  313
Martin, Frank  262
Marton  129
Marx, Joseph  11, 15, 132, 203, 218,

219, 220, 221, 229, 230, 231, 235, 244, 355, 380
Mattern, Kitty 73
Maupassant, Guy de 151
Mayer, Louis B. 140, 146
Mazzolini, Brunetta 313
McGee, Barry 275
Mehring, Walter 179
Melchior, Lauritz 103
Mendelssohn-Bartholdy, Felix 168, 253, 337
Mendelssohn, Christine de 42, 81, 82, 84, 88, 138, 139, 158, 177, 184, 187, 190, 366, 371, 372
Mendelssohn, Felix Anthony de 177, 184, 190, 366, 367, 371, 372, 378
Mendelssohn, Peter de 19, 21, 23, 27, 28, 31, 32, 40, 41, 43, 45, 46, 48, 59, 63, 80, 81, 82, 83, 89, 97, 99, 100, 108, 109, 110, 130, 131, 139, 158, 177, 184, 187, 188, 190, 191, 193, 195, 205, 206, 211, 233, 242, 265, 287, 337, 345, 347, 348, 366, 368, 371
Menuhin, Yaltah 262, 264, 317
Menuhin, Yehudi 264
Merkel, Georg 84
Merola, Gaetano 312
Metzl, Lothar 73
Michelangelo, Buonarotti 157
Milhaud, Darius 11, 38, 52, 116, 150, 151, 153, 154, 155, 166, 167, 168, 172, 185, 201, 202, 205, 207, 221, 223, 227, 228, 232, 234, 239, 242, 279, 282, 301, 304, 309, 318, 335, 351
Milhaud, Madeleine 151, 153, 155, 202
Miller, Martin 71
Mislap-Kapper, Marianne 207, 300
Mittler, Franz 11, 16, 297, 298, 299, 300, 301
Mocsányi, Paul 74, 75
Moenius, Georg 12, 38, 60, 61, 101, 102, 107
Montemezzi, Italo 202
Morgenstern, Christian 86, 208, 210
Morini, Erica 74, 77
Morini, Oscar 77
Morros, Boris Michailowitsch 119, 323, 328
Mostar, Gerhart Herrmann 29
Mozart, Wolfgang Amadeus 219, 291, 322
Muhl, Barbara 317, 320
Muhl, Edward 318, 321
Mühringer, Doris 378, 379
Mullen, Frances 313
Mussorgsky, Modest 55

# N

Nalpas, Mario 182
Nardi 267
Neher, Caspar 287
Neumann, Alfred 100, 179
Neumann, Elisabeth 73
Neumann, Ernst 76
Neumann, Robert 100
Nichols, Dudley 234
Nietzsche, Friedrich 356
Nikisch, Arthur 77
Nilius, Rudolf 155, 207, 208
Nono, Luigi 57
Norbert-Miller, Hanna 72

Nussio, Otmar  354

## O

Offenbach, Jacques  299, 300
Ophüls, Max  59, 119
Orff, Carl  307, 315
Ormandy, Eugene  310, 322, 326, 327
Ornstein, Leo  55
Osten, Franz  39

## P

Pabisch, Peter  371
Padwa, Vladimir  301
Pahlen, Kurt  16
Pannwitz, Rudolf  355, 356
Paratore, Josephine  208
Pasternak, Joe  142
Pauser, Sergius  39, 84
Pelletier, Wilfried  118, 313
Petzold, Alfons  81, 86, 87, 232, 261
Peymann, Klaus  379
Piatigorsky, Gregor  262, 274, 318
Pichler, Maria  73
Piscator, Erwin  114
Pisk, Paul Amadeus  11, 340, 341, 342, 349, 350
Piston, Walter  262
Polgar, Alfred  59, 136, 179, 180, 181, 189
Pollack, Egon  303
Pollak, Dorothy  330
Ponelles, Jean-Pierre  377
Popper, Hans  70, 287
Porges, Friedrich  20, 21, 22, 117
Poulenc, Francis  172, 351
Preminger, Ingo  21, 22
Preminger, Käthe  22

Preminger, Otto  22
Prokofiew, Sergej  168

## R

Rachmilovich, Jacques  171, 313
Rapée, Ernö  66, 67, 68, 100, 127, 200, 288, 313, 344
Rathaus, Karol  54, 59
Rathner, Norma  151
Ravel, Maurice  168, 202, 326
Rebner, Edward  313
Reddick, Wiliam J.  118
Reiner, Fritz  70
Reiner, Hans  51
Reinhardt, Max  253, 254
Reitler, Josef  74, 76, 77, 78
Rembrandt, Harmenszoon von Rijn  157
Respighi, Ottorino  119
Réti, Rudolf  67
Richter, Hans  153
Rilke, Rainer Maria  136
Rinder, Reuben  170
Ringelnatz, Joachim  86
Rocamora, Wynn  324, 327
Roden, Illa  73
Roden, Max  136
Roemheld, Heinz Eric  119, 129
Rona, Lilly Alice  43, 44, 45
Roosevelt, Franklin Delano  176
Rosing, Vladimir  275, 276
Rosowsky, Salomon  247, 267
Rossini, Gioachino  229, 231
Roth, Joseph  23, 48, 49, 50, 51, 53, 59, 76, 81, 100, 110, 195, 336, 344, 345, 359, 361
Rothschild, Fritz  46, 79, 83
Rotterdam, Erasmus von  156
Rubens, Peter Paul  315

Ruben, Walter 128
Rubin, Marcel 16, 38, 59, 128, 129
Rubinstein, Arthur 202
Ruschin, Thomas 52
Russell, Rosalind 115

## S

Sabiston, Colin 239
Sachs, Curt 55
Saint-Saëns, Camille 200
Salmhofer, Franz 214, 217, 225, 233, 235
Salten, Felix 39
Salzer, Hedda 189, 198, 215, 242, 283, 284, 289, 291, 292, 295, 375
Salzer, Lisel 11, 15, 39, 40, 42, 43, 65, 84, 100, 189, 195, 240, 241, 243, 287, 291, 292, 293, 295, 331, 337, 349, 376
Sapiro, Alex 223, 233
Sarraut, Albert 38
Schachermeier, Hertha 220
Schalit, Heinrich 167, 247
Schaukal, Richard 261
Schech, Marianne 304, 314
Scheinfeld, David 267
Scherchen, Hermann 59
Schiele, Egon 240
Schildkraut, Joseph 39, 142
Schildkraut, Rudolph 39
Schilling, Regina 301
Schlamm, William S. 180
Schlatter-Jameson, Eda 273, 274, 317
Schlee, Alfred 203, 207, 208, 209, 216, 217, 218, 227, 228, 231, 235, 248, 249, 250, 254, 258, 265, 266, 269, 282, 283, 284, 285, 288, 289, 323
Schlesinger, Viktor 73
Schlick, Moritz 18, 19
Schmidt, Franz 209, 355, 380
Schnabl, Hans 365
Schoeffler, Paul 197
Schoenberg, Eric Randol 324, 377
Schoenberg, Frederic Roland 377
Schoenberg, Lawrence 377
Schoenberg, Marlena Lorand 377
Schoenberg, Melanie Raldon 377
Schoenberg, Ronald 324, 377
Schönberg, Arnold 7, 8, 57, 58, 59, 76, 114, 151, 163, 164, 165, 166, 168, 173, 178, 186, 200, 201, 207, 219, 220, 221, 239, 255, 257, 262, 312, 313, 323, 324, 335, 341, 355, 377
Schönberg, Gertrud 318, 335
Schönwiese, Ernst 180, 369
Schreker, Franz 72, 163, 341
Schubert, Franz 76
Schuh, Oscar Fritz 20, 21, 23, 197, 232, 287, 348, 367
Schuschnigg, Kurt 136
Schwanneke, Ellen 73
Schwarz, Melanie 39, 40, 45, 215, 265
Schwarzwald, Eugenie 18
Schweitzer, Albert 270
Seefehlner, Egon Hugo 345, 348
Seefried, Irmgard 326
Selznick, David O. 254
Ševčik, Otakar 77, 79
Sevčik, Thea 132
Shilkret, Nathaniel 201, 257
Siepi, Cesare 324, 328

Siodmak, Robert 59
Sittner, Hans 162, 290, 295, 318
Smollett, Peter 184
Solomon, Izler 247, 313
Sonderling, Jacob 58, 168, 170, 171, 257
Sonnenthal, Adolf Ritter von 252
Sorell, Walter 136
Soyfer, Jura 73
Sperber, Manès 59
Speyer, Wilhelm 100, 179
Spiel, Hilde 9, 10, 11, 13, 15, 17, 18, 19, 20, 21, 22, 23, 24, 25, 27, 28, 29, 31, 32, 33, 37, 38, 39, 40, 41, 42, 45, 46, 47, 48, 49, 58, 60, 62, 65, 79, 80, 81, 84, 85, 86, 87, 88, 90, 97, 99, 108, 110, 117, 130, 131, 138, 157, 177, 178, 179, 180, 181, 183, 185, 187, 188, 189, 190, 194, 197, 198, 199, 203, 205, 206, 211, 213, 214, 215, 224, 225, 232, 239, 240, 241, 260, 261, 263, 292, 295, 322, 337, 345, 346, 347, 365, 367, 368, 369, 370, 371, 373, 374, 376, 377, 378, 379, 380
Spiel, Hugo F. 18, 28
Spielmann, Fritz 332, 335
Spiel, Marie 18, 28
Spira, Steffi 51
Stahl, Willy 313
Stambough, Tony 318
Stearns, Curtis 311, 313, 317
Stefan, Paul 38, 52, 59, 161, 163, 342
Steinberg, William 44, 313

Steiner, Georg 75, 76
Steiner, Max 119, 129
Stein, Erwin 163, 166
Steininger, Franz 182, 183
Stern, Roland 82, 89, 110, 131, 158, 190, 226
Stewart, James 142
Stewart, Nathan 323
Stiedry, Fritz 77, 91
Stöhr, Richard 9, 11, 15, 55, 73, 75, 85, 161, 162, 163, 164, 166, 173, 271, 273, 276, 277, 278, 280, 281, 290, 295, 319, 355
Stokowski, Leopold 200, 214, 310, 313, 336, 344
Stollman, Vivian 354
Stoloff, Victor 254
Stolz, Robert 59
Stothart, Herbert 117
Strang, Gerald 313
Straus, Oskar 59
Strauß, Johann 185
Strauss, Richard 76, 197, 304, 309, 380
Strawinsky, Igor 151, 185, 186, 194, 201, 202, 203, 205, 215, 232, 234, 239, 241, 262, 277, 313, 317, 318, 321, 335
Strawinsky, Vera 202, 203, 239
Streicher, Dora 220
Strelitzer, Hugo 12, 171, 182, 256, 275, 276, 282, 304, 308, 311, 312, 313, 314, 318, 320, 321, 322, 323, 324, 325, 327, 329, 353
Stuckenschmidt, Hans Heinz 20, 21, 23, 345, 348
Sullavan, Margaret 142

435

Supervielle, Jules 155
Suschitzky, Philipp 22
Swedenborg, Emanuel 57
Swoboda, Heinrich 209
Széll, George 355
Szigeti, Joseph 202
Szymanowski, Karol 207
Szyszkowitz, Gerald 378, 379

**T**

Tansman, Alexandre 11, 116, 151, 185, 194, 200, 201, 202, 203, 204, 205, 211, 223, 227, 228, 233, 234, 239, 261, 301, 318
Tansman, Colette 200, 224, 234
Tansman, Marianne 201
Tansman, Mireílle 201
Targ, Max 344
Taylor, Frederic 137
Teller, Oscar 73
Tellini, Piero 254
Thiele, Wilhelm 142
Thorn, Fritz (Friedrich Adrien) 178, 179, 188, 214, 374
Toch, Ernst 10, 11, 55, 57, 59, 116, 168, 201, 205, 239, 247, 255, 256, 257, 258, 270, 271, 279, 281, 296, 301, 304, 306, 318, 319, 338, 339, 351, 352, 358, 360
Toch, Lilly 270, 281, 339, 352
Toch-Weschler, Franziska 270, 297
Toldi, Julius 313
Torberg, Friedrich 50, 59, 61, 170, 178, 179, 180, 188, 301, 367, 369
Tracy, Spencer 141
Trebitsch, Erna 73

Tremblay, George 313
Truman, Harry S. 176
Tschaikowsky, Peter Iljitsch 181, 182, 183, 186, 200
Turina, Joaquín 200

**V**

Verdi, Giuseppe 156
Viertel, Berthold 136, 257
Villa-Lobos, Heitor 200
Vincent, John 317, 318
Vuataz, Roger 354

**W**

Wachtel, Edith 74, 75, 76, 77, 78
Wagner, Gertrude 87
Wagner, Richard 44, 69, 219, 272, 303, 305, 307
Waldinger, Ernst 136
Walla, Marianne 72
Wallenstein, Lothar 77, 307
Waller, Friedrich E. 275, 318
Walter, Bruno 279
Waxman, Franz 59, 117, 130
Webern, Anton 163, 207, 220
Webster, Clifford A. 318
Weigel, Hans 232
Weigl, Karl 16, 355
Weil, Lisl 84
Weill, Kurt 54
Weinberger, Jaromír 54, 127
Weinberg, Jacob 267
Weingartner, Felix 290
Weiß, Lucie 220
Wellesz, Egon 178, 193
Werfel, Franz 38, 60, 61, 100, 102, 103, 108, 179, 202
Werner, Alma 51

Wexley, John 114
Weys, Rudolf 73
Whitney, Robert 297, 306
Wigman, Mary 228
Wilder, Billy 117
Wilder, Thornton 197
Wilson, Angus 370, 372
Winter, Ernst Karl 102
Winter, Hugo 207, 210, 217, 288
Wobornik, Eduard 94
Wolf-Ferrari, Ermanno 200
Wolf, Friedrich 100
Wolf, Hugo 292, 326
Wolf, Michael 72
Wolpe, Stefan 54
Wright, Norman Söreng 171, 172, 318
Wundheimer, Mony 51

# Y

Yates, Peter 313

# Z

Zádor, Eugene 67, 118, 119, 127, 318
Zaira 267
Zbinden, Julien-Francois 354
Zeisel, Hans 87
Zeisel, Morris 32, 33
Zeisl, Egon 15, 37, 92, 93, 96, 97, 106, 139
Zeisl, Emanuel 94
Zeisl, Kamilla (Camilla) 15, 93, 94, 95, 96, 103, 104, 105, 111
Zeisl, Malvine 9, 10, 12, 13, 92, 93, 94, 95, 96, 97, 103, 106, 111, 125, 126, 168
Zeisl, Rosalie 94

Zeisl-Schoenberg, Barbara 7, 11, 20, 22, 23, 96, 98, 100, 103, 105, 106, 111, 116, 122, 130, 139, 158, 186, 187, 190, 195, 212, 215, 223, 233, 234, 242, 256, 264, 267, 279, 292, 297, 307, 312, 318, 319, 324, 330, 331, 349, 351, 352, 358, 360, 362, 367, 370, 371, 372, 377, 378, 379
Zeisl, Siegfried 97, 106
Zeisl, Sigmund 9, 10, 12, 13, 15, 93, 94, 95, 96, 97, 106, 111, 124, 125, 126, 168
Zeisl, Walter 37, 92, 93, 96, 97, 106, 139
Zeisl, Wilhelm 15, 17, 32, 33, 37, 60, 78, 79, 92, 93, 94, 96, 97, 106, 131, 139, 171, 253, 337
Zeissl, Arnold 62
Zemach, Benjamin 247
Zemlinsky, Alexander 207
Zernatto, Guido 59, 137
Zinnemann, Fred 141
Zülow, Hans von 84
Zweig, Friderike 136
Zweig, Fritz 311, 312, 313, 318
Zweig, Stefan 50, 51
Zweig, Tilly 82, 89, 312

# Dank

Nicht im Archivbestand einer öffentlich zugänglichen Institution, sondern noch in Privatbesitz befindet sich Eric Zeisls Brief-Korrespondenz: Als Teil des Zeisl-Nachlasses wird sie im Hause Dr. Barbara Zeisl-Schoenbergs und Dr. Ronald Schoenbergs in Brentwood Park, Los Angeles, verwahrt. Ich hatte die schöne Gelegenheit, mich dieser Zeisl-Splitter intensiv zu widmen. Für das mir dabei entgegengebrachte Vertrauen, für den uneingeschränkten Zugang zum Material, für die Unterstützung in vielerlei Hinsicht und vor allem für die in so liebevoller und äußerst humorvoller Umgebung verbrachte Zeit in Brentwood Park danke ich Barbara Zeisl-Schoenberg und Ronald Schoenberg mehr als von ganzem Herzen – die Beschäftigung mit den Archivalien wurde so zum Höchstgenuss.

Gedankt sei Prof. Malcolm S. Cole und Prof. Barbara Barcley für deren Aktivitäten: Beide ordneten und katalogisierten den umfangreichen Brief-Bestand im Zuge der ersten Aufarbeitung des Zeisl-Nachlasses und in Verbindung mit der Errichtung des Eric Zeisl Archive an der University of California Los Angeles (1976). Sie schufen jedem nachfolgenden Zeisl-Forschungsvorhaben – und somit auch der vorliegenden Edition – ein unverzichtbares Fundament.

Barbara Zeisl-Schoenberg stellte mir jene Briefe zur Verfügung, welche an ihren Vater adressiert sind. Ebenso jene, welche sie selbst von Personen erhielt, deren Eltern oder Verwandte mit Eric Zeisl in Brief-Kontakt standen. Die Nachfahren der Zeisl-Freunde stimmten der Veröffentlichung dieses Materials zu – auch Ihnen gilt mein besonderer Dank.

Weiters danke ich Prof. Dr. Hartmut Krones für den Zugang zur Korrespondenz Zeisls mit der Wiener Universal Edition, welche zur Zeit als Teil des Archivs der Universal Edition am „Wissenschaftszentrum Arnold Schönberg" an der Universität für Musik und darstellende Kunst in Wien in Arbeit ist. Für unterstützenden Rat sei Dr. Ursula Seeber und Dr. Astrid Wallner (Dokumentationsstelle für neuere österreichische Literatur, Literaturhaus Wien), Dr. Rosemary Moravec-Hilmar (Österreichische Nationalbibliothek), Dr. Walter Spielmann (Robert-Jungk-Bibliothek für Zukunftsfragen), Sara J. Nyman (Kansas City Public Library, Special Collections), Dr. Siegwald Ganglmair (Dokumentationsarchiv des österreichischen Widerstandes), Dr. Rudolf Jerabek (Österreichisches Staatsarchiv) und Herrn Johannes Faber (Galerie Johannes Faber) gedankt.

Kontakte über E-Mail halfen, biographische Fragen zu klären: In dieser Hinsicht bedanke ich mich sehr herzlich bei Susan und Julie Hanley, Maria Zahlten-Hall und Peter Stephan Jungk.

Karin Wagner

# Karin Wagner

Geb. 1969 in Klagenfurt, Mag. art., Dr. phil., studierte Klavier am Bruckner Konservatorium Linz und an der Universität für Musik und darstellende Kunst Wien, dort Diplom mit Würdigungspreis des Bundesministeriums für Wissenschaft. Konzerttätigkeit als Kammermusikerin. Seit 2001 lehrt sie Klavier und klavierdidaktische Fächer an der Universität für Musik und darstellende Kunst in Wien. Dissertation zu Eric Zeisl im Fach Musikwissenschaft mit dem Zweitfach Zeitgeschichte, Forschungsaufenthalte in Los Angeles, Kuratorentätigkeit für das Jüdische Museum Wien, Publikationen zum Themenfeld. Karin Wagner lebt in Linz.